서울·경기도

한국의 전통향토음식 2

서울·경기도

농촌진흥청 농업과학기술원
농촌자원개발연구소

(주)교 문 사

발간사

오천 년의 역사를 간직하고 있는 우리나라는 선조들의 혼이 깃들어 있는 세계에 자랑할 만한 우수한 전통문화를 가지고 있습니다. 국가 자산인 전통문화를 세계인의 문화 명품으로 발전시키기 위하여 정부에서는 '한(韓) 스타일 육성 종합 계획' 을 수립하고 한식, 한복, 한옥, 한글, 한지, 한국음식 등 6가지 전통문화상품에 대한 육성 노력을 기울이고 있습니다. 이 중 농림수산식품부는 '한식' 육성에 관한 주무부처로 한국음식을 산업화 · 세계화함으로써 국가 이미지를 고양시키기 위한 정책을 추진하고 있습니다.

의식주문화 중 식생활문화는 쉽게 변하지 않는 특성을 가지고 있어서 그 민족의 문화를 측정하는 도구로 가치가 있다고 합니다. 우리나라는 선사시대부터 일찍이 농경을 시작하여 다양한 식품 재료를 이용한 음식문화가 발달했으며, 인접 국가인 중국, 일본과 차별화된 독특한 문화를 형성하였습니다. 또한 산맥이나 바다 등 지형적인 영향으로 지역마다 생산되는 특산물이 달라서 다양한 조리법과 맛을 지니고 있습니다. 외국인들에게 잘 알려진 김치의 종류도 수십 가지에 이르며, 같은 종류의 김치도 사용하는 젓갈이나 양념에 따라 다양한 맛을 냅니다. 최근 우리 음식은 영양학적 우수성과 기능성이 밝혀지면서 세계적으로 '건강식', '장수식' 으로 인정받고 있으며, 새로운 가치창출을 위한 자원으로 부각되고 있습니다. 이처럼 독특하고 우수한 음식문화가 상품화 · 세계화를 위한 발판이 될 수 있으며, 관광 · 외식 등과 연계한 3차 산업으로 발전 가능성을 보여 줍니다.

그러나 사회가 발전하면서 다양하고 향토성이 짙은 우리의 음식문화가 빠르게 서구화되고, 이용하는 음식의 종류도 단순해지고 있습니다. 따라서 급변하는 식생활문화에 대응하고, 국가자원인 '한식' 을 세계화하기 위하여 사라지고 있는 전통향토음식의 조사 · 발굴 및 국가차원의 통합자료화가 절실히 요구되고 있습니다.

농촌진흥청에서는 전통향토음식의 연구와 교육뿐만 아니라 지방자치단체의 농촌지도기관과 협력하여 지역의 전통향토음식을 계승 · 발전시키는 데 일익을 담당해 왔습니다. 이는 여전히 농촌은 식품 재료를 생산하고 전통향토음식을 이용하면서 조리법을 보유하고 있는 공간이기 때문입니다. 지금까지 농촌진흥청 및 농촌지도기관에서 몇 차례에 걸쳐 전통향토음식을 정리하여 책자로 발간하였으나, 통합자료화 및 전문가 검증이 미흡했던 아쉬움이 있었습니다.

이에 농촌진흥청 농업과학기술원 농촌자원개발연구소에서는 국가 산업자원으로 부각되고 있는 전통향토음식의 권리를 확보하고 세계화 기반을 구축하고자, 1999년부터 2005년까지 전국 9개 도의 전통향토음식에 대한 조사 · 발굴을 하였고, 2006년부터 2007년까지 지역성 및 역사성 검증, 자료의 표준화 등 학계의 검증을 받아 전통향토음식을 집대성한 10권의 책을 발간하게 되었습니다. 제1권 『상용음식』은 우리나라의 어느 지역에서나 일상적으로 먹는 음식을 수록하였고, 제2권부터는 각 도별 전통향토음식으로 행정구역상 9개 도로 구분하여 제2권 『서울 · 경기도』에서 제10권 『제주도』까지 전통향토음식을 수록하였습니다.

전통향토음식과 식생활문화에 대한 관심 고조로 그 가치가 재조명되는 시점에, 오랜 기간 동안 자료를 수집하여 우리의 전통향토음식을 총망라한 책을 발간하게 되어 기쁘게 생각합니다. 이 책이 농촌의 향토산업 활성화에 중요한 자료로 활용됨과 동시에 '가장 한국적인 음식이 가장 세계적인 음식'으로 거듭나는 데 밑거름이 되고, 관련 분야 연구 및 교육에 활용되어 우리 식생활 문화 발전에 일조할 수 있기를 바랍니다.

이 책이 발간되기까지 현지조사 및 조리법 재현에 협조해 주신 농촌지도기관 생활지도직 공무원 및 향토음식연구회원들께 감사를 드립니다. 특별히 제2권 『서울 · 경기도』의 지역성 검증 및 자료 표준화에 참여해 주신 배화여대 손정우 교수님과 감수를 위해 수고해 주신 한양대학교 이효지 명예교수님, 전 농촌진흥청 신영숙 농촌자원과장님께 감사드립니다. 연구결과물을 더욱 빛나게 제작 · 출판해 주신 (주)교문사의 류제동 사장님 이하 관계자 여러분께도 감사의 마음을 전합니다.

2008년 4월

농촌진흥청 농업과학기술원 농촌자원개발연구소

소장 **조 순 재**

차 례

제 2 장 서울 · 경기도의 전통향토음식 종류와 만드는 방법 047

주식류

만두

떡국

부식류

국

찌개 · 전골

김 치

나 물

구 이

조림 · 지짐이

볶음 · 초

전 · 적

찜 · 선

회

마른반찬

떡류

떡

과정류

음청류

주 류

서울·京畿道

제1부

전통향토음식

조사 · 발굴 및 표준화

1. 전통향토음식의 정의
2. 전통향토음식의 조사 · 발굴
3. 전통향토음식의 유형별 분류 기준
4. 전통향토음식 자료의 표준화
5. 전통향토음식의 지역성 검증
6. 고문헌을 통한 역사성 검증

제1부
전통향토음식 조사 · 발굴 및 표준화

의식주는 한 국가나 민족의 특성을 나타내는 대표적인 문화양식이다. 그 중에서도 음식문화는 쉽게 변화하지 않는 성질이 있어서 본래의 모습이 잘 보존되어 있으므로 한 민족의 문화를 파악하기에 매우 적합한 것이라 하겠다. 음식문화는 지리, 기후, 풍토 등의 자연환경과 정치 · 경제 · 사회적 환경이 복합되어 문화권마다 서로 다르게 발달해 왔다. 우리나라에서도 해안가인지, 평야지인지 혹은 큰 산맥의 존재 여부 등에 따라 지역마다 독특한 음식문화가 형성되었다. 김치를 예로 들면, 경기도 지역은 국물을 넉넉히 넣고 젓갈을 적게 넣은 시원하고 심심한 백김치를 담그고, 경상도의 내륙 지방에서는 주변에서 쉽게 구할 수 있는 젓갈과 양념을 이용해서 젓갈김치와 콩잎김치를, 전라도에서는 젓갈과 양념을 많이 넣은 갓김치 등을 담근다.

전통향토음식의 중요성을 몇 가지 살펴보면, 첫째 생물다양성 유지를 위해 전통향토음식의 다양성이 유지되어야 한다는 점이다. 즉, 음식문화는 주변에서 쉽게 구할 수 있는 재료를 이용하여 발달하기 때문에 전통향토음식이 다양하면 다양한 생물자원이 자랄 수 있는 여건이 마련되는 것이다. 음식 자체가 획일화되어 민족음식이나 전통향토음식이 줄어든다면 식품재료로 이용하는 생물자원이 줄어들어 그 지역의 생물다양성은 감소될 수밖에 없기 때문이다. 1992년에 체결된 생물다양성협약(CBD : Convention on Biological Diversity) 제8조 j항에서는 생물다양성을 보존하기 위해 전통향토음식, 의약 등의 전통지식을 관리하고 활용하도록 권장하는 조항을 만들었다.

둘째, 전통향토음식은 새로운 부가가치 자원으로 활용되고 있으며, 다른 자원과 달리 자국(自國)만이 고유하게 보유하고 있어서 차별화가 가능한 독점적인 산업화 아이템이라는 점이다. 따라서 국제적으로 전통향토음식을 산업화하려는 노력들이 이루어지고 있다. 태국의 'kitchen of the world' 프로젝트는 정부에서 자국의 전통향토음식을 세계화하기 위한 사업으로, 전 세계에 태국음식점을 2007년까지 8,500개로 확대함으로써 전통향토음식의 식품재료와 조리기구 수출,

조리사 파견 등 파급 효과를 기대하는 전통향토음식 산업화의 대표적인 예라 하겠다.

셋째, 전통향토음식은 국가 이미지 제고에 중요한 역할을 한다. 사람들은 특정 지역이나 국가를 독특한 음식과 관련지어 연상하기도 하고, 반대로 맛있는 음식을 먹을 때 특정 지역을 연상하기도 한다. 김치의 경우 세계적인 음식으로 발전하여 외국인들은 김치하면 한국을 떠올리게 된다. 또한 2006년 미국의 건강전문잡지 월간 '헬스'가 선정한 세계 5대 건강식품 중 하나로 김치가 선정된 것과 같이 김치는 우리나라의 국제적인 이미지를 높이는 데 기여하고 있다.

이처럼 중요한 의미를 갖는 전통향토음식은 최근 전 세계가 급속도로 가까워지면서 지역성·고유성이 없이 획일화되어 가는 경향을 보이고 있다. 우리의 식탁에서도 일상적으로 먹고 있는 음식의 재료나 종수가 몇 가지 품목으로 한정되어 가고 있는데, 이러한 추세가 지속되면 전통향토음식이 서서히 잊혀지고 우리 음식문화의 정체성 또한 잃어버리게 될 것이다. 따라서 전통향토음식을 만들어 먹던 세대가 현존해 있을 때 전통향토음식을 조사·발굴하고 목록화하는 일이 시급히 요청된다고 하겠다. 또한 지금까지 전통향토음식은 단순히 문화의 일부로만 여겨져 왔으며 자원으로서의 인식은 부족하였다. 그러나 오늘날의 시대적 흐름에 따라 전통향토식품(음식)은 국가의 소중한 자원으로 관리되어야 하므로 전통향토음식을 통합적으로 관리하는 방안이 모색되어야 한다. 이는 전통향토음식의 권리를 확보하고 상품성 증진 및 세계화를 위한 기반이 되며, 우리 민족이 보유한 독특한 자산을 계승·발전시키는 가장 우선적이고 필수적인 과정이라 할 것이다.

1. 전통향토음식의 정의

'예부터 전하여 온 음식'에 관하여 전통음식, 향토음식, 민속음식, 토착음식 등의 다양한 명칭이 혼용되고 있다. 가장 많이 쓰이는 명칭은 '전통음식'으로, 전통음식의 사전적 정의는 한 지역에 전래된 음식 중 해당 지역 사람들이 그 가치를 높이 평가하여 선호하는 음식이라는 것이며, 여기서 지역 사람들이 가치를 부여하였다고 하기 위해서는 특정 연령층, 특정 계층 등 일부의 사람들만이 아닌 지역 전체의 다수가 최소 한 세기, 100년에 걸쳐 선호된 것이어야 한다. 다수의 사람들이 3세대에 해당하는 한 세기 이상 선호하고 있다면 전통음식으로서 가치가 있다는 확고한 증거가 되기 때문이다(신애숙, 2000). 또한 쉴즈(Shils, 1992)는 전통은 최소한 3세대가 지속되어야 한다고 주장하였고, 버크(Burke, 1978)는 한 세대에서 다른 세대로 전달되는 데 적은 부분만 변하고 그 본질과 눈으로 볼 수 있는 정체가 남아 있는 것이 전통이라고 정의하였다.

한억(1996)은 전통음식이란 한국에서 대략 1세기 이전부터 일상생활, 궁중, 통과의례, 세시풍속 등을 통한 고유의 역사적 배경과 문화적 특질을 지니면서 지역 특성에 맞게 전승되어 현존하는 음식문화로서 한국인의 식생활에 유익하도록 합리적으로 재창조해 오는 음식문화의 총칭이라고 하였다. 또한 전통음식은 시간성, 공간성, 의례성, 외래성, 변형성 등의 특성을 가지고 있으며 이들이 하나의 유기적인 문화복합체로서 입체적으로 형성되고 요인 간의 상호 관련성이 복잡하게 작용하고 있다고 하였다.

전통음식 다음으로 널리 사용되는 전래음식에 대한 용어가 바로 향토음식이다. 향토음식의 경우 전통음식과 같이 다수의 주민에 의하여 한 세기 이상 선호되지는 못하였지만 특정 지역 주민에 의하여 지속적으로 선호되는 음식을 말하며(신애숙, 2000), 지역 특산물을 이용하여 그 지역의 독특한 전래 조리법에 의하여 만든, 지역 주민이 선호하는 음식이라고 정의할 수 있는데, 이 또한 고정적인 것이 아니라 시대에 따라 달라지는 것이다(두산세계대백과사전, 1999). 한억(1996)은 향토음식을 지역 특산물을 이용하여(공간성) 그 지역에서 고유하게 전승되어 온 비법으로 조리하거나(고유성) 또는 그 지역의 문화적 이벤트를 통해서 발달된 음식(의례성)이라고 하였다. 이러한 점에서 전통음식에서 강조되는 오랜 생명력을 지녀 '현존하는 과거'로서의 시간적 개념보다는 지역 공간의 수평적 개념을 바탕으로 끊임없이 생성되고 소멸되는 과정을 거치면서 형성된 음식으로 보아야 할 것이며, 주변 지역의 음식과 분명한 차별성이 나타나는 특징이 있다고 하였다.

문헌에 정리된 향토음식의 정의를 요약해 보면 다음과 같다. 첫째, 향토음식은 그 지방에서 주로 많이 생산되는 특산물 혹은 그 지역에서 생산된 재료를 사용하여 그 지역에서 고유하게 전승되어 온 비법으로 조리하거나 또는 그 지역의 문화적 행사를 통해 발달한 음식으로, 타 지역에서는 그와 같은 음식을 쉽게 찾아 볼 수 없는 것으로 정의된다(윤숙경, 1994). 둘째, 향토음식은 타 지역에서 공급받은 재료라도 우리 지역에 적합한 조리법 또는 우리 지역 특정인의 고유한 조리법으로 만든 음식을 말한다(김복일 · 오영준, 1998). 셋째, 향토음식은 각지 어디에서나 있는 보편적인 재료라도 우리 지역의 생활형태나 기후풍토 등의 지역적 특성이 바탕이 된 특유의 조리법이나 가공기술을 이용하여 만든 음식이다. 넷째, 세시 풍속이나 통과의례 시 우리 지방에서 조상들이 만들어 유명해진 음식도 향토음식의 범주에 들어간다(진양호 등, 2001). 다섯째, 옛날부터 그 지방 행사와 관련하여 만든 음식으로 오늘날까지 전해져 오는 음식이다(윤은숙 등, 1995 ; 한국관광공사, 1993). 즉, 향토음식은 그 지방의 재료로 그 지방의 조리법으로 조리하여 타 지방과 차별화된 음식이라 할 수 있겠다(민계홍, 2003 ; 이선호 · 박영배, 2002 ; 신애숙, 2000). 또한 향토음식은 그 지방 사람들의 사고방식과 생활양식을 반영하며 각종 문화행사를 바탕으로 발달하는 특성을 지니고 있다고 하겠다(김복일 · 오영준, 1998).

위에서 전통음식과 향토음식의 개념 사이에 중복된 의미와 상호연관성이 있음을 알 수 있다. 손영진(2004)은 한국음식에 있어서 향토음식은 전통음식의 뿌리이자 모체라고 설명하였다. 한국음식의 특징은 뚜렷한 지역적 특성과 공간성, 고유성, 의례성 등 수평적 공간축 형성을 바탕으로 한 향토음식과 이러한 향토음식이 수직적 시간축 형성을 이루어 가는 전통음식을 떼어서 생각할 수 없고, 또한 전통음식에서 향토음식을 배제하여 생각할 수 없는 유기적인 관계로 파악되고 있으며, 이들은 상호 개념적으로 유사하지만 다른 측면에서는 구분된 구조를 갖고 있다. 한억(1996)에 따르면 향토음식은 전통음식의 뿌리에 해당하는 가장 기본적인 음식 형태로 오히려 새로운 문화 변동에 대한 포용성을 지닌 모체로서의 성질을 가지며, 향토음식이 점차 시간이 흐르면서 '전통' 의 성질을 갖게 되어 전통향토음식이 되는 것이라고 하였다. 또한 고범석 · 강석우(2004)에 의하면 전통이라는 용어가 토속, 향토를 아우르는 상위어로 사용되는데, 예컨대 전라남도 지역만을 지칭할 경우에는 향토문화, 향토음식과 같이 향토란 단어를 쓰는 것이 적절하다. 그러나 대한민국 전체를 아우를 때는 향토가 아닌 전통이라는 표현이 맞으므로 김치를 대한민국 향토음식이라고 하지 않고 대한민국 전통음식이라 한다고 하였다. 표 1에는 이미 보고된 향토음식과 전통음식의 정의에 관하여 몇 가지 비교 제시하였다.

앞의 내용을 정리하여 보면 향토음식은 전통음식의 뿌리요, 모체이다. 즉, 한국음식에서는 전통음식을 떼어서 생각할 수 없고 전통음식에서 향토음식을 배제하여 생각할 수 없는 유기적인 관계로 파악되며 개념적으로는 유사하나 구분되는 구조가 내제되어 있다. 향토음식이 시간적으로 일정기간(3세대, 100년)을 경과하여 역사성을 갖게 되면 전통음식으로 불리게 되므로, 미래의 전통음식이라 할 수 있는 향토음식과 현재의 전통음식을 동시에 정리하는 것이 국가자원의 관리 측면에서 유익할 것으로 생각되어 이들 모두를 포함한 개념으로 '전통향토음식' 이라는 용어를 사용하고자 한다. 전통향토음식의 정의는 "향토음식이거나 전통음식인 것(향토음식 또는 전통음식)으로 우리가 계승 · 발전시켜야 할 우리의 음식" 으로 설명할 수 있다.

전통향토음식으로 정의한 음식은 다음과 같은 기준에 의하여 선정하였다. 100년 이상의 전통을 가진 음식으로 지금까지 이용되어 온 음식, 혹은 과거에 이용되었으나 지금은 사라진 음식, 외국에서 도입되었으나 우리 음식으로 인지되고 있는 음식, 향토음식 등으로 한정하였다. 다만, 이와 같은 음식들 중 외래어가 사용된 음식은 제외하였고 우리의 고유 명칭으로 불려 온 음식, 고유의 조리법을 활용한 음식으로 선정하였다.

표 1 전통음식과 향토음식의 정의

전통음식	향토음식	참고문헌
한국에서 대략 1세기 이전부터 일상생활, 궁중, 통과의례, 세시풍속 등을 통한 고유의 역사적 배경과 문화적 특질을 지니면서 지역 특성에 맞게 전승되어 현존하는 음식문화로서 한국인의 식생활에 유익하도록 합리적으로 재창조해 오는 음식문화의 총칭임(시간성, 공간성, 의례성, 외래성, 변형성)	• 그 지역의 특산물을 이용하거나(공간성) 그 지역에서 고유하게 전승되어 온 비법으로 조리하거나(고유성) 또는 그 지역의 문화적 이벤트를 통해서 발달된 음식(의례성) • 시간적 개념보다는 지역 공간의 수평적 개념을 바탕으로 끊임없이 생성되고 소멸되는 과정을 거치면서 형성된 음식으로 주변 지역의 음식과 분명한 차별성이 나타나는 특징이 있음	한억, 1996
음식문화 가운데 유형적인 측면이나 무형적인 측면 중 어느 한 가지는 개화기 이전의 것이어야 함. 개화기 이전 전통사회에서 사용된 음식과 개화기 이후 외국에서 전래된 식품들이 지금까지 사용된 우리의 식품재료와 함께 섞여 만들어지거나 혹은 우리의 전통적 방법으로 조리되어 변형된 음식		김성미, 2000
지역의 특산물을 이용하여 그 지역의 독특한 조리법에 의하여 만든 지역 다수의 주민이 한 세기(3세대) 이상 선호하여 오고 있는 음식	지역특산물을 이용하여 그 지역의 독특한 전래 조리법에 의하여 만든 지역 주민이 선호하는 음식	신애숙, 2000
예부터 전하여 내려 오는 음식으로 오랫동안 한 지역에서 먹어 온 음식. 전통음식은 절기식, 시식과 통과의례 음식이 있으며, 왕실, 반가의 화려했던 궁중음식 등이 있음		한재숙 등, 2000
궁중음식, 반가음식, 민속음식으로 대별되는 음식으로 전통적으로 전해 내려 온 음식을 의미함. 조선왕조 500년 역사 속에서 꽃피어난 왕실 반가의 화려했던 궁중음식과 일반 서민의 소박한 서민음식으로 그 고장에서 특색 있게 지켜져 내려 오는 향토음식을 모두 일컬음	• 지역에서 생산되는 재료를 그 지역의 조리법으로 조리하여 과거로부터 그 지역 사람들이 먹어 온 것으로 현재에도 그 지방 사람들이 먹고 있는 것(전통음식보다 협의의 개념) • 특산재료, 지역적 특성 반영, 지역민의 문화와 연계	이효지, 2002 민계홍, 2003
향토음식이 쌓여 나가면서 전통음식으로 자리잡아가는 수직적인 시간축을 이룸(수직적 의미)	지역 특산물을 이용하거나 그 지역에서 고유하게 전승되어 온 비법으로 조리하고 또는 그 지역의 문화적 행사를 통하여 발달된 음식(지역성, 공간성, 고유성, 의례성 - 수평적 의미)	손영진, 2004
	특산물을 타 지역에서 생산된 재료로 독특한 조리법, 흔한 재료와 특유의 조리법과 차별화된 가공기술, 지방행사와 관련된 음식	이승진, 2005
	향토식품 또는 향토음식은 그 지역의 역사 · 문화적 전통이나 특색을 담고 있을 때 그 의미와 가치가 발현됨. 향토식품은 어떤 지역의 자연 · 지리적 조건, 역사적 경험, 문화적 특성이 어우러지면서 다른 지역의 식품과 구별되는 의미를 가짐	배영동, 2006

2. 전통향토음식의 조사 · 발굴

【조사대상 및 시기】

1999년부터 2005년까지 농촌진흥청 농업과학기술원 농촌자원개발연구소에서 경기, 강원, 충북, 충남, 전북, 전남, 경북, 경남, 제주 등 9개 지역을 대상으로 전통향토음식의 조사 · 발굴을 추진하였다. 조사 · 발굴과정에서 각도 농업기술원 및 시군 농업기술센터의 식생활지도를 담당하고 있는 생활지도사의 협조로 전통향토음식의 정보 수집 및 조리법 재현이 이루어졌다. 연도별 및 지역별 조사 · 발굴과정을 살펴보면, 1999년에는 경기도 지역을 대상으로 이건순 교수(당시 농촌자원개발연구소 농업연구관, 현 한국농업대학 교수)와 이효지 교수(당시 한양대학교 교수, 현 한양대학교 명예교수) 중심의 연구팀이 설문 · 문헌 조사 및 현지 조사 · 발굴을 수행하였으며, 2000년에는 강원도 지역을 대상으로 이건순 교수와 한복진 교수(당시 한림정보산업대학 교수, 현 전주대학교 교수) 중심의 연구팀이 설문 · 문헌 조사 및 현지 조사를 수행하였다. 2001년에는 충청남북도 2개도를, 2002년에는 전라북도를 대상으로 이건순 교수 연구팀이 도별 자료를 조사 · 발굴하였다. 2003~2004년까지는 김행란 농업연구관 연구팀이 전라남도와 경상북도를 대상으로 매년 1개도씩 조사 · 발굴하였고, 2005년에는 경상남도와 제주도 2개도를 동시에 조사 · 발굴하였다. 서울, 부산, 대구, 인천, 광주, 대전, 울산 등 특별 · 광역시의 경우 시를 포함하고 있는 도와 함께 조사하였다(예 : 서울, 인천은 경기지역 조사에 포함).

【조사방법】

문헌을 통한 자료 수집

본 조사에 사용한 문헌으로는 전통음식 또는 향토음식에 관한 자료로, 논문 및 학회지, 단행본, 향토문화지, 전국 시군 및 농촌진흥기관에서 발간한 향토음식 책, 팸플릿, 리플릿, 인터넷 자료 등을 이용하여 자료를 수집하고 정리하였다.

설문지를 통한 자료 수집

전국 시 · 군 농업기술센터를 통하여 전통향토음식에 관심이 있는 전문가, 일반인, 전통향토음식 관련 조직(전통음식연구회, 우리음식연구회, 향토음식연구회)과 생활개선회원 중 해당 지역 출신자를 대상으로 지역에서 먹는 일상음식, 추억의 음식, 지역의 추천음식 등의 음식명과 조리방법을 기록하도록 하여 자료를 수집하였다.

표 2 전통향토음식 조사자료 양식

음식명		분 류			키워드	조리방법		자료 출처			비 고
음식명 1	음식명 2	대분류	중분류	소분류	키워드	재 료	만드는 법	관련 문헌	관련 시군	정보 제공자	비 고
표준어 기재	방언, 사투리					재 료	조리, 가공법	책, 논문 등	문헌 및 정보제공자 해당 시군	이름, 주소	음식의 특징 및 유래

현지답사를 통한 발굴 및 조리법 재현

자료에 의한 지역음식을 정리한 후 조리방법이 미흡하거나 발굴 필요성이 있는 음식, 잊혀져 가는 음식 등에 대하여 시 · 군 농업기술센터의 협조를 받아 현지답사를 하였다. 현지답사는 먼저 면담 조사과정을 거친 후 문헌에 없는 것이나, 문헌에 있다고 해도 음식명만 기록된 것 또는 너무 간단하게 기록되어 재료나 만드는 방법을 정확하게 알 수 없는 것, 시각자료화가 필요한 것 등은 직접 조리하여 시연하도록 하였다. 조리 시연을 통하여 재료와 양을 계량하고 만드는 과정을 정확히 기록하였으며 사진, 슬라이드, 비디오 등으로 촬영하였다.

【자료의 정리】

모든 자료는 엑셀 프로그램(excel program)을 이용하여 표 2와 같이 정리하였다. 음식명은 1과 2로 나누어 1은 표준어로 된 음식명을 기재하였고 2는 방언이나 사투리에 의한 음식명을 기재하였다. 분류는 대분류, 중분류, 소분류로 정리하였으며, 추후 검색 기능을 갖기 위하여 음식에 대한 키워드를 입력하였다. 조리방법에는 재료와 만드는 방법을, 자료 출처에는 관련 문헌, 관련 시 · 군, 정보제공자 등을 기록하였고 비고에 해당음식의 특징 및 유래 등을 기록하였다.

【자료의 표준화】

정리된 자료의 표준화를 위하여 2006~2007년에 '한국의 전통향토음식 발간을 위한 전문가위원회' 를 내 · 외부 전문가 13인으로 구성 · 운영하였다. 위원 중 위원장 및 지역별 전문가를 별도로 선정하였는데, 위원장은 전주대학교 서혜경 교수로 위촉하였고 지역별 전문가로서 경기 지역의 손정우 교수(배화여자대학), 강원 지역의 윤덕인 교수(관동대학교), 충청 지역의 신승미 교수(청운대학교), 경상 지역의 김상애 교수(신라대학교), 전라 및 제주 지역의 서혜경 교수(전주대학교)로 구성하였다. 2년간 6차례 전문가위원회 회의를 통하여 용어 정의, 분류체계 설정, 지역성 및 역사성 검증안 마련, 책자 작성방법 및 자료의 표준화 기준을 정하였다.

3. 전통향토음식의 유형별 분류 기준

한국의 전통향토음식을 분류하는 기준에는 여러 가지 방안이 제시될 수 있다. 조선시대 요리서의 분류법은 주로 재료별 분류법(『음식디미방』(1670년경), 『산림경제』(1715년), 『조선요리』(1940))과 요리기법별 분류법(『시의전서』(1800년대 말), 『조선요리제법』(1930년대), 『조선요리법』(1938년))으로 되어 있으며 『임원십육지』(1827년경)는 요리기법별 분류 속에 재료별로 정리하고 있다(이성우, 1981). 그 외 『요록』(1680년경), 『주방문』(1600년대 말), 『민천집설』(1752년, 1822년) 등은 분류항목이 없거나 세우지 않고 있다(한억, 1996).

현대에는 제조방법별 분류에 따라 발효음식, 절임음식, 건조음식 등으로, 재료에 따라 농산물, 축산물, 수산물 등으로, 지역에 따라 전통음식 470개 품목을 팔도로 나누어 분류하였다(염초애 외, 1999). 또한 한국음식을 용도별로 분류한 후 조리법의 형태로 분류하여 주식류에는 밥, 죽, 국수와 만두 및 떡국류로 분류하고 부식류에는 국 · 탕, 찌개 · 조치, 전골 · 볶음, 찜 · 선, 생채 · 나물, 조림 · 초, 구이 · 적, 전, 마른반찬, 편육 · 족 · 묵, 회 · 숙회, 장아찌, 김치, 젓갈 · 식해로 분류하고 후식류에는 차 · 화채, 떡 · 한과를 분류하기도 하였고(윤덕인, 2005 ; 이효지, 2002) 나물류를 숙채, 생채, 잡채, 기타로 구분하기도 하였다(강인희, 1987).

본 서에서 음식 분류는 윤서석(1984, 1991)의 한국음식에 대한 분류를 기준으로 하였고 강인희(1987)와 황혜성 등(1990), 이효지(2002)의 분류를 참조하였다. 대분류, 중분류, 세분류는 음식유형별로 분류하였고, 세세분류는 재료별로 분류하였다. 그 결과 대분류를 주식류, 부식류, 떡류, 과정류, 음청류, 주류 등 6항목, 중분류를 밥, 죽, 미음 · 범벅 · 응이 등 55항목, 세분류를 43항목, 세세분류를 119항목으로 나누었다. 본 서의 수록방법은 주식류, 부식류, 과정류는 중분류를 기준으로 작성하였고, 떡류, 음청류, 주류는 대분류를 기준으로 작성하였다. 다만, 부식류 중 나물류에 한하여 세분류까지 나누어 표기하였다. 표 3에 음식유형별 분류표를 제시하였고, 표 4에 분류에 대한 정의를 나타냈다.

표 3 음식유형별 분류표

대분류	중분류	세분류	세세분류
주식류	밥		쌀밥, 잡곡 및 견과류밥, 채소밥, 해조류밥, 비빔밥, 기타
	죽		쌀죽, 쌀과 기타 곡류 및 견과류를 섞어 쑨 죽, 육류죽, 어패류죽, 채소죽, 약재죽, 기타죽
	미음 · 범벅 · 응이	미음, 범벅, 응이	
	국수 · 수제비	국수, 수제비	
	만두		
	떡국		
	기타		
부식류	국	맑은국	육류, 어패류, 채소류, 해조류, 알류, 기타
		토장국	육류, 어패류, 채소류, 해조류, 기타
		곰국	육류, 어패류, 기타
		냉국	육류, 어패류, 채소류, 기타
	찌개 · 전골	찌개	육류, 어패류, 채소류, 기타
		전골	육류, 어패류, 채소류, 기타
	김치		배추류, 무류, 기타 엽채류, 기타 근채류, 과채류, 해조류, 기타
	나물	생채, 숙채, 기타	
	구이		육류, 어패류, 채소류, 기타
	조림 · 지짐이	조림	육류, 어패류, 채소류, 기타
		지짐이	육류, 어패류, 채소류, 기타
	볶음 · 초		육류, 어패류, 채소류, 해조류, 곡류 및 두류, 기타
	전 · 적	전	육류, 어패류, 채소류, 해조류, 기타
		누름적 (산적)	육류, 어패류, 채소류, 해조류, 기타
	찜 · 선	찜	육류, 어패류, 채소류, 알류, 기타
		선	어패류, 채소류, 기타
	회	생회	육류, 어패류, 해조류, 기타
		숙회	어패류, 채소류, 해조류, 기타
		초회	어패류, 채소류, 해조류, 기타
		무침	어패류, 채소류, 해조류, 기타
		강회	어패류, 채소류, 해조류, 기타
		물회	어패류, 기타
	마른반찬	부각	채소류, 해조류, 기타
		자반	어패류, 해조류, 기타
		튀각	해조류, 기타
		포	육류, 어패류
	순대 · 편육 · 족편	순대, 편육, 족편	
	묵 · 두부	묵, 두부	
	쌈	생쌈, 숙쌈	

대분류	중분류	세분류	세세분류
부식류	장아찌		소금물에 담근 것, 간장에 담근 것, 된장에 담근 것, 고추장에 담근 것, 기타
	젓갈 · 식해	젓갈, 식해	
	장	된장류, 고추장류, 간장류, 기타류	
	식초		
	기타		
떡 류	찐 떡		
	친 떡		
	지진 떡		
	삶은 떡(경단류)		
	기타		
과정류	유밀과		
	유과		
	다식		
	정과		
	과편		
	숙실과		
	엿강정		
	당(엿)		
	기타		
음청류	차		
	탕		
	장		
	갈수		
	숙수		
	화채		
	미수		
	식혜		
	수정과		
	즙		
	수단		
	기타		
주 류	약주 · 탁주		
	증류주		
	기타		

표 4 음식분류에 대한 정의

대분류	중분류	정 의
주식류	밥	곡물에 물을 약 1.2~1.5배 붓고 가열하여 전분이 호화상태로 되게 만든 음식으로 쌀만을 이용한 밥이 대표적임. 쌀에 잡곡 또는 견과류를 넣어 짓는 잡곡 및 견과류밥, 채소류를 넣어 짓는 채소밥, 해조류를 넣어 짓는 해조류밥, 밥을 지은 후 다양한 식품 재료를 섞는 비빔밥 등으로 구분됨
	죽	쌀, 보리, 조 등에 물을 6~7배 가량 붓고, 오래 끓여서 쌀알의 전분이 완전 호화되게 한 유동식 상태의 음식. 쌀만을 이용한 죽, 쌀에 기타 곡류와 견과류를 섞어 쑨 죽, 육류를 섞어 쑨 죽, 어패류를 섞어 쑨 죽, 채소를 섞어 쑨 죽, 약재를 섞어 쑨 죽 등으로 구분되며 기타 죽으로 유제품을 섞어 쑨 죽 등이 있음
	미음 · 범벅 · 응이	• 미음 : 곡류에 물을 많이 붓고(10배 이상) 푹 고아서 체에 밭쳐 국물만 마시는 유동식 • 범벅 : 옥수수, 호박, 감자 등을 주재료로 하고, 팥이나 콩을 함께 넣어 익혀서 먹거나 또는 곡식가루를 넣어 쑨 음식 • 응이 : 곡물을 갈아서 앙금을 만들어 말려 두었다가 이것을 이용하여 쑨 죽. 주로 오미자나 향미식품 즙액을 섞어서 충분하게 가열하여 걸쭉하게 만든 것으로 유동식의 하나임. 의이(薏苡)라고도 함
	국수 · 수제비	• 국수 : 메밀가루, 밀가루, 감자가루 등을 주재료로 하여 반죽한 후 면대를 만들어 가늘게 썰거나, 반죽을 국수틀에 넣어 가늘게 뽑은 후 국물에 말거나 또는 비벼 먹는 음식. 국수의 종류는 재료별로 녹말국수, 메밀국수, 밀국수 등이 있고, 조리법에 따라 국수장국(온면), 냉면, 비빔국수(골동면), 칼국수, 제물국수, 건진국수 등이 있음 • 수제비 : 밀가루 반죽을 국수보다 질게 하여, 맑은장국에 손으로 자연스러운 모양으로 얇고 편편하게 떠 넣어 끓인 것. 장국으로는 고기맑은장국, 멸치맑은장국 등이 쓰이며, 지역에 따라 닭을 고아 끓인 미역국에 넣어 끓이기도 함
	만 두	밀가루, 메밀가루 또는 채소(배추, 동아), 얇게 저민 생선살을 껍질로 하고, 쇠고기, 닭고기, 두부, 숙주 등의 소를 넣고 빚은 음식. 조리법은 삶거나, 찌거나, 지지기도 하고, 끓는 육수나 장국 등에 넣어 끓이기도 함. 만두를 싸는 재료와 소의 재료, 빚는 모양에 따라 구분되어 불림
	떡 국	쌀가루를 쪄서 절구에 친 후 가래를 지은 것을 흰떡이라고 하며, 이것을 타원형으로 어슷하고 얇게 썰어 국물에 넣어 끓인 음식. 예전에는 떡국을 끓일 때 국물 재료로 꿩고기를 사용하였으나, 지금은 쇠고기나 닭고기를 사용하고 지역에 따라 굴, 멸치 등의 해산물을 이용하기도 함. 웃고명으로는 고기 볶은 것, 달걀지단, 파 등을 얹음. 개성 지방에서는 떡을 조랭이떡으로 빚어서 조랭이떡국을 끓임
	기 타	주식류에 포함되지만 위의 어느 중분류에도 속하지 않는 음식
부식류	국	육류, 어패류, 채소류, 해조류 등에 물을 넣어 끓임으로써 국물에 재료의 맛이 우러나도록 조리한 것. 조리방법에 따라 맑은장국, 토장국, 곰국 및 탕, 냉국 등으로 나눌 수 있음 • 맑은장국 : 물이나 양지머리국물(육수)에 맑은 국간장으로 간을 맞추어 여러 가지 건더기를 넣고 끓인 국 • 토장국 : 쌀뜨물에 된장이나 고추장으로 간을 맞추어 여러 가지 건더기를 넣고 끓인 국 • 곰국 : 육류의 여러 부위를 푹 고아서 소금으로 간을 맞춘 국 • 냉국 : 끓여서 차게 식힌 물에 맑은 국간장으로 간을 맞추어 끓이지 않고 날로 먹을 수 있는 건더기를 넣어 차게 해서 먹는 국
	찌개 · 전골	• 찌개 : 일명 조치. 국보다 국물을 적게 끓인 국물음식으로서 건더기와 국물을 반반 정도로 끓이는 음식. 간은 국보다 좀 센 편이고, 간을 맞추는 주재료에 따라 된장찌개, 고추장찌개, 젓국찌개 등으로 나뉨 • 전골 : 육류, 어패류, 채소류 등을 색 맞추어 담고 육수를 부어 즉석에서 끓이는 음식
	김 치	채소류와 해조류를 소금에 절이고 고추, 파, 마늘, 생강 등의 갖은 양념과 젓갈을 넣어 버무려 발효시킨 음식. 김치류는 주재료에 따라 배추, 무, 엽채류, 근채류, 과채류, 해조류 등을 이용한 김치로 분류됨

<table>
<tr><th>대분류</th><th>중분류</th><th>정 의</th></tr>
<tr><td rowspan="9">부식류</td><td>나 물</td><td>• 생채 : 채소를 날것대로, 혹은 소금에 절여 양념에 무친 것, 무치는 양념에 따라 고춧가루, 간장, 참기름, 다진 파, 마늘, 설탕, 식초 등으로 무친 것, 초간장에 무친 것, 겨자즙에 무친 것, 호두나 실백즙에 무친 것 등으로 나뉨
• 숙채 : 채소를 데쳐서 양념에 무치거나, 식용유에 볶으면서 양념을 한 것으로 나뉨
• 기타 : 생채와 숙채에 속하지 않는 음식으로 육류와 채소 등 여러 가지 재료를 섞어서 만드는 잡채, 탕평채 등의 음식</td></tr>
<tr><td>구 이</td><td>육류, 어패류나 더덕과 같은 식물성 식품 재료에 소금간 또는 갖은 양념을 하여 불에 구운 음식으로 너비아니, 생선구이, 더덕구이 등이 있음</td></tr>
<tr><td>조림 · 지짐이</td><td>• 조림 : 육류, 어패류, 채소류 등의 재료에 간을 약간 세게 하여 재료에 간이 충분히 스며들도록 약한 불에서 오래 익히는 음식. 조림의 간은 주로 간장으로 하나 고등어, 꽁치같이 살이 붉고 비린내가 강한 생선은 간장에 된장, 고추장을 섞어서 조림
• 지짐이 : 지짐이는 찌개와 조림의 중간쯤에 놓일 수 있는 음식으로서 찌개보다는 국물이 적고 조림보다는 국물이 많게 조리한 음식임. 대체로 일반 어패류가 많이 쓰이며, 때로 전을 부친 것에 국물을 조금 넣고 지짐 음식으로 하는 경우도 있음</td></tr>
<tr><td>볶음 · 초</td><td>• 볶음 : 육류, 어패류, 채소류, 해조류, 곡류 및 두류 등을 손질하여 기름에 볶은 음식의 총칭. 볶음음식은 대체로 200℃ 이상의 고온에서 재료를 볶아야 물기가 흐르지 않으며, 기름에만 볶는 것과 볶다가 간장, 설탕 등으로 조미하는 것 등이 있음
• 초 : 볶음음식의 하나로서 전복초, 홍합초와 같이 간장, 설탕, 기름으로 국물이 없게 바싹 조린 음식</td></tr>
<tr><td>전 · 누름적
(산적)</td><td>• 전 : 육류, 어패류, 채소류, 해조류 등의 재료를 다지거나 얇게 저며서 소금, 후춧가루로 간을 하고 밀가루를 바른 다음 달걀을 씌워 양면을 기름에 지진 음식. 전유어, 전유화, 저냐라고도 함
• 누름적(산적) : 육류, 어패류, 채소류, 해조류를 가늘고(1cm 정도), 길게(8~10cm 정도) 잘라서 꼬챙이에 색을 맞추어 꿰어 밀가루를 묻히고 달걀을 풀어 씌워 프라이팬에서 전 부치듯이 지진 음식의 총칭임. 밀가루 갠 것만 묻혀서 부치는 경우도 있고, 간을 소금 대신 장류로 하는 경우도 있음. 일명 누르미라고도 함</td></tr>
<tr><td>찜 · 선</td><td>• 찜 : 재료를 큼직하게 썰어 갖은 양념을 하여 물을 붓고 오랫동안 끓여서 푹 익혀 재료의 맛이 충분히 우러나고 약간의 국물이 어울리도록 한 음식임. 주로 육류와 어패류 등 동물성 식품을 주재료로 하고 채소류, 알류 등을 부재료로 함. 김을 올려서 찌거나 또는 중탕으로 익히기도 하고, 수증기와 관계없이 그냥 즙이 바특하게 남을 정도까지 삶아서 익히는 방법도 있음
• 선 : 오이, 가지, 호박, 두부와 같은 재료에 소를 넣고 살짝 쪄서 초간장에 찍어 먹는 음식</td></tr>
<tr><td>회</td><td>• 생회 : 육류, 어패류, 해조류를 날것으로 먹는 음식으로 재료를 얇게 포 뜨거나 가늘게 썰어 초고추장, 겨자장 또는 소금, 후춧가루에 찍어 먹는 음식
• 숙회 : 어패류, 채소류, 해조류를 살짝 익혀 만든 회음식
• 초회 : 어패류, 채소류, 해조류 등을 식초와 간장(또는 소금)으로 살짝 간을 하여 만든 회음식
• 무침 : 어패류, 채소류, 해조류 등을 고추장이나 양념에 무친 회음식
• 강회 : 회의 재료를 미나리, 실파 등의 가는 채소류로 예쁘게 말아 초고추장에 찍어 먹는 음식
• 물회 : 생선을 날로 잘게 썰어서 파, 마늘, 고춧가루 등의 양념과 함께 버무린 후 물을 부어서 만든 음식</td></tr>
<tr><td>마른반찬</td><td>육류, 어패류, 채소류, 해조류 등을 소금에 절이거나, 또는 장이나 찹쌀풀을 발라 말려 저장해 두었다가 튀기거나 조리거나 무친 밑반찬용의 음식
• 부각 : 채소류와 어패류에 걸쭉하게 쑨 찹쌀풀을 발라 말려 두었다가 기름에 튀긴 음식
• 자반 : 어패류와 해조류를 간이 세게 절여서 저장해 두었다가 이용한 음식
• 튀각 : 주로 해조류 등의 재료에 아무것도 바르지 않고 잘라 끓는 기름에 튀긴 음식
• 포 : 육류와 어패류를 양념하여 얇게 펴서 말린 음식</td></tr>
</table>

대분류	중분류	정 의
부식류	순대 · 편육 · 족편	• 순대 : 돼지피와 찹쌀, 데친 숙주, 배추우거지 등을 섞어 갖은 양념을 한 후 돼지 창자 속에 꼭 차게 집어 넣고 실로 양끝을 잡아맨 후 찐 음식 • 편육 : 소의 양지머리, 사태 또는 돼지고기 등을 삶아 익혀서 차게 눌렀다가 얇게 저며 쓰는 고기음식 • 족편 : 쇠머리, 쇠족, 사태육, 양지 등을 푹 고아 석이채, 알고명, 실고추를 뿌려 식혀서 묵처럼 엉기게 한 음식
	묵 · 두부	• 묵 : 메밀, 녹두, 도토리, 칡 등의 전분가루에 물을 넣고 풀 쑤듯 쑤어 식혀서 엉기게 한 음식 • 두부 : 콩을 물에 담갔다가 갈아 그 액을 가열하여 비지를 짜 내고 간수(응고제)를 첨가하여 굳힌 음식
	쌈	채소류와 해조류로 밥과 반찬을 함께 싸서 먹는 음식. 쌈에는 재료를 생으로 쓰는 것(생쌈)과 데쳐서 쓰는 것(숙쌈)으로 나뉨
	장아찌	주로 채소류를 소금물, 간장, 된장, 고추장 속에 넣어 삭혀 만든 음식으로, 각종 육류, 어류도 살짝 익혀 된장, 고추장 속에 넣어 만들기도 함
	젓갈 · 식해	어패류의 염장식품으로 숙성 중 자체 효소에 의한 소화작용과 약간의 발효작용이 있고 반찬음식이나 조미용 식품으로 쓰이고 있음. 젓갈의 담금법으로는 소금에만 절인 것, 소금과 술에 절인 것, 기름이나 천초 등 향미를 섞어서 담근 것, 소금과 누룩에 담근 것, 소금과 엿기름과 찹쌀밥 등을 섞어 담근 것 등으로 크게 나눌 수 있음. 각종 육류를 어패류에 섞어서 담근 어육장도 있음 • 젓갈 : 어패류의 살, 내장, 알 등을 20%의 소금으로 절여 자체 내의 자가분해 효소와 미생물에 의해 발효시킨 음식 • 식해 : 소금에 절인 생선살에 밥(조밥, 쌀밥), 무채, 고춧가루, 기타 양념 등을 함께 섞어 발효시킨 음식
	장	콩으로 메주를 쑤어 띄워 담근 간장, 된장, 고추장이 기본장이며, 이외에 계절에 따라 별미로 담는 속성장이 있음
	식 초	신맛을 갖는 대표적인 조미료로 곡물이나 과일을 초산 발효시켜 만든 음식
	기 타	부식류에 포함되지만 위의 어느 중분류에도 속하지 않는 음식
떡 류	찐 떡	일명 시루떡으로 곡물가루와 고명을 시루에 켜켜로 안쳐 쪄서 만드는 떡
	친 떡	곡물로 밥을 짓거나, 곡물가루를 시루에 찐 다음, 절구에 놓고 쳐서 만드는 떡
	지진 떡	곡물가루를 반죽하여 모양을 만들어 프라이팬에서 기름으로 지지는 떡
	삶은 떡	경단류로 곡물가루를 반죽하여 모양을 만들어 삶아 건져 고물을 묻히는 떡
	기 타	떡류에 포함되지만 위의 어느 중분류에도 속하지 않는 음식
과정류	유밀과	밀가루에 꿀, 기름을 넣고 반죽한 것으로 모양을 만들어 기름에 튀겨 낸 다음 즙청한 음식
	유 과	찹쌀가루에 콩물 또는 술을 넣어 반죽하여 쪄 낸 것을 꽈리지게 치댄 후 얇게 밀어 말렸다가 기름에 튀겨 내어 당액과 고물을 묻힌 음식
	다 식	곡물가루, 약재가루, 견과류, 종실류, 꽃가루 등을 꿀에 반죽하여 다식판에 찍어 낸 음식
	정 과	식물의 뿌리, 줄기, 열매 등을 통째로 또는 썰어서 날것 그대로 삶아서 꿀이나 설탕에 졸인 음식
	과 편	신맛이 나는 과일의 즙을 내어 설탕을 넣고 졸이다가 녹말을 넣어 엉기도록 하여 그릇에 쏟아 식힌 다음 편으로 썬 음식
	숙실과	과일이나 식물의 뿌리를 익혀서 다지거나, 익혀서 가루 내어 꿀을 넣고 반죽하여 다시 원래의 모양으로 빚어서 잣가루를 묻힌 것을 난(卵)이라 함. 또한 과일의 모양 그대로를 꿀에 졸여 계핏가루와 잣가루를 묻힌 것을 초(炒)라 함

대분류	중분류	정 의
과정류	엿강정	엿물이나 조청, 꿀, 설탕시럽에 콩이나 깨, 또는 견과류를 넣고 섞어서 반대기를 지어 편으로 썬 음식
	당(엿)	쌀, 찹쌀, 수수, 고구마 등 전분식품에 엿기름을 섞어 당화시켜 졸인 음식
	기 타	과정류에 포함되지만 위의 어느 중분류에도 속하지 않는 음식
음청류	차	각종 약재, 과일, 차잎 등의 재료들을 가루 내거나 말려서, 또는 얇게 썰어 꿀이나 설탕에 재웠다가 끓는 물에 타거나 직접 물에 넣어서 끓여 마시는 음료
	탕	꽃이나 과일 말린 것을 물에 담그거나 끓여 마시는 것과 한약재를 가루 내어 끓이거나 오랫동안 졸였다가 고를 만들어 저장해 두고 타서 마시는 음료
	장	향약, 과실 등을 꿀, 설탕, 녹말을 푼 물에 침지하여 숙성시켜서 약간 시게 하여 마시는 음료
	갈 수	농축된 과일즙에 한약재를 가루 내어 혼합하여 달이거나 한약재에 곡물, 누룩 등을 넣어 꿀과 함께 달여 마시는 음료
	숙 수	향약을 물에 넣어 달여 꿀에 타서 마시는 것으로 조선시대부터는 숭늉을 숙수라 함
	화 채	과일과 꽃을 여러 형태로 썰어서 꿀이나 설탕에 재우거나 그대로 오미자국물이나 설탕물, 꿀물에 띄워 마시는 음료
	미 수	여러 종류의 곡류를 쪄서 볶은 후 곱게 가루 내어 냉수나 꿀물 또는 설탕물에 타서 마시는 음료
	식 혜	엿기름가루를 우려 낸 물에 밥(찹쌀밥 또는 멥쌀밥)을 넣어 일정한 온도와 시간 동안 삭혀서 만든 음료
	수정과	생강과 계피 등을 달인 물에 단맛을 내도록 꿀이나 설탕을 넣고 곶감을 넣은 음료
	즙	과일, 채소, 향약을 잘게 썰어서 즙을 낸 음료
	수 단	곡물을 그대로 삶거나 또는 가루 내어 흰떡 모양으로 빚어서 썬 다음 전분을 묻혀 삶아내고 꿀물에 타거나 띄워서 마시는 음료
	기 타	음청류에 포함되지만 위의 어느 중분류에도 속하지 않는 음식
주 류	약주 · 탁주	곡물을 주재료로 하고 초근목피과실(草根木皮果實) 등의 부재료를 첨가하여 발효시켜 알코올 성분이 있게 만든 음료. 용수를 박아 맑은 술을 떠 낸 것을 약주, 맑은 술을 떠내지 않고 그대로 걸러 짠 술을 탁주라 함
	증류주	곡류와 초근목피과실(草根木皮果實) 등으로 발효시킨 술을 다시 증류하여 알코올 성분을 많이 함유하게 한 술(소주 등)
	기 타	주류에 포함되지만 위의 어느 중분류에도 속하지 않는 음식

4. 전통향토음식 자료의 표준화

【음식명 표기】

① 표준어와 방언 중복 기록 : 표준어명(방언명)

② 조리법이 유사하나 다른 음식명이 기록된 경우

예) 매생이탕 - 매생이국은 매생이국(매생이탕)으로 표기하고 통합 정리

감자밥 - 통감자밥은 감자밥으로 통합하고 감자밥에서 통감자밥 언급

③ 음식명이 같으나 조리법이 다른 경우
예) 매생이국 '방법 1', '방법 2' 등으로 표기

④ 나물, 생선 등을 이용한 음식의 표기
- 산나물밥, 나물무침 : 음식명에 산나물밥을 표기하고 참고사항에 "사용할 수 있는 산나물은 고사리, 취나물 등이 있다"로 설명함
- 나물명을 표기 가능한 것은 참나물, 고사리나물 등으로 정확히 표기
- 매운탕, 생선매운탕 : 어종을 표기하든가, 하단에 민어, 우럭 등을 사용한다고 설명

⑤ 곤지암소머리국밥, 백암순대 등 지명이 붙은 음식명 그대로 표기 : 지명이 붙은 음식은 '참고사항'에 그 음식의 유래 설명

【재료의 분량 표기】

① 가능한 한 기본 4인분, 부식류 중 김치, 젓갈 및 식해, 장, 떡류 등 일반적으로 대량 조리하는 음식은 대량 조리가 가능한 분량으로 표기하였음
- CGS 단위를 사용하되 소비자가 알기 쉽도록 개, 컵 등 중복 표현
  예) 대파 20g(1뿌리), 감자 100g(1개)
- 주·부재료는 CGS 단위, 양념류는 컵, 큰술, 작은술 사용

② 재료 표기 순서 : 주재료, 부재료, 양념순으로 하고 필요시 양념장의 재료는 별도 표기

※ 실험조리 및 현지 조리법을 재현한 품목 이외의 일부 음식에 대한 재료의 분량은 표기가 불가능하였음

【재료, 만드는 방법 표기】

① 작성방법 : 기준서를 따라 작성하되 세부사항은 전문가 협의회에서 검토

※ 기준서 : 신승미 외, 한국 전통음식 전문가들이 재현한 우리 고유의 상차림, 교문사, 2005

② 재료 및 만드는 법 등을 표준어로 표기 : 사투리는 '참고사항' 부분에 별도 기록

③ 조리과정을 과학적으로 설명하기 위해 ( ) 안에 세부 설명을 제시 : 송송썰기(0.5cm 길이), 납작썰기(2×1×0.3cm) 등

【출처 및 정보제공자 표기】

① 책자 : 저자, 서명, 출판사, 발행년도(발행년도의 오름차순으로 입력)

② 논문 : 저자, 논문제목, 학회지명, 권호, 연도(발행년도의 오름차순으로 입력)

③ 정보제공자 및 조리시연자 : 이름, 주소, 주소의 경우 동 또는 리까지만 표기, 이하의 주소 및 전화번호 삭제(이름의 가나다순으로 입력)

【조리방법 설정】

① 현지조사 및 조리법 재현 자료
② 농촌진흥청 농업과학기술원 농촌자원개발 연구소의 조리 실험에 의한 조리방법 : 농촌 식생활 향상을 위한 식생활 평가시스템 개발연구 보고서(농촌진흥청, 2000)
③ '소비자가 알기 쉬운 식품영양가표' 인용(농촌진흥청 농촌생활연구소, 2002)
④ 참고문헌에 의한 설정(출처 반드시 기록)
⑤ 식품교환표, 사진으로 보는 음식의 눈 대중량 참고한 조리방법 설정
⑥ 조리방법 설정이 불가능할 경우 재료명만 쓰기

표 5 재료, 만드는 법 용어 표기방법

	일반적 표기법	통일된 표기법
분량 및 기구	C	컵
	Ts, T	큰술
	ts, t	작은술
	번철, 후라이팬, 프라이팬	팬
	남비	냄비
	1과 $\frac{1}{2}$컵, 1 1/2컵	1$\frac{1}{2}$컵
	되, 말, 홉, 짝	g, mL(컵)
재 료	건고추	마른고추
	검정콩, 흑태	검은콩
	계란	달걀
	계피가루, 계피	계핏가루, 통계피
	고추 가루, 고추가루	고춧가루
	꼬지, 꼬챙이	꼬치
	녹말가루	전분
	다대기	다진 양념
	다시물, 맛국물, 고기국물	장국국물, 육수
	돈육	돼지고기
	들깻잎	깻잎
	메주가루	메줏가루
	면보, 베보자기	면포
	무우	무
	밥물	밥짓는 물
	소고기	쇠고기
	양념용 깨	깨소금, 통깨
	양념으로 사용하는 마늘, 파, 생강	다진 마늘, 다진 파, 다진 생강
	양념이 아닌 마늘	마늘, 통마늘
	양조간장, 진간장, 왜간장, 간장	간장

	일반적 표기법	통일된 표기법
	청장, 집간장, 조선간장	국간장
	적당량, 적정량	적량
	조금, 소량	약간
	집청액, 시럽	즙청액
	청고추	풋고추
	콩기름, 기름, 튀김기름	식용유
	파	대파, 쪽파, 실파
	표고, 마른 표고버섯	표고버섯, 건표고버섯
	호박	애호박, 단호박, 늙은 호박
	홍고추	붉은 고추
	황율	황률(말린 밤)
	황 · 백지단, 황백색지단	황백지단
	후추	후춧가루, 통후추
만드는 법	파, 마늘, 풋고추, 생강 다지는 과정은 문장에서 삭제	재료에 다진 파, 다진 마늘 등으로 표기
	~을 곁들여 낸다. ~을 담아 낸다.	곁들인다.
	~을 졸인다.	~을 조린다.
	서술형으로 표현된 것	1, 2, 3 등으로 간결하게 표현

표 6 썰기 표현의 표기방법

	썰기방법		규격(길이×폭×두께)	이용되는 음식
깎 기	돌려 깎기		5cm 길이	호박, 오이 등
	둥글려 깎기		밤톨 크기	감자, 당근, 무 등
썰 기	채 썰기	아주 가는 채	5×0.1×0.1cm	구절판 등
		가는 채	5×0.2×0.2cm	무생채, 도라지생채 등
		굵은 채	5×0.3×0.3cm	잡채 등
	나박썰기		2.5×2.5×0.2(0.3)cm	나박김치, 무국 등
	깍둑썰기		사방 2cm	깍두기 등
	직사각형 썰기		5×1×0.3cm	겨자채, 무숙장아찌 등
	마름모 썰기		폭 2cm	지단, 미나리초대 등
	원형썰기		0.2~0.3cm	오이생채 등
	반달썰기		0.4~0.5cm	된장찌개, 생선찌개의 부재료 등
	부채꼴(은행잎)썰기		재료를 십자로 4등분	조림음식 등의 고명 등
	어슷썰기		0.3cm	대파, 고추 등
	편 썰기		0.2~0.3cm	홍합초의 생강 등
다지기	다지기		사방 0.1cm	마늘, 파 양념 다지기 등
	굵게 다지기		사방 0.2~0.3cm	고추, 파 등

자료 : 홍진숙 외, 기초한국음식, 교문사, 2007

5. 전통향토음식의 지역성 검증

1999~2005년까지 농촌자원개발연구소에서 조사·발굴한 전국 9개도 1만 4,308종의 음식자료의 지역성 검증 및 『한국의 전통향토음식』 발간을 위한 전문가위원회를 구성하였다. 전문가위원 중 지역성 검증을 위한 지역별 전문가 5명을 별도로 선정하였는데, 경기 지역의 검증위원에 손정우 교수(배화여자대학), 강원 지역의 검증위원에 윤덕인 교수(관동대학교), 충청 지역의 검증위원에 신승미 교수(청운대학교), 경상 지역의 검증위원에 김상애 교수(신라대학교), 전라 및 제주 지역의 검증위원에 서혜경 교수(전주대학교)로 구성하였다. 지역성 검증을 위한 전문가는 우리나라 전통음식 또는 향토음식에 조예가 깊고 조리 또는 향토음식과 관련하여 연구실적을 발표해 온 교수들로 선정하였다. 2006~2007년까지 6차례의 전문가협의회를 통하여 각 지역별 전통향토음식의 지역성 검증에 관한 절차와 방법을 논의하였고, 이를 바탕으로 해당 지역 지역성 검증위원이 해당 지역의 음식인지 여부를 검토하였다.

전문가협의회를 통해 지역성 검증을 위한 지역 구분은 행정구역상 구분을 따르기로 결정하였고, 그에 따라 검증 지역을 서울·인천·경기 지역, 강원 지역, 충북 지역, 대전·충남 지역, 전북 지역, 광주·전남 지역 , 대구·경북 지역, 부산·울산·경남 지역, 제주 지역 등 9개 지역으로 나누었다. 조사·발굴된 전통향토음식 중 각 지역음식에 포함될 음식의 1차적 기준을 설정하였다. 음식명이 우리나라 고유 언어로 불린 음식으로 한정하여 카레나 케첩 등은 제외하였고 조리법에서도 우리나라 고유의 조리법을 활용한 음식으로 한정하였다. 식품재료 사용에서도 우리나라에서 1970년 이전(수입농산물이 급격히 증가하기 전)에 사용해 온 것으로 한정하여 현대에 이르러 새롭게 식품재료로 활용되고 있는 흑미 등으로 조리된 음식은 제외하였다. 또한 전체적으로 '재료', '조리법', '음식명'에서 우리 고유의 음식 특색이 없는 것은 제외하였다. 지역성 검증 작업을 진행하면서 몇 번의 협의와 수정을 거쳐 최종적으로 지역성 검증 기준을 다음과 같이 마련하였다.

첫째, 해당 지역의 특산물을 이용한 음식이어야 한다. 여기서 '해당 지역의 특산물'이라 함은 그 지역에서 최소한 1970년대 이전부터 많이 재배되어 오는 농수산물을 말하며, 최근에 이르러 많이 재배되거나 전략적인 특산물로 홍보되는 작물은 제외하였다.

둘째, 해당 지역의 독특한 조리법에 의하여 만들어진 음식이어야 한다. '미역국'이라도 다른 지역과 차별되는 그 지역만의 독특한 조리법이나 재료를 사용하면 그 지역의 음식으로 간주하였다.

셋째, 그 지역 주민이 선호하는 음식이어야 한다. 오래 전부터 그 지역 주민들이 즐겨 먹어 온 음식이어야 하고, 예전에는 먹지 않았으나 교통·통신수단의 발달로 타 지역에서 유입된 후 현대에 이르러 많이 먹는 음식은 제외하였다.

넷째, 그 지역의 환경과 관련성을 가진 음식이어야 한다. 그 지역의 독특한 자연환경, 생활상, 문화 등과 관련성이 있는 음식은 지역음식으로 간주하였다.

다섯째, 학술지나 고문헌, 각 지역에서 발간된 향토음식 관련 책자 등에서 그 지역음식으로 검증된 음식이어야 한다. 학술지나 고문헌, 향토음식 관련 책자 등에서 학술적으로 검증된 자료를 인용할 경우 반드시 문헌명과 출처를 제시하여야 한다.

이와 같이 다섯 가지로 지역성 검증 기준을 마련하였고, 이 다섯 가지 중 어느 한 조건이라도 만족하는 경우 그 지역의 음식으로 간주하였다. 이러한 검증 작업의 결과 최초의 조사 · 발굴된 1만 4,308종의 음식자료에서 최종적으로 3,300여 종의 음식이 지역음식으로 선정되었다.

6. 고문헌을 통한 역사성 검증

본 서에 실린 각 도별 전통향토음식의 역사성 검증은 장혜진 · 이효지 연구(1989)의 고문헌 고찰방법을 채택하였다. 고문헌 고찰을 하기 위해서는 가장 먼저 고찰할 문헌들을 결정해야 하므로 문헌 선택을 위한 몇 가지 기준을 정하였다. 첫째, 조선시대 이후에 출간된 조리서나 식품에 관련된 문헌을 대상으로 하였다. 쉴즈(Shils, 1992)에 의하면 어떤 신념이나 행위모형이 '전통'이 되기 위해서는 적어도 2번의 전승과 3세대의 간격이 필요하다고 하였다. 여기서 2번의 전승과 3세대의 간격이란 최소한 100년 동안의 전승이 있어야 한다는 의미이며, 조선시대의 고조리서에 등장한 음식이라면 이러한 100년 전승의 조건을 충분히 만족하는 것으로 판단하였다. 또한 조선시대는 농경을 중시하여 곡식과 채소의 생산이 늘어났고 그에 따라 식생활 문화가 발달하여 반가에서 음식 만드는 조리서들이 쓰여지기 시작하였다. 따라서 조선시대에 등장한 고조리서 고찰은 본 책지에 실린 음식들의 역사성을 검증하는 작업에 충분한 것으로 사료된다.

문헌을 선정하는 두 번째 기준으로 작업의 편이성을 위하여 한글 번역이 되어 있는 고조리서로 선정하였다. 만약 한글 번역이 되어 있지 않았는데, 내용상 고찰이 필요한 고조리서의 경우에는 그 고조리서를 분석한 학술논문 고찰로 대신하였다. 『도문대작』, 『주방문』, 『음식법』, 『부인필지』 등이 이에 해당한다.

세 번째로 조선 전기부터 일제시대까지 전체를 아우를 수 있게 약 50~100년 간격으로 문헌이 출간된 시점을 고려하였다. 역사성 검증을 위해 선정된 문헌은 표 6에, 학술논문은 표 7에 정리하였다. 선정된 각 문헌의 내용과 특징을 간략히 살펴보면 다음과 같다.

산가요록(山家要錄)

1449년 전순의가 지은 종합농서로서 식품 부분에 있어서는 우리나라에서 가장 오래된 최초의 식품서적으로서의 가치가 있다. 책의 내용은 양잠, 종상(種桑), 과수, 죽목(竹木), 채소, 염료작물, 가축 등의 농업 부분과 주류, 장류, 식초류, 침채류, 과일 · 채소류 저장, 어육류 저장, 동절양채, 죽류, 병과류, 국수 · 만두류, 과정류, 좌반류, 식해류, 기타 조리법 등의 식품 부분으로 나누어 만드는 법을 설명하고 있으며 이와 함께 옷 만들기 길한 날과 여러 가지 염색방법에 대해서도 기록하고 있다. 식품 부분은 중국농서를 참고하지 않아 그 시대의 전통적인 한국 고유의 식품을 기록하였다고 생각되고, 식품 부분이 180항목 내외로 그 내용이 다양하고 풍부한 특징이 있다.

표 7 역사성 검증을 위해 선정된 문헌

문 헌	원저자	원저 발행년도	역 자	발행처	발행년도
산가요록(고농서 국역총서 8)	전순의	1449	농촌진흥청	농촌진흥청	2004
식료찬요(고농서 국역총서 9)	전순의	1460	농촌진흥청	농촌진흥청	2004
수운잡방 · 주찬	김수	1500년대	윤숙경 역	신광출판사	1998
도문대작[1]	허균	1611			
지봉유설	이수광	1614	남만성 옮김	을유문화사	1980
음식디미방(경북대학교 고전총서 10)	석계부인, 안동 장씨	1670년경	경북대학교 출판부	경북대학교 출판부	2003
주방문[1]	하생원	1600년대 말엽			
산림경제 2권(고전국역총서)	홍만선	1715	민족문화추진회	민문고	1967
증보산림경제	유중림	1765	윤숙자 역	지구문화사	2005
규합총서	빙허각 이씨	1815	정양완	보진재	1999
음식법[1]	미상	1854(추정)			
시의전서	미상	1800년대 말엽	이효지 외	신광출판사	2004
부인필지[1]	미상	1915			
조선무쌍신식요리제법	이용기	1924	옛음식연구회	궁중음식연구원	2001
조선요리제법	방신영	1942		한성도서 주식회사	1942

주 : 1) 이 고문헌들은 한글로 번역된 문헌을 찾을 수 없어 문헌들을 분석한 학술논문을 참고로 하였다. 참고한 학술논문은 표 8에 제시하였다.

식료찬요(食療纂要)

1460년 의관을 지낸 전순의가 지은 의서로서 현존하는 고서 중 최고의 식이요법서이다. 병을 치료하는 데 식품으로 치료하는 것을 우선해야 함을 강조하여 식이요법의 중요성과 실용적인 조문만 뽑아 간편하게 찾도록 구성하였다.

수운잡방(需雲雜方) · 주찬(酒饌)

김수가 지은 1500년대 조리서로서 고려 말에서 조선 전기의 음식 조리법과 안동 사림계층의 식생활을 엿볼 수 있는 특징이 있다. 그 내용은 술 빚는 법, 장류, 김치, 식초류, 채소 저장법, 과일 저장법, 조과 만들기, 타락, 엿 만들기 등이 포함되어 있으며 우리나라에 고추가 유입되기 전의 조리서이기 때문에 고춧가루를 넣지 않은 김치가 기록된 문헌이다.

도문대작(屠門大嚼)

1611년 허균이 바닷가에 귀양가서 거친 음식만 먹게 되자 견딜 수 없어 전에 먹어 보았던 음식을 떠올리며 기록하면서 자신이 도살장문(屠門)을 바라보고 그게 씹는(大嚼) 것과 같다고 하여 붙여진 이름이다. 그 내용은 식품을 분류하여 식품의 특징과 명산지를 기록하고 떡과 한과류를 중심으로 서울의 음식을 소개하였다. 이를 통하여 광해군시대의 식품재료와 각종 음식을 한눈에 볼 수 있다는 것과 다른 조리서들과 비교하였을 때 지역성을 알 수 있다는 점이 특징이다.

표 8 역사성 검증을 위해 선정된 학술논문

저 자	논문제목	학술지	연 도
이효지	『규곤시의방』의 조리학적 고찰	대한가정학회지, 19(2)	1981
이효지	『규합총서』, 『주식의』의 조리과학적 고찰	한양대학교 사대논문집	1981
김귀영 · 이성우	『주방문의』 조리에 관한 분석적 연구	한국식생활문화학회지, 1(4)	1986
이광자	우리나라 문서에 기록된 찬물류의 분석적 고찰	한양대학교 교육대학원 석사학위논문	1986
이효지	조선시대의 떡문화	한국조리과학회지, 4(2)	1988
장혜진 · 이효지	주식류의 문헌적 고찰	한국식생활문화학회지, 4(3)	1989
윤서석	한국의 국수문화의 역사	한국식생활문화학회지, 6(1)	1991
윤서석 · 조후종	조선시대 후기의 조리서인 『음식법』의 해설 1	한국식생활문화학회지, 8(1)	1993
	조선시대 후기의 조리서인 『음식법』의 해설 2	한국식생활문화학회지, 8(2)	1993
	조선시대 후기의 조리서인 『음식법』의 해설 3	한국식생활문화학회지, 8(3)	1993
이효지 · 차경희	부인필지의 조리과학적 고찰	한국식생활문화학회지, 11(3)	1996
김기숙 · 백승희 · 구선희 · 조영주	『음식디미방』에 수록된 채소 및 과일류의 저장법과 조리법에 관한 고찰	중앙대학교 생활과학논집 12권	1999
김기숙 · 이미정 · 강은아 · 최애진	『음식디미방』에 수록된 면병류와 한과류의 조리법에 관한 고찰	중앙대학교 생활과학논집 12권	1999
이은욱	조선 후기 식기 및 음식의 특색과 변화	이화여자대학교 석사학위논문	2002
김미희 · 유명님 · 최배영 · 안현숙,	『규합총서』에 나타난 농산물 이용 고찰	한국가정관리학회지, 21(1)	2003
차경희	『도문대작』을 통해 본 조선 중기 지역별 산출 식품과 향토음식	한국식생활문화학회지, 18(4)	2003
김희선	어업기술의 발전 측면에서 본 『음식디미방』과 『규합총서』 속의 어패류 이용 양상의 비교 연구	한국식생활문화학회지, 19(3)	2004

지봉유설(芝峰類說)

1614년 이수광에 의해 편찬되었고 3,435조목을 25부문 182항목으로 나누어 설명하고 반드시 그 출처를 밝혔으며 실학사상에 입각하여 서구 문명을 소개한 것이 특징이다. 25부는 천문 · 시령(時令) · 재이(災異) · 지리 · 제국(諸國) · 군도(君道) · 병정(兵政) · 관직 · 유도(儒道) · 경서(經書) · 문자 · 문장 · 인물 · 성행(性行) · 신형(身形) · 어언(語言) · 인사(人事) · 잡사(雜事) · 기예(技藝) · 외도(外道) · 궁실 · 복용(服用) · 식물(食物) · 훼목(卉木) · 금충(禽蟲)으로 음식에 대한 설명은 식물부(食物部)에 기록되어 있다.

음식디미방(규곤시의방, 閨壼是議方)

1670년경 안동 장씨의 친정집과 시댁의 음식법을 수록한 책이다. 이 책의 명칭은 두 가지로서 한 가지는 『음식디미방』으로 본문의 첫머리에 표기된 권두서명이고, 또 하나는 『규곤시의방(閨壼是議方)』으로 겉표지에 쓰인 서명이다. 예로부터 전해져 오는 음식과 스스로 개발한 음식에 대하여 면병류 18종, 어육류 42종, 과채류 19종, 주류 및 초류 54종을 수록하였고, '맛질방문' 에 면병류 9종, 어육류 4종을 포함하여 총 146개항에 달하는 음식조리법을 서술하였다. 이

책의 특징은 후손에게 전통적인 조리법을 전해 주려고 한 것으로서 여성이 기록한 옛 조리서라는 것과 최초의 한글 조리서라는 데 의의가 있다.

주방문(酒方文)

1600년대 말 하씨 성을 가진 생원에 의해 지어진 것으로 알려져 있다. 술과 관련된 항목 28종과 음식과 관련된 항목 50종을 포함하여 총 78종에 대한 조리와 가공법을 한글로 설명하고 있다.

산림경제(山林經濟)

1715년 홍만선이 백성들을 위하여 편찬한 책으로 일상생활에 필요한 여러 가지 문제를 체계적으로 분류한 것이 특징이다. 당시의 중국 서적과 우리나라 서적을 참고하여 농촌 가정에서 알아야 할 것을 기록하였고, 각 조목마다 인용서목을 적어 넣어 학문적 가치가 큰 책이다.

증보산림경제(增補山林經濟)

1766년 유중림에 의해 편찬된 한문 필사본으로 산림경제를 검토하여 토속성이 없는 것은 제외하거나 보충하여 그 내용을 방대하게 늘린 특징이 있다.

규합총서(閨閤叢書)

1815년경 빙허각 이씨에 의해 편찬된 것으로 산림경제, 고사신서, 해동농서를 참고하여 [주식의(酒食議)], [봉임측(縫紝則)], [산가락(山家樂)], [청낭결(青囊訣)]로 구분하여 내용을 구성하였으며 전통적인 의식주에 대하여 설명한 가정백과의 성격을 띠고 있다. [주식의(酒食議)]는 장 만들기, 술 빚기, 밥, 떡, 과즐 등의 내용을 설명하고 있고, [봉임측(縫紝則)]은 재봉, 염색, 방직, 자수, 양잠, 그릇과 등잔관리 등에 대한 내용을 포함하며, [산가락(山家樂)]은 밭일, 꽃재배, 가축 기르기에 대한 내용을 담고 있다. [청낭결(青囊訣)]은 태교, 아이 기르기, 구급법 등에 대하여 설명하고, 끝으로 『술주략』은 집과 여러 환난에 대처하는 방법 등을 기록하고 있다. 이는 우리나라 여성이 우리의 기후와 풍토에 맞는 실용적인 지혜를 바탕으로 저술한 책으로서 의의가 있다.

음식법(찬법, 饌法)

조선 후기 갑인년(1854년으로 추측)에 어느 가정에서 혼인하는 딸에게 내려 준 조리서로 알려져 있다. 책의 내용은 음식명이 기록된 127종과 음식명 없이 내용만 기록된 14종을 포함하여 총 141종의 음식과 제과유독, 제체유독, 음식 금기에 대한 내용이 포함되어 있다. 찬합음식의 종류와 담는 방법이 자세히 기록되고, 음식 규범에 대한 언급이 수록되어 있는 것이 특징이다.

시의전서(是議全書)

1800년대 말 작자미상의 책으로 422종의 음식이 상권과 하권으로 나누어 설명되고 있다. 또한 5첩 반상, 7첩 반상, 9첩 반상, 신선로상, 입맷상, 술상, 곁상의 반배도가 그려져 있고, 조리법의 분류가 잘 되어 있다. 또한 그 시대의 전통식품을 한눈에 볼 수 있다는 것과 제물부(祭物部)를 독립시켜 당시 제사를 중요하게 생각했다는 것을 알 수 있는 특징이 있다.

부인필지(夫人必知)

빙허각 이씨의 규합총서에서 가정생활에 필요한 내용을 추려 1915년에 편찬한 것으로 115종의 음식이 수록되어 있다. 그 외에도 과채수장법, 제과독, 제유수취법, 의복, 길쌈, 좀 못 먹게 하는 법, 수 놓는 법, 사물, 물류 상감 등이 기록되어 있다.

조선무쌍신식요리제법(朝鮮無雙新式料理製法)

『임원십육지』의 [정조지]를 한글로 번역하고 신식요리를 곁들여 1924년에 이용기에 의해 편찬된 책이다. 손님 접대하는 법, 상 차리는 법, 상극이 되는 음식물, 아이 밴 이가 못 먹는 것, 우유 먹는 법 등이 수록되어 있고 서양요리, 중국요리, 일본요리 만드는 법 또한 수록되어 있다. 또한 밥, 장, 고추장, 된장, 초, 술, 소주, 국, 창국, 누룩, 김치, 장아찌, 떡, 국수, 만두, 전유어, 나물, 생채, 지지미, 찌개, 찜, 적, 구이, 회, 편육, 어채, 백숙, 묵, 선, 포, 마른 식품, 자반, 볶음, 조림, 무침, 쌈, 젓갈, 죽, 미음, 응이, 암죽, 차, 기름, 청량음료, 타락, 두부, 화채, 숙실과, 유밀과, 다식, 편, 당전과, 정과, 점과, 강정, 미시, 엿 등의 종류와 만드는 법에 대하여 설명하고 잡록 11종과 부록 22종에 대한 조리법과 양념, 각색가루, 소금 만드는 법에 대해서도 기록되어 있다.

조선요리제법(朝鮮料理製法)

방신영에 의해 편찬된 책으로 한국요리의 모체로 인정받고 있으며 1913년, 1917년, 1942년, 1954년에 판을 거듭하여 개정하였다. 1942년도 증보 개정판의 내용은 기명, 식물, 수육, 어육에 대한 해석과 음식 저장법, 남은 음식 · 상한 음식 · 해독 등에 대한 주의할 사항을 기록하였다. 또한 양념류, 분말제조법, 기름, 소금, 당류, 초, 장, 젓, 김치(김장김치), 김치(보통 때 김치), 찬국, 장아찌, 조림, 찌개, 지짐이, 찜, 볶음, 무침, 나물, 생채, 전유어, 구이, 자반, 적, 편육, 포, 마른 식품, 회, 어채, 쌈, 묵, 잡록, 떡국, 만두, 국수, 편, 정과, 강정, 엿강정, 숙실과, 다식, 유밀과, 화채, 차 다리는 법, 죽류, 국, 밥, 떡 등의 종류와 조리법에 대하여 설명하였다. 그 외에도 각 절기의 잔치, 상 차리는 법, 어린아이 젖먹이는 법이 기록되어 있다.

위의 문헌들에 대한 구체적인 고찰방법은 첫 단계로, 고문헌에서 나타난 음식명과 본 서에 수록된 음식의 이름이 일치하는지를 조사하였다. 음식명이 일치하는 경우 그 음식에 대한 현재의 조리법 및 식품재료와 고문헌에서 나타난 조리법과 식품재료가 일치하는지를 확인하였다. 두 번째로 고문헌에서 나타난 음식명과 일치하는 음식명이 없는 경우 조리법과 식품재료와 대한 비교 작업을 수행하였다. 음식명이 일치하지 않더라도 조리법과 식품재료의 비교에서 고문헌에 의한 방법과 현대의 방법이 유사하다면 그 음식의 역사성은 검증되는 것으로 판단하였다. 모든 음식의 검증자료는 엑셀로 데이터베이스(DB)화하였고, 그 방법은 그림 1과 같다.

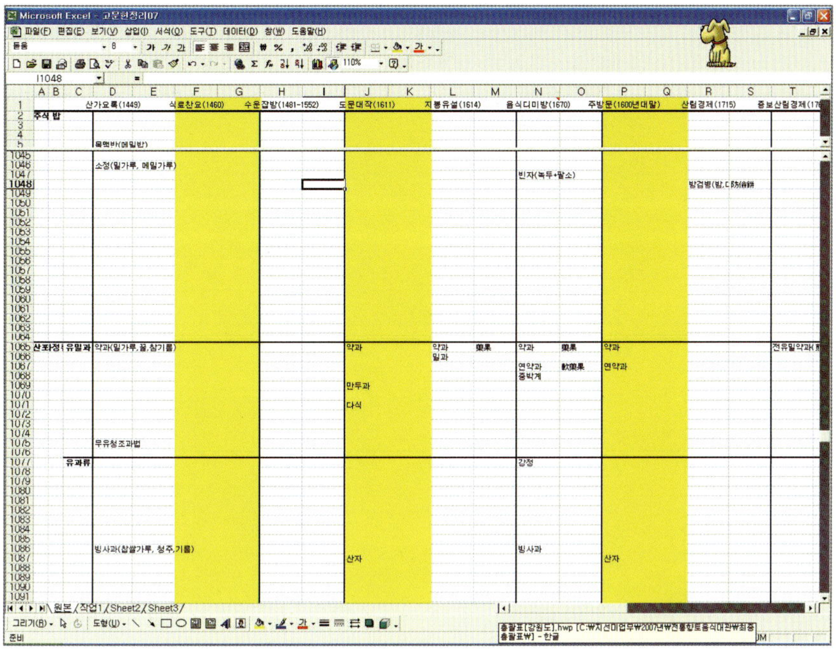

고 서	산가 요록	식료 찬요	수운 잡방, 주찬	도문 대작	지봉 유설	음식 디미 방	주방 문	산림 경제	증보 산림 경제	규합 총서	음식 법	시의 전서	부인 필지	조선 요리 제법	조선무쌍신 식요리제법
약 과	1			1	1	1	1			1		1	1	1	1

그림 1 엑셀 프로그램에 의한 음식명 일치 검색 예시

서울·京畿道

제2부

서울 · 경기도

전통향토음식

제1장

서울·경기도의 전통향토음식 발달 배경과 특징

1. 서 론
2. 서울 · 경기도의 지리적 특성 및 특산물
3. 서울 · 경기도 전통향토음식 발달의 역사적 · 사회문화적 배경
4. 서울 · 경기도 전통향토음식의 특징
5. 서울 · 경기도의 대표적 향토음식
6. 서울 · 경기도의 상차림
7. 서울 · 경기도의 명절과 시절음식
8. 서울 · 경기도의 통과의례음식

제1장
서울 · 경기도의 전통향토음식 발달배경과 특징

손정우 배화여자대학 교수

1. 서 론

서울 · 경기도는 고려시대 수도였던 개성과 조선시대 수도였던 서울이 위치하고 있어 문화의 중심지로 유구한 역사가 있으며 격식을 존중하는 왕실의 존재가 이 지역 음식문화에 많은 영향을 주었다. 이 지역에는 경기도 북부와 동부에 위치한 산과 서쪽에 맞닿은 서해바다, 여주, 이천, 김포로 이어지는 비옥한 평야에서 산출되는 풍부한 산물로 고급스럽고 맵시 있는 음식을 만들었고 정성과 손이 많이 가는 귀한 음식이 주류를 이루고 있다.

서울 · 경기도의 전통향토음식 검증을 위하여 고조리서 분석을 통한 지역음식 전승에 대한 역사적 연구, 향토음식 및 전통음식에 관련된 서적 연구, 서울 · 경기 지역 출신을 대상으로 한 면담조사, 서울 · 경기 지역 주민의 가내 전승음식 조사, 서울 · 경기 지역 전문음식점 탐방, 지방자치단체에서 선정한 지역 특산물을 이용한 음식자료 등을 종합적으로 수집 · 분석하여 음식 및 식품재료의 역사성 · 타당성 등을 고려하였다.

2. 서울 · 경기도의 지리적 특성 및 특산물

서울은 대한민국의 수도로 동경 126°, 북위 37°에 위치하여 한반도의 중심부에 있으며 면적은 605.42km^{2}로 전 국토의 0.6%에 불과하지만 한국의 경제와 금융, 교육, 문화가 집중되어 있다.

서울은 한강 줄기의 하류에 위치하고 있으며 서울의 동서 방향으로 한강이 흐르고 있다. 북한산 · 도봉산 · 인왕산 · 관악산 등에 둘러싸여 있고 기온은 저온 평균 −4.9°C, 고온 평균 25°C로 사람과 생물이 살기에 적당하다. 사계절이 분명하여 산나물이며, 과일류, 채소류, 어패류의 종류가 계절에 따라 다르게 생산되어 사계절 다른 음식을 먹을 수 있다. 서울에서 생산되는 식품은 그리 많지 않지만 서울은 각 지방에서 올라오는 사람들로 왕래가 잦은 곳이라 대부분의 식품도 함께 서울로 반입되어 소비되는 곳이며, 어느 지역보다도 다양한 재료와 음식을 선보이고 있다. 서울은 음식도 다양하고 고급스럽지만 '남주북병(南酒北餠), 즉 남산골에서는 양주(釀酒)를 잘하고 북촌에서는 맛있는 떡을 잘 만든다.' 는 말이 있듯이 술과 떡이 발달하였다.

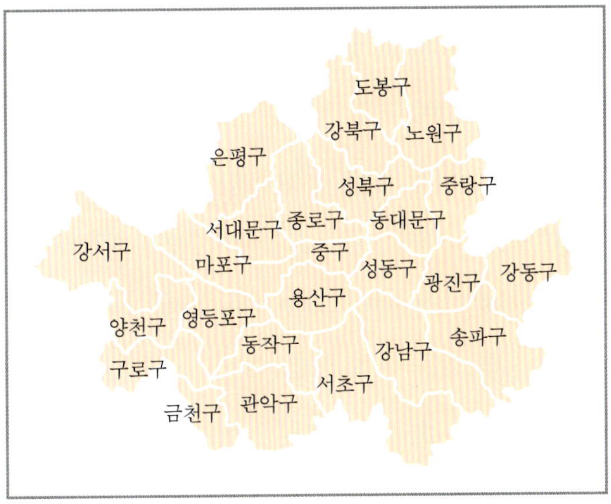

그림 1 서 울

경기도의 면적은 전 국토의 약 10%인 1만 184km^{2}이며 서쪽으로는 해안선에 접해 있고, 동쪽으로는 강원도, 남쪽으로는 충청도와 인접해 있으며 그 중앙에는 서울이 위치하고 있다. 동쪽에서 서쪽으로 흐르는 한강에 의해 남 · 북 지역으로 나뉘어져 이북으로는 산간 지역이, 이남 지역에는 평야지대가 펼쳐져 있으며 강화도, 김포 및 아산만 일대에는 넓은 간척평야가 있다.

인천광역시를 포함한 해안선은 많은 만과 반도, 섬 등이 발달되어 있는 침수해안으로 길이가 1,064km에 달하고, 강화도, 교동도, 영종도, 덕적도, 영흥도 등의 250여 개의 섬이 분포한다.

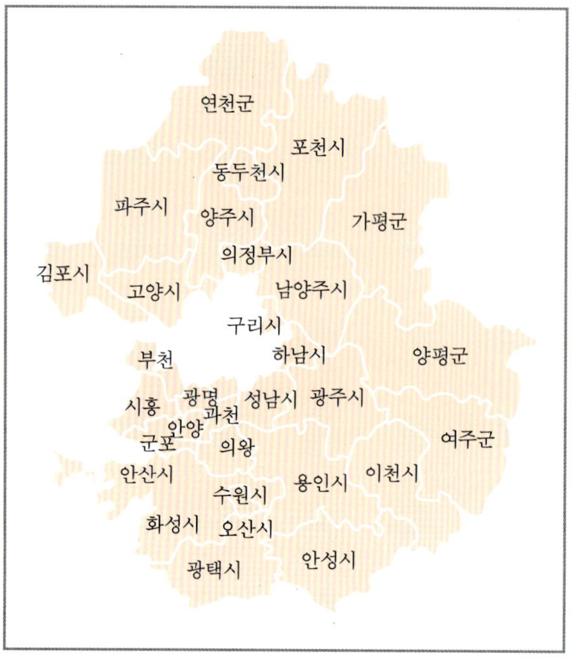

그림 2 경기도

이렇듯 서울 · 경기 지역은 강, 바다, 산과 들, 평야가 골고루 근접하고 있어 각종 곡류, 육류, 어패류, 채소류 등이 다양하게 산출되며 이들 토산식품의 생산이 이 지역 향토음식의 발달 요인이 되었다.

1449년의 『신증동국여지승람』에 수록된 토산식품 중 경기 남부의 주요 어패류는 송어, 조기, 쏘가리, 웅어, 은어, 누치, 붕어 등이고 자하, 밴댕이, 숭어, 굴, 감, 웅어, 붕어, 게, 뱅어, 쑥, 소금 등이 조선시대 경기 남부의 진공품목이었다. 1776년의 『공선정례』에는 경기도에서 궁중으로 올리는 물종이 2월에는 생조개, 긴맛조개, 해홍채, 3월은 고사리, 승검초, 조기, 4월에 두릅나물, 생오징어, 꽃게젓, 굴비, 5월에는 순채, 보리, 밀가루, 앵두, 오이, 6월은 조, 수수, 피, 햅쌀, 살구, 참외, 수박, 오얏, 동과, 가지, 꿩, 7월은 개암, 적이, 능금, 잣, 연밥, 은어, 8월에는 쏘가리, 생게, 송이, 풋밤, 9월은 소라, 생조기, 다래, 머루, 10월은 생석화, 마, 생낙지, 은행, 생합, 11월에는 언뱅어를 매월 초하루에 올렸다고 기록되어 있다. 경기도에서 명일 올리는 물선은 냉이, 콩나물, 녹두나물, 무순, 파, 승검초, 움파, 꿩, 머루정과, 토끼, 밤, 돼지 등을 올렸다. 이 외에 서울 주변의 방아다리 배추, 무, 먹골배가 유명하였고 왕십리 미나리가 특산품이었다. 방아다리 배추 재배지는 국가용, 궁중용 채마전으로 정해 민가에서는 사용하지 못하게 하였다. 방아다리 배추는 토질이 좋고 품종과 재배법이 우수하여 다른 배추보다 속이 많고 감칠맛이 좋았다.

최근까지 경기도의 유명한 특산물은 안성 포도, 강화 인삼 · 순무, 여주 · 이천 · 김포 일대의 쌀, 여주 고구마 · 땅콩, 이천 게걸무, 가평 잣, 시흥 오이 · 애호박, 양평의 더덕 · 산나물 · 버섯, 수원 · 안성 지역의 한우, 신석기시대부터 이어오는 서해안의 굴젓 등이며 현재 경기도에서는 시 · 군별로 추천된 특산물을 식생활분야에서 235종을 발굴하여 향토지적재산으로 보호 · 관리하고 있다. 또한 경기도에서는 매년 6월 여주 금사참외축제, 7월 부천 성주산 복숭아축제, 9월 이천 햇사래 장호원 복숭아축제, 10월 이천 쌀문화축제, 파주 개성인삼축제, 포천 개성인삼축제, 11월 파주 장단콩축제 등 특산물을 보존 · 홍보하는 문화축제로 발전시키고 있다.

표 1 현재 인천광역시 및 경기도 특산물

지 역	특산물
인천광역시	강화순무, 강화인삼, 강화섬쌀, 약쑥, 암반수쌀, 청정미역, 흑염소, 백색고구마, 벌꿀, 참다래, 까나리액젓, 옹진포도
가평군	느타리버섯, 청정두릅, 가평배, 유명산표고버섯, 가평사과, 가평잣한우, 한석봉쌀, 가평잣, 운악산포도, 고로쇠수액, 국수호박, 청정쌀
고양시	느타리버섯, 원당두부, 선인장, 오이, 고양가와지쌀, 웰그린토마토
과천시	과천밤, 옥미주
광명시	토마토
광주시	토마토, 토란, 느타리버섯, 한우, 남한산성소주, 맛타리버섯, 왕실옥미
구리시	대파, 토마토, 오이, 먹골배
군포시	상추, 오이
김포시	인삼, 김포쌀, 김포배, 문배술, 포도
남양주시	먹골배, 신선채소, 장뇌삼, 계명주, 영지버섯
동두천시	적상추, 느타리버섯, 돼지고기가공
부천시	복숭아
성남시	느타리버섯
수원시	갈비탕, 양념갈비, 수원갈비냉면, 한우고기, 불휘(술)
시흥시	미나리, 햇토미, 시설토마토, 포도, 연근
안산시	본오동쌀, 대부포도, 참숯미인, 군자으뜸추정미, 그랑꼬또포도주
안성시	안성배, 공도포도, 안성맞춤쌀, 양성추정저온품질인증미, 안성인삼, 안성한우
양주시	한바이오임꺽정쌀, 한우, 느타리버섯, 부추, 시설채소
양평군	완전배아미, 산수유, 개군거세한우, 바로이쌀, 개군배, 막걸리, 물맑은양평쌀, 서송잣, 양평상추, 와송주, 용문산산더덕
여주군	금싸라기참외, 표고버섯, 여주밤고구마, 여주대왕님쌀, 여주땅콩
연천군	남토북수쌀, 밤호박, 연천병포도, 오이, 연천콩, 청산갓, 고들빼기, 연천병배, 연천율무
오산시	애호박, 오산배, 죽미령한방포크
용인시	남사순지오이, 포곡모현청정시설채소, 용인민속쌀백옥, 동충하초, 파란하늘맑은햇쌀, 백암순대, 옥로주, 포곡상추, 청둥오리쌀, 웃말전통장
의왕시	의왕우렁쌀, 월암부추, 의왕청정채소, 청계산벌꿀
의정부시	떡갈비, 송산배
이천시	송골딸기, 배, 한우맛드림, 오리농법쌀, 임금님표이천쌀, 도드람포크, 장호원복숭아, 황기, 산수유, 게걸무, 샘골팽이버섯
파주시	적성오이김치, 도토미포크, 새송이버섯, 금촌추정미, 벌꿀, 임진강참게, 파주인삼, 파주장단콩
평택시	배, 평택뒤주표쌀, 동청미, 경기평택추청쌀, 땅두릅, 맹골쌀
포천시	오대맑음미, 한송정(인삼), 무농약인증미오대오리쌀, 성진담미정한과, 고려인삼, 막걸리
하남시	경기청결미, 호부추, 상추
화성시	햇살드리쌀, 남양수라청김치, 화성꿀포도, 바다뜰쌀, 바다뜰포도, 꿀참외, 한과, 한우고기, 한방돼지고기, 육계닭, 달걀, 화성마른김, 화성참굴, 화성바지락, 화성불낙지, 느타리버섯, 알타리무, 참다래, 화성해갑동충하초

3. 서울 · 경기도 전통향토음식 발달의 역사적 · 사회문화적 배경

서울 · 경기 지역은 한강을 끼고 비옥한 평야가 발달해 선사시대부터 사람들이 정착했던 땅이다. 연천군 전곡리의 구석기시대 유적지와 하남시 미사동의 신석기시대 유적지, 여주 흔암리의 청동기시대 유적지 등이 증거이다.

고려의 태조 왕건이 개성에 도읍을 정하면서 경기 지역은 역사와 문화의 중심지로 부각되었고, 지방 행정조직이 경기로 편제되었다. 고려시대에는 불교의 국교화로 육식을 금하여 채식 위주의 식사를 하였으나 송(宋)나라와의 교류와 그 이후 86년간 계속된 원(元)나라의 침입으로 다시 육식을 되찾아 개성의 명물 고기구이인 설야적(雪夜炙)이 유명하였으며 곰탕과 같은 고깃국이 발달하였다. 고려의 궁중과 사찰을 중심으로 차문화가 성행하면서 다식, 유밀과와 같은 과정류가 발달하였고 중국 명절의 영향으로 한식, 초파일, 동지 등을 지내며 절기에 따른 음식을 만들었다. 송나라에서 국수가 들어와 밀의 생산이 어려운 고려에서는 국수가 상류층의 혼례 때만 먹는 귀한 음식이였고 지금까지도 결혼 시기에 관한 질문을 '국수 언제 먹여 줄래?' 로 대신한다. 그 외 만두, 원소병, 후추, 소주 등은 고려시대에 전래되어 개성 지방을 중심으로 우리 음식에 영향을 주었음을 짐작할 수 있다.

조선시대에는 현재 서울인 한양에 도읍이 정해지면서 궁중의 입성과 함께 화려하고 귀한 음식이 발달하였다. 서울 지방은 전국 각지에서 생산된 여러 가지 재료가 수도인 서울로 모였기 때문에 이것들을 다양하게 활용하여 음식을 만들었으며, 또한 조선시대 초기부터 500년 이상 도읍지였으므로 왕족과 양반이 많이 살던 고장이라 격식이 까다롭고 맵시를 중히 여기며, 의례적인 면을 중요시하였다.

조선시대에는 억불숭유 정책으로 차문화가 쇠퇴하였으며, 유교와 가부장제의 영향으로 조상의 봉제사에 더욱 정성을 기울였고, 노인 봉양에 최선을 다하였다. 새벽에 일찍 일어나는 노인을 위하여 궁중에서도 초조반상이라 하여 속이 편하고 소화가 잘되는 죽음식을 다양하게 준비하였다. 쇠퇴한 차 대신 인삼, 대추, 오미자, 생강, 유자, 모과 등으로 만든 대용차와 음청류가 매우 발달하였다. 특이할 만한 것은 음식 중에서 술은 계급, 경조(慶弔)를 가리지 않고 유교로 인해 조상을 봉양하는 제사가 1년 내내 이어졌던 조선시대에는 집집마다 계절과 가풍에 따라 만드는 가양주의 종류가 매우 다양하였으며 조리서의 1/3을 차지할 정도로 매우 중요하게 여겼다. 따라서 서울 지역 반가음식 조리서인 1800년대의 『시의전서』나 서울에서 자란 빙허각 이씨가 쓴 1815년의 『규합총서』에도 술 제조법에 관한 내용이 많은 부분을 차지하고 있다.

궁중과 사대부가는 서로 혼인에 의한 음식의 교류가 많아 유사한 음식이 많다. 또 중인계급이나 부유한 상인들에게도 이들 음식이 전해져서 좋은 음식을 먹었으리라 생각되며 이러한 음식이 서울 · 경기 지역 음식의 근간을 이루게 되었다. 유교를 중심으로 한 대가족 중심의 생활에서 자연스럽게 가족 간의 기념일을 중심으로 한 통과의례 격식과 규범이 생겨 의례음식의 상차림이 발달하였다.

4. 서울 · 경기도 전통향토음식의 특징

서울음식은 짜거나 맵지 않아 알맞은 맛과 간을 지니고 있고 양념들은 곱게 다져서 쓰며, 음식의 양은 적으나 가짓수를 많이 준비한다. 음식에 새우젓국을 많이 써서 애호박볶음, 굴두부조치, 애호박젓국찌개 등을 많이 먹었고 나물과 찌개도 토장 대신 새우젓으로 간을 하여 깔끔하고 담백한 맛을 냈다. 또한 김치를 만들 때도 새우젓, 황석어젓, 조기젓 등 담백한 젓국과 생새우, 생갈치 등을 많이 사용하여 시원하면서도 담백한 맛을 즐긴다. 전라도나 경상도 지방과는 달리 고추장이나 고춧가루의 과다한 사용이 절제되어 음식에 필요한 정도의 붉은색과 맛을 내며 재료 자체의 맛을 살리는 편이다. 서울은 음식에 주재료, 부재료, 고명, 양념 등의 용도로 쇠고기를 특히 많이 사용하여 미역국, 미역냉국, 물쑥나물, 약고추장, 쌈장, 조림, 볶음, 청국장찌개, 생선찌개, 비지찌개, 된장찌개 등의 각종 음식에 쇠고기가 사용된다.

궁중이나 서울 반가에서는 음식을 담당하는 상궁이나 숙수, 나인, 찬모가 따로 있었고 대가족 중심에 식구 수가 많아 조리를 전담하는 부녀자들이 일년 내내 음식장만에 여념이 없었다. 따라서 계절에 맞춰 장 담그기, 장아찌 만들기, 술 만들기를 게을리하지 않았고 같은 재료로 조리방법을 달리하여 여러 가지 음식을 만들어 내었다. 음식의 맛도 같은 재료로 형태를 달리하여 중복 사용함으로써 복합된 맛을 창출하였다. 예를 들면 전골의 경우 쇠고기를 생고기, 전, 육수, 완자의 형태로 함께 조리하여 조화된 맛을 느낄 수 있다.

음식의 모양과 형태는 한 입 크기로 먹을 수 있도록 5~6cm의 크기가 기본이며 잡채, 나물 등 길이를 모두 한 입 크기로 잘라 먹을 때 불편하지 않고 품위를 잃지 않게 배려하였다. 음식도 얌전하고 작게 만드는 편으로 송편을 예로 보더라도 황해도는 손바닥만하게 빚고 강원도는 세 손가락자국이 나게 쥐어서 소박한 모양으로 빚는 데 반해 서울 지방은 밤톨만한 조개 모양으로 작고 예쁘게 만든다. 서울은 외국 사신들의 왕래가 많고 손님접대를 위해 음식이 화려하게 보이는 면도 중요하였으므로 음식의 완성 단계에 오색 고명을 사용하여 멋을 내었다.

서울에 비해 경기도 지방의 음식은 소박한 편이고 중간 정도의 간을 하고 양이 많으며 양념도 수수하게 쓰는 편이다. 경기도는 강원도, 충청도, 황해도와 접하고 있어 서로 공통점이 있고 음식명도 유사한 것이 많이 보인다. 범벅이나 풀떼기, 수제비 같이 호박, 감자, 옥수수, 밀가루, 팥 등을 섞어서 만든 구수한 음식도 많다.

서울식 국수는 맑은 육수를 낸 장국국수이나 경기도는 칼국수를 제물에 끓인 제물국수나 메밀칼싹두기같이 국물이 구수하고 걸쭉하게 끓인다. 고기를 구하려면 평택, 안성으로 가라는 말이 있듯이 경기도 남부에서는 서울 못지않게 쇠고기로 만든 탕이나 구이의 조리법이 발달하였다. 고려의 도읍지였던 개성은 서울음식과 더불어 우리나라에서 가장 독특한 멋과 전통이 있는 음식이 주를 이루고 있다.

5. 서울 · 경기도의 대표적 향토음식

【서울음식】

대표적 서울 향토음식

- 주식류 : 떡국, 장국밥, 비빔국수, 편수, 메밀만두, 국수장국, 꿩만두, 흑임자죽, 잣죽, 녹두죽
- 부식류 : 육개장, 신선로, 장김치, 갑회, 육포, 어포, 족편, 전복초, 홍합초, 너비아니, 떡찜, 갈비찜, 민어전, 동태전, 표고전, 편육, 어채, 구절판, 추탕, 임자수탕, 설렁탕, 선지해장국, 각색전골, 조기구이, 도미찜, 호박선, 통배추김치, 숙깍두기, 장김치, 백김치, 감동젓, 나박김치, 오이김치, 석류김치, 미역창국
- 떡류 : 두텁떡, 증편, 각색편, 각색단자, 약식, 느티떡, 상추떡
- 과정류 : 매작과, 약과, 각색다식, 각색엿강정, 각색전과
- 음청류 : 식혜, 수정과, 배숙
- 주류 : 송절주, 삼해주

설렁탕(先農湯)

동대문 밖 선농단(先農壇)에서 농신제(農神祭)를 지낼 때 소를 통째로 끓여 신하들에게 먹도록 하였기 때문에 선농탕(先農湯)이라는 이름이 붙었다고 한다. 또 큰 솥에서 국이 설렁설렁 끓는다고 하여 생긴 유래도 있다. 설렁탕은 살코기뿐 아니라 뼈 · 내장 등을 함께 끓이는데, 뽀얀 국물이 우러나면 고기는 건져 얇게 썰어 다시 넣어 먹는다. 국물은 먹는 사람이 소금으로 간을 맞추고 먹을 때 잘 익은 깍두기를 같이 먹어야 맛이 더욱 좋다.

해장국

서울의 전통적인 해장국은 소뼈를 고아 낸 국물에 된장을 약하게 풀고 무, 콩나물, 우거지, 파 등을 넣어 끓인 후 선지를 넣고 다시 한번 푹 끓이는 일종의 토장국이다.

장국밥

온반(溫飯) 또는 탕반(湯飯)이라고도 하는데, 서울에 유동인구가 많으므로 외식하는 사람들을 위해 많은 반찬이 없어도 간편하게 먹을 수 있게 발달된 음식이다. 장국의 간은 간장으로 맞추는 것이 특징이다. 1869년에 나온 『규곤요람』의 장국밥은 "밥 위에 기름진 고기를 장에 조려서 얹고 그 국물을 붓는다." 고 하였다. 오늘날에는 장국밥이 많이 사라지고 있는 실정이다.

추 탕

원주, 남원 등 추어탕이 유명한 곳이 있지만 서울에서는 미꾸라지를 통째로 사용하여 추어탕을 만들며 서울식은 추탕이라고 부른다. 또한 조선시대부터 성균관에 대대로 고기를 팔던 반인들 사이에서 유명한 추두부탕은 솥에 두부와 추어를 넣고 끓여서 추어가 두부 속으로 들어가 익는 음식이다.

죽

서울 지방의 죽은 초조반(初朝飯), 즉 조반 전에 먹기 좋은 음식으로 하는데, 그 중에서도 잣죽 · 흑임자(黑荏子)죽이나 참깨죽 · 녹두죽을 잘 만든다. 죽은 유교 중심의 대가족제도하에 노인 봉양용 음식으로 더욱 발달된 음식으로 국물김치, 새우젓젓국찌개, 북어보푸라기, 자반 등의 마른 반찬 등도 죽상에 함께 오르는 음식이다.

자반생선

서울은 내륙에 위치하고 있어 예전에는 생선의 운송, 저장이 용이하지 않아 한강에서 나는 민물고기를 제외하고는 싱싱한 생선보다는 건조된 굴비나 소금에 절인 자반고등어, 자반갈치, 청어(비웃), 민어를 말린 암치, 건조된 북어 등으로 구이나 조림, 찜 등을 많이 이용하였다.

김 치

『경도잡지』를 보면 서울 사람들은 섞박지를 먹었음을 알 수 있는데, 궁중이나 반가에서 배추김치는 젓국지, 무김치는 섞박지, 송송이라 불렀다. 서울 · 경기 지역에서는 섞박지, 보쌈김치, 총각김치, 깍두기가 유명하다. 보쌈김치나 『규합총서』의 섞박지의 경우를 보더라도 무, 배추, 갓, 오이, 가지, 동과, 청과, 마늘, 고추뿐 아니라 조기젓, 준치젓, 밴댕이젓, 굴젓국 등과 소라, 낙지까지 많은 재료를 사용하고 젓국은 주로 새우젓, 황석어젓, 조기젓 등을 써서 담백한 맛을 내며 한국전쟁 이후 이북 사람들의 영향을 받아 생새우, 생태, 생갈치 등을 넣거나 멸치젓도 많이 사용하게 되었다.

【경기도음식】

대표적 경기도 향토음식

- **주식류** : 개성편수, 조랭이떡국, 제물칼국수, 팥밥, 오곡밥, 수제비, 냉콩국수, 팥죽, 칼싹두기, 공릉장국밥, 용문산산채백반, 곤지암소머리국밥, 이천영양밥
- **부식류** : 삼계탕, 수원갈비, 곰탕, 개성닭젓국, 민어탕, 감동젓찌개, 종갈비찜, 홍해삼, 개성무찜, 개성장땡이, 백암순대, 배추꼬리볶음, 메밀묵무침, 꿩김치, 고구마줄기김치, 도토리묵, 벌버리묵, 이천게걸무김치, 밴댕이회, 굴회, 화성불낙지, 누치찜, 분원붕어찜, 용문산더덕구이, 의정부떡갈비, 보쌈김치, 수삼나박지김치, 고구마줄기김치, 강화순무김치, 용인오이지, 수삼채김치
- **떡류** : 개성경단, 우메기떡, 수수도가니, 수수부꾸미, 쑥개떡, 여주산병
- **과정류** : 개성약과
- **음청류** : 모과청화채, 오미자화채, 배화채
- **주류** : 포도주, 옥미주, 호랭이술, 포천이동막걸리

조랭이떡국

떡국은 서울을 비롯한 경기, 강원 이남 지방에서 정월초하루에 먹는 것인데, 개성은 누에고치 모양으로 썰어서 이를 조랭이떡국이라 한다.

개성편수

서울편수처럼 네모지게 빚는 것이 아니라 만두피를 동그랗게 만들어 소를 넣고 아기 모자처럼 만들어 끓는 장국에서 익혀 먹는 것이다. 쇠고기, 돼지고기, 닭고기를 소로 쓰고 두부, 배추김치, 숙주를 넣고 만든다.

개성무찜

무에 쇠고기, 돼지고기, 닭고기와 밤, 대추, 은행 등을 넣고 만든 찜 형식의 음식으로 무와 육류의 맛이 잘 어울린다.

개성보쌈김치

개성의 씨도리배추를 밑둥만 남기고 잘라 만든다. 무와 배추, 미나리, 갓, 파, 마늘, 생강 등의 양념과 배, 밤, 잣, 대추, 낙지, 전복 등의 해물, 표고버섯과 석이버섯, 고춧가루를 조기젓국과 버무려 큰 배춧잎에 싸서 항아리에 차곡차곡 담아서 익힌 것이다. 김치 가운데에서 가장 고급스럽고 정성이 많이 든다.

제물칼국수

밀가루로 만든 칼국수를 멸치나 쇠고기장국에 넣어 끓인 것으로 조선시대 『세시기』에도 기록이 남아 있다.

6. 서울 · 경기도의 상차림

일상 상차림은 매일 반복되는 일상의 음식으로 밥을 위주로 하는 반상, 죽을 위주로 하는 죽상, 국수 등을 위주로 하는 면상과 특별한 날 손님을 대접하는 교자상, 술을 위주로 한 주안상, 다과를 위주로 한 다과상 등이 있다.

반상은 밥, 국, 김치, 장(국간장, 초간장, 초고추장 등), 찜, 찌개, 전골 등을 기본으로 하고 생채, 숙채, 구이, 조림, 전, 마른찬, 장아찌, 젓갈, 회, 편육 등을 경제적인 형편과 기호에 따라 준비한다. 일반적으로 국수를 주식으로 하여 차리는 상을 면상(麵床) 혹은 낮것상이라 하며 점심상이 일반적이었다. 주식으로는 국수장국, 비빔국수, 냉면, 떡국 등이 오르고 부식으로는 찜, 겨자채, 잡채, 편육, 전, 배추김치, 나박김치 등이 오른다.

주식이 면류이기 때문에 각종 떡류나 한과, 생과일 등을 곁들이기도 한다. 교자상은 면(온면, 냉면), 탕(어알탕, 잡탕), 찜(영계찜, 갈비찜, 우설찜), 전유어, 편육, 적, 회, 겨자채, 신선로, 김치, 장, 각색편, 약식, 약과, 다식, 강정, 정과, 숙실과, 생실과, 마른찬, 수란, 수정과(식혜, 화채) 등이 오른다.

주안상은 술과 안주가 되는 음식을 내는데, 보통 육포, 어포 등의 마른안주와 전, 편육, 찜, 신선로, 전골, 찌개 등의 음식과 떡, 한과, 과일 등이 오른다. 기호에 따라 얼큰한 고추장찌개나 매운탕, 전골, 신선로 등과 같은 더운 국물이 있는 음식을 추가로 올릴 수 있다. 술이 거의 끝나면 식사로 면상을 내기도 하고 후식으로 다과상을 낼 수도 있다. 다과상에는 계절에 맞는 떡, 한과, 음청류의 종류를 잘 선별하여 마련했다.

식사형태는 먹는 사람의 수에 따라 1인은 독상, 2인 이상은 겸상, 큰 원반에 많은 가족이 둘러앉아 하는 두레상 등이 있다. 상차림은 음식을 한꺼번에 모두 한 상에 차려내는 특징이 있어 공간전개형 차림이며 뜨겁고 국물이 있는 찬은 오른쪽, 마른찬은 왼쪽으로 음식을 놓아 식사하는 사람을 배려하였다. 상은 원형, 사각, 팔각 등을 사용하였으며 7첩 반상 이상에서는 음식의 수가 많고 즉석에서 조리해야 하는 전골이 올려지거나 반주, 후식을 같이 내야 하므로 곁상이 더 놓인다.

여름에는 사기반상기를 주로 사용하고 은반상기나 유기(놋그릇)반상기는 겨울에 사용하였으며 특히 '안성맞춤' 이라는 말이 있듯이 안성의 방자유기는 전국적으로도 유명하였다. 여유가 있는 집에서는 봄, 가을 간절기에 칠기를 사용하였다. 예전에는 가족끼리도 식기의 구분이 뚜렷해서 자식이 외가를 방문할 때에도 자기 수저를 들고 가게 할 정도였다.

근대에 들어서서 서울 · 경기 지방을 중심으로 서양식 문화의 확산, 핵가족화, 맞벌이 부부의 증가, 주거문화의 변화 등으로 외식이 증가하고 상차림이 간소화되었다. 시부모 한 상, 부자 한 상, 모녀 한 상으로 차려지던 상차림이 1950~1960년 이후에는 두레상으로 바뀌었다. 아침은 주로 김치, 장아찌, 알찜, 김구이와 같은 간단한 찬과 쇠고기무국, 콩나물국, 배춧국, 미역국이나 된장찌개, 젓국찌개, 청국장찌개가 오르는 밥상이나 죽상으로 차리고 점심은 국수, 칼국수, 수제비, 냉면, 떡국 등 면상을 점심식사로 가장 많이 먹거나 비빔밥, 설렁탕, 육개장 등 간단한 일품요리, 조기, 북어조림이나 구이, 불고기 등 어육류 찬품을 점심상에 더하기도 한다. 예전에는 농사일로 아침 위주의 식사를 하였으나 요즘은 저녁식사 위주의 식사를 하는 경향이 많다.

7. 서울 · 경기도의 명절과 시절음식

설

설은 상원(上元)의 의례행사를 오래 계승한 것으로 일단 공식적으로 역법이 양력으로 바뀐 것은 고종 31년(1894년)이었다. 그러나 뿌리 깊게 내려진 음력 설날 풍속은 계속되어 1985년부터 '민속의 날'이라는 이름으로 음력 설이 부활되었으나 신정과 구정의 논란은 계속되었고, 1989년에 이르러서 '설날'이라는 명칭을 되찾아 3일간의 연휴로 설을 지내게 되었다.

설날은 차례상과 세배 손님 대접을 위해 여러 가지 세찬(歲饌)을 준비하는데, 떡국, 세주, 족편, 각종 전유어, 각종 과정류, 식혜, 수정과, 장김치와 나박김치 등의 햇김치가 있고 대표 음식은 떡국이다. 떡국 한 그릇을 먹어야 나이 한 살을 더 먹었다고 표현하기도 한다. 특히 개성 지방에서는 조랭이떡국을 끓인다. 서울에서의 세주의 대표는 도소주(屠蘇酒)인데, 고려시대에는 많이 마셨으나 조선시대에 들어와 덜 마셨다는 기록이 있고 요즈음은 청주를 많이 쓰는 경향이 있다.

입춘(立春)

입춘 때는 경기도 육읍인 양근(陽根), 지평(砥平), 포천(抱川), 가평(加平), 삭녕(朔寧), 연천(漣川)에서 움파, 멧갓, 승검초(당귀)를 진상하였으며 오신반(五辛盤)을 만들어 겨우내 부족한 비타민을 보충하였다.

대보름

대보름음식으로는 오곡밥, 묵은 나물, 귀밝이술, 복쌈, 부럼, 백가반(百家飯)이 있다. 백가반은 음력 1월 14일에 세 집 이상 다른 성씨 집의 밥을 먹어야 그 해의 운수가 좋다고 하여 자기집에서보다 이웃집으로 돌아다니면서 먹는 풍습이 있었다.

중화절(中和節)

중화절은 농사철의 시작을 기념하는 날로 음력 2월 초하루이며 조선조 궁중에서 일컫던 이름이다. 이 날을 노비일(奴婢日), 머슴날 등으로 불렀다. 이 날 반가에서는 송편을 달걀만하게 크게 빚어 콩으로 소를 넣어 앞으로(또는 일 년간) 수고할 일꾼들의 나이 수대로 나누어 먹이는 풍습이 있었다.

삼짇날

들판에 나가 꽃놀이를 하고 새 풀을 밟으며 봄을 즐겼던 날이다. 진달래화전, 진달래화채 등을 해먹었는데, 특히 서울 사대문 안 인왕산의 꽃이 아름다워 삼짇날 꽃놀이의 명소로 유명하였다.

한식(寒食)

동지 후 105일째 되는 날이 한식이다. 이날은 종묘, 능원에 제향을 지내고 민가에서도 성묘를 한다. 이 날은 불에 타 죽은 개자추의 혼령을 기리는 의미로 불을 쓰지 않았으며, 찬 음식을 먹는다 하여 한식(寒食)이라고 하였다. 술, 과일, 포, 식혜, 떡, 국수, 탕, 적 등의 음식으로 제사를 지낸다.

등석(燈夕)

등석은 음력 사월 초파일로 석가모니의 탄생일이다. 연등을 다는 풍습이 있으며 승려의 도성(都城)출입을 금했던 조선시대에도 이 날의 행사는 크게 치렀다.

서울 장안의 남녀들이 초저녁에 남북의 산기슭에 올라가 등 구경을 하고 장안 밖 노인들은 남산에 올라가 이 날의 장관을 구경하느라 인산인해를 이루었다고 한다. 등석에는 어육류는 쓰지 않고 느티나무잎으로 만든 유엽병(楡葉餠), 콩으로 만든 음식, 미나리나물, 파강회 등으로 상을 차렸다.

단오(端午)

5월 5일을 단오, 수릿날(戊衣日)이라 하는데, 일 년 중에서 가장 양기(陽氣)가 왕성한 날이라 해서 큰 명절로 여겨 왔다. 궁중에서도 차례를 지냈으며 쑥과 익모초(益母草)를 뜯어 건조해 두었다가 약으로 쓰는 풍습이 있고, 앵두화채, 앵두편, 수리취절편을 만들어 먹으며 내의원에서는 옥추단(玉樞丹), 제호탕(醍醐湯)을 만들어 진상하였다.

유두(流頭)

6월 보름을 유두날이라고 한다. 유생들도 유두날에는 맑은 개울물에 나가 목욕하고 머리를 감으며 하루를 즐긴다. 수단이나 건단, 유두면, 보리수단, 상화병, 연병, 수교의, 구절판을 만들어 먹었다.

삼복(三伏)

하지(夏至) 후 셋째 경일(庚日)을 초복, 넷째 경일을 중복, 입추(立秋) 후 첫 경일을 말복이라 하여 이 셋을 통틀어 삼복(三伏)이라 하며 일 년 중 가장 무더운 시기이다. 더운 복 중에 보신을 목적으로 육개장, 개장국, 삼계탕을 먹었다.

칠석(七夕)

칠석은 음력 7월 7일로 옥황상제의 노여움을 산 견우(牽牛)와 직녀(織女)가 1년에 한 번 만나는 날이라는 전설이 내려 온다. 이 시기에는 호박이 잘 여물고 오이와 참외가 나는 때이므로 경기 지방에서는 호박 밀전병을 부치고 가지, 고추 등 햇것을 천신하는 풍습이 있다.

추석(秋夕)

추석은 음력 8월 보름으로 우리나라 큰 명절 중의 하나이다. 오려송편을 비롯하여 여러 가지 제물을 만들어 조상께 차례를 지내고 산소에 가서 성묘를 하며 농공감사제(農功感謝祭)를 지내 왔다. 송편, 토란탕, 닭찜, 나물, 술, 과일 등이 이 날의 절식이다.

중구(重九)

음력 9월 9일로 중구, 중양(重陽)이라 하며 양수가 겹쳤다는 뜻이다. 『동국세시기』에는 '서울 풍속에 남산과 북악산에 올라가 국화주를 마시고 국화전을 먹으며 즐기는 풍습이 있다.' 고 기록되어 있다. 국화주, 국화전, 유자화채 등이 절식음식이다.

시월 상달(上月)

우리 민족은 10월을 상달이라 불러 한 해 농사를 추수하고 햇곡식으로 제사상을 차려 감사하였다. 10월 상달이 되면 어느 가정에서든지 말날(午日)이나 길일을 택해서 성주에게 제사를 지냈다. 그 밖에 조상께 지내는 시제(時祭)를 가문마다 택일해서 지내고 겨울준비로 김장을 하는 시기이다.

무채나 단호박고지를 쌀가루에 섞고 붉은 팥 삶은 고물을 뿌려 찐 고사떡을 시루째 장독, 대청, 대문, 외양간 등에 놓아 고사를 지냈다. 타락죽, 신선로, 전골, 연포탕 등의 음식과 강정, 다식 등 과정류를 준비하는 때이기도 하다.

동지(冬至)

동짓날은 새알 모양의 찹쌀 새알심을 자기 나이 수대로 넣은 팥죽을 쑤어 먹는 풍습이 있다. 한편 궁중에서는 내의원에서 전약(煎藥)을 만들어 진상하였고 천청어라 하여 청어를 종묘에 올린다.

납 일

한 해 동안 지은 농사와 그 밖의 일을 여러 신에게 제사하는 날로 서울의 포수는 용문, 축령 여러 산에서 사냥하여 진상하게 한다. 또한 황작(黃雀)을 잡아 어린아이에게 먹이면 천연두를 심히 앓지 않는다는 속설이 있다.

섣달그믐(除夕)

섣달그믐은 1년을 마지막 보내는 날로 다음날 새해 준비와 지난 한 해를 보내는 날로서 조상의 산소에 성묘도 하고 집안 어른과 일가를 찾아 묵은 세배를 하느라고 밤늦게까지 호롱불을 들고 다녔다고 한다. 서울에서는 밤 12시에 종로의 보신각에서 33번의 제야의 종소리를 울려 새해를 맞이하는 행사를 한다. 이 날은 먹던 음식과 바느질하던 것은 해를 넘기지 않는다는 뜻으로 골동반(骨董飯)을 해 먹었다.

8. 서울 · 경기도의 통과의례음식

통과의례란 모든 사람이 출생부터 사망까지 일생 동안 반드시 통과해야 하는 의례를 말하는 것으로 임신, 출생, 백일, 돌, 관례, 혼례, 회갑, 회혼례, 상례 그리고 죽음 이후까지 확대하여 지내는 제례 등이 있다.

그 중 관례, 혼례, 상례, 제례 네 가지를 관혼상제, 즉 사례(四禮)라고 하여 그 예법을 중히 여겼다. 모든 의례에는 의식(儀式)이 행해지며 그에 따르는 음식을 통과의례음식이라 하여 의식에 부합되는 의미가 오랜 전통과 함께 존재한다.

결혼을 하여 임신을 하게 되면 특히 궁중과 반가에서는 태교를 중요시하였고 출생의례로 자르지 않은 미역(장곽), 흰밥, 정화수로 삼신상을 차린 뒤 산모에게 쌀밥과 고기가 들어간 미역국을 대접하고 백설기를 준비하였는데, 이때는 집밖으로 돌리지 않고 가족들끼리 나누며 축하한다.

백일에는 흰쌀밥과 미역국, 백설기, 오색송편, 수수팥경단을 올리며 특히 백일떡은 백 사람과 나누면 백수를 누린다고 하여 여러 집에 돌리며 사회에 태어난 첫 인사를 하였다. 그릇을 돌려줄 때는 씻지 않고 실이나 옷, 장난감, 돈 등을 담아 답례로 주었다.

돌에는 부자나 넉넉하지 않은 서민들도 반드시 돌상을 차려 축하를 하는 풍습이 있다. 돌상에는 흰쌀밥, 미역국, 자르지 않은 푸른색 나물(주로 미나리), 백설기, 수수팥경단, 오색송편, 생과일, 삶은 국수, 쌀, 대추, 흰타래실, 청·홍비단실, 붓, 벼루, 돈을 올린다. 남아 돌상에는 화살, 활, 천자문을 올리고 여아 돌상에는 국문책과 색실, 바느질자를 올려 돌잡이를 한다.

15~20세 사이에 하는 관례, 계례를 거쳐 혼례 시에는 봉채떡, 초례상, 큰상, 입맷상, 폐백상 등을 차리며 의식에 따라 상차림이 다르다. 일반적으로 혼례음식으로는 국수장국과 각종 전 및 적을 장만하는데, 전 및 적은 생선전, 완자전, 동태전, 고추전, 호박전 등을 준비하였고 떡을 하여 대접한다. 초례상에 차리는 음식은 지방마다 다르나 중앙에는 정수(淨水)를 한 대접 올리고 서울은 흰달떡, 밤, 대추, 나무로 만든 기러기를 좌우에 한 마리, 촛불, 대나무, 들축나무를 양쪽에 놓는다.

개성에서는 소나무, 마고대나무(대나무의 일종)를 꽂고 청실을 두른 수탉, 홍실을 두른 암탉을 놓으며 삼색과일을 중앙에 놓는다. 또한 초례상에는 청색, 홍색 초를 꽂은 촛대 한 쌍과 소나무 가지에는 홍실을 걸치고 대나무 가지에는 청실을 걸친 꽃병 한 쌍을 놓으며 곁상에는 표주박을 두 개로 나누어 만든 잔을 동서로 각각 놓고 합근주를 준비한다.

신부가 시부모와 시댁의 친족들에게 처음으로 인사를 드리는 음식이 폐백음식이다. 폐백음식은 기본적으로 육포나 편포, 대추, 밤, 술을 준비하는데, 육포 대신 닭, 건치(乾雉), 닭산적을 쓰기도 한다. 서울에서는 시부모님께 편포 또는 육포, 밤, 대추를, 시조부모님께는 닭, 밤, 대추를 준비한다. 개성에서는 모약과, 주악, 전 및 적을 둥글게 쌓아 올리고 위에 삶은 달걀을 얹고 그 위에 대추 물린 암탉을 놓는다. 설육, 포, 밤, 대추, 사과, 배 등을 이용하며 과일 위에 포를 깔고 밤을 물린 수탉을 얹은 후 꽃 모양 떡, 학 모양 떡 등으로 장식한다. 근대에 와서 생겨난 마른 구절판은 마른 인삼, 새우, 다식, 곶감, 생률, 은행, 호두, 문어포, 전복, 잣솔, 대추, 약포, 곶감쌈, 암치포, 대구포, 전복쌈 등을 담는다.

60세의 육순(六旬), 61세의 회갑(回甲), 70세의 칠순(七旬), 77세의 희수(喜壽), 80세의 팔순(八旬), 88세의 미수(米壽), 90세의 구순(九旬), 99세의 백수(白壽) 등을 수연례라 하여 자손들이 손님을 초대하여 잔치를 베풀고 더 오래 장수하시기를 기원하는 의식을 말한다.

회혼례란 부부가 해로(偕老)해 혼인한지 60주년이 되는 날을 기념하는 의례를 말한다. 이러한 날에는 부모님의 은혜에 감사하고 만수무강을 기원하는 의미에서 큰상을 차리게 되는데, 여러 가지 음식을 목기 위에 1자(尺)에서 2자(尺)까지 높이 고인다. 큰상 뒤로는 어른들이 실제로 드실 수 있도록 신선로, 국수, 구이, 조림, 찜, 편육, 화채, 김치 등을 준비해 입맷상을 앞에 차려 드린다.

장례가 있게 되면 조문객을 위해 음식을 장만하는데, 밥, 육개장 또는 장국밥, 나물, 생선조림, 편육, 떡, 과일, 마른안주, 술 등을 곁들인다. 제사상차림에 서울·경기 지방의 주민들이 사용하는 생선은 반드시 조기를 사용하고 형편이 어려운 집에서는 북어만을 올린다. 육류는 고기산적, 북어포, 나물의 종류는 고사리, 도라지, 무나물 혹은 시금치나물과 두부적, 사과, 배, 대추, 밤, 감, 유과, 다식, 백편 등을 진설한다. 탕은 갱(羹)이라고 하며 육탕, 어탕, 소탕의 3탕을 올렸으나 최근에는 육탕 한 가지만 올리기도 한다. 조선시대에는 왕릉 옆에 조포사(造泡寺)가 있어 제사상에 올릴 두부를 만들었다는 기록이 있다.

제2장

서울·경기도의 전통향토음식 종류와 만드는 방법

서울 · 경기도 전통향토음식 편집 내용

서울 · 경기도의 전통향토음식 만드는 법

- 주식류
- 부식류
- 떡 류
- 과정류
- 음청류
- 주 류

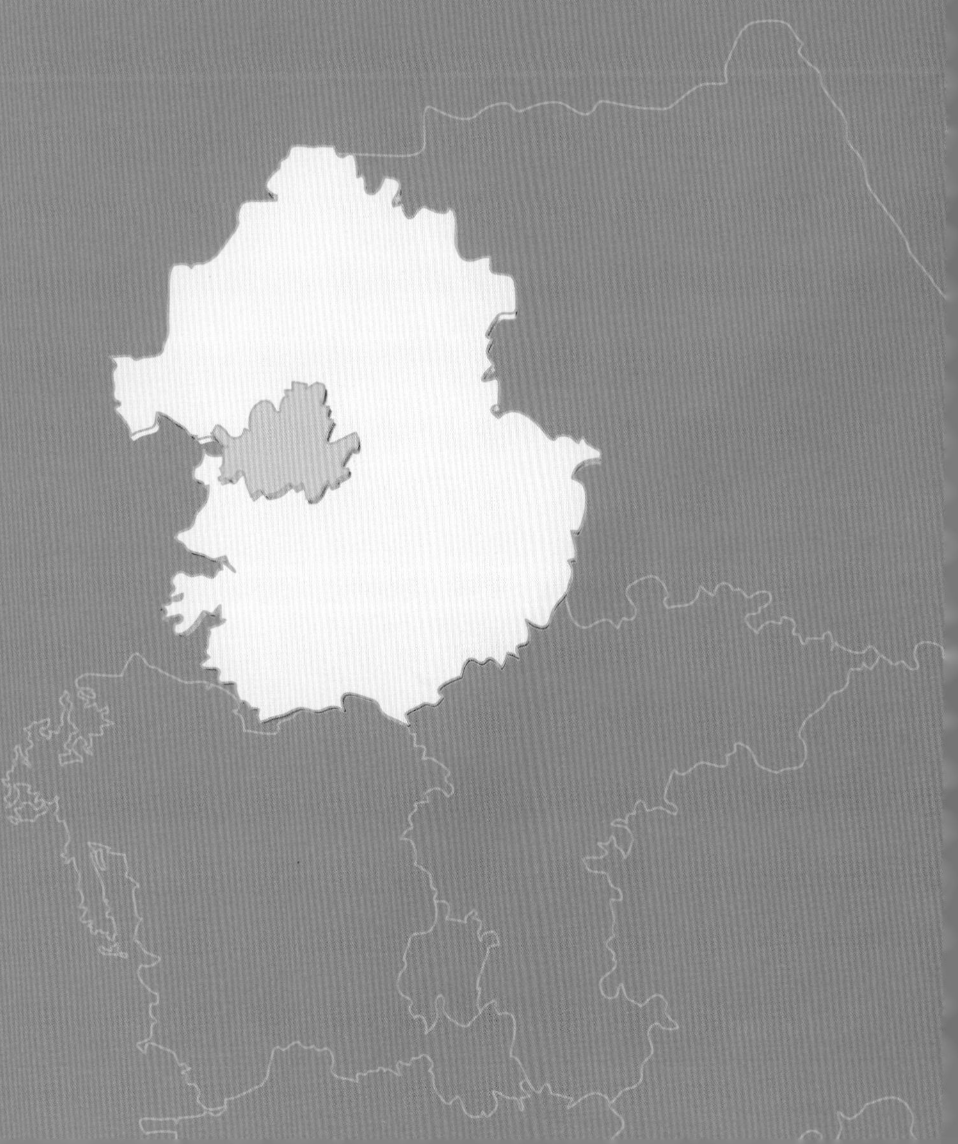

서울 · 경기도 전통향토음식 편집 내용

본 서에 수록된 399종의 서울 · 경기도 전통향토음식은 각 음식에 대해 분류, 음식명, 재료 및 분량, 만드는 법, 참고사항, 출처 및 정보제공자, 조리시연자, 고문헌에 의한 기록, 사진 자료 등으로 구성되어 있다. 조리방법에 대한 자료의 표준화는 기준서(신승미 외, 한국 전통음식 전문가들이 재현한 우리 고유의 상차림, 교문사, 2005)에 따르되 보다 구체적인 사항은 전문가협의회를 통해 표준화 기준을 정한 후 그 기준에 따라 정리하였다.

분 류 각 음식의 조리방법 상단에 분류를 명기하였다. 분류 기준은 대분류를 주식류, 부식류, 떡류, 과정류, 음청류, 주류 등 6항목, 중분류를 밥, 죽, 미음 · 범벅 · 응이 등 55항목, 세분류를 43항목, 세세분류를 119항목으로 나누었다. 본 서에서는 주식류, 부식류, 과정류는 중분류를 기준으로 작성하였고, 떡류, 음청류, 주류는 대분류를 기준으로 작성하였다. 다만, 부식류 중 나물류에 한하여 세분류까지 나누어 표기하였다.

음식명 가급적 표준어로 음식명을 기록하였으며 지방 특색을 살리고자 표준 음식명 옆에 ( )로 지방 고유의 음식명이나 방언을 중복 표기하였다. 수록순서는 각 분류에서 사진자료가 있는 음식을 가나다순으로 먼저 수록하였고, 다음 사진자료가 없는 음식을 수록하였다.

재료 및 분량 본 서에 실린 음식의 식품 재료는 가능한 한 4인 분량을 기준으로 작성하였으며, 보통 대량 조리로 만들어지는 음식인 김치류, 장아찌류, 젓갈 및 식해류, 떡류, 다과류, 일부 음청류, 장류, 식소류 또는 주류 등에 대해서는 대량 조리가 가능한 분량으로 제시하였다. 식품재료의 분량에 대한 표기법은 국제적인 CGS 단위를 기본으로 한 뒤 일반적으로 많이 사용하는 컵, 큰술, 작은술 등의 단위를 병행 표기하였다(표 참조). 양념이 따로 필요한 음식의 경우 양념에 사용되는 식품재료는 '양념' 으로 묶어 따로 표기하였다.

※ 실험조리 및 현지 조리법을 재현한 품목이외의 일부 음식에 대한 재료의 분량은 표기가 불가능하였음

만드는 법 표준어, 과학적 표현, 통일된 용어 사용 등을 기준으로 만드는 방법을 자세히 설명하였다.

참고사항 음식이나 재료의 방언에 대한 설명, 전승 내력이나 특징, 조리상의 주의점, 이용하는 방법 등을 수록하였다.

출처 및 정보제공자, 조리시연자 출처는 지역의 전통향토음식이 기록되어 있는 문헌이나 인터넷 사이트를 연도순으로 제시하였고, 정보제공자는 음식에 대한 정보를 제공해 준 사람의 이름을 가나다순으로 제시하고 주소를 리(동)까지 나타내었다. 조리시연자는 책에 수록된 음식을 시연한 사람(현지조사 시 조리시연을 해준 사람 또는 지역 조리전문가)에 대하여 이름과 주소를 제시하였다.

고문헌에 의한 기록 책에 수록된 음식의 역사성 검증 결과 고문헌에 기록이 있는 음식인 경우, 기록이 있는 고문헌과 그 문헌에서 표기된 음식명을 ( ) 안에 제시하였다.

사진 자료 서울 · 경기도 전통향토음식 중 일부 음식에 대해서는 재료와 조리과정, 그리고 완성된 음식에 대해 사진 자료를 수록하였다. 사진에 표기된 번호는 해당되는 만드는 법의 번호를 의미한다.

식품량 측정 계량단위

종 류	계량단위별 중량			종 류	계량단위별 중량		
	식품명	계량단위	무게(g)		식품명	계량단위	무게(g)
곡 류	기장쌀	1컵	160	견과류	밤(깐 것)	1컵	160
	밀	1컵	160		밤	1개	16
	밀가루	1컵	110		오미자	1컵	40
		1큰술	8		은 행	6알	12
	밥	1공기	210		은행(껍질 깐 것)	1컵	160
	보리쌀	1컵	145		잣	1컵	140
	수 수	1컵	145		잣가루	1컵	90
	쌀	1컵	180		참 깨	1컵	120
	쌀가루	1컵	150		행인(껍질 깐 것)	1컵	120
	압 맥	1컵	110		호 두	2알	20
	엿기름가루	1컵	115		호두(껍질 깐 것)	1컵	80
	옥수수	1컵	145	채소류	가 지	1개	120
	조	1컵	145		고비(데친 것)	1컵	300
	차수숫가루	1컵	90		고사리(데친 것)	1컵	200
	차 조	1컵	160		깻 잎	1단(10장)	16
	찹 쌀	1컵	167		당 근	1개	146
	찹쌀가루	1컵	100		대 파	1뿌리	35
	현 미	1컵	160		더덕(대)	1뿌리	39
감자류	감 자	1개	150		더덕(소)	1뿌리	23
	강낭콩	1컵	204		도라지	5뿌리	100
	고구마	1개	245		두 릅	10개	120
	전 분	1컵	158		마 늘	5쪽	21
		1큰술	7			1컵	110
	토 란	1개	45			1통	30
두 류	거피팥고물	1컵	114		무	1개	850
	거피팥고물(볶은 것)	1컵	108		배 추	1포기	1,265
	녹 두	1컵	200		붉은 고추	1개	16
	대 두	1컵	160		상 추	5장	30
	두 부	1모	508		생 강	1쪽	4
	메줏가루	1컵	80			1컵	115
	순두부	1개	400		애호박	1개	382
	콩가루(볶은 것)	1컵	85		양배추	1통	1,244
	콩가루(생 것)	1컵	122			2장	72
	팥	1컵	211		양 파	1개	158
견과류	들 깨	1컵	110		연 근	1개	192
	땅 콩	1컵	159		오 이	1개	143

종 류	계량단위별 중량		
	식품명	계량단위	무게(g)
채소류	우 엉	1뿌리	400
	죽순(삶은 것)	1개	200
	토마토	1개	153
	풋고추	4개	56
버섯류	느타리버섯	5개	100
	석이버섯(건)	4개	4
	양송이	5개	84
	표고버섯(건)	3개	9
	표고버섯(생)	5개	65
과실류	감	1개	140
	곶 감	1개	32
	귤	1개	70
	대 추	1컵	70
	대추(건)	5개	12
	딸 기	10개	100
	모 과	1개	500
	배	1개	370
	복숭아	1개	302
	사 과	1개	244
	살 구	2개	85
	수 박	1/2통	2,300
	앵 두	1컵	150
	유 자	1개	110
	참 외	1개	500
	포 도	1송이	292
육 류	꿩	1마리	1,000
	다진 육류	1컵	200
	닭	1마리	1,270
	닭다리(생)	1토막	90
	영 계	1마리	300
난 류	달 걀	1개	50
	메추리알	5알	52
어패류	가자미	1마리	337
	갈 치	1마리	323
		1토막	80
	갈치포	1마리	90
		3토막	55
	갑오징어	1마리	260
	건해삼	1마리	111

종 류	계량단위별 중량		
	식품명	계량단위	무게(g)
어패류	게(대)	1마리	434
	게(중)	1마리	251
	고등어	1마리	393
		1토막	150
	굴	1컵	200
	굴 비	1마리	89
	꼴뚜기	5마리	70
	꽁 치	1마리	74
	낙 지	1마리	254
	넙 치	1마리	1,100
	노가리(대)	1마리	12
	노가리(소)	1마리	4
	농 어	1마리	2,000
	대 하	1마리	100
	대합살	1마리	51
	도 미	1마리	1,000
	동 태	1마리	540
	동태포	6토막	90
	멸치(건)	7마리	14
		1컵	50
	명 태	1마리	1,053
		1토막	120
	미더덕	5마리	54
	민 어	1마리	2,300
	바지락살	5개	15
	방 게	4마리	28
	뱅어포	1장	20
	병 어	1마리	480
		1토막	96
	북 어	1마리	137
		1토막	25
	삼 치	1마리	334
		1토막	80
	새우(생)	5마리	56
	새우(건)	30마리	23
	새우살	1컵	120
	소라(삶은 것)	2개	75
	오징어(건)	1마리	61
	오징어(생)	1마리	352

종 류	계량단위별 중량		
	식품명	계량단위	무게(g)
어패류	옥 돔	1마리	591
	우렁쉥이(멍게)	1마리	184
	우렁이(삶은 것)	2개	91
	임연수어	1마리	413
		1토막	120
	전갱이	1마리	300
	전 복	1마리	83
	정어리	1마리	107
	조갯살	1컵	200
	조 기	1마리	167
	준 치	1마리	700
	쥐치포	1마리	26
	한 치	1마리	203
	해 삼	1마리	194
	홍 합	3개	65
	홍합살	1컵	200
해조류	김	1장	2
	다시마(20cm)	1장	20
	불린 미역	1컵	150
조미료류	간 장	1큰술	17
		1작은술	5.8
		1컵	230
	겨자가루	1큰술	6
		1작은술	2
	고춧가루	1컵	80
		1큰술	5
		1작은술	2
	고추장	1컵	260
		1큰술	18
		1작은술	6
	깨소금	1컵	120
		1큰술	6
		1작은술	3
	꿀	1컵	292
		1큰술	9
		1작은술	3
	다진 파	1컵	120
조미료류	다진 파	1큰술	9
		1작은술	3
	된 장	1컵	280
		1큰술	18
		1작은술	6
	물 엿	1컵	292
		1큰술	20
		1작은술	6
	생강즙	1컵	210
		1큰술	10
		1작은술	3.3
	설 탕	1컵	150
		1큰술	12
		1작은술	3.5
	소 금	1컵	130
		1큰술	18
		1작은술	3.5
	실고추	1컵	30
		1큰술	1.9
		1작은술	0.6
	식용유	1컵	140
		1큰술	12
		1작은술	4
	식 초	1컵	200
		1큰술	14
		1작은술	5
	조 청	1컵	292
		1큰술	21
		1작은술	7
	참기름	1컵	190
		1큰술	12
		1작은술	3.5
	통 깨	1컵	90
		큰술	8
		1작은술	3
	후춧가루	1큰술	8
		1작은술	3

서울 · 경기도 향토음식

대분류	중분류		지역/상용음식
주식류(60종)	밥(15종)		공릉장국밥, 해물솥밥, 골동반, 김치밥, 무밥, 곤지암소머리국밥, 안성소머리국밥(안성탕), 시래기밥, 양주밤밥, 오이도굴회덮밥, 용문산산채백반, 이천영양밥(이천쌀밥), 자미밥, 장국밥, 화성굴밥
	죽(15종)		연근죽, 굴죽, 김치죽, 대추죽, 수수푸레기, 시래기죽, 아욱죽, 애호박죽, 율자죽(밤죽), 원미, 장국죽, 조개죽, 타락죽, 행인죽, 호두죽
	미음 · 범벅 · 응이(3종)		대추미음, 속미음, 호박범벅
	기타(1종)		양즙
	국수 · 수제비(16종)		제물칼국수, 칼싹두기(메밀칼싹두기), 참게수제비, 골동면(비빔면), 국수호박비빔, 깨국수, 꿩냉면, 난면, 낭화, 냉콩국수, 녹두메밀국수(녹두칼국수), 양주메밀국수, 연천냉면, 잣국수, 천서리막국수, 버섯장국수제비
	만두(9종)		개성편수, 굴김치만두, 규아상(미만두), 꿩만둣국(생치만두), 만둣국(병시), 메밀만두, 어만두, 준치만두, 편수
	떡국(1종)		조랭이떡국
부식류(247종)	국(44종)		닭젓국, 새알심미역국, 아욱토장국(아욱국), 초교탕, 미꾸라지털레기, 가리탕(갈비탕), 개장국, 갱국(갱구탕), 남양해물탕, 민물생선매운탕, 무국, 묵냉국, 물텀벙이탕(아귀탕), 배추꼬리국(배추꼬랭이국), 배추속대국, 뱅어국, 복매운탕, 복탕, 북어된장탕, 불당리백숙, 석류탕, 선지해장국, 설렁탕, 소루쟁이토장국, 쇠고기맑은장국, 옻닭, 신서도가니탕, 쏘가리매운탕, 애탕, 양곰탕, 어글탕(북어껍질탕), 어알탕, 연반계술국, 오리탕, 오이냉국(오이창국), 완자탕, 용봉탕, 웅어매운탕, 웅어알탕, 육탕, 임자수탕(깻국탕), 조깃국(조기맑은당), 족당, 준치국
	찌개 · 전골(19종)		돼지갈비콩비지찌개, 민어찌개(암치지짐이), 병어감정, 게감정, 동태찌개, 신선로, 감동젓찌개(곤쟁이젓찌개), 강된장찌개, 두부새우젓찌개, 알젓찌개, 애호박젓국찌개, 우거지찌개, 조기고추장찌개, 웅어감정(웅어찌개), 각색전골, 대합전골, 도미면(도미국수), 두부전골, 버섯전골
	김치(21종)		강화순무밴댕이김치(순무김치, 순무밴댕이김치), 꿩김치, 배추김치, 비늘김치, 숙깍두기, 이천게걸무김치(게거리김치), 장김치, 백김치, 감동젓무김치, 개성보쌈김치, 고구마줄기김치, 고춧잎김치(고춧잎석김치), 굴깍두기, 닭김치, 더벙이김치, 무청김치(잎새김치), 석류김치, 섞박지, 숙김치(삶은김치), 이천게걸무깍두기(게거리깍두기), 호박김치
	나물(17종)	생채(2종)	노각생채, 달래무침
		숙채(9종)	씀바귀나물, 냉이무침, 다래순나물, 참죽순나물, 두릅나물, 물쑥나물, 원추리나물, 질경이나물, 호박나물(눈썹나물)
		기타(6종)	어채, 죽순채, 겨자채, 대하잣즙무침, 메밀묵무침, 탕평채
	구이(18종)		대합구이, 가자미양념구이, 수원갈비, 의정부떡갈비, 이동갈비, 너비아니, 더덕구이, 도미구이, 민어구이(암치구이), 북어구이, 밴댕이구이, 양구이, 염통구이, 웅어구이, 임진강장어구이, 준치구이, 청어구이(비웃구이), 콩팥구이
	조림 · 지짐이(7종)		은행장조림, 무릇쑥조림, 병어고추장조림, 병어조림, 북어조림, 조기조림, 주꾸미조림(쭈꾸미조림)
	볶음 · 초(7종)		홍합초, 떡볶이, 배추뿌리볶음(배추꼬리볶음, 배추꼬랭이볶음), 보리새우볶음, 천엽볶음, 화성불낙지볶음, 전복초
	전 · 적(29종)		두부적, 제육저냐, 가지전, 풋고추전, 간랍(전유아, 전유어), 개성장땡이(장떡), 고추장떡, 김치전병, 도토리빙떡, 미꾸라지부침, 민어전, 백합쑥전(상합쑥전), 사슬적, 새우전,

대분류	중분류	지역/상용음식
부식류 (247종)	전 · 적(29종)	대하전, 섭산적, 송이산적, 양동구리, 양평마전, 어산적, 연근전, 잡누름적, 장산적, 조개전, 파산적, 표고버섯전, 화양적, 해삼전, 홍해삼(해삼 · 홍합쌈)
	찜 · 선류(21종)	떡찜, 북어찜, 종갈비찜, 가지찜, 갈비찜(가리찜), 개성무찜, 궁중닭찜, 꽃게찜, 누치찜, 대하찜, 땅두릅찜, 돌붕어채소찜, 분원붕어찜, 배추꼬리찜, 생복찜, 전복찜, 가지선, 두부선, 어선, 오이선, 호박선
	회(12종)	수삼강회, 갑회, 농어회, 두릅회, 미나리강회, 민어회, 밴댕이회, 빙어회, 숭어회, 웅어회, 육회, 향어회
	마른반찬(14종)	고추부각(풋고추부각), 가죽잎부각, 김자반, 깨송이부각(들깨송이부각), 매듭자반, 북어보푸라기(북어무침), 암치포무침, 어포, 육포, 산포, 약포, 장똑똑이, 대추편포, 편포
	순대 · 편육 · 족편(4종)	쇠머리편육, 백암순대, 우설편육, 족편
	묵 · 두부(3종)	고구마묵, 박대껍질묵(벌버리묵, 벌벌이묵), 올방개묵
	쌈(5종)	구절판, 밀쌈, 배춧잎쌈, 상추쌈, 피마자잎쌈(아주까리잎쌈)
	장아찌(14종)	배춧잎장아찌, 용인오이지(용인외지), 이천게걸무장아찌(게거리장아찌), 더덕장아찌, 산초장아찌, 도라지장아찌, 무갑장과(무숙장아찌), 무룻장아찌, 배추속대장과(배추속대장아찌), 삼합장과, 속대장아찌, 순무짠지, 언무장아찌, 오이갑장과
	젓갈 · 식해 (8종)	연평도조기젓, 파주참게장, 백령도까나리젓, 밴댕이젓, 새우젓무침, 어리굴젓, 청어젓(비웃젓), 황석어젓
	장(3종)	고구마고추장, 무장, 보리고추장
	식 초	
	기타(1종)	마른안주(건구절판)
떡류 (36종)	떡	구름편(구름떡), 꽃절편, 두텁떡(봉우리떡, 후병), 밤단자, 여주산병, 우메기떡(개성주악, 우매기), 각색편(백편, 꿀편, 승검초편), 강화근대떡, 개성경단, 거말떡, 건시단자, 느티떡, 대추단자, 두텁단자, 석이버섯단자, 쑥구리단자, 유자단자, 율무단자, 은행단자, 무시루떡, 물호박떡, 배피떡, 백령도김치떡, 보리개떡, 상치떡(상추떡), 색편(무지개떡), 석탄병, 솔방울떡, 수수부꾸미, 수수옴팡떡(수수벙거지, 수수도가니), 쑥굴레, 우찌지, 조망댕이(조차떡), 주악, 즘떡, 찹쌀부꾸미
과정류 (20종)	유밀과(4종)	매작과, 개성(모)약과, 만두과, 빙사과
	유 과	
	다식(1종)	가평송화다식
	정 과	
	과편(3종)	살구편, 앵두편, 오미자편
	숙실과(4종)	밤초, 생란, 율란, 조란
	엿강정(3종)	백자편(잣엿강정, 잣박산), 백자편, 여주땅콩엿강정
	당(엿)(3종)	무릇곰, 무릇쑥고음, 양평가마솥칡청
	기타(2종)	서여향병, 호두곶감쌈
음청류 (27종)	음 청	모과청과화채, 배숙, 인삼수정과, 계피차, 곡차, 구기자차, 당귀차, 모과차, 미삼차, 생강차, 솔잎차, 연천율무차, 오과차, 오미자차, 제호탕, 배화채, 오미자화채, 진달래화채, 장미화채, 강화인삼식혜, 배식혜, 호박식혜, 떡수단, 보리수단, 원소병, 책면(착면, 창면), 향설고
주류 (9종)	술	부의주(동동주, 민속촌동동주), 산성소주, 삼해주, 송절주, 송포토속주, 옥미주, 옥수수술, 포천이동막걸리, 호랭이술

밥

공릉장국밥

재 료

쌀 450g(2½컵) • 보리 50g(⅓컵) • 사골 500g • 소 내장 500g • 무 500g • 선지 300g • 콩나물 100g • 시금치 100g • 숙주 100g • 고사리 100g • 다시마 10g(½장) • 북어 50g(2토막) • 두부 150g • 밥 짓는 물 600mL(3컵)

소내장과 무 양념 국간장 1큰술 • 다진 파 1큰술 • 다진 마늘 ½큰술 • 후춧가루 약간 • 참기름 ½큰술 • 깨소금 1작은술 • 고춧가루 ½큰술 • 생강즙 1작은술

콩나물, 시금치, 숙주, 고사리 양념 국간장 1큰술 • 다진 파 1큰술 • 다진 마늘 ½큰술 • 생강즙 1작은술 • 참기름 1큰술 • 깨소금 ½큰술 • 후춧가루 약간

북어 양념 국간장 1작은술 • 깨소금 1작은술 • 다진 파 1큰술 • 다진 마늘 ½큰술 • 설탕 1작은술 • 후춧가루 약간 • 참기름 ½큰술

두부 양념 국간장 1작은술 • 깨소금 1작은술 • 후춧가루 약간 • 참기름 ½큰술 • 고춧가루 1작은술 • 다진 파 ½큰술 • 다진 마늘 1작은술

1

만드는 법

1. 사골을 찬물에 담가 핏물을 뺀 다음 물을 붓고 푹 끓인다.
2. 내장을 깨끗이 손질하여 사골국물에 다시마, 무와 같이 끓인다.
3. 삶은 내장과 무를 꺼내 먹기 좋은 크기로 잘라 양념한다.
4. 2의 끓인 국물에 선지를 먹기 좋게 잘라 넣는다.
5. 콩나물, 시금치, 숙주, 고사리 등 나물류는 데쳐서 갖은 양념을 한다.
6. 두부는 식용유에 지져서 양념에 재고, 북어는 불려 양념장에 재워 찜을 한다.
7. 뚝배기에 고슬하게 지은 밥을 담고 3~6에서 준비한 갖은 고명을 얹은 후 뜨거운 국물을 붓는다.

3

4

5

참고사항

파주시 조리면 봉일천리에 있는 공릉은 사적 205호로 조선왕조 제8대 예종의 원비 장순왕후의 능이다. 한국전쟁 전부터 우시장의 중심지였던 공릉장터는 개성과 오산 등 전국 각지로 흩어지는 시장터로 각지에서 모여 든 상인들이 간단히 먹을 수 있는 장국밥이 유명했다.

출 처
경기도 농촌진흥원, 경기향토요리, 1991
농촌진흥청 농촌영양개선연수원(현 농촌자원개발연구소), 한국의 향토음식, 1994

정보제공자
오정자, 경기도 파주시 조리면 봉일천리

조리시연자
박종숙, 서울특별시 서초구 잠원동

해물솥밥

재 료

쌀 360g(2컵) • 굴 100g(½컵) • 새우 50g(5마리) • 조갯살 50g(¼컵) • 당근 50g(⅓개) • 양파 50g(⅓개) • 마른 멸치 5g(3마리) • 물 500mL(2½컵)

양념장 간장 ⅓컵 • 깨소금 ½큰술 • 다진 마늘 ½큰술 • 고춧가루 ½큰술 • 다진 파 ½큰술

만드는 법

1. 국멸치를 찬물에 넣어 15분 정도 끓여서 멸치장국국물을 만들어 체에 거른다.
2. 굴은 껍질이 없도록 하고 새우는 머리와 꼬리를 떼어 낸 다음 껍질을 벗겨 놓는다. 굴, 새우, 조갯살을 소금물에 씻어 소쿠리에 건져 물기를 뺀다.
3. 당근, 양파는 1cm 깍둑썰기로 잘게 썰어 놓는다.
4. 돌솥에 불린 쌀을 넣고 1의 맑은 멸치장국국물 2컵을 부어 끓이다가 2와 3에서 준비한 채소와 굴, 새우, 조갯살을 얹어 뜸을 들인다.
5. 식기 전에 위아래를 고루 섞어 그릇에 담고 양념장을 곁들인다.

참고사항

주로 섬으로 이루어진 옹진군에서 비교적 가까운 거리에 위치한 영흥도의 전통음식이다. 이 지역은 서해와 접하고 있어 다양한 해물이 많이 나며 이를 이용한 음식들이 발달하였다.

출 처
농촌진흥청 농촌영양개선연수원(현 농촌자원개발연구소), 한국의 향토음식, 1994

정보제공자
복선자, 인천광역시 옹진군 영흥면 내2리

밥

골동반

재 료

쌀 360g(2컵) • 쇠고기 200g • 건표고버섯 30g(10장) • 고사리 150g • 오이 200g(1⅓개) • 도라지 150g(8뿌리) • 콩나물 150g • 흰살생선 포 뜬 것(전감) 100g • 다시마 15cm • 달걀 100g(2개) • 물 470mL(2⅓컵) • 고추장 · 식용유 · 소금 · 참기름 적량 • 후춧가루 · 밀가루 약간

고기 양념장 간장 3큰술 • 설탕 1½큰술 • 다진 파 2큰술 • 다진 마늘 1큰술 • 참기름 1큰술 • 깨소금 1큰술 • 후춧가루 약간

나물 양념장 국간장 2작은술 • 다진 파 2큰술 • 다진 마늘 1큰술 • 참기름 2큰술 • 깨소금 2큰술 • 후춧가루 약간

만드는 법

1. 쇠고기는 0.3cm로 채 썰고, 표고버섯도 불려서 기둥을 떼고 채 썬다. 고기 양념장을 만들어 쇠고기와 표고버섯에 반 분량씩 고루 양념한 후 각각 팬에 식용유를 두르고 볶는다.
2. 오이는 길이로 반을 갈라서 어슷하게 0.3cm로 얇게 썰어 소금에 절였다가 물기를 꼭 짜고, 도라지는 가늘게 갈라서 소금에 주물러 씻고, 고사리는 억센 줄기를 다듬은 다음 5cm로 잘라 나물 양념장을 나누어 넣어 양념한 후 볶는다.
3. 콩나물은 씻어 냄비에 담아 물과 소금을 약간 넣고 뚜껑을 꼭 덮어 충분히 삶아서 남은 나물 양념장으로 무친다.
4. 얇게 포 뜬 흰살생선은 소금, 후춧가루를 뿌리고 밀가루를 묻힌 다음 달걀을 풀어 씌운 후 전을 부쳐 1cm 폭으로 썰고, 남은 달걀은 지단을 부쳐 채 썬다(5×0.2×0.2cm).
5. 다시마는 기름에 튀겨서 잘게 부순다.
6. 밥을 약간 되게 지어 위에 고명으로 얹을 재료만 조금씩 남기고 모두 넣은 다음 참기름과 소금을 넣어 간을 맞추고 고루 비벼서 그릇에 나누어 담고, 남긴 재료들을 보기 좋게 조금씩 위에 얹어 낸다.

참고사항

고추장은 따로 담아 내어 각자 식성에 따라 양을 조절해서 넣어 비비도록 한다.

출 처

전희정 · 이효지 · 한영실, 한국전통음식, 문화관광부, 2000

고문헌

시의전서(汨董飯), 조선요리제법(비빔밥), 조선무쌍신식요리제법(비빔밥)

김치밥

재 료

쌀 360g(2컵) • 배추김치 200g • 쇠고기 150g • 물 500mL(2½컵) • 식용유 적량

양념장 참기름 1큰술 • 깨소금 1큰술 • 설탕 약간

쇠고기 양념 간장 ½큰술 • 설탕 ¼큰술 • 참기름 ½큰술 • 깨소금 1작은술 • 다진 파 1작은술 • 다진 마늘 ½작은술 • 후춧가루 적량

만드는 법

1. 김치는 국물을 꼭 짜고 1cm 폭으로 송송 썰어 참기름, 깨소금, 설탕을 넣어 무친다.
2. 쇠고기는 0.3cm로 얇게 채 썰어 양념한다.
3. 쌀은 씻어서 불렸다가 건져 물기를 뺀다.
4. 솥에 기름을 두르고 김치를 넣어 잠깐 볶다가 고기를 얹어 볶는다.
5. 4에 쌀을 넣고 밥물을 보통 밥 짓듯이 부어 밥을 한다. 끓어오르면 불을 줄여 뜸을 잘 들인 후 고루 섞어서 그릇에 담는다.
6. 밥이 뜨거울 때 양념장을 넣어 비벼 먹는다.

❃ 참고사항

김치밥은 겨울철에 잘 익은 김장김치를 쌀에 섞어 짓는 별미식이다. 반찬이 없을 때 손쉽게 해먹을 수 있는 음식이며, 우리나라 어느 지역에서나 잘 해먹었는데, 특히 농촌 지역, 황해도, 평안도 지방에서 즐겨 만들어 먹었으며 서울 · 경기 지방의 김치밥에는 쇠고기로 맛을 더한 것이 특징이다.

출 처

이종근, 온고을의 맛 한국의 맛, 신아출판사, 1999

밥

무밥

재료

쌀 360g(2컵) • 무 300g(⅓개) • 물 400mL(2컵) • 소금 1큰술

양념장 간장 4큰술 • 다진 파 1큰술 • 다진 마늘 ½큰술 • 깨소금 1큰술 • 참기름 ½큰술 • 고춧가루 1작은술

만드는 법

1. 가을 무를 선택해서 굵게 채 썬다.
2. 쌀을 불린 후 무를 솥 밑에 깔고 쌀을 안친 다음 소금으로 간을 한다.
3. 양념장을 만들어 밥이 뜨거울 때 비벼 먹는다.

참고사항

무밥은 쌀이 귀하여 끼니 해결하기가 힘들었던 시절, 무가 제일 맛있는 가을 · 겨울철에 쌀을 늘려 먹기 위해 무를 채 썰어 쌀 위에 놓고 밥을 하던 것에서 유래되었다.

곤지암소머리국밥

재 료

사골 1kg • 소머리고기 800g • 인삼 150g • 무 200g($\frac{1}{4}$개) • 쌀 360g(2컵) • 물 470mL(2$\frac{1}{3}$컵)

양념장 국간장 2큰술 • 다진 파 1작은술 • 식초 $\frac{1}{2}$큰술 • 통깨 $\frac{1}{2}$작은술

만드는 법

1. 사골과 소머리고기는 털을 제거하여 깨끗이 닦아 놓는다.
2. 1의 사골과 소머리고기를 찬물에 담가 핏물을 뺀 다음 냄비에 물을 붓고 사골을 먼저 끓인다.
3. 사골이 어느 정도 끓었을 때 준비해 놓은 소머리고기와 무, 인삼을 넣고 푹 삶는다.
4. 고기가 푹 익으면 건져 내어 0.5cm 두께로 먹기 좋게 썰어 놓는다.
5. 쌀을 불려서 밥을 고슬고슬하게 지어 놓는다.
6. 밥을 뚝배기에 고기와 함께 담고 뜨거운 국물을 담아 양념장과 곁들인다.

참고사항

광주는 예부터 경상도 지방에서 과거 보러 한양에 갈 때 지나던 길목지로서 이 지방에서 숙식할 때 주식으로 먹던 소머리국밥이다.

출 처

농촌진흥청, 향토음식, www2.rda.go.kr/food/, 2006

안성소머리국밥(안성탕)

재 료

사골뼈 및 잡뼈 6kg • 소머리 1개 • 양지머리 2.4kg • 물 10L(50컵) • 대파 200g(6개) • 고사리 200g • 박고지 200g • 토란대 300g • 물 • 대파 • 마늘 • 생강 • 후춧가루 • 소금

다진 양념 잘게 썬 대파 · 소금 · 후춧가루 · 고춧가루 적량

만드는 법

1. 사골뼈와 잡뼈를 찬물에 1시간 이상 담가 핏물을 빼서 건진 다음 찬물에 넣고 10시간 동안 끓인다.
2. 10시간 끓인 국물에 손질하여 핏물을 뺀 소머리와 분량의 양지머리를 넣고 3시간 정도 끓인다. 기름과 거품은 수시로 걷어 내고 파와 생강, 마늘을 크게 썰어 넣어 누린내를 없애 준다.
3. 다 익은 소머리와 양지머리를 건져서 부위별로 편육처럼 얇게 썬다.
4. 뼈는 발라 내고 국물에 다시 넣어 계속 끓이면서 육수를 만든다.
5. 4에 대파, 고사리, 박고지, 토란대를 넣어 끓인다.
6. 따뜻하게 데운 대접에 밥과 편육을 담고 국물은 간을 맞추지 않고 다시 끓여서 담는다.
7. 다진 양념을 곁들여 기호에 따라 넣어서 먹도록 한다.

참고사항

소머리와 사골 및 잡뼈를 가마솥에서 불을 꺼뜨리지 않고 온종일 푹 고아 내고 양지머리에서 우러나온 고소한 국물과 채소와 어울린 국물에 양념을 넣어 고기의 누린 맛을 제거하는 것이 특징이며 1930년대 전국 5대 시장의 하나인 안성장터 우시장 국밥집에서 시작하였다.

출 처
농촌진흥청, 향토음식, www2.rda.go.kr/food/, 2006

시래기밥

재 료

쌀 • 말린 시래기 • 물

양념장 들기름 • 들깻가루 • 국간장 • 깨소금 • 다진 고추

만드는 법

1. 말린 시래기를 삶아서 헹궈 낸다. 껍질은 벗겨도 되고 그냥 조리해도 된다.
2. 시래기를 3cm 길이로 잘라 국간장, 들기름, 들깻가루, 깨소금, 다진 고추를 넣고 무친다.
3. 2에 물을 조금 넣고 불려 놓은 쌀을 넣고 볶다가 쌀알이 투명해지기 시작하면 물을 부어 밥을 짓는다.

정보제공자
백천사 무구스님, 경기도 남양주시 와부읍 도곡리

밥

양주밤밥

재 료

쌀 300g(1⅔컵) • 찹쌀 60g(⅓컵) • 은행 30g(15개) • 밤 240g(15개) • 물 470mL(2⅓컵) • 소금 ½작은술

만드는 법

1. 멥쌀과 찹쌀을 깨끗이 씻어서 30분 정도 소쿠리에 건져 놓는다.
2. 밤은 하루 정도 미지근한 물에 충분히 불려 껍질을 벗기고 큰 것은 2등분한다.
3. 껍질 벗긴 은행은 달군 팬에 기름을 약간 둘러 살짝 볶은 후 마른 수건이나 깨끗한 면포로 살살 비벼 속껍질을 벗긴다.
4. 냄비에 1의 쌀을 안치고 소금과 물을 넣은 다음 쌀을 골고루 편 후 그 위에 준비된 밤, 은행을 가지런히 놓는다.
5. 한 번 끓어오르면 중불로 줄이고, 거의 익었을 때 30초 동안 센 불로 끓였다가 다시 약한 불로 줄여 충분히 뜸을 들인다.
6. 불에서 내려 5분 정도 지난 후 고루 섞는다.

참고사항

- 고려원년 서긍(徐兢)이란 중국 사신이 고려에서의 견문을 저술한 내용을 보면 '양주밤은 맛이 복숭아에 비교될 정도로 단맛이 많아 이 밤과 은행을 함께 넣고 밥을 해먹으면 맛이 좋았다' 고 한다. 양주밤밥은 양주밤의 독특한 감미와 함께 은행의 독특한 맛이 함께 어울린 영양이 좋은 밥이다. 조선조 양주밤이 해마다 궁중에 진상되어 양주 토산품을 대표하였고 가정에서 밤밥을 많이 해먹었다고 한다.
- 대표적인 재래종 밤의 산지는 한수 이북 지방이고 그 중에서도 양주가 대표적인 산지(백석면)이다. 양주의 밤은 나무가 커서 과실이 굵고 많이 열리며 속껍질이 잘 벗겨지지 않고 맛이 좋아 밥에 넣고 지으면 밥맛도 좋다.

출 처
이승교, 경기 지역 향토음식 조사, 수원대학교 논문집 10권, 1992

정보제공자
이영순, 경기도 양주군 은현면 용암리

오이도굴회덮밥

재 료

굴 400g(2컵) • 쌀 360g(2컵) • 시금치 200g • 고사리 200g • 도라지 200g • 숙주나물 200g • 달걀 100g(2개) • 오이 100g(⅔개) • 상추 60g(10장) • 깻잎 30g(20장) • 건표고버섯 20g(7장) • 밥 짓는 물 400mL(2컵) • 참기름 1큰술

시금치, 숙주 양념 소금 · 참기름 · 깨소금 적량

도라지 양념 소금 · 다진 파 · 다진 마늘 · 참기름 · 깨소금 적량

고사리, 표고버섯 양념 간장 · 설탕 · 다진 파 · 다진 마늘 · 참기름 · 깨소금 적량

초고추장 고추장 4큰술 • 식초 1큰술 • 설탕 1큰술 • 물 1큰술 • 다진 마늘 1작은술 • 깨소금 1작은술

만드는 법

1. 굴은 껍질을 떼고 소금물에 살살 헹구어 물기를 빼 둔다.
2. 쌀은 씻어서 30분 정도 물기를 빼 놓는다.
3. 씻어 놓은 쌀과 굴 100g(½컵)씩을 켜켜로 안치고 불에 올려 끓어오르면 불을 낮추어 뜸을 푹 들인다.
4. 도라지는 가늘게 잘라 소금으로 문질러 씻은 후 꼭 짜고, 고사리는 센 줄기를 골라 낸 후 헹궈 5cm 길이로 썰어 놓는다. 시금치는 다듬어 끓는 물에 소금을 약간 넣고 데쳐서 찬물에 헹궈 건진 다음 꼭 짜서 4cm로 썬다. 숙주도 끓는 물에 데치고 표고버섯은 물에 불려 줄기를 뗀 후 채 썬다.
5. 시금치, 숙주는 소금, 참기름, 깨소금을 넣어 무치고, 도라지는 다진 파, 다진 마늘, 참기름, 깨소금을 넣어 볶는다. 고사리, 표고버섯은 간장, 설탕, 다진 파, 다진 마늘, 참기름, 깨소금으로 양념하여 볶아 낸다.
6. 오이는 채 썰어(5×0.2×0.2cm) 찬물에 담갔다가 건져 물기를 거둔다. 상추는 흐르는 물에 씻어 1cm 폭으로 썰고, 깻잎은 돌돌 말아 채 썬다(0.2cm 두께).
7. 달걀은 황백지단을 부친 후 채 썬다.
8. 고추장과 식초, 설탕, 물, 다진 마늘, 깨소금을 골고루 섞어 초고추장을 만든다.
9. 그릇에 3의 굴밥을 담고, 넓은 그릇에 재료들을 고루 돌려 담은 후 참기름을 넣고 준비된 초고추장을 곁들인다.

❋ 참고사항

시흥 전래의 향토음식인 '오이도굴회덮밥' 은 조선 초기부터 그 조리법이 개발되어 각 가정에 널리 보급되었으나, 어업의 쇠퇴와 굴 생산의 쇠퇴로 지금은 오이도에서 15대째 살고 있는 박길웅 씨의 부인인 송광자 씨에 의해 비법이 전수되고 있다. 현재 경기도 문화지적재산으로 등록되어 있다.

출 처
경기도문화유산, www.kg21.net, 2006

정보제공자
송광자, 경기도 시흥시 정왕동

밥

용문산산채백반

재 료

쌀 360g(2컵)

쌈용 나물 참나물 • 미나리 싹 • 곰취

무침용 나물 취나물 · 모시대나물 · 고사리 · 다래순 · 밤버섯 · 능이버섯 · 두릅 · 달래 · 더덕 · 고들빼기 적량

양념 들기름 5큰술 • 참기름 1작은술 • 깨소금 2큰술 • 소금 2큰술 • 고추장 1큰술 • 다진 파 4큰술 • 다진 마늘 4큰술 • 다진 생강 1작은술 • 새우젓 1큰술 • 고춧가루 1큰술 • 참기름 2큰술 • 찹쌀풀 · 통깨 적량

만드는 법

1. 쌀은 씻어서 30분 정도 물에 불려 물기를 뺀 후 밥을 짓는다.
2. 참나물, 미나리 싹, 곰취는 깨끗이 씻어 쌈을 준비한다.
3. 취나물, 모시대나물은 삶아서 소금, 다진 파, 다진 마늘, 들기름, 깨소금으로 무친다.
4. 고사리, 다래순은 삶아서 들기름에 소금, 다진 파, 다진 마늘, 깨소금으로 양념하여 볶는다.
5. 밤버섯, 능이버섯은 삶아서 들기름에 소금, 다진 파, 다진 마늘, 깨소금으로 양념하여 볶는다.
6. 두릅은 삶아서 고추장, 다진 파, 다진 마늘, 참기름, 깨소금으로 양념하여 무친다.
7. 달래는 소금물에 삶은 후 참기름과 간장 등으로 양념한다.
8. 더덕은 잘 두드린 후 참기름을 발라 재워서 석쇠에 애벌 굽고 고추장 양념장에 재웠다가 다시 한번 구워 낸다.
9. 고들빼기는 6~7일간 물에 담가 쓴맛을 뺀 후 생강, 마늘, 쪽파, 고춧가루, 찹쌀풀, 새우젓국, 파, 소금으로 양념을 한 후 익으면 통깨를 뿌려 먹는다.

출 처
농촌진흥청, 향토음식, www2.rda.go.kr/food/, 2006

이천영양밥(이천쌀밥)

재 료

이천 쌀 360g(2컵) • 대추 20g(8개) • 검은콩 30g • 밤 50g(3개) • 은행 20g(10개) • 인삼 20g • 물 470mL(2⅓컵) • 통깨 3큰술 • 쇠고기장조림 50g

만드는 법

1. 돌솥에 불린 쌀을 먼저 넣고 깨끗이 씻은 대추, 검은콩, 밤, 은행, 인삼, 통깨를 얹어 밥을 짓는다.
2. 쇠고기장조림을 약 3cm 길이로 잘게 찢어 놓는다.
3. 완성된 밥에 장조림을 얹어 낸다.

참고사항

이천은 비옥한 평야와 구릉으로 이루어진 한국의 곡창지대로서 쌀이 매우 기름지며 맛이 있다. 돌솥에 기름진 이천 쌀과 이천에서 구하기 쉬운 식품들을 넣어 밥을 지어 맛 좋고 영양가 있는 음식을 만들어 먹었다. 『동국여지승람』에 기록된 문헌을 보면 '땅이 기름져서 백성이 많이 부유하였으며 서쪽에서 동쪽으로 흐르는 복 하천과 그 지류에서 주로 재배하였다' 고 한다. 서유구가 저술한 『행포지』에도 '여주, 이천에서 생산한 쌀이 좋다' 고 기록되어 있다. 이천 쌀은 좋은 물, 기후, 토질조건에서 재배하여 맑고 투명하며 일반 쌀에 비해 니아신, 칼륨 등이 많이 들어 있어 영양가가 높고 밥맛이 좋아 예로부터 임금님께 진상한 밥으로 알려졌다.

출 처

이승교, 경기 지역 향토음식 조사, 수원대학교 논문집 10권, 1992
정건조 외, 한국의 맛, 경향신문사, 2005

정보제공자

박종철, 경기도 이천시 신둔면 수광리

밥

자미밥

재 료

자광미 320g • 물 470mL(2⅓컵)

만드는 법

1. 자광미는 깨끗이 씻어 30분 정도 물에 불린다.
2. 자광미에 물을 붓고 센불로 10분 정도 끓이다가 끓어오르면 중불로 줄여 15분, 다시 약한 불에서 10분 정도 뜸을 들인다.

참고사항

김포는 쌀 재배 역사가 오래되었으며 '밀다리 쌀' 이라고 부르는 자광미(紫光米)는 홍 · 옥색의 두 가지 색이 있는데, 진상미로도 유명할 만큼 품질이 우수하고 귀하다.

출 처
농촌진흥청, 향토음식, www2.rda.go.kr/food/, 2006

장국밥

재 료

쇠고기(양지머리) 600g • 쇠고기(우둔) 150g • 쌀 360g(2컵) • 무 200g(1/4개) • 고사리 100g • 도라지 100g • 콩나물 100g • 밥 짓는 물 470mL(2 1/3컵) • 육수(양지머리) 4L(20컵)

양지머리 양념 간장 1 1/2큰술 • 다진 파 1큰술 • 다진 마늘 1/2큰술

나물 양념 소금 1작은술(또는 국간장 2작은술) • 다진 파 1큰술 • 다진 마늘 1/2큰술 • 참기름 1/2큰술 • 깨소금 1/2큰술

우둔 양념 간장 1큰술 • 설탕 1작은술 • 다진 파 1큰술 • 다진 마늘 1큰술 • 참기름 1/2큰술 • 깨소금 1/2큰술

만드는 법

1. 양지머리는 덩어리째 찬물에 씻어서 핏물을 빼고 무와 함께 물에 넣어 푹 무르게 삶는다.
2. 밥은 고슬고슬하게 지어 놓는다.
3. 고기가 무르면 건져서 0.5cm로 도톰하게 썰고, 무는 2.5×0.3cm로 썰어서 파, 마늘, 간장으로 양념하여 국에 다시 넣고 끓인다.
4. 고사리, 도라지는 5cm 길이로 손질한 후 국간장, 다진 파, 다진 마늘, 참기름, 깨소금으로 양념하여 볶아 둔다.
5. 콩나물은 삶아서 소금, 다진 파, 다진 마늘, 참기름, 깨소금으로 양념하여 무쳐 둔다.
6. 쇠고기는 다져서 간장, 다진 파, 다진 마늘, 참기름, 깨소금으로 양념하여 반대기를 지어 구운 다음 3×4cm로 네모지게 썬다.
7. 뚝배기에 밥을 담고 뜨거운 장국을 부은 다음 반대기 고기와 나물들을 고루 얹는다.
8. 먹을 때는 기호에 따라 다진 파, 깨소금, 고춧가루 등을 넣는다.

참고사항

• 장국밥은 제사를 지낸 후 남은 음식을 쉽게 먹기 위해서 만들어진 음식이라는 유래가 있으며 탕, 나물, 적을 다 같이 고루 먹을 수 있는 좋은 방법이다.

• 안성 지역 장터에서 유래된 안성장국밥은 쇠고기 정육, 사골국물, 허파 등의 내장을 푹 삶은 후 쇠고기는 꺼내어 찢어서 고사리와 고추장으로 버무려 두었다가 국물을 붓고 먹을 때 다시마튀각을 뿌려 주어 담백하면서도 약간 매운맛이 도는 것이 특징이다.

출 처

문화공보부 문화재관리국, 한국민속종합조사보고서(향토음식 편), 1984
김상보, 생활 속의 향토음식문화, 신광출판사, 2004
한국관광공사, 한국의 전통음식, www. visitkorea.or.kr/cc/mg/ccmg_cv0.jsp, 2006

고문헌

시의전서(탕반 : 湯飯)

밥

화성굴밥

재 료

쌀 360g(2컵) • 굴 100g(½컵) • 쇠고기 200g • 표고버섯 20g(7개) • 무 850g(1개) • 밤 160g(10개) • 대추 25g(10개) • 인삼 3뿌리 • 물 400mL(2컵) • 소금 · 후추가루 약간

양념장 다진 파 2큰술 • 다진 마늘 1큰술 • 간장 ⅓컵 • 참기름 1큰술 • 깨소금 2큰술

만드는 법

1. 쌀은 씻어서 30분 정도 불려 둔다.
2. 버섯은 물에 불려서 0.3cm로 채 썰고, 무도 0.3cm로 채 썬다.
3. 쇠고기도 0.3cm 두께로 채 썰어 소금, 후춧가루로 밑간을 약하게 한다.
4. 굴은 소금물에 흔들어 씻어 건져 놓는다.
5. 밤, 대추, 인삼은 납작하게 썬다.
6. 불린 쌀을 넣고 굴을 제외한 모든 재료를 얹어 밥을 짓는데, 이때 밥물은 보통 밥물보다 적게 잡는다.
7. 밥물이 거의 잦아들면 굴을 얹어 뜸을 들인다.
8. 식기 전에 양념장에 비벼 먹는다.

참고사항

'남양 원님 굴회 마시듯 한다' 는 속담이 있듯이 화성 굴은 그 맛이 유명하여 대대로 많은 가정에서 겨울철 별미로 굴밥을 이용하고 있다. 굴은 예부터 훌륭한 식량자원으로 신석기 패총에서 다량의 굴 껍질이 발견될 정도로 유명하다. 굴은 회, 젓갈, 죽, 전골 등의 다양한 재료로 이용되고 있다. 경기도 서해안 일대에는 어패류의 생산이 많은데, 굴이 직접 생산되는 시흥, 화성, 강화, 옹진 등 바닷가 인접 마을에서는 계절에 따른 별미밥으로 굴밥을 지어 먹었다. 기호에 따라 미나리, 밤, 대추, 잣, 당근 등을 이용하기도 한다. 강화 지방에서는 소금, 후춧가루, 간장으로 간을 한 닭국물에 밥을 안쳐서 끓으면 그 위에 굴을 얹어 뜸을 들여 양념장과 먹는다.

출 처

김상보, 생활 속의 향토음식문화, 신광출판사, 2004
농촌진흥청, 향토음식, www2.rda.go.kr/food/, 2006

정보제공자

최미자, 인천광역시 강화군 삼산면 사강리

고문헌

조선무쌍신식요리제법(석화반 : 石花飯)

죽

연근죽

재 료

쌀 240g(1⅓컵) • 연근 200g(1개) • 물 1.6L(8컵) • 소금 적량 • 참기름 1큰술

만드는 법

1. 연근은 씻어 껍질을 벗긴 후 일부는 강판에 갈고 일부는 얇게 저며 둔다(0.3cm).
2. 쌀은 깨끗이 씻어 불린다.
3. 냄비에 참기름을 두르고 쌀과 썰어 둔 연근을 볶다가 물을 붓고 끓이고, 쌀이 퍼지면 갈아 놓은 연근을 넣고 끓여 소금으로 간을 맞춘다.

1

1

3

3

출 처
남양주시 농업기술센터 남양주시 향토음식연구회, 보양음식, 2000

조리시연자
박종숙, 서울특별시 서초구 잠원동

죽

굴죽

재료

굴 200g(1컵) • 쌀 240g(1⅓컵) • 물 1.6L(8컵) • 참기름 1큰술 • 소금 · 간장 적량

만드는 법

1. 굴은 껍질은 떼고 소금물에 살살 흔들어 씻고 쌀은 씻어서 불려 둔다.
2. 두꺼운 냄비에 참기름을 넣고 불린 쌀을 넣어 볶는다.
3. 쌀이 말갛게 볶아지면 굴을 넣어 잠깐 볶다가 물을 넣고 끓인다. 끓으면 불을 약하게 줄이고 쌀알이 퍼질 때까지 뭉근한 불에서 끓인다.
4. 소금, 간장으로 간을 맞춘다.

출처
이승교, 경기 지역 향토음식 조사, 수원대학교 논문집 10권, 1992

고문헌
조선무쌍신식요리제법(석화죽 : 石花粥)

죽

김치죽

재 료

김치 200g • 쌀 240g(1⅓컵) • 멸치 5g(3마리) • 물 1.6L(8컵) • 참기름 1큰술 • 실파 20g(½개) • 소금 · 간장 적량

만드는 법

1. 찬물에 멸치를 넣고 15분 정도 끓여 국물을 낸다.
2. 김치를 송송 썰어(0.5cm) 냄비에 참기름을 두르고 볶는다.
3. 볶은 김치에 씻어 불려 둔 쌀을 넣고 같이 볶는다.
4. 쌀이 약간 익으면 멸치장국국물을 붓고 센 불에서 뚜껑을 덮지 말고 끓이다가 차츰 불을 약하게 하여 쌀알이 퍼질 때까지 뭉근한 불에서 끓인다.
5. 실파를 어슷하게 썰어(0.3m) 넣고 소금, 간장으로 간을 맞춘다.

참고사항

반찬이 없거나 춘궁기에 식량이 부족할 때 음식을 늘리기 위해서 겨울철에 주로 쌀과 함께 김치를 넣고 해먹었던 음식이다. 김치는 반 식량이라고 할 만큼 우리의 식생활에 큰 비중을 차지했다. 서울에서는 쇠고기 우둔살을 다져서 양념하여 김치와 함께 볶다가 죽을 끓이기도 한다.

출 처

김숙년, 600년 서울음식, 동아일보사, 2001

고문헌

조선요리제법(김치죽)

대추죽

재 료

대추 70g(30개) • 쌀 240g(1⅓컵) • 물 1.6L(8컵)

만드는 법

1. 대추는 돌려 깎아 씨를 빼고 물을 붓고 삶는다.
2. 분쇄기로 불린 쌀과 삶은 대추를 각각 곱게 간다.
3. 쌀 간 것을 체에 걸러 찌꺼기는 걸러 낸다.
4. 냄비에 쌀 간 것과 물을 넣고 나무주걱으로 저으면서 끓인다.
5. 흰죽이 거의 어우러지게 쑤어졌으면 대추 간 것을 조금씩 넣으면서 섞고 잠시 더 끓인다.

출 처

한국관광공사, 한국의 전통음식, www.visitkorea.or.kr/cc/mg/ccmg_cv0.jsp, 2006

죽

수수푸레기

재 료

수수 200g(1⅓컵) • 찹쌀 50g(⅓컵) • 팥 100g(½컵) • 호박 400g • 물 1.6L(8컵) • 잣 · 설탕 · 소금 적량

만드는 법

1. 수수와 찹쌀을 각각 깨끗이 씻어 불린 다음 곱게 빻아 가루를 만든다.
2. 호박은 껍질을 제거하여 속을 긁어 내고 잘게 썰어서 깨끗이 씻은 후 물을 조금 넣고 푹 삶는다. 이때 소금을 넣어 간을 한다.
3. 찹쌀가루는 익반죽하여 잣을 1개씩 박아가며 새알 모양으로 동그랗게 빚는다.
4. 팥은 삶은 다음 국물과 팥을 나누어 놓는다.
5. 팥 삶은 물에 수숫가루를 풀어 호박 삶은 것을 넣고 끓인다.
6. 5에 찹쌀 새알심과 팥을 넣어 끓이고 소금으로 간을 맞춘다.

참고사항

수수푸레기는 식량이 모자랐던 시절에 수수와 팥을 넣어 멀겋게 죽을 쑤어 밥 대신 끼니를 삼았던 음식이다. 수수푸레기 외에도 쌀이 부족한 시기에 주변에서 쉽게 찾아 볼 수 있었던 감자 등의 서류, 잡곡류를 함께 섞어 감자밥, 옥수수밥, 보리밥 등을 해먹었다.

출 처

이승교, 경기 지역 향토음식 조사, 수원대학교 논문집 10권, 1992

정보제공자

신상연, 경기도 양평군 개군면 내리

죽

시래기죽

재료

쌀 240g(1⅓컵) • 시래기 200g • 물 1.6L(8컵) • 된장 1큰술 • 소금(또는 국간장) 적량

만드는 법

1. 쌀은 물에 불리고 시래기는 물에 담갔다가 삶아서 1cm 길이로 썰어 놓는다.
2. 냄비에 시래기, 쌀과 물을 넣고 끓인다. 이때 된장을 풀고 한소끔 끓고 나면 약한 불에서 오랫동안 끓인다.
3. 소금이나 간장으로 간을 한다.

❁ 참고사항

어려웠던 시절 보리죽마저도 못 먹게 되면 뜯어온 나물에 물을 한 솥 가득 넣고 푹 삶거나 무청을 말린 시래기를 삶아 죽을 쑤어 먹었다.

죽

아욱죽

재 료

쌀 240g(1⅓컵) • 아욱 200g • 마른 새우 50g • 쌀뜨물 1.6L(8컵) • 된장 3큰술 • 고추장 2작은술 • 다진 파 1큰술 • 다진 마늘 ½작은술

만드는 법

1. 쌀은 씻어서 물에 담가 불려 놓는다.
2. 아욱은 거센 줄기는 꺾어 버리고 주물러 씻은 다음 건져서 물기를 뺀다.
3. 쌀뜨물에 된장과 고추장을 풀고 마른 새우를 넣어 끓인다.
4. 끓으면 아욱을 넣고 다진 파, 다진 마늘을 넣는다.
5. 4가 한창 끓을 때 불린 쌀을 넣어 약한 불에서 쌀알이 푹 퍼지도록 끓인다.

✻ 참고사항

『조선무쌍신식요리제법』에 나오는 아욱죽 끓이는 법을 살펴보면, '아욱은 파루초라고도 하니 전에는 국을 끓일 때 아욱을 박박 으깨어 푸른 즙을 여러 번 씻어 버리고 쑤어 국물이 걸쭉하고 푸른빛이 났는데, 요즘은 다듬은 후에 으깨지 않고 그냥 씻어서 끓여 국물이 맑고 좋다. 먼저 맛 좋은 된장에다 고추장을 조금 섞고 걸러 부은 후에 연한 기름 고기를 썰고 파와 기름을 치고 중새우를 헝겊에 싸서 방망이로 두드려 넣고 곱창은 익혀 썰어 넣는다. 넙치를 토막 쳐서 넣기도 한다. 아욱이 몸을 보한다 하여 시골에서는 산모가 미역 대신 아욱을 먹는다.' 라고 하였다.

출 처

김숙년, 600년 서울음식, 동아일보사, 2001

고문헌

식료찬요(아욱죽), 조선요리제법(아욱죽), 조선무쌍신식요리제법(규죽 : 葵粥)

주식류 | 부식류 | 떡류 | 과정류 | 음청류 | 주류

애호박죽

재 료

쌀 240g(1⅓컵) • 애호박 100g(¼개) • 쇠고기 50g • 물 1.6L(8컵) • 국간장 2큰술 • 소금 1큰술

쇠고기 양념 간장 ½큰술 • 다진 파 1작은술 • 다진 마늘 ½작은술 • 참기름 1작은술 • 깨소금 적량

만드는 법

1. 쌀은 씻어 물에 불리고 쇠고기는 채 썰어(5×0.3×0.3cm) 양념한다.
2. 애호박은 길이 4cm, 두께 0.5cm로 채 썬다.
3. 냄비에 양념한 쇠고기를 잠시 볶다가 불린 쌀과 물을 붓고 저으면서 끓인다.
4. 쌀이 익어 가면 썰어 놓은 애호박을 넣고 끓이다가 호박이 파랗게 익었을 때 맑은 국간장과 소금으로 간을 맞춘다.

출 처

김숙년, 600년 서울음식, 동아일보사, 2001

죽

율자죽(밤죽)

재 료

쌀 160g(¾컵) • 밤 300g(20개) • 물 1.2L(6컵) • 소금 2작은술

만드는 법

1. 쌀을 씻어서 충분히 불려 소쿠리에 건져 물기를 뺀 후 맷돌이나 분쇄기에 물을 조금씩 부어 주면서 곱게 갈아 체에 밭친다.
2. 밤은 겉껍질과 속껍질을 깨끗이 벗기고 맷돌이나 분쇄기에 곱게 갈아 체에 남은 찌꺼기는 버린다.
3. 두꺼운 냄비에 밤물과 쌀물을 한 데 부어 불에 올려서 가끔 나무주걱으로 젓는다.
4. 한 번 끓어오르면 불을 약하게 줄여서 죽이 완전히 퍼질 때까지 가끔 저으면서 끓이고 잘 어우러지면 소금으로 간을 맞춘다.

출 처

전희정 · 이효지 · 한영실, 한국전통음식, 문화관광부, 2000

고문헌

산림경제(율자죽 : 栗子粥), 증보산림경제(건율죽 : 乾栗粥), 조선요리제법(밤죽), 조선무쌍신식요리제법(율자죽 : 栗子粥)

죽

원미

재료

쌀 110g(⅔컵) • 물 1.2L(6컵) • 약소주 · 꿀 또는 설탕 · 얼음 적량

만드는 법

1. 쌀을 깨끗이 씻어 건져 말렸다가 싸라기가 절반 크기 정도가 되도록 절구에서 살짝 부순다.
2. 체로 쳐 가루는 버리고 싸라기만 물을 넣고 푹 끓인다.
3. 먹을 만큼 덜어서 약소주를 타고 꿀이나 설탕을 넣고 섞은 뒤 얼음을 넣는다.

참고사항

원미(元味)는 쌀을 굵게 갈아 죽을 쑨 후 꿀과 소주를 타서 차게 먹는 여름철 음식이다.

출처

한복려, 궁중음식과 서울음식, 대원사, 1995

죽

장국죽

재 료

쌀 240g(1⅓컵) • 쇠고기(우둔) 150g • 건표고버섯 10g(3개) • 물 1.6L(8컵) • 국간장 · 소금 적량 • 참기름 1큰술

고기 양념 국간장 1½큰술 • 다진 파 1큰술 • 다진 마늘 ½큰술 • 참기름 1큰술 • 후춧가루 약간

만드는 법

1. 쌀을 씻어서 물에 충분히 불린 다음 소쿠리에 건져 물기를 뺀다.
2. 쇠고기는 곱게 다지고, 건표고버섯은 물에 불려서 곱게 썰어 고기 양념으로 고루 무쳐 지름 2cm 정도의 동글납작한 고기완자 모양이나 네모난 반대기를 빚는다.
3. 두꺼운 냄비에 참기름을 두르고 쌀을 넣어 볶다가 투명해지면 분량의 물을 부어 가끔 저으면서 끓인다.
4. 한 번 끓어오르면 불을 약하게 줄여서 쌀알이 완전히 퍼질 때까지 서서히 끓이다가 고기완자를 넣어 익혀서 맛이 잘 어우러지면 국간장이나 소금으로 간을 맞춘다.

출 처

김숙년, 600년 서울음식, 동아일보사, 2001

고문헌

시의전서(장국죽), 조선요리제법(장국죽), 조선무쌍신식요리제법(장탕죽 : 醬湯粥)

죽

조개죽

재료

쌀 240g(1⅓컵) • 조개 200g • 달걀 50g(1개) • 물 1.6L(8컵) • 참기름 2큰술 • 다진 생강 1작은술 • 다진 마늘 1작은술 • 잣 약간

만드는 법

1. 쌀을 깨끗이 씻어 물에 불린다.
2. 조개는 해감을 하고 껍질을 까서 깨끗이 씻는다.
3. 냄비에 참기름을 두르고 쌀을 볶은 후 물을 붓고 푹 끓인다.
4. 쌀이 약간 퍼졌을 때 조개를 넣고 한소끔 끓인다.
5. 소금으로 간을 맞추고 다진 마늘과 다진 생강을 넣고 잣을 띄워 낸다.
6. 그릇에 담아 참기름을 식성에 맞도록 넣어 먹는다. 먹을 때 달걀노른자를 풀어 넣기도 한다.

참고사항

간만의 차가 심한 인천 앞바다의 간석지에서 잡히는 조개는 알맹이에 살이 많고 육질이 좋아 예부터 맛 좋은 조개로 알려져 왔다. 그래서 이 옹진군 지역에서는 조개를 이용한 죽과 탕이 발달하였다.

출처

경기도 농촌진흥원, 경기향토요리, 1991

정보제공자

노선숙, 인천광역시 옹진군

타락죽

재 료

쌀 160g(3/4컵) • 우유 800mL(4컵) • 물 400mL(2컵) • 소금 · 설탕 적량

만드는 법

1. 쌀을 씻어서 물에 충분히 불린 후 소쿠리에 건져 물기를 뺀다.
2. 분쇄기에 쌀과 적당량의 물을 넣고 갈아서 고운체에 밭쳐 남은 찌꺼기는 버린다.
3. 두꺼운 냄비에 갈아 놓은 쌀과 남은 물을 부어 불에 올려서 가끔 나무주걱으로 저으면서 끓인다.
4. 흰죽이 거의 퍼지면 우유를 조금씩 넣어 나무주걱으로 멍울이 생기지 않게 풀어서 잠시 더 끓인다.
5. 따뜻할 때 그릇에 담고, 먹을 때 각자가 기호에 맞추도록 소금과 설탕을 따로 작은 그릇에 담아 낸다.

참고사항

타락(駝酪)이란 우유를 가리키는 옛말이며 쌀을 갈아서 물 대신 우유를 반 분량 넣어 끓인 무리죽이다. 타락죽은 어린이 이유식이나 환자식으로 적당하며 조선왕조 때는 동대문 쪽의 낙산(酪山)에 목장이 있어 궁중에 진상을 하였다. 타락죽은 궁중에서 반드시 약전에서 쑤어서 보양음식으로 마련하였다.

출 처

황혜성 · 한복려 · 한복진, 한국의 전통음식, 교문사, 1991

고문헌

지봉유설(수락, 타락죽), 규합총서(타락죽), 조선요리제법(타락죽)

죽

행인죽

재 료

껍질 벗긴 행인(살구씨) 1컵 • 불린 쌀 160g(¾컵) • 물 1.2L(6컵) • 소금 1작은술 • 설탕 또는 꿀 적량

만드는 법

1. 껍질 벗긴 행인을 하루쯤 더운물에 담가 두어 쓴맛과 떫은맛을 제거한 다음 갈아서 고운체에 밭쳐 놓는다.
2. 불린 쌀은 곱게 갈아서 체에 밭쳐 놓는다.
3. 행인을 간 윗물을 두꺼운 냄비에 붓고 중간 불에서 나무주걱으로 저어 가며 끓인 다음 행인의 앙금을 넣고 쑨다.
4. 3에 쌀 간 윗물을 넣고 끓이고 나서 쌀 앙금을 넣고 쑨다.
5. 다 끓인 뒤에 소금으로 간을 한다.
6. 상에 낼 때 설탕이나 꿀을 곁들인다.

출 처
전희정 · 이효지 · 한영실, 한국전통음식, 문화관광부, 2000

고문헌
시의전서(행인죽), 조선요리제법(행인죽)

호두죽

재 료

호두(깐 것) 80g(1컵) • 쌀 160g(¾컵) • 물 1.2L(6컵) • 소금 · 설탕 또는 꿀 적량

만드는 법

1. 쌀을 씻어 일어 건져서 물에 불렸다가 곱게 갈아 가라앉힌다.
2. 호두는 따뜻한 물에 10분가량 담갔다가 속껍질을 벗긴 다음 곱게 갈아서 체에 걸러 밭친다.
3. 호두와 쌀 간 것의 윗물만(분량에 맞추어서) 먼저 끓이다가 쌀 앙금을 넣고 쑤어 익으면 호두 앙금을 넣어 윤이 나게 쑨다.
4. 알맞게 잘 끓었으면 소금으로 간을 하고 설탕이나 꿀과 함께 먹는다.

출 처

황혜성 · 한복려 · 한복진, 한국의 전통음식, 교문사, 1991
남양주시 농업기술센터 남양주시 향토음식연구회, 보양음식, 2000

고문헌

규합총서(호도죽), 시의전서(호두죽)

미음 · 범벅 · 응이

대추미음

재 료

대추 100g(40개) • 쌀 60g • 황률(말린 밤) 50g • 물 1.2L(6컵) • 설탕 적량

만드는 법

1. 쌀은 씻어서 충분히 불린다.
2. 대추도 깨끗이 씻는다.
3. 쌀, 대추, 황률에 물을 붓고 뭉근한 불에서 충분히 끓인다.
4. 흐물흐물해질 때까지 끓여서 체에 내리고 설탕을 타서 마신다.

출 처

한복려, 궁중음식과 서울음식, 대원사, 1995

미음 · 범벅 · 응이

속미음

재 료

차조 20g • 인삼 60g • 황률(말린 밤) 30g • 대추 30g(13개) • 물 1.2L(6컵) • 설탕 적량

만드는 법

1. 차조는 깨끗이 씻어 돌이 섞이지 않게 조리로 인다.
2. 인삼은 깨끗이 씻어 잔뿌리는 잘라 내고 1cm 크기로 썬다.
3. 차조에 인삼 썬 것, 황률, 대추, 물을 넣고 푹 끓인 후 체에 걸러 설탕을 타서 마신다.

출 처
황혜성 · 한복려 · 한복진, 한국의 전통음식, 교문사, 1991
한복려, 궁중음식과 서울음식, 대원사, 1995

호박범벅

재 료

늙은 호박 200g • 붉은 팥 160g(1⅓컵) • 고구마 50g(⅕개) • 밤 50g(3~4개) • 찹쌀가루 150g(1½컵) • 설탕 75g(½컵) • 물 1.2L (6컵) • 소금 적량

만드는 법

1. 호박은 껍질을 벗기고 속을 긁어 다듬은 후 도톰하게 썰어 놓는다.
2. 냄비에 물 1.2L(6컵)를 붓고 호박을 넣은 후 설탕을 넣고 푹 삶아지면 건더기는 건져 놓는다.
3. 팥은 깨끗이 씻어 푹 삶아 건진다.
4. 고구마와 밤은 껍질을 벗겨 1.5cm 크기로 깍둑썰기한다.
5. 호박 삶은 물에 고구마, 밤, 팥을 넣고 잘 섞은 후 무르게 삶는다.
6. 어느 정도 끓으면 찹쌀가루 푼 물을 조금씩 따라 부으면서 주걱으로 눌지 않게 저어 준다.
7. 국물이 걸쭉해지면 2의 호박건더기를 넣고 약한 불에서 더 끓인다.
8. 소금과 설탕으로 간을 맞춘다.

✻ 참고사항

범벅은 풀처럼 되게 쑨 일종의 죽으로, 1700년대의 『음식보(飮食譜)』에 '범벅같이' 라는 말이 나오는 것으로 보아 꽤 오래된 음식임을 알 수있다. 잘 익은 호박과 팥, 차조, 밀가루가 고루 섞인 균형식으로 주식과 간식을 겸할 수 있는 음식이다.

출 처

농촌진흥청 농촌영양개선연수원(현 농촌자원개발연구소), 한국의 향토음식, 1994

정보제공자

주윤분, 경기도 화성시 매송면 야목4리

기타

양즙

재 료

소양 300g • 물 2L(10컵) • 참기름 1큰술 • 다진 파 1큰술 • 다진 마늘 2큰술 • 소금 · 후춧가루 약간

만드는 법

1. 양을 굵은 소금으로 문질러서 깨끗하게 씻은 다음 팔팔 끓는 물에 데쳐 검은 쪽을 벗겨 내고 곱게 다진다.
2. 냄비에 참기름을 두르고 1을 넣어 달달 볶다가 물을 붓고 푹 끓인다.
3. 국물이 뽀얗게 우러나면 면포로 꼭 짜서 다진 파, 다진 마늘, 소금, 후춧가루로 양념한다.

참고사항

양즙은 영양이 풍부한 유동식으로 따뜻할 때 마시면 소화가 잘 되고 보양에 좋다. 노인이나 회복기의 환자들에게 좋은 음식이다.

출 처

한복려, 궁중음식과 서울음식, 대원사, 1995

제물칼국수

재료

밀가루 330g(3컵) • 애호박 200g($\frac{1}{2}$개) • 대파 35g(1뿌리) • 소금 1작은술 • 물 200mL(1컵)

육수 닭(1마리) 800g • 마늘 15g(3쪽) • 대파 35g(1뿌리) • 물 3L(15컵)

닭고기 양념 소금 1작은술 • 다진 마늘 $\frac{1}{2}$큰술 • 다진 파 1큰술 • 후춧가루 약간

양념장 간장 4큰술 • 다진 파 1큰술 • 다진 마늘 1작은술 • 깨소금 $1\frac{1}{2}$작은술 • 참기름 $1\frac{1}{2}$작은술 • 고춧가루 $1\frac{1}{2}$작은술

만드는 법

1. 닭은 깨끗이 손질하여 물, 파, 마늘을 넣고 익을 때까지 삶은 후 건져 살만 발라 내고 뼈는 다시 한번 푹 끓인다.
2. 국물이 푹 우러나면 뼈를 건져 내고 면포에 밭쳐 국물을 식힌 후 기름을 걷어 낸다.
3. 밀가루는 소금물을 조금씩 넣어가면서 반죽을 하여 30분 정도 젖은 행주에 싸 놓았다가 다시 치대어 반죽이 매끄러워지면 얇게 밀어서 번가루를 뿌리고 말아서 칼로 썰고 헤쳐 놓는다.
4. 애호박과 파는 채 썰고(5×0.3×0.3cm), 닭고기는 먹기 좋게 찢어 양념한다.
5. 준비한 닭 육수가 펄펄 끓을 때 3의 국수에 묻은 가루를 털어 내면서 국수가 서로 달라 붙지 않게 넣어 끓인다. 국수가 익어 떠오르기 시작하면 4를 넣고 잠시 더 끓인다.
6. 대접에 국수를 담고 양념장과 함께 낸다.

1

3

4

5

출처
문화공보부 문화재관리국, 한국민속종합조사보고서(향토음식 편), 1984

조리시연자
박종숙, 서울특별시 서초구 잠원동

칼싹두기(메밀칼싹두기)

재 료

메밀가루 5컵 • 소금 1큰술 • 물 200mL(1컵) • 실파 50g

육수 쇠고기(양지머리) 300g • 양파 80g(½개) • 마늘 15g(3쪽) • 무 100g • 물 1.6L(8컵) • 다진 마늘 1큰술 • 국간장 5큰술

쇠고기 양념 다진 파 1큰술 • 다진 마늘 ½큰술 • 설탕 1작은술 • 참기름 ½큰술 • 깨소금 ½큰술 • 후춧가루 약간

만드는 법

1. 메밀가루에 끓는 물을 넣어 익반죽하고 약간 두껍게 밀어 5mm 두께로 썬다.
2. 쇠고기는 양파, 마늘, 무와 함께 물을 넣고 푹 고아 국물을 내고 다진 마늘, 국간장을 넣어 간을 한다.
3. 익힌 고기는 건져 0.5cm 정도로 찢어서 분량의 양념에 무친다.
4. 2의 끓는 장국에 1의 메밀국수를 넣어 국수가 떠오르면 실파를 3cm 길이로 썰어 넣은 후 한소끔 끓인다.
5. 4를 그릇에 담고 양념한 고기를 얹어 낸다.

1

1

3

4

참고사항

- 칼싹두기는 칼국수를 칼로 싹뚝싹뚝 잘랐다는 데서 붙여진 이름이다. 이 음식은 강화 지방의 옛 음식이며 순 메밀 손칼국수로 강화의 순무섞박지의 맛과 매우 잘 어울리는 향토음식으로 알려져 있다.
- 쇠고기 육수 대신 멸치장국국물로 끓이기도 하며 김치를 송송 썰어 넣고 끓이기도 한다.

출 처

문화공보부 문화재관리국, 한국민속종합조사보고서(향토음식 편), 1984
농촌진흥청 농촌영양개선연수원(현 농촌자원개발연구소), 한국의 향토음식, 1994
남양주시 향토음식연구회, 전통음식 맥잇기 활동보고서, 1998
한국관광공사, 한국의 전통음식, www.visitkorea.or.kr/cc/mg/ccmg_cv0.jsp, 2006

조리시연자

박종숙, 서울특별시 서초구 잠원동

국수 · 수제비

참게수제비

재 료

참게 5마리 • 꾀꼬리버섯 100g • 싸리버섯 100g • 대파 20g($\frac{1}{2}$뿌리) • 다진 마늘 1큰술

국물 물 1.2L(6컵) • 된장 1큰술 • 고추장 $\frac{1}{2}$큰술 • 다시마 10g($\frac{1}{2}$장)

수제비 반죽 밀가루 550g(5컵) • 물 400mL($2\frac{1}{2}$컵) • 소금 1큰술 • 식용유 2큰술

만드는 법

1. 물에 다시마를 넣어 끓이다가 다시마를 건져 낸 후 된장과 고추장을 넣어 끓인다.
2. 참게는 뚜껑을 벗기고 깨끗이 씻어 4~6토막 내어 넣는다.
3. 꾀꼬리버섯과 싸리버섯은 소금물에 살짝 절여 놓는다.
4. 밀가루에 소금과 식용유를 넣고 물을 조금씩 부어 가며 약간 질게 수제비를 반죽한다.
5. 1의 물이 팔팔 끓으면 절여 놓은 버섯과 손질한 참게를 넣고 수제비 반죽한 것을 얇게 뜯어 넣는다.
6. 한소끔 끓으면 어슷썬(0.3cm) 대파, 다진 마늘로 양념한다.

1

1

5

5

참고사항

파주의 참게는 유일하게 임진강에서만 번식하고 있어 이 지역 일대에서는 이러한 참게를 이용한 음식들이 발달하였다.

출 처

이승교, 경기 지역 향토음식 조사, 수원대학교 논문집 10권, 1992

농촌진흥청 농촌영양개선연수원(현 농촌자원개발연구소), 한국의 향토음식, 1994

정보제공자

이순자, 경기도 파주시 월롱면 위전1리

조리시연자

박종숙, 서울특별시 서초구 잠원동

골동면(비빔면)

재 료

가는 밀국수 400g • 쇠고기(우둔) 100g • 건표고버섯 10g(3개) • 오이 140g(1개) • 달걀 100g(2개) • 붉은 고추 15g(1개) • 소금 · 식용유 적량

고기 양념 간장 1큰술 • 설탕 ½큰술 • 다진 파 2작은술 • 다진 마늘 1작은술 • 깨소금 1작은술 • 참기름 1작은술 • 후춧가루 약간

비빔 양념장 간장 3큰술 • 설탕 2큰술 • 참기름 1큰술 • 깨소금 1큰술

만드는 법

1. 쇠고기는 다지고 건표고버섯은 불려 0.3cm로 채 썰어서 다진 쇠고기와 채 썬 표고버섯을 합하여 고기 양념으로 고루 무쳐서 팬에 식용유를 두르고 볶는다.
2. 오이는 반으로 갈라서 0.3cm로 어슷썰어 소금을 뿌려서 숨이 죽으면 물기를 짜서 살짝 볶는다.
3. 달걀은 황백으로 나누어 풀어서 얇게 지단을 부쳐 가늘게 채 썰고(5×0.2×0.2cm) 붉은 고추도 3cm 길이로 얇게 채 썬다.
4. 냄비에 물을 넉넉히 끓여서 마른 국수를 부채살 모양으로 펼쳐 넣어 심이 안 보일 정도로 삶아서 냉수에 여러 번 헹군 다음 건져 물기를 뺀다.
5. 큰 그릇에 국수를 담고 비빔 양념장을 넣어 비벼서 맛을 낸다.
6. 준비한 고기, 표고버섯, 오이를 고명으로 얹을 것을 조금씩 남기고 모두 한 데 넣어 고루 비빈다.
7. 비빈 국수를 대접에 담고 위에 남긴 쇠고기, 표고버섯, 황백지단, 고추채를 얹는다.

출 처

전희정 · 이효지 · 한영실, 한국전통음식, 문화관광부, 2000

고문헌

시의전서(골동면 : 汨董麵)

국수호박비빔

재 료

국수호박 300g • 오이 70g(½개) • 당근 70g(½개) • 표고버섯 10g(3개) • 달걀 100g(2개) • 간장 · 참기름 적량

양념장 고춧가루 4큰술 • 고추장 2큰술 • 설탕 1큰술 • 참기름 1큰술 • 간장 2큰술 • 육수 2큰술 • 생강즙 · 다진 마늘 약간

만드는 법

1. 국수호박은 찬물에서 20~30분 정도 삶아 건져 소금물에 2~3분간 담근 후 건져 내어 소쿠리에 담아 물기를 뺀다.
2. 오이, 당근은 깨끗하게 손질하여 채 썬다(5×0.2×0.2cm).
3. 표고버섯은 0.3cm로 채 썰어 간장, 참기름에 양념하여 볶아 놓는다.
4. 달걀은 흰자, 노른자로 나누어 지단을 부쳐 채 썰어 놓는다.
5. 양념장을 준비하여 국수호박을 무치고 그릇에 담는다.
6. 그 위에 오이, 당근, 표고버섯, 황백지단을 고명으로 얹는다.

참고사항

- 국수호박은 호박의 살이 국수처럼 풀어진다고 하여 붙여진 이름으로, 스파게티호박이라고도 한다. 박과에 속하는 1년생 덩굴성 초본식물로서 재배방법은 일반 호박과 같다. 국내에서는 경기도 가평군의 특산물로 많이 재배된다.
- 호박을 반으로 잘라 끓는 물에 15분 정도 삶은 뒤 꺼내어 찬물에 넣어 식히고 껍질을 손으로 눌러 주면 속살이 국수 가닥처럼 풀어져 나온다. 이 호박 가닥을 국수처럼 양념장에 말아먹기도 하고 밀가루에 반죽하여 수제비를 끓여 먹기도 한다.

출 처
농촌진흥청, 향토음식, www2.rda.go.kr/food/, 2006

깻국수

재 료

닭 600g(½마리) • 가는 밀국수 400g • 쇠고기 100g • 달걀 100g(2개) • 미나리 50g • 참깨 120g(1컵) • 오이 70g(½개) • 건표고버섯 10g(3개) • 붉은 고추 10g(⅔개) • 물 2L(10컵) • 대파 20g(½뿌리) • 마늘 20g(5개) • 생강 10g(2½쪽) • 소금 1큰술 • 흰 후춧가루 약간 • 밀가루 · 식용유 · 전분 적량

쇠고기 양념 소금 1작은술 • 다진 파 2작은술 • 다진 마늘 1작은술 • 참기름 1작은술 • 후춧가루 약간

만드는 법

1. 닭은 통째로 푹 삶고 도중에 파, 마늘, 생강을 넣는다. 건져서 살은 결대로 찢고, 국물은 식혀서 기름을 걷어 낸다.
2. 볶은 깨를 가루가 되도록 잘 으깬 다음 분쇄기에 넣고 닭국물을 조금씩 부으면서 곱게 갈아서 체에 걸러 깻국을 만들고 소금과 후춧가루로 간을 맞춘다.
3. 쇠고기는 다져서 양념하여 직경 1.5cm 크기로 완자를 빚어서 지지고, 미나리는 초대를 부치고, 달걀은 황백으로 지단을 부쳐서 채 썰거나(5×0.2×0.2cm) 마름모 모양으로 썬다(폭 2cm).
4. 오이는 1.5×4cm 크기로 얇게 저미고, 불린 표고버섯과 붉은 고추도 같은 모양으로 썬다. 모두 전분을 살짝 묻혀서 데쳤다가 바로 냉수에 건진다.
5. 국수를 삶아 대접에 담고 닭고기와 준비한 고명을 얹어 차갑게 식힌 깻국을 붓는다.

출 처
전희정 · 이효지 · 한영실, 한국전통음식, 문화관광부, 2000

국수 · 수제비

꿩냉면

재 료

꿩 200g • 메밀가루 300g • 고구마 전분 300g • 무 500g(½개) • 오이 280g(2개) • 배 150g(½개) • 생강 20g(5쪽) • 대파 30g(1뿌리) • 양파 100g(⅔개) • 달걀 50g(1개) • 물 · 통마늘 · 소금 · 국간장 · 실고추 · 겨자 적량

고기 양념 고춧가루 • 다진 파 • 다진 마늘

양념장 소금 2작은술 • 간장 2큰술 • 다진 마늘 · 다진 파 적량

만드는 법

1. 냄비에 물을 끓이다가 손질한 꿩과 크게 썬 무를 넣고 끓인 후 꿩을 건져 잘게 찢어 놓는다.
2. 꿩 뼈는 1의 국물에 다시 넣고 1시간 정도 끓인 후 대파, 양파, 생강, 마늘을 넣고 30분 정도 은근한 불에서 끓여 소금과 국간장으로 간한다.
3. 1의 살코기에 다진 파, 고춧가루, 다진 마늘, 소금으로 무친다.
4. 메밀가루와 고구마 전분은 반죽하여 국수틀에 내린다.
5. 오이는 길게 채 썰어 소금에 절였다가 짜서 양념에 무친다.
6. 냉면국수를 삶아 그릇에 담고 육수를 부은 다음 양념한 고기, 오이, 실고추, 채 썬 배, 달걀지단 등의 고명을 얹고 겨자와 양념장을 곁들인다.

참고사항

송나라 서긍의 『고구려견문기』에서 '세상의 고기 맛 중 고구려의 들새(꿩)처럼 만미를 품어 왕과 귀인들은 그 오묘한 맛에 찬사를 아끼지 않았다' 고 적고 있다. 꿩냉면과 만두가 전해 내려 온 지역은 평양과 함흥을 비롯한 한수 이북 지역이며 이 지역의 조상들은 냉면과 만두는 꿩을 주재료로 빚어 만들었으며 평안도 추운 지방에서 꿩탕을 만들어 밖의 정결한 곳에 두어 얼렸다가 밤에 아랫목에 옮겨 냉면을 말아 먹었다고 한다. 꿩냉면은 지리적으로 추운 이북 지방과 가까운 경기 북부 지역의 양주군으로 전래된 것으로 보인다.

출 처

이승교, 경기 지역 향토음식 조사, 수원대학교 논문집 10권, 1992

정보제공자

원남득, 경기도 양주군 회천읍 덕계리

난면

재료

밀가루 440g(4컵) • 달걀 300g(6개) • 쇠고기(양지머리) 200g • 애호박 100g(¼개) • 석이버섯 2g(2개) • 물 1.6L(8컵) • 실고추 · 소금 · 국간장 · 식용유 적량

만드는 법

1. 밀가루에 소금을 넣어 체에 내린 후 달걀 4~5개를 풀어 넣고 치대어 반죽한 후 젖은 면포에 싸 놓는다.
2. 양지머리는 핏물을 뺀 후 끓는 물에 덩어리째로 넣어 속까지 무르도록 삶는다. 꼬치로 찔러 보아 핏물이 나오지 않으면 고기를 식혀 얇게 썰고, 육수는 국간장으로 간을 맞춘다.
3. 애호박은 채 썰어(5×0.3×0.3cm) 소금에 절였다가 꼭 짜서 식용유에 파랗게 볶는다.
4. 석이버섯은 뜨거운 물에 불렸다가 깨끗이 비벼 씻어 채 썰고 볶는다.
5. 달걀 50g(1개)은 황백으로 얇게 지단을 부쳐 채 썬다(5×0.2×0.2cm).
6. 반죽은 덧가루를 뿌리면서 얇게 밀어 가늘게 0.5cm로 채 썬다.
7. 채 썬 국수를 넉넉한 끓는 물에 삶아서 찬물에 헹궈 건진다.
8. 그릇에 국수를 담고 위에 볶은 애호박, 석이버섯채, 황백지단채, 실고추를 얹은 후 뜨거운 장국을 붓는다.

출처

전희정 · 이효지 · 한영실, 한국전통음식, 문화관광부, 2000

고문헌

음식디미방(난면 : 卵麵), 음식법(난면), 시의전서(난면)

낭화

재 료

팥 320g(2컵) • 밀가루 440g(4컵) • 물 1.6L(8컵) • 소금 2작은술

만드는 법

1. 팥은 깨끗이 씻어서 넉넉히 물을 붓고 푹 삶아 체에 걸러 놓는다.
2. 밀가루는 소금을 넣고 반죽하여 젖은 면포에 싸두었다가 얇게 밀어 칼국수처럼 썰어 놓는다.
3. 걸러 둔 팥물을 끓여서 끓기 시작하면 국수를 넣어 익히고 소금으로 간을 한다.

출 처
경기도 농촌진흥원, 경기향토요리, 1991
이승교, 경기 지역 향토음식 조사, 수원대학교 논문집 10권, 1992

냉콩국수

재 료

콩(대두) 600g(4컵) • 차수수 400g • 오이 140g(1개) • 물 1.4L(7컵) • 소금 2큰술

만드는 법

1. 콩(대두)을 씻어 일어 충분히 불린 후 비벼서 껍질을 어느 정도 제거한다.
2. 콩을 끓는 물에 삶아 한 번 끓어오르면 건져 냉수에 담갔다가 다시 끓여 끓어오르면 건진 다음 냉수에 담가 겉껍질을 말끔히 벗긴다.
3. 분쇄기에 껍질 벗긴 콩 1컵에 물 2컵 분량을 넣어 갈아 체에 밭쳐 차게 둔다.
4. 차수수는 따뜻한 물에 잘 비벼 씻어 붉은 물과 떫은맛을 우려 낸 후 물기를 빼고 가루를 낸다.
5. 수숫가루에 끓는 물과 소금을 넣고 말랑말랑하게 익반죽하여 동그란 새알심을 만든다.
6. 밭친 콩물의 농도를 보아 물의 분량을 조절하고 소금으로 간을 맞춘다.
7. 차게 한 콩물을 대접에 담고 수수경단을 띄운다.
8. 오이를 곱게 채 썰어(5×0.2×0.2cm) 국수 위에 얹는다.

❀ 참고사항

- 우리나라에서 콩국수를 언제부터 먹기 시작했는지는 정확히 알 수 없으나, 1800년대 말에 나온 『시의전서』에 콩국수와 깨국수가 나오는 것으로 보아 꽤 오래된 음식임을 알 수 있다. 냉콩국수는 냉콩국에 밀국수를 말아 먹는 것으로 냉콩국은 원래 충청도와 황해도 지방에서 많이 하는 음식인데, 이것이 점차 경기 지방으로 전래된 것으로 보인다.
- 콩국수는 전 지역에서 애용하는 상용음식이나 밀국수 대신 차수수경단을 사용하였다.

출 처

문화공보부 문화재관리국, 한국민속종합조사보고서(향토음식 편), 1984
한국문화재보호협회, 고향음식의 맛과 멋, 1990

국수 · 수제비

녹두메밀국수(녹두칼국수)

재 료

메밀 360g(2컵) • 녹두 150g(1컵)

육수 쇠고기(양지머리) 200g • 물 2.4L(12컵) • 대파 30g(1뿌리) • 통마늘 20g(5쪽) • 소금 · 국간장 적량

만드는 법

1. 메밀은 씻어 말리고 녹두는 껍질을 벗겨 한 데 섞어 가루로 빻는다.
2. 1을 더운물로 질지 않게 반죽하여 얇게 밀어서 0.5cm로 썰어 국수를 만든다.
3. 찬물에 핏물 뺀 양지머리와 대파, 마늘을 넣어 푹 끓여서 장국을 만들고 국간장과 소금으로 간을 한다.
4. 국수는 끓는 물에 삶아 내고 3의 국수장국을 붓는다.

출 처
경기도 농촌진흥원, 경기향토요리, 1991

고문헌
음식디미방(면 : 메밀쌀, 녹두)

국수 · 수제비

양주메밀국수

재 료

메밀가루 440g(4컵) • 배추김치 300g • 물 · 소금 약간

육수 꿩 500g(½마리) • 물 2.4L(12컵) • 소금 · 국간장 · 후춧가루 약간

꿩고기 양념 소금 • 후춧가루

만드는 법

1. 메밀가루에 소금을 넣고 더운물로 익반죽하여 젖은 면포에 싸두고 꿩은 핏물을 뺀 후 푹 끓여 살코기는 꺼내어 결대로 잘게 찢어 소금, 후춧가루로 양념하고 국물은 면포에 걸러 소금, 국간장으로 간한다.
2. 메밀 반죽은 밀대로 얇게 밀어서 0.8cm 길이로 채 썰어 끓는 물에 삶아 내어 그릇에 사리를 지어 놓는다.
3. 2에 장국을 붓고 배추김치를 1cm 크기로 송송 썰어 얹은 다음 양념한 꿩고기를 위에 올린다.

출 처
황혜성, 한국의 미각, 궁중음식연구원, 1971

연천냉면

재 료

메밀가루 800g • 전분 200g(1⅓컵) • 사골 1kg • 동치미국물 400mL(2컵) • 물 적량

양념장 간장 3큰술 • 다진 파 2큰술 • 다진 마늘 1큰술 • 참기름 1큰술 • 고춧가루 1큰술

고명 삶은 달걀 100g(2개) • 오이 140g(1개) • 편육 50g

만드는 법

1. 메밀가루와 전분을 4 : 1의 비율로 섞어 뜨거운 물로 익반죽한 다음 국수기계로 면을 뽑는다.
2. 사골은 찬물에서 핏물을 빼고 끓는 물에 데쳐 낸 후 다시 찬물로 푹 끓여 차게 식혀 동치미국물과 섞는다.
3. 달걀은 삶아 두고 오이는 반 갈라 0.3cm 두께로 어슷썰어서 소금에 절여 둔다. 편육은 결 반대 방향으로 얇게 썬다(0.3cm 두께).
4. 냉면은 끓는 물에 2~3분간 삶아 내어 꼭 짜서 그릇에 담고 삶은 달걀, 오이, 편육을 고명으로 얹고 2의 육수를 부어 상에 낸다.

❃ 참고사항

경기도 연천군 왕징면에서 재배한 메밀을 이용하여 실향민들이 북쪽 고향 맛을 재현하고자 만들어 먹기 시작한 연천 특유의 냉면이다.

출 처

이승교, 경기 지역 향토음식 조사, 수원대학교 논문집 10권, 1992

정보제공자

김순년, 경기도 연천군 왕징면 무등리

박복녀, 인천광역시 옹진군 백령면

잣국수

재 료

잣 120g(3/4컵) • 오이 70g(1/2개) • 물 1.2L(6컵) • 소금 1작은술

국수 반죽 밀가루 440g(4컵) • 물 200mL(2컵) • 소금 적량

만드는 법

1. 밀가루는 소금을 넣고 반죽하여 면포에 싸 두었다가 밀어서 0.3cm 너비로 얇게 국수를 만들어 놓는다.
2. 잣은 물 600mL(3컵)와 소금을 넣고 곱게 간 다음 체로 액과 건더기를 거른다. 체에 남은 잣에 200~400mL(1~2컵)의 물을 붓고 곱게 간 다음 체에 거른다(체에 잣 건더기가 남지 않도록 여러 번 반복한다).
3. 오이는 깨끗이 씻어서 채 썬다(5×0.3×0.3cm).
4. 국수를 끓는 물에 삶아 갈아 놓은 2의 잣물을 부은 후 고명으로 잣과 채 썬 오이를 올린다.

출 처

황혜성, 궁중음식연구원, 한국의 미각, 1971

정보제공자

안갑승, 경기도 가평군 가평읍 대곡리

천서리막국수

재 료

메밀가루 800g • 꿩 300g(⅓마리) • 전분 200g(1⅓컵) • 오이 50g(⅓개) • 배 50g • 쇠고기(양지머리) 50g • 달걀 50g(1개) • 동치미국물 400mL(2컵) • 물 1.6L(8컵) • 깨소금 2작은술 • 참기름 2작은술 • 다진 파 · 김가루 적량

다진 양념 고춧가루 ½큰술 • 소금 · 물 약간

만드는 법

1. 메밀가루와 전분을 4 : 1의 비율로 섞어 반죽을 해 국수를 뽑아 끓는 물에 2~3분간 삶아 낸다.
2. 꿩은 찬물에 담가 핏물을 빼고 푹 삶아 면포에 거르고 동치미국물과 섞어 소금 간하여 육수를 만든다.
3. 고명으로 오이와 배를 0.3cm로 채 썰고, 달걀은 완숙하고, 양지머리는 푹 삶아서 얇게 썰어 편육을 준비한다.
4. 고춧가루에 물과 소금을 넣고 개어 다진 양념을 만든다.
5. 삶은 국수는 그릇에 담고 오이, 배, 김가루, 달걀, 양지머리편육을 얹는다.
6. 5에 다진 파, 참기름, 깨소금을 넣고 다진 양념을 기호대로 넣는다.
7. 꿩고기 끓인 물에 동치미국물을 섞은 냉육수를 5에 붓는다.

❀ 참고사항

천서리막국수는 꿩고기 끓인 물과 동치미국물을 섞어 만든 냉육수가 특징이다.

정보제공자
이숙희, 경기도 포천군 호천읍 신읍6리
이홍순, 경기도 여주군 대신면 천서리

버섯장국수제비

재 료

버섯 100g • 숙음배추 150g • 물 1.2L(6컵) • 된장 2큰술

수제비 반죽 밀가루 440g(4컵) • 물 400mL(2컵) • 소금 적량

만드는 법

1. 밀가루에 소금을 넣고 물을 조금씩 부어 가며 반죽하여 젖은 면포에 싸둔다.
2. 숙음배추는 씻어서 6cm 길이로 썰고 버섯은 깨끗이 준비한다.
3. 냄비에 물과 된장을 넣어 장국을 끓이다가 숙음배추와 버섯을 넣고 끓인다.
4. 수제비 반죽을 2의 끓는 국물에 얇게 떠 넣고 소금으로 간을 한다.

출 처

문화공보부 문화재관리국, 한국민속종합조사보고서(향토음식 편), 1984
경기도 농촌진흥원, 경기향토요리, 1991

만두

개성편수

재료

편수피 밀가루 220g(2컵) • 달걀흰자 1개분 • 물 적량 • 소금 1작은술

편수소 쇠고기 100g • 돼지고기 100g • 두부 150g • 숙주 100g • 배추김치 100g • 달걀노른자 1개분 • 소금 적량

고기 양념 간장 1큰술 • 다진 파 2큰술 • 다진 마늘 1큰술 • 참기름 2큰술 • 깨소금 1큰술 • 후춧가루 1작은술

소 양념 새우젓 1큰술 • 고춧가루 1작은술 • 참기름 1큰술 • 소금 적량

만드는 법

1

2

7

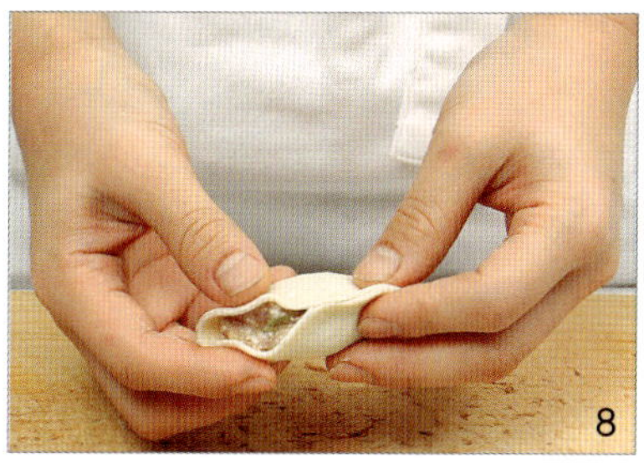

8

1. 편수 껍질은 밀가루에 소금을 넣고 체에 쳐서 달걀흰자와 물을 넣어 섞어서 고루 반죽하여 젖은 면포를 덮어 30분 정도 둔다.
2. 쇠고기, 돼지고기는 곱게 다져서 고기 양념장으로 고루 무친다.
3. 두부는 면포에 싸서 무거운 것으로 눌러 곱게 으깬 후 새우젓 다진 것과 소 양념을 넣고 고루 버무려서 분홍색이 나게 무친다.
4. 숙주는 끓는 물에 소금을 넣어서 데쳐 내어 물기를 짜고 곱게 다진다.
5. 김치는 물기를 꼭 짜서 송송 썬다(0.5cm).
6. 2, 3, 4, 5와 달걀노른자를 합하여 소금으로 간을 하여 편수 속을 준비해 둔다.
7. 1의 반죽을 얇게 밀어서 두께 0.3cm, 지름 6cm 정도의 둥근 모양으로 만든다.
8. 7에 6의 소를 한 큰술 넣어 반원으로 접어 붙인 후 양쪽 귀를 모아서 모자처럼 불룩한 모양으로 빚은 다음 편수를 끓는 물에 넣고 익어서 떠오르면 찬물에 헹구어 건져 낸다.
9. 삶은 편수를 국물 없이 접시에 담아서 초장에 곁들여 내기도 하고 더운 장국에 넣어 잠시 더 끓여서 고기고명과 달걀지단을 얹어 내기도 한다.

❁ 참고사항

만두(饅頭)의 만(饅)은 만(蠻)에서 나온 말이고 두(頭)는 사람 머리라는 뜻에서 나왔다. 『사물기원(事物紀原)』에 의하면 촉(蜀)나라의 제갈공명(諸葛孔明)이 남쪽을 정벌하여 로수 강변에 이르렀을 때 갑자기 센 바람이 불고 낮인데도 하늘이 먹구름에 가려 큰 비가 쏟아질 듯 해서 강을 건널 수 없었다. 그 지방 사람들이 말하기를 '거듭되는 전쟁으로 수많은 사람이 죽게 되어 귀신의 화가 일어났으므로 49개의 사람 머리를 바치면 가라앉는다' 고 하였다. 이 말을 들은 공명(孔明)이 양과 돼지의 고기를 섞어 밀가루에 싸서 사람 머리처럼 만들어 제사를 지냈더니 센 바람이 사라지고 잔잔해져 무사히 강을 건널 수 있었다. 이 같이 만두는 중국에서 유래하여 우리나라 북쪽 지방으로 퍼졌으며 지금도 남쪽 지방에서는 잘 만들지 않는다. 『고려사』 충혜왕(忠惠王) 4년(1343) '조(條)에 주방(廚房)에 들어가서 만두를 훔쳐 먹는 자를 처벌했다' 는 말이 나오는 것으로 보아 고려시대에도 만두가 있었음을 알 수 있다. 경기도와 서울 지방에서는 물에 삶아 건진다고 해서 편수라고 한다.

출처
문화공보부 문화재관리국, 한국민속종합조사보고서(향토음식 편), 1984

조리시연자
박종숙, 서울특별시 서초구 잠원동

굴김치만두

재료

메밀가루 220g(2컵) • 찹쌀가루 220g(2⅕컵) • 밀가루 220g(2컵) • 굴 400g(2컵) • 김치 600g • 물 적량 • 소금 약간 • 들기름 1큰술

만드는 법

1. 찹쌀가루와 메밀가루를 잘 섞어서 찐다.
2. 1에 밀가루를 섞어 소금을 조금 넣고 반죽하여 만두피처럼 약간 두껍게 만든다.
3. 굴은 껍질을 떼어 내고 소금물에 살살 흔들어 씻는다.
4. 김치를 잘게 썰고 굴과 들기름을 넣어 소를 만든다.
5. 만두피에 소를 넣어 만두를 빚고 찜통에 20분 정도 쪄 낸다.

참고사항

싱싱한 굴과 매콤하고 아삭한 김치가 혼합되어 독특한 맛을 느끼게 한다.

출처

농촌진흥청 농촌영양개선연수원(현 농촌자원개발연구소), 한국의 향토음식, 1994

정보제공자

박복려, 인천광역시 옹진군 백령면 진촌1리

만두

규아상(미만두)

재료

만두피 밀가루 220g(2컵) • 담쟁이잎 20장 • 물 8큰술 • 소금 1작은술

만두소 쇠고기 150g • 건표고버섯 30g(10개) • 오이 200g(1⅓개) • 잣 1큰술

고기 양념 간장 1큰술 • 설탕 1작은술 • 다진 파 2작은술 • 다진 마늘 1작은술 • 깨소금 1작은술 • 참기름 1작은술 • 후춧가루 약간

초간장 간장 2큰술 • 물 1큰술 • 식초 2큰술 • 설탕 2큰술 • 잣가루 ½큰술

만드는 법

1. 밀가루는 소금물로 반죽하여 젖은 면포로 싸서 30분 정도 두었다가 잘 치대어 얇게 밀어서 지름 8cm 정도의 둥근 모양으로 만두피를 만든다.
2. 건표고버섯은 불려서 너비 0.2cm로 가늘게 채 썰고 쇠고기도 가늘게 채 썰어(5×0.2×0.2cm) 고기 양념으로 양념하여 볶아 식힌다.
3. 오이는 5cm로 토막 내어 돌려 깎아서 씨를 남기고 0.2cm로 채 썰어 소금에 절였다가 꼭 짜서 재빨리 볶아 식힌다.
4. 고기, 표고버섯, 오이, 비늘 잣(잣을 길이로 반을 가른 것)을 섞어 소를 만든다.
5. 만두피를 편평한 데에 펴 놓고 가운데에 갸름하게 소를 넣고 반으로 접어 가운데는 해삼처럼 주름잡아 붙이고 양 끝은 삼각지게 붙여 쌍귀를 만든다.
6. 찜통에 담쟁이 잎을 깔고 빚은 규아상을 놓고 쪄 내어 참기름을 바른 다음 초장을 곁들인다.

출처
남양주시 향토음식연구회, 전통음식 맥잇기 활동보고서, 1998
한국관광공사, 한국의 전통음식, www.visitkorea.or.kr/cc/mg/ccmg_cv0.jsp, 2006

꿩만둣국(생치만두)

재료

만두피 메밀가루 220g(2컵) • 전분 2큰술 • 물 8큰술

만두소 꿩고기살 300g(⅓마리) • 숙주 100g • 두부 100g • 배추김치 100g • 양파 100g(⅔개) • 소금 1큰술 • 간장 1큰술 • 다진 파 1큰술 • 다진 마늘 ½큰술 • 참기름 2작은술 • 깨소금 1작은술 • 후춧가루 약간

육수 꿩뼈 300g • 대파 50g(1½뿌리) • 마늘 10g(3쪽) • 무 300g(⅓개) • 생강 10g(2½쪽) • 물 2L(10컵) • 후춧가루 · 소금 · 국간장 적량

만드는 법

1. 꿩은 잘 손질해 껍질을 벗겨 살은 발라 내고 뼈는 토막을 낸 다음 큼직하게 썬 무와 대파, 마늘, 생강을 넣어 국물을 우려 낸 다음 고운체에 거르고, 소금과 후춧가루로 간을 한다.
2. 발라 낸 꿩살은 곱게 다지고 숙주는 데쳐 물기를 꼭 짠 후 다진다.
3. 두부는 물기를 짜서 으깨고 김치는 속을 털어 낸 후 1cm로 송송 썬 다음 물기를 꼭 짠다.
4. 양파도 0.5cm로 굵게 다져서 소금에 절였다가 물기를 짠다. 모든 재료와 양념을 섞어 만두소를 만든다.
5. 전분에 분량의 물을 넣고 불에 올려 죽을 쑨 후 메밀가루를 넣고 반죽한다.
6. 메밀 반죽을 조금씩 떼어 엄지와 검지로 깊숙이 둥글려 파면서 만두피를 얇게 만들어 만두소를 넣고 양쪽에 잣을 한 알씩 박은 후 가운데 부분을 이어 준다.
7. 냄비에 1의 육수를 넣고 끓으면 6의 꿩만두를 넣어 익힌 뒤 국간장과 소금으로 간을 맞춘다.

참고사항

옛날에는 꿩이 흔하여 겨울철에는 식품재료로 꿩을 많이 썼다. 꿩은 손질할 때 닭처럼 끓는 물에 데치지 않고 마른 털을 그대로 뽑는다.

출처

문화공보부 문화재관리국, 한국민속종합조사보고서(향토음식 편), 1984

남양주시 향토음식연구회, 전통음식 맥잇기 활동보고서, 1998

만두

만둣국(병시)

재료

만두피 밀가루 220g(2컵) • 물 8큰술 • 소금 1작은술

만두소 쇠고기(우둔) 100g • 건표고버섯 5g(2개) • 두부 100g • 숙주 100g • 배추김치 200g

만두소 양념 소금 2작은술 • 다진 파 2큰술 • 다진 마늘 1큰술 • 깨소금 1큰술 • 참기름 ½큰술

고명 달걀 50g(1개) • 실고추 5g • 대파 35g(1뿌리) • 다진 마늘 1큰술

육수 쇠고기(양지머리) 150g • 국간장 2작은술 • 다진 마늘 ½큰술 • 물 적량 • 후춧가루 · 참기름 약간

만드는 법

1. 밀가루는 소금과 물을 넣고 반죽하여 젖은 면포에 싸 놓았다가 지름 7cm 크기의 원 모양으로 얇게 밀어서 만두피를 만들고 전분을 묻혀 둔다.
2. 양지머리는 2cm 크기로 납작납작하게 썰어서 양념하여 육수를 끓인다.
3. 우둔살은 다지고, 건표고버섯은 불려서 0.3cm 너비로 채 썬다.
4. 두부는 깨끗한 면포에 싸서 꼭 짜 으깨어 놓고, 숙주도 삶은 다음 1cm로 송송 썰어 물기를 꼭 짠다.
5. 김치는 흔들어서 속을 털어 내고 1cm로 송송 썰어 물기를 꼭 짠다.
6. 준비한 재료들을 만두소 양념으로 고루 섞는다.
7. 만두피에 만두소를 얹어 반달 모양으로 만두를 빚는다.
8. 달걀은 황백지단을 각각 부쳐 채 썬다(4×0.2×0.2cm).
9. 육수에 국간장, 다진 마늘, 후춧가루, 참기름을 넣어 간을 맞추고 8의 빚어 놓은 만두를 넣어 끓인다.
10. 만두가 떠오르면 어슷썬 파와 다진 마늘을 넣고 그릇에 담아 황백지단채와 실고추를 얹는다.

참고사항

궁중에서는 만두를 병시(餠匙)라고도 했는데, 만두를 빚은 모양이 넓적하게 접어져서 숟가락 모양과 같다는 뜻에서 붙여진 것으로 보인다. 만두를 빚을 때 주름을 접지 않고 만두피를 반으로 그대로 접어 양 입을 붙인다. 만두소에 잣을 1~2개 넣어 맛의 품격을 높이기도 한다.

출처
전희정 · 이효지 · 한영실, 한국전통음식, 문화관광부, 2000

메밀만두

재료

만두피 메밀가루 220g(2컵) • 물 8큰술

만두소 쇠고기(또는 꿩고기) 200g • 두부 60g • 미나리 50g • 숙주 150g • 무 100g • 배추김치 ½컵 • 잣 2큰술

만두소 양념 소금 1½큰술 • 다진 파 2큰술 • 다진 마늘 1큰술 • 깨소금 1큰술 • 참기름 ½큰술 • 후춧가루 ½작은술

만드는 법

1. 메밀가루는 끓는 물로 익반죽한다.
2. 미나리, 숙주는 데쳐서 잘게 썰고 무는 채 썰어(5×0.2×0.2cm) 삶아 꼭 짠다.
3. 배추김치는 송송(0.5cm) 썰어 물기를 꼭 짠다.
4. 쇠고기는 곱게 다져 두부 으깬 것과 섞는다.
5. 준비한 재료들을 합해 양념하여 만두소를 만든다.
6. 메밀 반죽을 밤톨만큼씩 떼어 송편 빚듯이 파서 만두소와 잣을 넣고 만두를 빚은 후 장국에 삶는다.
7. 초장을 곁들인다.

출처
문화공보부 문화재관리국, 한국민속종합조사보고서(향토음식 편), 1984

고문헌
조선요리제법(모밀만두)

만두

어만두

재료

흰살생선 300g • 쇠고기 100g • 건표고버섯 10g(3개) • 목이버섯 10g • 오이 150g(1개) • 전분 80g(½컵) • 소금 2작은술 • 후춧가루 1작은술

고기 양념 간장 1큰술 • 설탕 2작은술 • 다진 파 2작은술 • 다진 마늘 2작은술 • 깨소금 2작은술 • 참기름 2작은술 • 후춧가루 ¼작은술

만드는 법

1. 흰살생선은 포를 떠서 펴 놓고 소금과 후춧가루를 뿌려 둔다.
2. 쇠고기는 곱게 다지고 건표고버섯과 목이버섯을 불려서 손질하여 다져서 함께 넣고 고기 양념으로 양념하여 볶아서 식힌다.
3. 오이는 가늘게 채 썰어(3×0.2×0.2cm) 소금에 절였다가 찬물에 헹구어 꼭 짜서 살짝 볶아 식힌다.
4. 2와 3의 재료를 섞어서 만두소를 준비한다.
5. 흰살생선을 편평한 도마 위에 놓고 한 면에 전분을 묻히고, 만두소를 한 큰술 떠 넣은 다음 반으로 접어서 붙이고 송편 모양으로 가장자리를 가위로 도려 낸 후 다시 표면에 전분을 묻힌다.
6. 끓는 물에 만두를 하나씩 넣어 떠오르면 건져서 채반에 놓고 찬물을 끼얹는다.
7. 초간장과 겨자즙을 함께 곁들인다.

출처
전희정 · 이효지 · 한영실, 한국전통음식, 문화관광부, 2000

고문헌
산가요록(어만두), 음식디미방(어만두법), 음식법(어만두), 시의전서(어만두), 조선요리제법(어만두), 조선무쌍신식요리제법(어만두)

준치만두

재료

준치 500g(1마리) • 쇠고기(우둔살) 100g • 쑥갓 50g • 대파 20g(½뿌리) • 마늘 10g(2½쪽) • 생강 10g(2½쪽) • 물 800mL(4컵) • 전분 3큰술 • 생강즙 1작은술 • 잣 1큰술 • 소금 · 후춧가루 약간

고기 양념 간장 1큰술 • 설탕 ½큰술 • 다진 파 2작은술 • 다진 마늘 1작은술 • 깨소금 1작은술 • 참기름 1작은술 • 후춧가루 약간

만드는 법

1. 준치를 깨끗이 씻어 머리를 잘라 내고 내장을 꺼낸 후 증기가 오르는 찜통에 찐다. 살이 완전히 익으면 뼈와 가시를 전부 발라 내고 살만 모아서 곱게 부순다.
2. 남은 뼈와 파, 마늘, 생강을 넣고 물을 부어 끓인 다음 체에 걸러서 소금으로 간을 한다.
3. 쇠고기는 곱게 다져서 고기 양념으로 무쳐서 볶아 식힌다.
4. 준치살과 볶은 쇠고기를 합하여 전분과 생강즙, 소금, 후춧가루를 넣고 지름 2~3cm의 동그란 완자 모양으로 잣을 두 알씩 넣어 빚는다.
5. 완자로 빚은 만두를 전분에 고루 묻혀서 찜통에 젖은 면포를 깔고 잠시 찐다.
6. 접시에 만두를 담아 초장을 곁들이기도 하고, 대접에 담고 2의 끓는 장국을 부어서 내기도 한다.

❋ 참고사항

- 준치는 생선 중에 가장 맛있다 하여 '참다운 물고기' 라는 뜻의 '진어(眞魚)' 라고도 하며 충남에서는 '준어', 평남 지방에서는 '왕눈이' 라 부른다. '썩어도 준치' 라는 말이 있듯이 값어치가 있는 맛좋은 생선이며 몸은 옆으로 편평하고 밴댕이와 비슷하나 몸집이 크다.
- 난해성 어류로 연안이나 강 어귀 등의 얕은 곳에 서식하며 국, 만두, 자반, 젓국찌개, 찜, 조림, 회, 구이 등 다양하게 조리하여 먹는다. 4~6월이 제철로 맛은 좋지만 잔가시가 많으므로 조리 시 가시 제거에 유의하여야 한다. 『규합총서』에 '준치의 뼈 없이 하는 법' 에 대한 설명이 자세히 설명되어 있다.

고문헌
규합총서(준치만두)

만두

편수

재료

만두피 밀가루 220g(2컵) • 물 8큰술 • 소금 1작은술

만두소 쇠고기 250g • 건표고버섯 20g(7개) • 숙주 150g • 애호박 100g(¼개) • 달걀 50g(1개) • 잣 1큰술 • 소금 · 식용유 적량

쇠고기 양념 소금 1큰술 • 다진 파 1큰술 • 다진 마늘 ½큰술 • 깨소금 1큰술 • 설탕 ½큰술 • 참기름 ½큰술 • 후춧가루 ⅓작은술

만드는 법

1. 밀가루에 소금과 물을 약간 넣어 반죽하여 얇게 밀어서 사방 8cm 정도의 정사각형으로 만두피를 만든다.
2. 쇠고기 100g은 맑은 육수를 끓여 식혀서 간을 맞춘다.
3. 쇠고기 150g은 다져서 소금 양념을 하고, 건표고버섯은 불려서 기둥을 뗀 다음 0.2cm로 채 썰어 양념하여 고기와 한 데 합하여 볶는다.
4. 숙주는 다듬어서 살짝 데치고 애호박은 껍질 부분만 채 썰어 소금에 절였다가 꼭 짜서 양념하여 볶아 식힌다.
5. 채소와 쇠고기를 고루 섞어 소를 만든다.
6. 만두피에 소를 넣고 잣 2알씩을 넣어 네 귀가 맞닿는 가장자리를 마주 붙여 네모지게 만든다.
7. 달걀은 황백으로 분리하여 각각 지단을 부친다.
8. 맑은 장국이나 끓는 물에 편수를 넣어 삶아 건지거나 찜통에 쪄서 식힌 장국에 띄우고 지단을 완자 모양으로 썰어 고명으로 얹는다.

❋ 참고사항

- 편수는 여름철에 해먹는 만두로 쪄서 먹기도 하고 차게 식힌 장국이나 뜨거운 장국에 넣어 먹기도 한다.
- 편수피는 밀판에 밀대로 민다. 많은 양이면 솥에 삶아 건지고 적은 양이면 노구솥에 삶아 낸다. 깊은 접시나 놋대접에 담고 초간장은 종지에 담아 곁들인다. 편수소에 닭고기를 넣기도 한다.

출 처

문화공보부 문화재관리국, 한국민속종합조사보고서(향토음식 편), 1984

한국관광공사, 한국의 전통음식, www.visitkorea.or.kr/cc/mg/ccmg_cv0.jsp, 2006

고문헌

조선요리제법(편수), 조선무쌍신식요리제법(수각아 : 水角兒)

조랭이떡국

재 료

조랭이떡 500g • 달걀 50g(1개) • 쪽파 · 다진 마늘 약간

국물 사골 500g • 쇠고기(양지머리) 200g • 물 4L(20컵) • 양파 80g(½개) • 마늘 30g(1통) • 생강 10g(½쪽) • 대파 20g(½뿌리) • 통후추 1작은술 • 국간장 · 소금 적량 • 후춧가루 약간

고기 양념 국간장 ½큰술 • 다진 파 1큰술 • 다진 마늘 ½큰술 • 참기름 ½큰술 • 깨소금 ½큰술 • 후춧가루 약간

만드는 법

1

2

3

6

1. 쌀을 4시간 이상 충분히 불려 물기를 뺀 후 빻아 가루를 내어 찐다. 흰떡을 가늘게 만들어 굳기 전에 도마 위에 놓고 나무칼로 비벼서 끊어 누에고치 모양으로 만든다.
2. 사골은 찬물에 핏물을 뺀 후 한 번 끓어오르면 그 물을 버리고 다시 물을 부어 뽀얗게 우러날 때까지 삶는다. 양지머리는 사골국물이 뽀얗게 우러나면 같이 넣고 푹 무르게 삶는다. 국물을 낼 때 양파, 마늘, 생강, 대파, 통후추를 넣어 끓인다.
3. 육수는 식으면 기름을 걷어 내고 망 또는 면포에 거른 후 국간장과 소금으로 간을 맞춰 끓인다.
4. 무르게 삶은 고기를 가늘게 찢어서 고기 양념으로 고루 무친다.
5. 쪽파는 5cm 길이로 썰어 놓는다.
6. 찢은 고기와 쪽파를 꼬치에 번갈아 꽂은 후 팬에 기름을 둘러 꼬치를 지진다.
7. 달걀을 황백으로 나누어 지단을 부쳐 마름모 모양으로 썰어 놓는다.
8. 간 맞춘 육수가 끓으면 다진 마늘을 넣고 조랭이떡을 물에 씻어 넣어 떠오르면 어슷썬 대파를 넣고(0.3cm) 끓인 후 그릇에 담고 지진 꼬치와 달걀지단을 얹어서 낸다.

참고사항

조랭이떡국의 유래는 조롱에서 나왔다고 한다. 조롱이란 예전에 어린 아이들의 주머니끈이나 옷끈에 액막이로 차는 것으로 나쁜 액을 막는다는 의미가 있다. 개성에서 정초의 뜻을 기리기 위하여 깨끗한 흰빛의 떡을 누에고치의 모양을 본떠 떡국을 끓이는데, 이는 누에고치의 길(吉)함을 뜻한다. 또한 조랭이떡국은 조선이 들어서자 고려의 수도인 개성 지방에서 사무친 원한을 풀고자 가래떡 끝을 비비 틀어서 만들기 시작한 데서 유래되었다고도 전해지고 있다.

출 처

문화공보부 문화재관리국, 한국민속종합조사보고서(향토음식 편), 1984
농촌진흥청 농촌영양개선연수원(현 농촌자원개발연구소), 한국의 향토음식, 1994
한국관광공사, 한국의 전통음식, www.visitkorea.or.kr/cc/mg/ccmg_cv0.jsp, 2006

조리시연자

박종숙, 서울특별시 서초구 잠원동

국

닭젓국

재 료

닭 500g(⅓마리) • 참기름 적량

양념장 다진 파 3큰술 • 다진 마늘 1큰술 • 생강즙 ½큰술 • 새우젓 1큰술 • 참기름 3큰술 • 후춧가루 약간

국물 물 5L(25컵) • 새우젓 2큰술

만드는 법

1. 닭은 내장을 빼고 잘 손질한 후 4~5cm의 먹기 좋은 크기로 토막 낸 다음 끓는 물에 한 번 데쳐 내고 찬물에 씻어 건진다.
2. 분량의 양념을 합하여 고루 섞어서 양념장을 만든다.
3. 닭고기 데친 것에 2의 양념장을 넣고 버무린 후 1시간 정도 재운다.
4. 두꺼운 냄비를 달궈 참기름을 두르고 3의 양념한 닭을 볶다가 닭이 익어서 겉의 살이 하얗게 되면 물과 새우젓을 넣어 끓인다.
5. 센 불에서 끓기 시작하면 중불로 줄여 30분 정도 더 끓인 다음 새우젓으로 간한다.

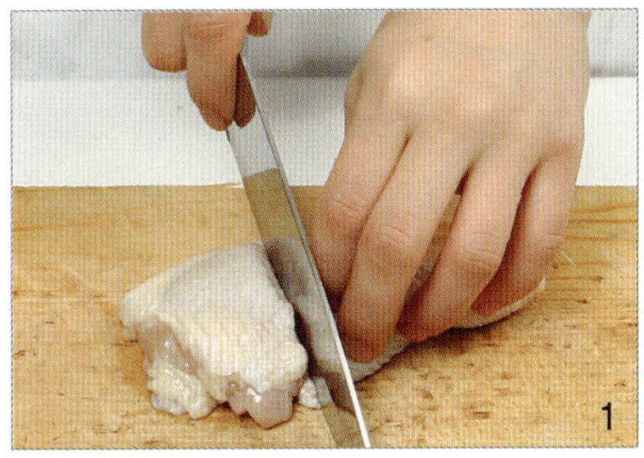
1

3

4

5

출 처

문화공보부 문화재관리국, 한국민속종합조사보고서(향토음식 편), 1984

이승교, 경기 지역 향토음식 조사, 수원대학교 논문집 10권, 1992

조리시연자

박종숙, 서울특별시 서초구 잠원동

국

새알심미역국

재 료

건미역 40g • 들기름 1큰술 • 다진 마늘 1큰술 • 장국국물(멸치나 황태) 1.2L(6컵) • 찹쌀가루 40g • 생강즙 1작은술 • 뜨거운 물 · 소금 · 전분 약간 • 국간장 2큰술

만드는 법

1. 미역은 물에 불린 후 여러 번 씻고 건져서 작게 자른 다음 마늘과 함께 들기름을 넣고 볶는다.
2. 미역이 볶아지면 장국국물을 넣고 팔팔 끓인다.
3. 찹쌀가루에 소금과 생강즙을 넣고 뜨거운 물을 부어 가며 익반죽한 뒤 동그랗게 빚어 전분을 묻힌다.
4. 2의 국물이 끓으면 3의 새알심을 넣고 한 번 더 끓인다.
5. 새알심이 떠오르면 국간장으로 간을 한다.

1

3

3

4

출 처
남양주시 농업기술센터 남양주시 향토음식연구회, 보양음식, 2000

조리시연자
박종숙, 서울특별시 서초구 잠원동

국

아욱토장국(아욱국)

재 료

아욱 200g • 보리새우 50g • 대파 20g(½뿌리) • 다진 마늘 1큰술 • 생강즙 ½큰술

된장국물 쌀뜨물 1.6L(8컵) • 된장 3큰술 • 고추장 1큰술

만드는 법

1. 아욱은 줄기를 꺾으면서 잡아당겨 투명한 실 같은 심을 벗겨 내고 꼭꼭 주물러 풋내를 가시게 한 다음 찬물에 헹궈 적당한 크기로 찢는다.
2. 보리새우는 마른 팬에 기름 없이 볶아 마른 면포에 싸서 문질러 뾰족한 수염이나 다리를 떼어 낸다.
3. 냄비에 쌀뜨물과 된장, 고추장을 넣어 한소끔 끓인다.
4. 보리새우, 아욱, 다진 마늘, 생강즙을 넣고 아욱의 색이 변할 때까지 푹 끓인다.
5. 대파를 넣어 마무리한다.

1

2

3

4

출 처
김숙년, 600년 서울음식, 동아일보사, 1991

조리시연자
박종숙, 서울특별시 서초구 잠원동

국

초교탕

재료

닭 1kg(1마리) • 생도라지 80g(4뿌리) • 미나리 50g • 죽순 100g(½개) • 밀가루 110g(1컵) • 달걀 100g(2개) • 실파 30g • 붉은 고추 10g(½개) • 쇠고기 100g • 건표고버섯 10g(3개) • 육수(닭) 2L(10컵) • 참기름 ½큰술 • 국간장 · 액젓 · 소금 · 후춧가루 약간

닭 삶는 물 물 2.6L(13컵) • 생강 20g(5쪽) • 마늘 30g(1통) • 양파 100g(⅔개)

쇠고기 • 표고버섯 양념 간장 1큰술 • 다진 파 1큰술 • 다진 마늘 ½큰술 • 설탕 ½큰술 • 참기름 ½큰술 • 후춧가루 약간

닭살 양념 소금 1작은술 • 다진 파 1큰술 • 다진 마늘 ½큰술 • 참기름 ½큰술 • 생강즙 1작은술 • 흰 후춧가루 약간

만드는 법

1. 닭은 기름기를 떼어 내고 손질해서 생강, 마늘, 양파를 넣고 삶아 건진다. 껍질은 벗기고 살은 건져 찢고 뼈는 국물에 넣고 다시 끓여 기름을 걷어 내고 국물만 밭쳐 육수를 만들어 놓는다.
2. 생도라지는 가늘게 찢은 다음 소금으로 주물러 씻어 쓴맛을 뺀다. 미나리는 다듬어 3cm 길이로 잘라 끓는 물에 데친다. 죽순은 얇게 썰어 데친 후 볶아 식히고 붉은 고추는 채 썬다(3× 0.3×0.3cm).
3. 닭살과 도라지, 미나리를 합하여 닭살 양념으로 무친다.
4. 쇠고기는 다지고 표고는 물에 불려 기둥을 떼고 0.3cm 두께로 채 썬 후 쇠고기 양념으로 무친다.
5. 양념한 것을 모두 합해 밀가루와 달걀을 넣고 잘 섞은 다음 실파를 넣어 으깨지지 않도록 고루 주무른다.
6. 육수에 국간장, 액젓, 소금으로 간을 맞춰 끓이다가 5의 반죽한 건더기를 한 숟가락씩 떠 넣어 떠오르면 불을 끄고 참기름과 후춧가루를 넣는다.

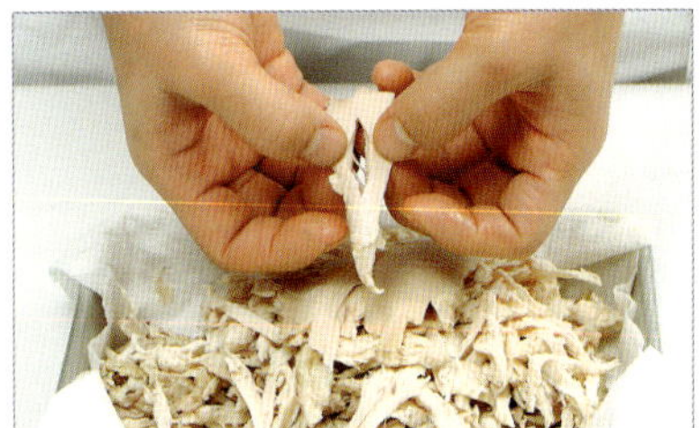
1

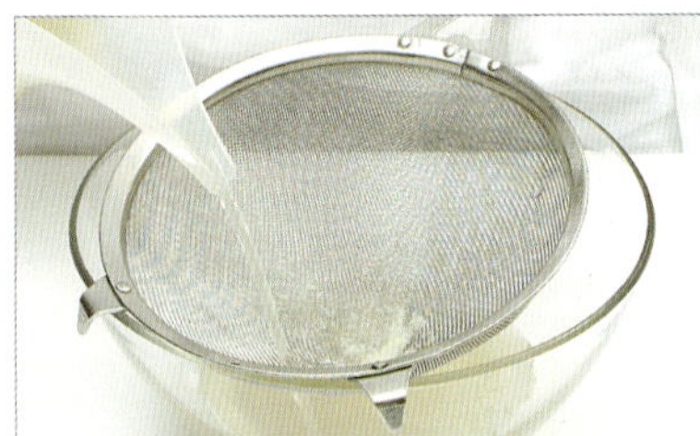
1

3

6

출처
김숙년, 600년 서울음식, 동아일보사, 1991

정보제공자
김명수, 경기도 의정부시 신곡동

조리시연자
박종숙, 서울특별시 서초구 잠원동

미꾸라지털레기

재 료

미꾸라지 400g • 무 300g(⅓개) • 애호박 150g(½개) • 깻잎 15g(10장) • 삶은 국수 200g • 대파 20g (½뿌리) • 물 적량 • 굵은 소금 약간 • 고추장 3큰술 • 고춧가루 1큰술 • 다진 마늘 1큰술

만드는 법

1. 미꾸라지를 잡아 굵은 소금을 넣고 해감을 하고 점액을 뺀다.
2. 무와 애호박은 부채꼴 모양으로(십자로 4등분) 썰고, 깻잎은 1.5cm 정도로 크게 자른다.
3. 냄비에 물을 넣고 고추장과 고춧가루를 풀어 끓인 후 1의 미꾸라지를 넣는다.
4. 3에 애호박, 무, 깻잎 등을 듬뿍 넣어 미꾸라지의 비린내를 없애 준다.
5. 채소를 준비해 끓는 국물에 넣고 끓이다가 삶은 국수를 넣고 어슷하게 썬 대파와 다진 마늘을 넣는다.

참고사항

• 털레기는 미꾸라지를 갈아서 끓이는 추어탕과 달리 살아 있는 통 미꾸라지를 그대로 넣어 끓인 일종의 미꾸라지매운탕이라 할 수 있다.

• 털레기의 명칭과 유래에 대해서는 정확히 알 수 없으나 미꾸라지탕에 여러 가지 채소와 국수, 양념 등을 모두 '털어 넣는다' 는 의미에서 유래되었다고 고양시의 토박이 노인들은 풀이하고 있다.

출 처

고양시 향토음식연구회, 맛있는 고양음식 이야기, 1997
경기도문화유산, www.kg21.net, 2006

조리시연자

박경자, 경기도 고양시 일산구 구산동

가리탕(갈비탕)

재 료

갈비 2kg • 대파 20g(½뿌리) • 무 300g(⅓개) • 달걀 50g(1개) • 물 5L(25컵)

양념장 국간장 3큰술 • 다진 파 2작은술 • 다진 마늘 2작은술 • 참기름 1작은술 • 후춧가루 ¼작은술 • 깨소금 1작은술

만드는 법

1. 갈비를 5~6cm 길이로 잘라 손질하여 핏물을 빼고, 무는 통으로 3cm 두께로 잘라서 넣고 물을 부어 5~6시간 푹 곤다.
2. 무는 처음부터 넣어서 중간에 건져 낸다.
3. 갈비의 살이 무르게 익으면 건져 내어 국간장, 다진 파, 다진 마늘, 참기름, 후춧가루, 깨소금을 잘 섞어서 양념하고 국물은 식혀서 굳은 기름은 제거한다.
4. 무는 건져 2.5×3×0.5cm의 직사각형 모양으로 썰고, 대파는 굵게 썰어 갈비와 함께 섞은 후 국물에 다시 넣어서 끓인다.
5. 달걀은 황백으로 나누어 각각 지단을 부쳐 채 썬다(5×0.2×0.2cm).
6. 간을 맞춰서 그릇에 담고 황백지단을 올린다.

출 처
문화공보부 문화재관리국, 한국민속종합조사보고서(향토음식 편), 1984

고문헌
조선요리제법(가리국), 조선무쌍신식요리제법(협탕 : 脅湯)

개장국

재 료

개고기 1kg • 깻잎(또는 차조기잎) 200g • 토란대(불린 것) 200g • 미나리 100g • 대파 200g(6뿌리) • 들깨 55g(½컵) • 물 6L (30컵) • 된장 2큰술 • 생강 20g(5쪽) • 소금 적량

양념장 국간장 3큰술 • 다진 파 4큰술 • 다진 마늘 3큰술 • 후춧가루 2작은술 • 고춧가루 3큰술 • 들기름 3큰술 • 소금 적량

만드는 법

1. 개고기는 된장을 풀고 저민 생강과 함께 물에 넣어 무르게 삶는다. 고기는 건져서 결대로 찢어 놓고 국물은 따로 둔다.
2. 들깨는 볶아서 분쇄기에 물을 조금씩 넣어 가면서 갈아 즙을 만든다.
3. 불린 토란대는 삶아 갈라서 4cm 길이로 썰고, 대파는 반으로 갈라서 4cm 길이로 썬다.
4. 미나리는 잎과 뿌리를 떼어 다듬고, 깻잎은 3cm 폭으로 썰어 둔다.
5. 고기와 토란대, 대파를 합하여 양념장으로 고루 무쳐서 고기국물에 넣어 끓인다.
6. 맛이 어우러지면 깻잎과 들깨즙을 넣고 소금으로 간을 맞추고 미나리를 넣어 잠깐 더 끓여 낸다. 삶은 개고기를 편육으로 썰어 갖은 양념을 섞어서 만든 고추장에 찍어 먹기도 한다.

❇ 참고사항

개장국은 구장이라고도 하고, 흔히 보신탕으로 더 잘 알려진 대표적 여름철 보신음식으로 특히 복날음식이라 할 수 있다. 개장국이 세시식으로 기록된 것은 1700년 말 『경도잡지』가 처음이고, 『동국세시기』나 『조선세시기』에도 나온다. 『농가월령가』 [8월조]에는 '며느리가 말미암아 본집에 근친 갈 때 개를 잡아 삶아 건져 떡, 고기와 술병' 이라 하였으니 개고기를 귀하게 여겼음을 알 수 있다. 북한이나 연변 교포들은 개고기를 '단고기' 라고 한다. 우리는 개고기, 개장국, 보신탕, 사철탕, 영양탕 등으로 부른다.

정보제공자
김윤경, 경기도 양주시 백석면 오산리

고문헌
음식디미방(개장 고는 법), 산림경제(개고기 곰), 부인필지(개고기국), 조선무쌍신식요리제법(지양탕 : 地羊湯)

갱국(갱구탕)

재 료

갱구(소라와 비슷한 일종) 200g • 바지락 200g(13개) • 오이 140g(1개) • 건미역 10g • 물 1L(5컵) • 고추장 · 식용유 약간

냉국 양념 소금 · 깨소금 · 다진 파 · 다진 마늘 · 식초 적량

만드는 법

1. 갱구를 까서 물을 붓고 끓여서 국물을 낸 다음 차게 식힌다.
2. 갱구의 살을 깨끗이 씻어 바지락, 고추장을 넣고 식용유에 볶는다.
3. 미역을 불려 깨끗이 씻어서 5~6cm로 자른다.
4. 오이는 채 썬다(5×0.3×0.3cm).
5. 그릇에 갱구살, 바지락, 미역, 오이를 넣고 국물을 부은 후 양념을 넣어 간을 맞춰 냉국을 만든다.

참고사항

백령, 연평, 덕적, 영흥 등의 지역마다 갱의 크기, 만드는 방법과 맛이 다르다.

출 처

농촌진흥청, 향토음식, www2.rda.go.kr/food/, 2006

국

남양해물탕

재 료

도미 300g(½마리) • 게 150g(1마리) • 조개 50g(5개) • 새우 150g(10마리) • 콩나물 150g • 미나리 100g(½단) • 대파 35g(1뿌리) • 물 적량 • 다진 마늘 2큰술 • 고추장 2큰술 • 고춧가루 1큰술 • 소금 1큰술

만드는 법

1. 도미, 게, 조개, 새우 등 해물을 손질해 놓는다.
2. 콩나물, 미나리를 다듬어 씻어 놓고 미나리는 6cm 길이로 자른다.
3. 대파는 씻어서 어슷썬다(0.3cm).
4. 냄비에 콩나물을 깔고 손질한 해물을 올려 놓는다.
5. 그 위에 미나리, 다진 마늘, 어슷썬 파를 얹고 고추장, 고춧가루, 소금을 넣은 후 물이나 육수를 붓고 끓인다.

출 처

경기도 농촌진흥원, 경기향토요리, 1991

이승교, 경기 지역 향토음식 조사, 수원대학교 논문집 10권, 1992

국

민물생선매운탕

재 료

민물생선 300g(2마리) • 무 200g(¼개) • 참게 2마리 • 감자 200g(1⅓개) • 수제비 반죽 300g • 새우 150g(13마리) • 깻잎 15g(10장) • 미나리 ⅓단 • 대파 70g(2뿌리) • 물 적량 • 고추장 2큰술 • 고춧가루 1큰술 • 다진 마늘 1큰술

만드는 법

1. 물에 고추장과 고춧가루를 풀고 무와 감자를 납작하게 썰어(3×4×1cm) 넣어 끓인다.
2. 생선은 비늘과 내장을 제거하여 5cm씩 토막 내고 참게와 새우는 깨끗이 씻는다.
3. 1에 손질한 생선, 참게와 새우를 넣고 끓이다가 수제비를 얇게 떠서 넣는다.
4. 수제비가 익으면 깻잎, 미나리 등 채소를 넣고 어슷하게 썬(0.3cm) 대파와 다진 마늘을 넣어 간을 맞춘다.

❀ 참고사항

김포, 고양, 파주, 평택, 화성, 안산, 인천, 강화 등의 경기도 서해안 지역은 풍부한 해산물과 어류들이 많이 나서 이를 이용한 음식이 발달하였다. 매운탕 하면 주로 생선 매운탕을 말하는데, 바다생선이나 민물생선으로 두루 끓인다. 민물생선으로는 메기, 쏘가리, 빠가사리, 붕어 등을 이용한다. 『시의전서』에서는 '생선조치는 격식이 매우 다양하다. 찌개를 하려면 고춧가루에 기름을 두어 숟가락을 넣어 갠 뒤 찌개 위에 얹으면 빛깔이 아름답고 맛이 칼칼하여 좋다' 고 하여 고추장만 푸는 것보다 고춧가루를 넣는 것이 더 좋다고 하였다.

무국

재 료

쇠고기(장국용) 100g • 무 300g(작은 것 1개) • 물 1.6L(8컵) • 참기름 2작은술 • 다진 마늘 2작은술 • 다시마 10cm(7장) • 대파 35g(1뿌리) • 국간장 적량

고기 양념 소금 1작은술 • 참기름 1작은술 • 다진 마늘 1작은술 • 후춧가루 적량

만드는 법

1. 쇠고기는 사방 3cm로 납작납작하게 썰어서 고기 양념으로 고루 무친다.
2. 무는 나박썰고(2.5×3×0.3cm), 다시마는 젖은 면포로 싸서 문질러 깨끗이 닦아 내고, 대파는 어슷하게 채 썬다(0.3cm).
3. 냄비에 참기름을 두르고 고기를 볶아 색이 변하면 무 썬 것과 다진 마늘을 넣고 한 데 볶아 기름이 퍼지면 물을 붓고 다시마를 넣고 센 불에서 끓인다.
4. 맛이 충분히 들면 다시마를 건져 내고 기름과 거품을 말끔히 걷어 낸 후 국간장으로 간을 맞춘다. 대파를 넣고 잠시 더 끓인다.

✿ 참고사항

다시마는 무와 같은 크기로 잘라 넣고 무, 고기와 함께 그릇에 담아 내기도 한다.

출 처

전희정 · 이효지 · 한영실, 한국전통음식, 문화관광부, 2000

묵냉국

재 료

콩나물 40g • 묵 80g • 오이 20g • 풋고추 30g(2개) • 물 300mL(1½컵) • 김 4g(2장) • 통깨 1작은술 • 대파 5g • 간장 · 참기름 적량

만드는 법

1. 콩나물을 깨끗이 다듬어 물을 붓고 익을 때까지 끓인다.
2. 익은 콩나물은 국물과 함께 차게 식힌 후 간장으로 간을 맞춘다.
3. 묵, 오이는 1cm 굵기로 채 썰고 풋고추와 대파는 어슷썰어(0.3cm) 2에 올린다.
4. 김은 구워서 부수거나 얇게 채 썰어 2의 위에 얹는다.
5. 마지막에 통깨를 뿌리고 참기름을 넣는다.

출 처
농촌진흥청 농촌영양개선연수원(현 농촌자원개발연구소), 한국의 향토음식, 1994

물텀벙이탕(아귀탕)

재 료

아귀 1kg • 미더덕 30g(7~8개) • 팽이버섯 20g • 콩나물 200g • 미나리 50g • 쑥갓 50g • 애호박 50g • 대파 20g(½뿌리) • 표고버섯 10g(1개)

다진 양념 고춧가루 · 다진 마늘 · 다진 생강 · 다진 양파 적량

해물육수 꽃게 200g(작은 것 1마리) • 바지락 200g(13개) • 다시마 10g(½장) • 물 적량

만드는 법

1. 꽃게와 바지락은 해감을 하여 깨끗이 손질하고, 다시마와 함께 물에 끓여 해물육수를 만든다.
2. 아귀는 소금으로 문질러 씻어 6~7cm 크기로 자른다.
3. 미더덕은 깨끗이 씻고, 팽이버섯은 밑둥을 잘라 낸다.
4. 콩나물은 머리와 꼬리를 다듬고, 미나리와 쑥갓은 씻어 6cm 길이로 썰고, 애호박은 0.5cm 두께의 반달 모양으로 썬다.
5. 대파는 씻어 어슷썰고(0.3cm), 표고버섯은 기둥을 떼고 0.5cm 너비로 썬다.
6. 고춧가루에 양념을 넣어 다진 양념을 만든다.
7. 냄비에 콩나물을 깔고 아귀와 준비한 채소를 가지런히 놓은 후 1의 해물육수를 붓고 다진 양념을 풀어 끓인다.

참고사항

아귀는 가오리처럼 넓적한 몸체에 우둘투둘한 껍질을 가지고 있고 비늘은 없고 몹시 미끈거리며 꼬리는 가오리와 닮았다. 못생겼을 뿐만 아니라 배만 크고 살이 없어 옛날 어부들은 아귀가 그물에 걸려 들면 재수가 없다며 다시 물에 '텀벙' 내던졌다. 그래서 인천 지역 사람들은 아귀를 물텀벙이라고 했다. 우리나라에서는 1960년 이후 해물이 귀해지면서 아귀를 먹기 시작했으며 당시 하인천 부둣가에서 일하는 사람들에게 둘도 없는 술안주용 탕이 되었다.

출 처
농촌진흥청, 향토음식, www2.rda.go.kr/food/, 2006

국

배추꼬리국(배추꼬랭이국)

재 료

배추꼬리 500g(5개) • 배추 300g(¼포기) • 쇠고기 100g • 쌀뜨물 1.2L(6컵) • 된장 3큰술 • 대파 35g(1뿌리) • 국간장 적량

만드는 법

1. 쌀뜨물에 된장을 걸러 풀고 국간장으로 간을 맞춘다.
2. 배추꼬리는 깨끗이 깎아 씻어 큰 깍두기 크기로 썰되 어슷하게 썰고, 배추는 6cm 길이로 먹기 알맞게 썬다.
3. 쇠고기를 얇게 저며 사방 3cm로 썬 다음 1에 넣고 뭉근히 끓여 된장 맛이 들면 배추꼬리와 배추를 넣고 끓인다.
4. 어슷하게 썬(0.3cm) 대파를 넣고 한소끔 끓인다.

참고사항

배추는 우리나라 채소의 소비량 중 1위이며 가장 중요한 음식재료로 꼽힌다. 1800년대부터 좋은 품종의 배추가 생산되었으며 서울 근교의 방아다리 배추가 특히 유명하였다.

출 처

전희정 · 이효지 · 한영실, 한국전통음식, 문화관광부, 2000

고문헌

조선요리제법(배추꼬리국)

배추속대국

재 료

배추속대 600g(½포기) • 무 200g(¼개) • 쇠고기 200g • 쌀뜨물 1.6L(8컵) • 된장 2큰술 • 고추장 1큰술 • 다진 파 · 다진 마늘 약간

쇠고기 양념 국간장 1큰술 • 다진 파 1큰술 • 다진 마늘 ½큰술 • 참기름 1큰술 • 후춧가루 적량

만드는 법

1. 배추는 속대를 골라 깨끗이 씻어 6cm 길이로 길쭉길쭉하게 썰어 놓는다.
2. 무는 깨끗이 씻어 나박썰기한다(2.5×3×0.3cm).
3. 쇠고기는 0.5cm 두께로 가늘게 채 썰어 양념하여 무쳐 놓는다.
4. 쇠고기를 볶다가 쌀뜨물을 붓고, 된장과 고추장을 체에 밭쳐 넣은 다음 끓으면 배추속대와 무를 넣고 다시 푹 끓이고 다진 파, 마늘을 넣는다.

참고사항

『도문대작』에 '배추는 왕십리에 많이 심는다' 고 기록되어 있다. 배추속대국은 쌀뜨물이나 무릎 뼈 곤 국에 된장과 고추장을 풀고 쇠고기, 모시조개, 배추속대를 넣고 끓인 국으로, 『조선무쌍신식요리제법』과 『우리나라 음식 만드는 법』에서는 고추장을 사용하지 않고 된장만 사용하였다 한다.

출 처
고양시 향토음식연구회, 맛있는 고양음식 이야기, 1997

고문헌
조선요리제법(배추속대국), 조선무쌍신식요리제법(숭심탕 : 菘心湯)

국

뱅어국

재료

뱅어 200g • 실파 50g • 쑥갓 50g • 다시마 10g(½장) • 전분 2큰술 • 물 · 다진 마늘 · 소금 · 국간장 적량 • 후춧가루 약간

만드는 법

1. 뱅어는 가는 것으로 골라 깨끗이 씻어 건져서 물을 빼고, 전분을 고루 묻혀서 소쿠리에 담아 흔들어 여분의 가루는 털어 낸다.
2. 다시마를 마른 면포로 닦아 물에 넣고 장국을 끓인다.
3. 쑥갓은 씻어 6cm, 실파는 3cm로 자른다.
4. 뱅어를 2에 넣고 익으면 쑥갓, 실파, 다진 마늘을 넣어 한소끔 끓인 다음 소금이나 국간장으로 간을 맞춘다. 먹을 때 후춧가루를 알맞게 넣어 먹는다.

참고사항

『도문대작』에 '뱅어가 한강에서 많이 잡힌다'는 기록이 있다. 뱅어는 『공선정례』(1776)에 의하면 궁중에 매달 초하루에 진상하는 '삭선'으로 경기도 개성에서 11월에 뱅어를 세 차례에 걸쳐 진상한다는 기록이 있다.

출처

문화공보부 문화재관리국, 한국민속종합조사보고서(향토음식 편), 1984
경기도 농촌진흥원, 경기향토요리, 1991
한복진, 조선시대 궁중의 식생활 문화, 서울대학교 출판부, 2006
이승교, 경기 지역 향토음식 조사, 수원대학교 논문집 10권, 1992

고문헌

증보산림경제(백어탕 : 白魚湯)

주식류 부식류 떡류 과정류 음청류 주류

복매운탕

재 료

복어(중) 800g(2마리) • 두부 300g(½모) • 건표고버섯 10g(4개) • 배춧잎 150g • 무 200g(¼개) • 대파 70g(2뿌리) • 육수 600mL(3컵) • 국간장 적량

고추장 양념 고추장 2큰술 • 육수 2큰술 • 고춧가루 1큰술 • 소금 1작은술 • 다진 마늘 1½큰술 • 다진 생강 2작은술 • 국간장 적량 • 후춧가루 약간

만드는 법

1. 복어는 식용 가능한 부분만을 손질하여 5~6cm의 한 입에 먹기 알맞은 크기로 토막 낸다.
2. 두부는 3×4cm로 납작하게 썰고, 파는 어슷하게 4cm 길이로 썰며, 표고버섯은 물에 불려 기둥을 떼고 어슷하게 저며 썬다.
3. 배춧잎은 반으로 갈라서 4cm 길이로 썰고, 무는 반달썰기(0.7cm)하여 끓는 물에 살짝 데친다.
4. 냄비에 배추와 데친 무를 깔고 복어 토막과 두부를 얹고 대파와 표고버섯을 옆쪽에 함께 담는다.
5. 매운탕용 고추장 양념을 만들어서 육수에 풀어서 끓인다.
6. 복어와 채소가 익으면 위에 뜨는 거품을 말끔히 걷어 내고 국간장으로 간을 맞추고 불에서 내린다.

참고사항

『도문대작』에 복어가 한강에서 많이 잡힌다는 기록이 있으며 경기 지역에서는 매운탕 형태로 즐겼으나 서울 지역에서는 매운탕 형태보다는 쇠고기와 깻국을 넣어 복탕을 끓였다.

출 처

전희정 · 이효지 · 한영실, 한국전통음식, 문화관광부, 2000

고문헌

부인필지(복매운탕)

복탕

재료

복어(중) 800g(2마리) • 달걀 50g(1개) • 밀가루 · 식용유 적량 • 소금 · 후춧가루 약간

깻국 쇠고기(양지머리) 300g • 물 2L(10컵) • 대파 30g(1뿌리) • 참깨 100g • 소금 1작은술

고명 쇠고기(우둔) 50g • 건표고버섯 5g(2개) • 석이버섯 10g(10장) • 오이 70g(½개) • 미나리 30g • 붉은 고추 5g(⅓개) • 국화잎 8장 • 대파(흰 부분) 20g • 잣 5g • 은행 10g(5알) • 호두 5g • 달걀 100g(2개) • 밀가루 · 전분 · 식용유 적량

쇠고기 양념 간장 1큰술 • 다진 파 ½큰술 • 다진 마늘 ½큰술 • 후춧가루 ¼작은술 • 깨소금 ½큰술

만드는 법

1. 복어는 식용 가능한 부분만을 손질하여 0.3cm 두께로 포를 떠서 소금과 후춧가루를 뿌리고 밀가루, 달걀물을 묻혀 전을 지진다.
2. 양지머리의 핏물을 빼고 대파를 넣고 푹 끓여 체에 거르고, 참깨는 2시간 물에 불린 뒤 박박 문질러 껍질을 벗기고 팬에 볶아서 분쇄기에 넣고 육수를 부어가며 곱게 갈아 체에 밭친다.
3. 오이는 껍질 쪽으로 4cm 길이, 1cm 폭으로 자른다. 붉은 고추는 반으로 갈라 씨를 털어 내고 0.5cm 폭으로 자른다. 국화잎은 씻어서 물기를 거둔다
4. 건표고버섯은 물에 불려 기둥을 뗀 뒤 1cm 폭으로 썰고, 석이버섯은 물에 불려 곱게 다진다.
5. 준비한 오이, 붉은 고추, 국화잎, 표고버섯, 대파를 전분에 묻혀 끓는 물에 데친 뒤 찬물에 헹구고 물기를 뺀다.
6. 달걀은 황백으로 나누어 흰자에만 다진 석이버섯을 넣고 각각 지단을 부쳐 1×4cm 크기로 썬다.
7. 미나리는 줄기만 꼬치에 꿴 다음 밀가루와 달걀물을 입혀 팬에 지져서 지단 크기로 썬다.
8. 은행은 볶은 뒤 비벼서 껍질을 벗긴다. 잣은 고깔을 떼고 호두는 속껍질까지 벗긴다.
9. 쇠고기는 곱게 다져 고기 양념에 버무린 후 1cm 크기로 완자를 빚어 밀가루, 달걀물을 묻혀 팬에 굴려 가며 지진다.
10. 냄비에 2의 깻국을 부어 끓이다가 소금간을 하고 1의 복전을 넣고 한소끔 끓인다. 그릇에 담고 복전과 준비한 고명을 예쁘게 돌려 담은 뒤 깻국을 붓는다.

출처
김숙년, 600년 서울음식, 동아일보, 2001

국

북어된장탕

재 료

풋고추장아찌용 된장(풋고추를 넣은 된장) 100g • 대파 50g(1⅓뿌리) • 두부 50g • 북어머리 30g • 전분 2큰술 • 물 적량 • 고춧가루 2큰술

만드는 법

1. 북어머리는 물에 삶아 국물을 우려 낸다.
2. 대파를 다듬어서 7~8cm 길이로 썰어 놓고, 두부도 도톰하게 3×4×0.8cm 크기로 썬다.
3. 뚝배기에 풋고추를 걸어 낸 된장과 전분을 넣은 후 물을 조금 넣어 되직하게 개어 담은 다음 갈색이 나도록 약한 불에서 5분간 조린다.
4. 3에 풋고추를 통째로 넣고 1의 국물도 1컵 넣는다.
5. 썰어 놓은 대파와 두부를 넣고, 고춧가루를 넣은 다음 한 번 더 끓인다.

참고사항

고춧가루는 서리 맞은 끝물 고추를 집에서 빨갛게 익혀 건조시켜서 빻은 것을 사용하며, 겨울철에는 두부 대신 호박고지를 이용하기도 한다.

출 처

농촌진흥청 농촌영양개선연수원(현 농촌자원개발연구소), 한국의 향토음식, 1994

정보제공자

조영숙, 경기도 포천군 관인면 탄동2리

국

불당리백숙

재 료

닭 600g(영계 2마리) • 수삼 2뿌리 • 감자 400g(2⅔개) • 당근 100g(⅔개) • 대추 15g(6개) • 마늘 30g(1통) • 물 2L(10컵) • 소금 1큰술 • 후춧가루 약간

만드는 법

1. 닭은 영계로 준비하여 내장을 꺼내고 발을 잘라 낸 다음 깨끗이 씻는다.
2. 당근과 감자는 껍질을 벗기고 깨끗이 씻어 4cm 크기로 큼직하게 썬다.
3. 마늘은 단단한 것으로 깨끗이 씻고 대추도 빛깔이 곱고 굵은 것으로 깨끗이 씻는다.
4. 수삼은 손가락 굵기 정도의 크기로 준비하여 깨끗이 씻어 놓는다.
5. 냄비에 닭을 넣은 후 물을 붓고 감자, 당근, 수삼, 마늘, 대추를 넣고 끓이다가 마지막에 소금, 후춧가루로 간을 한다.

참고사항

남한산성에 풀어 기른 토종닭으로 만들어서 육질이 질기기는 하지만 쫄깃한 맛과 담백하고 구수하여 보양음식으로 먹는다.

출 처

농촌진흥청 농촌영양개선연수원(현 농촌자원개발연구소), 한국의 향토음식, 1994
광주군 향토음식연구회, 너른고을 향토음식, 1997
이승교, 경기 지역 향토음식 조사, 수원대학교 논문집 10권, 1992

정보제공자

민옥순, 경기도 광주군 중부면 불당리

국

석류탕

재 료

밀가루 170g(1½컵) • 쇠고기 150g • 닭살 100g • 건표고버섯 5g(2개) • 두부 50g • 무 100g • 미나리 30g • 숙주 50g • 잣 약간 • 달걀 50g(1개) • 물 1.6L(8컵) • 소금 1작은술 • 식용유 1작은술

장국고기 양념 국간장 1작은술 • 다진 마늘 1작은술 • 참기름 적량 • 후춧가루 약간

만두소 양념 소금 1큰술 • 다진 파 1큰술 • 다진 마늘 ½큰술 • 깨소금 2작은술 • 참기름 1작은술 • 후춧가루 약간

만드는 법

1. 밀가루는 반죽하여 직경 6cm의 원형으로 얇게 민다.
2. 쇠고기는 100g만 납작하게 썰어서 양념하여 장국을 끓인다.
3. 쇠고기 50g과 닭살은 곱게 다지고 표고버섯은 불려서 0.2cm로 곱게 채 썬다.
4. 두부는 으깨어 물기를 짜고, 무는 0.2cm로 곱게 채 썰어 데쳐 낸 후 물기를 꼭 짠다.
5. 미나리와 숙주는 데쳐서 1cm로 송송 썬 다음 물기를 꼭 짠다.
6. 준비한 재료를 합해 만두소 양념을 넣고 잘 섞는다.
7. 1의 만두피에 6의 소를 조금씩 떠 얹고 잣을 하나씩 올린 다음 양손으로 가운데를 모아 주머니 모양을 만든다.
8. 달걀을 황백으로 분리하여 각각 지단을 부쳐 마름모 모양으로 썬다(직경 2cm).
9. 끓는 장국에 만두를 넣어 소금이나 국간장으로 간을 맞춘 후 대접에 담고 지단을 얹는다.

출 처

전희정 · 이효지 · 한영실, 한국전통음식, 문화관광부, 2000

국

선지해장국

재 료

소뼈 1kg • 대파 35g(1뿌리) • 마늘 20g(5개) • 선지 3컵 • 콩나물 150g • 우거지 150g • 물 4L(20컵) • 고추장 1큰술 • 된장 3큰술 • 다진 마늘 1큰술 • 소금 · 국간장 적량

만드는 법

1. 소뼈는 찬물에 담가 핏물을 뺀 다음 물을 붓고 센 불에서 끓이다가 중간에 마늘과 15cm 정도로 길게 썬 파를 넣는다. 끓기 시작하면 불을 줄여서 6시간 이상 푹 끓인다.
2. 육수의 맛이 충분히 우러나면 뼈는 건져 내고 국물에 된장을 풀어서 끓인다.
3. 선지는 끓는 물에 소금을 약간 넣고 한 국자씩 떠 넣어 삶아서 찬물에 담가 둔다.
4. 콩나물은 뿌리를 다듬어 씻고, 배추나 무청 우거지는 끓는 물에 데쳐서 송송 썰어(0.5cm) 고추장과 다진 마늘을 넣은 다음 살짝 주물러서 끓는 된장국에 넣는다.
5. 한소끔 끓으면 삶은 선지를 한 데 끓여서 국간장으로 간을 맞춘다.

❂ 참고사항

- 해장국은 술독을 풀어 주는 국으로 각 지방마다 해장국의 종류가 다르다. 서울 지방은 소뼈국물에 선지를 넣은 선지해장국이나 소뼈국물에 끓인 우거지된장국이 대표적인 해장국이다. 서울에서 유명한 해장국은 종로구 청진동에 밀집되어 있는데, 1937년 종로구청 옆자리에 나무시장이 늘어서자 나무꾼들을 상대로 이간난이라는 사람이 평화관이란 국밥집을 차리면서 이 일대가 해장국 골목으로 유명하게 되었다.
- 예전의 소문난 고급 해장국으로는 경기도 광주 남한산성의 명물이었던 '효종갱(曉鐘羹)'을 들 수 있다. 1925년의 『海東竹枝』에서는 '광주성(廣州城) 안에서는 효종갱을 잘 끓인다. 배추속대, 콩나물, 표고버섯, 소갈비, 해삼, 전복에 토장을 섞어서 종일 푹 곤다. 밤에 국 항아리를 솜에 싸서 서울로 보내면 새벽종[曉鐘]이 울릴 때쯤 재상집에 이른다. 국 항아리가 아직 따뜻하고 해장에 더 없이 좋다'고 기술하고 있다. 이처럼 서울의 재상들이 먼 곳에서 시켜 먹었을 만큼 소문난 해장국이었다.

출 처

김상보, 생활 속의 향토음식문화, 신광출판사, 2004

고문헌

조선무쌍신식요리제법(우혈탕 : 牛血湯)

국

설렁탕

재 료

소머리 1kg • 사태 600g • 쇠고기(양지머리) 600g • 우족 1개 • 사골 1개 • 도가니 1개 • 우설 1개 • 유통 ½개 • 물 · 생강 · 대파 · 마늘 적량

양념 다진 파 120g(1컵) • 소금 적량 • 후춧가루 · 고춧가루 약간

만드는 법

1. 큰 솥에 물과 소머리, 사골, 도가니, 우족을 넣고 끓이면서 거품을 거두어 낸다. 뼈는 오래 고아야 하므로 물을 다시 부어 두 번 정도 끓여 내면 뽀얀 국물이 계속 나온다.
2. 고기 누린내를 없애기 위해 생강, 대파, 마늘을 넣고 사태, 양지머리, 우설, 유통 등의 고기도 덩어리째 넣어 같이 삶아 고기가 완전히 무르면 꺼내어 0.5cm의 편육으로 썬다.
3. 간을 하지 않고 뚝배기에 밥을 담고 국물을 부은 후 다진 파, 소금, 후춧가루, 고춧가루를 곁들인다.

참고사항

홍선표의 『조선요리학』(1940)은 설농탕에 대해 '세종대왕이 선농단에서 친경하시던 때에 심하게 비가 내려 촌보를 옮기지 못할 형편에 이르러 신하들이 배가 고파서 못 견디게 되니 왕이 친경 때 쓰던 농우를 잡아 맹물에 넣고 끓이라고 하셨다. 고기 끓인 국물에 소금을 구하여 먹으니 이것이 설농탕이 되었다. 경성 사람들이 즐겨 먹는 음식으로, 겨울철에 추위를 이기는 음식으로, 보재가 되는 음식이다' 라고 하였다. 이로 보아 '선농탕' 이 자음접변으로 '설롱탕' 으로 다시 모음조화로 설렁탕이 된 것으로 추정된다.

출 처

한국관광공사, 한국의 전통음식, www.visitkorea.or.kr/cc/mg/ccmg_cv0.jsp, 2006

국

소루쟁이토장국

재 료

소루쟁이 300g • 쇠고기 200g • 모시조개 200g • 쌀뜨물 1L(5컵) • 대파 20g(½뿌리) • 다진 마늘 1큰술 • 된장 3큰술 • 고추장 1큰술

만드는 법

1. 소루쟁이는 어린 것은 씻어서 그대로 쓰고, 큰 것은 데쳐 놓는다.
2. 대파는 3~4cm로 잘라 굵게 채 썬다.
3. 모시조개는 해감을 하고 물 1컵을 넣고 끓여 입을 벌리면 바로 불을 끄고 국물을 밭쳐 둔다.
4. 쇠고기는 얇게 저며 썰어서 양념한 다음 냄비에 넣고 살짝 볶은 후 쌀뜨물을 넣고 된장과 고추장을 걸러 붓는다.
5. 4에 소루쟁이와 다진 마늘, 조개국물을 넣고 끓이다가 채 썬 파, 모시조개를 넣고 잠깐 끓인다.

참고사항

옛날에는 산이나 들에서 나는 나물을 넣고 끓인 된장국을 토장(土醬)국이라고 했는데, 물에 된장을 풀고 철마다 나는 푸성귀를 넣어 끓이는 가장 보편적인 서민의 국이다. 소루쟁이토장국은 냉이, 원추리 등과 함께 봄철에 소루쟁이를 사용하여 된장국에 끓인 국이다.

출 처

전희정 · 이효지 · 한영실, 한국전통음식, 문화관광부, 2000

고문헌

조선요리제법(소루장이국), 조선무쌍신식요리제법(대황근탕 : 大黃根湯), (양제근탕 : 羊蹄根湯)

국

쇠고기맑은장국

재 료

쇠고기 250g • 대파 10g($\frac{1}{3}$뿌리) • 물 1.2L(6컵)

양념장 간장 3큰술 • 참기름 1작은술 • 다진 파 1작은술 • 다진 마늘 1작은술 • 후춧가루 $\frac{1}{4}$작은술

만드는 법

1. 쇠고기를 0.5cm 두께로 얇게 저며 채 썬다.
2. 대파는 굵게 어슷썬다(0.3cm).
3. 냄비에 쇠고기, 간장, 참기름, 다진 파, 다진 마늘, 후춧가루를 넣어서 골고루 섞어 분량의 물 중에서 1컵 정도만 먼저 붓고 불에 얹는다.
4. 양념이 고기에 배어 들고 고기의 표면이 익으려고 할 때 분량의 물을 다 부은 다음 중간 불에서 끓인다.
5. 끓기 시작한 후 중간 불에서 30분 정도 계속 끓여 고기 맛이 잘 우러났을 때 어슷썬 대파를 넣는다.

출 처

전희정 · 이효지 · 한영실, 한국전통음식, 문화관광부, 2000

국

옻닭

재 료

닭 1kg(1마리) • 황기 3g • 감초 3g • 칠피(옻 껍질) 4kg • 찹쌀 90g(½컵) • 밤 30g(2개) • 대추 20g(8개) • 마늘 25g(6개) • 인삼 100g • 들깨 20g • 오이 100g(⅔개) • 풋고추 60g(4개) • 당근 80g(½개) • 물 5L(25컵)

만드는 법

1. 황기, 감초, 칠피를 넣고 은근한 불에 푹 달인다.
2. 찹쌀은 물에 씻어서 불려 두고, 밤은 속껍질을 벗긴다.
3. 마늘은 껍질을 까서 씻고, 인삼도 깨끗이 씻어 준비한다.
4. 닭은 깨끗이 손질하여 뱃속에 찹쌀, 대추, 밤, 마늘, 인삼을 넣어 무명실로 꿰맨다.
5. 1의 약재 삶은 물에 닭을 넣고 익을 때까지 30분 이상 푹 끓인다.
6. 그릇에 담아 들깨 간 것, 오이, 풋고추, 당근 등 채소를 곁들인다.

참고사항

옻닭은 옻 껍질을 벗겨 닭에 넣고 함께 달여 먹는 음식으로 옻의 유독성을 닭이 완화시켜 주는 보양음식이다.

출 처

농촌진흥청 농촌영양개선연수원(현 농촌자원개발연구소), 한국의 향토음식, 1994

국

신서도가니탕

재 료

도가니 400g(1개) • 소의 힘줄 500g • 녹각 20g • 인삼 20g • 은행 20g(10개) • 밤 10g(1개) • 대추 10g(4개) • 마늘 10g(3쪽) • 생강 5g(1쪽) • 잣 1작은술 • 해바라기씨 ½작은술 • 사골국물 4L(20컵) • 우유 적량

고명 달걀 50g(1개) • 대파 35g(1뿌리) • 실고추 · 식용유 약간

만드는 법

1. 도가니와 소의 힘줄을 우유물에 푹 삶아 기름을 제거한다.
2. 1을 찬물에 담가 기름 부분을 떼어 내면서 손질해 둔다.
3. 뚝배기에 사골국물, 도가니, 힘줄, 녹각, 인삼, 은행, 밤, 대추, 마늘, 생강, 잣, 해바라기씨 등을 넣고 푹 끓인다.
4. 달걀은 알끈 없이 잘 풀어 지단을 부쳐 채 썬다(5×0.3×0.3cm).
5. 한소끔 끓으면 사골국물을 조금 더 부어 끓이고 지단, 실고추, 대파 썬 것을 얹어 낸다.

출 처

경기도 농촌진흥원, 경기향토요리, 1991

정보제공자

김삼남, 경기도 연천군 신서면 도신리

국

쏘가리매운탕

재 료

쏘가리 2마리 • 무 100g • 풋고추 45g(3개) • 애호박 50g • 당근 15g • 미나리 10g • 쑥갓 20g • 대파 35g(1뿌리) • 물 적량 • 고추장 2큰술 • 고춧가루 1큰술 • 다진 마늘 1큰술 • 다진 생강 1작은술 • 청주 2큰술 • 소금 ½작은술

만드는 법

1. 쏘가리는 잘 씻어 손질하여 5~6cm로 토막 친다.
2. 애호박, 당근, 무는 반달 모양으로 썰고(0.5cm), 풋고추, 대파는 어슷하게 썰고(0.3cm), 미나리, 쑥갓은 6cm 길이로 썬다.
3. 물에 고추장과 고춧가루를 풀고 소금으로 간을 한 뒤 청주를 부어 국물을 만든다.
4. 냄비에 생선을 가운데 놓고 준비한 각종 채소를 둘러 담고 3의 국물을 부은 후 다진 마늘과 다진 생강을 넣어 끓인다.
5. 생선의 맛이 우러나올 만큼 오랫동안 끓인다.

참고사항

- 조선시대 『도문대작』에 쏘가리는 경기도 양근(양평)의 산출식품으로 기록되어 있다.
- 쏘가리는 예부터 유명한 담수어로 시문, 도자기의 무늬 그림에서도 볼 수 있는 농어과의 민물고기로서 머리가 길고 입이 큰 편이며 등에 회색무늬가 많아 곱게 보인다. 허균의 『도문대작』에는 양근의 것이 가장 좋다고 되어 있으며 남한강변과 한탄강 맑은 물에서 잡히는 쏘가리가 유명하며, 봄철에서 가을철에 걸쳐 맛이 좋다. 쏘가리의 처음 이름은 천자어라 하였는데, 동규봉이 이것을 맛보고 칭찬하여 이름을 물으니 역관이 당황하여 답하기를 금린어라 하였더니 모두 이를 칭찬하였다 한다. 쏘가리는 그 맛이 담백하고 잡냄새도 없어 매운탕, 찜 등 여러 가지로 조리되고 있다. 쏘가리는 한강, 대동강, 금강 등 서쪽으로 흐르는 강물에서만 산다하여 사대의례를 지키는 고기라 하였다. 또 한겨울에 노부모를 공양하기 위하여 얼음을 깨고 기도하면 감동하여 반드시 나타났다고 한다. 『산림경제』에서는 '궐어는 금린어와 같은 것으로 쏘가리라고도 한다. 회나 구이감으로 적격이며, 국을 끓여도 좋다' 고 하였다.

정보제공자
임기돈, 경기도 여주군 북재면 천송리

국

애탕

재료

쇠고기(장국용) 100g • 쑥 60g • 쇠고기(완자용) 100g • 밀가루 15g(2큰술) • 달걀 50g(1개) • 물 1.6L(8컵) • 국간장 적량

장국고기 양념 소금 1작은술 • 참기름 1작은술 • 다진 마늘 1작은술 • 후춧가루 약간

완자 양념 소금 1작은술 • 참기름 1작은술 • 다진 파 2작은술 • 다진 마늘 1작은술 • 후춧가루 약간

만드는 법

1. 장국용 쇠고기는 납작하게 썰어서 양념하고 물을 부어 맑은 육수를 끓여서 국간장으로 간을 맞춘다.
2. 쑥은 연한 것으로 골라 끓는 물에 살짝 데쳐 내어 찬물에 헹구어 물기를 꼭 짜서 곱게 다진다.
3. 완자용의 쇠고기는 기름기가 적은 살코기로 곱게 다져서 다진 쑥과 합하여 완자 양념을 하여 잘 섞어서 지름 1.5cm의 완자로 빚는다.
4. 빚은 완자에 밀가루를 고르게 묻힌 다음 잘 풀은 달걀에 담갔다가 펄펄 끓는 국물에 넣어 익어서 떠오를 때까지 끓여서 바로 대접에 담아 낸다. 쑥잎을 조금 띄워 내도 좋다.

출처

한국관광공사, 한국의 전통음식, www.visitkorea.or.kr/cc/mg/ccmg_cv0.jsp, 2006

고문헌

시의전서(애탕 : 艾湯), 조선요리제법(애탕국), 조선무쌍신식요리제법(애탕 : 艾湯)

국

양곰탕

재 료

양 500g • 도가니 300g • 무 800g(1개) • 물 4L(20컵) • 생강 10g(2½쪽) • 국간장 · 소금 적량

건더기 양념 국간장 2큰술 • 다진 파 2큰술 • 다진 마늘 1큰술 • 참기름 2작은술 • 후춧가루 약간

만드는 법

1. 양은 살이 많은 깃머릿살로 준비해 소금으로 바락바락 문질러 씻는다.
2. 씻은 양은 헹구어 끓는 물에 잠깐 담갔다가 건져 칼이나 전복껍질로 검은 막을 박박 긁어 벗긴다. 안쪽의 흰 기름과 막도 벗겨 깔끔히 손질한다.
3. 도가니는 잘게 썰고, 무는 4cm 길이로 토막 낸다.
4. 냄비에 양과 도가니를 담고 생강을 넣은 다음 물을 가득 부어 처음에는 센 불에서 끓이다가 불을 줄여 은근히 곤다.
5. 어느 정도 끓이다가 무를 넣어 물러지면 건진다.
6. 삶아 낸 양과 도가니살을 건져 조각이 넓게 되도록 칼을 뉘어 저민다. 무는 사방 3cm, 두께 0.5cm로 썬다.
7. 썰어 놓은 양과 도가니살, 무를 합해 건더기 양념을 넣어 간이 고루 배도록 무친다.
8. 양과 도가니를 삶은 국물에 국간장과 소금으로 간을 하여 펄펄 끓인다.
9. 대접에 양념한 탕거리(양, 도가니살, 무)를 담고 국물을 붓는다.

출 처

전희정 · 이효지 · 한영실, 한국전통음식, 문화관광부, 2000

국

어글탕(북어껍질탕)

재 료

북어껍질 60g(3마리 분량) • 두부 200g(⅓모) • 숙주 10g • 밀가루 110g(1컵) • 달걀 50g(1개) • 쇠고기(양지머리) 100g • 물 1.2L (6컵) • 대파 35g(1뿌리) • 국간장 · 소금 적량

북어껍질 양념 간장 ½작은술 • 소금 1작은술 • 다진 파 1큰술 • 다진 마늘 ½큰술 • 참기름 1작은술 • 깨소금 ½작은술

양지머리 양념 국간장 1작은술 • 참기름 1작은술 • 다진 마늘 ½작은술 • 후춧가루 약간

만드는 법

1. 양지머리는 사방 2cm 정도로 납작하게 썰어 양념을 한 후 냄비에 살짝 볶다가 물을 부어 끓인다.
2. 북어껍질을 벗겨 내 물에 불려 깨끗이 씻은 후 칼로 다진다.
3. 숙주는 꼬리를 따고 끓는 물에 데친 후 찬물에 헹구어 꼭 짜서 다진다.
4. 두부는 물기를 꼭 짜고 곱게 다져서 다진 북어껍질과 숙주를 섞어 양념을 하고 밀가루와 달걀을 넣어 모두 섞은 후 2.5cm 크기로 떼어서 맑은장국에 넣어 끓인다.
5. 국간장과 소금으로 간하고 마지막으로 대파를 굵게 채 썰어(4×0.3×0.3cm) 넣는다.

출 처

전희정 · 이효지 · 한영실, 한국전통음식, 문화관광부, 2000

국

어알탕

재 료

흰살생선 150g • 전분 40g(6큰술) • 달걀 50g(1개) • 실파 2뿌리 • 쑥갓 약간 • 쇠고기(양지머리) 100g • 잣 약간 • 물 1.6L(8컵) • 소금 · 식용유 · 국간장 적량

쇠고기 양념 소금 1작은술 • 참기름 1작은술 • 후춧가루 약간

완자 양념 소금 1작은술 • 참기름 1작은술 • 다진 파 2작은술 • 다진 마늘 1작은술 • 생강즙 1작은술 • 흰 후춧가루 약간

만드는 법

1. 쇠고기는 사방 2cm로 납작하게 썰어서 양념하여 물을 붓고 맑은 육수를 끓여 국간장으로 간을 맞춘다.
2. 흰살생선은 포를 떠서 1cm 정도로 썬 다음 대강 다져서 양념을 차례로 넣고 끈기가 날 때까지 으깬다. 고루 어우러지면 전분 1큰술을 넣어 섞은 후 잣을 하나씩 넣어 지름 1.5cm의 완자로 빚는다.
3. 빚은 완자에 전분을 고루 묻힌 후 냉수에 담갔다가 건져 내어 다시 전분를 고루 묻힌다. 세 번 정도 반복하여 입혀서 찜통에 젖은 면포를 깔고 찐다.
4. 달걀은 황백으로 갈라서 소금을 약간 넣어 풀어서 지단을 얇게 부쳐서 완자 모양으로 썬다. 실파는 다듬어 4cm의 길이로 썬다.
5. 육수가 펄펄 끓을 때에 쪄 낸 완자와 쑥갓을 넣어 잠시 더 끓여서 대접에 담고 지단을 띄워 낸다.

출 처

전희정 · 이효지 · 한영실, 한국전통음식, 문화관광부, 2000

국

연반계술국

재 료

조 180g(1컵) • 두부 300g(½모) • 다시마 20g(1장) • 대파 30g(1뿌리) • 북어 50g(2토막) • 물 1.6L(8컵) • 소금 · 국간장 적량

만드는 법

1. 좁쌀을 물에 불려 분쇄기에 곱게 갈아 놓는다.
2. 다시마는 마른 면포로 닦고, 대파는 0.5cm로 어슷썰며, 두부는 3×4×0.8cm로 납작하게 썬다.
3. 냄비에 다시마, 북어를 넣고 푹 끓인 후 건져 내어 소금과 국간장으로 간한다.
4. 갈아 놓은 좁쌀을 넣고 약한 불에서 끓이다가 두부를 넣고 마지막에 대파를 넣어 끓인다.

참고사항

- 예전에는 경조사 때에 돈 대신 쌀계를 만들어서 서로 도왔다. 농촌에서 쌀이 귀한 때에 어려운 일을 당한 사람을 돕는다고 '자기 먹을 식량을 반이라도 가져가 도와 준다'는 뜻으로, 특히 초상이 났을 때 온 마을 사람들이 쌀을 한 되씩 모아서 초상집에 가져갔는데, 이것을 '연반계쌀'이라고 하였다. '연반계쌀'에 대한 보답으로 막걸리와 안주로 연반계술국을 끓여서 대접하였다.
- 연반계술국은 좁쌀과 두부가 어우러져 밥을 안 먹어도 요기가 되며 따로 술안주를 마련하지 않아도 막걸리와 함께 먹을 수 있는 영양을 고루 갖춘 음식이다.

출 처

농촌진흥청, 향토음식, www2.rda.go.kr/food/, 2006

정보제공자

유기순, 경기도 포천군 소흘읍

국

오리탕

재 료

오리 1kg(1마리) • 감자 300g(2개) • 무 100g • 당근 50g(⅓개) • 건삼 2뿌리 • 밤 50g(3개) • 대추 10g(3개) • 양파 50g(⅓개) • 느타리버섯 50g(3개) • 대파 35g(1뿌리) • 쑥갓 20g • 미나리 20g • 들깨(간 것) 3큰술 • 다진 양파 · 물 적량

양념장 고추장 3큰술 • 고춧가루 1큰술 • 소금 1큰술 • 청주 2큰술 • 다진 마늘 1큰술 • 후춧가루 약간

오리고기 밑간용 청주 · 다진 마늘 적량 • 후춧가루 약간

만드는 법

1. 오리를 손질한 뒤 6cm 크기로 먹기 좋게 토막을 낸 후 청주, 다진 마늘, 후춧가루에 재워 둔다.
2. 손질한 감자, 무, 당근, 양파를 각각 4등분하여 큼직하게 썰고, 대파는 0.5cm 너비로 어슷썬다.
3. 대추, 건삼, 밤, 느타리버섯은 깨끗이 손질한다.
4. 압력솥에 오리고기와 2, 3의 재료, 양념장, 물을 넣고 20분간 끓인다.
5. 4의 국물에 들깨 갈은 것, 미나리, 쑥갓, 양파 다진 것 등을 같이 넣고 밥을 볶아 먹기도 한다.

출 처
농촌진흥청 농촌영양개선연수원(현 농촌자원개발연구소), 한국의 향토음식, 1994

정보제공자
원영심, 경기도 의왕시 청계동

오이냉국(오이창국)

재 료

오이 300g(2개) • 대파 35g(1뿌리) • 붉은 고추 10g(½개) • 물 1.2L(6컵) • 식초 4큰술 • 국간장 1큰술 • 소금 적량

양념장 국간장 1큰술 • 다진 마늘 1작은술 • 참기름 1작은술 • 설탕 ½작은술 • 깨소금 1큰술 • 고춧가루 1작은술

만드는 법

1. 오이는 소금으로 문질러 씻어서 어슷썬 후 0.2cm 두께로 가늘게 채 썬다.
2. 대파는 흰 부분을 곱게 채 썰고 붉은 고추는 0.3cm로 어슷하게 썬다.
3. 썬 오이에 양념장을 넣고 고루 양념하여 숨이 죽을 때까지 잠시 절인다.
4. 끓여서 식힌 물에 식초를 타서 3에 붓고 국간장과 소금으로 간을 맞춘다.
5. 차게 식힌 대접이나 유리그릇에 냉국을 담고 붉은 고추를 얹는다.

참고사항

『조선무쌍신식요리제법』에 '외창국'에 관하여, '어린 외를 씻어 꼭지를 딴 후에 얇게 채를 치고 장과 초와 파와 자총이를 채 쳐 한 데 넣은 후에 고춧가루를 넣고 한두 시간 절였다가 물을 넣고 간을 맞추어 먹되 식초를 많이 넣는데, 창국 중에 제일 좋다. 속이 들지 않은 외로 골라 얇게 쳐서 먼저 초에다 갖은 고명을 하여 절인 후에 먹을 때 물을 부어야 외가 떠오르니 국이 아니라 김치처럼 먹기도 한다'고 설명하였다. 창국의 창은 화창할 창으로 청량감을 주는 시원한 국이라는 뜻인 듯하다.

출 처
전희정 · 이효지 · 한영실, 한국전통음식, 문화관광부, 2000

고문헌
조선무쌍신식요리제법(과냉탕 : 瓜冷湯)

국

완자탕

재료

쇠고기(완자용) 100g • 쇠고기(육수용) 100g • 두부 100g • 쑥갓 30g • 달걀 100g(2개) • 밀가루 15g(2큰술) • 물 1.6L(8컵) • 소금 · 국간장 · 식용유 적량

장국용 쇠고기 양념 소금 1작은술 • 참기름 1작은술 • 다진 마늘 1작은술 • 후춧가루 약간

완자용 쇠고기 양념 소금 1작은술 • 다진 파 2작은술 • 다진 마늘 1작은술 • 참기름 1작은술 • 후춧가루 약간

만드는 법

1. 육수용 쇠고기는 납작하게 썰어서 양념하여 물을 붓고 끓여서 육수를 만든다.
2. 완자용 쇠고기는 기름기가 적은 부위로 곱게 다져서, 두부를 으깨어 섞고 양념으로 무쳐 끈기가 나게 잘 섞어서 지름 2cm의 완자로 빚는다.
3. 완자에 밀가루를 고르게 묻힌 다음 달걀 푼 것에 담갔다가 팬에 지져 낸다.
4. 남은 달걀은 황백으로 나누어 소금을 넣고 풀어서 지단을 부쳐 한 면이 1.5cm가 되게 완자 모양으로 썰고, 쑥갓은 다듬어 씻어서 5cm로 자른다.
5. 육수를 끓여서 국간장으로 간을 맞추고 완자를 넣고 잠깐 끓인 다음 쑥갓을 넣고 바로 불을 끄고 대접에 담아 황백지단을 얹는다.

출처
이종근, 온 고을의 맛 한국의 맛, 신아출판사, 1999

고문헌
산림경제(완자탕 : 椀子湯), 규합총서(완자탕), 부인필지(완자탕), 조선요리제법(완자탕), 조선무쌍신식요리제법(완자탕)

국

용봉탕

재 료

잉어 1마리(400g) • 닭(영계) 300g(1마리) • 달걀 50g(1개) • 표고버섯 10g(4개) • 붉은 고추 15g(1개) • 물 적량 • 소금 1큰술 • 참기름 1큰술

닭 양념 다진 파 1큰술 • 다진 마늘 1큰술 • 소금 적량 • 후춧가루 약간

만드는 법

1. 닭은 손질하고 깨끗이 씻는다.
2. 닭이 잠길 정도로 물을 부어 30분 이상 푹 고아서 뼈를 골라 내고 살을 뜯어 양념해 둔다.
3. 잉어는 비늘을 긁고 내장을 제거하여 5cm 토막으로 썬다.
4. 표고버섯은 물에 불렸다가 0.2cm로 채 썰고, 붉은 고추도 가늘게 채 썬다(5×0.2×0.2cm).
5. 달걀은 황백으로 나누어 지단으로 부쳐서 채 썬다.
6. 닭 육수에 잉어를 넣어 푹 곤 다음 2의 양념해 둔 닭고기 살과 표고버섯을 넣고 한소끔 끓으면 소금으로 간하고 달걀지단과 붉은 고추를 얹어 낸다.

출 처

경기도 농촌진흥원, 경기향토요리, 1991

농촌진흥청 농촌영양개선연수원(현 농촌자원개발연구소), 한국의 향토음식, 1994

고문헌

조선무쌍신식요리제법(용봉탕 : 龍鳳湯)

국

웅어매운탕

재 료

웅어 2kg(5마리) • 밀가루 55g(½컵) • 풋마늘대 100g • 대파 100g(3뿌리) • 물 1L(5컵) • 소금 · 국간장 적량

만드는 법

1. 웅어를 씻어 내장을 제거하고 웅어 가시와 웅어 머리는 칼로 다진다.
2. 풋마늘대와 대파는 씻어서 4cm 길이로 자른다.
3. 밀가루는 소금을 넣고 물로 반죽하여 젖은 면포로 덮어 30분간 둔다.
4. 물에 1의 웅어를 넣고 끓이다가 풋마늘과 대파를 넣고 밀가루 반죽으로 수제비를 만들어 떠 넣는다.
5. 마지막에 소금이나 간장으로 간을 맞춘다.

참고사항

웅어는 잔가시가 있어 3~6월까지 회로 먹으면 그 맛이 쫄깃하고 고소하며 부드러운 감칠맛이 아주 뛰어난 물고기이나 6월이 지나면 가시가 굵어져 먹을 수 없게 된다. 보리가 패일 때쯤에 웅어가 맛이 올라 담백하면서도 고소한 맛을 내게 되며 이때 웅어는 기름기가 많으면서도 담백하여 봄철의 특별한 미각을 맛볼 수 있는 생선이다.

출 처
농촌진흥청, 향토음식, www2.rda.go.kr/food/, 2006

웅어알탕

재 료

웅어 700g(2마리) • 감자 300g(2개) • 풋마늘대 2뿌리 • 물 1L(5컵) • 된장 1큰술 • 고추장 2큰술 • 고춧가루 1큰술 • 대파 70g(2뿌리) • 다진 마늘 1큰술 • 소금 적량

만드는 법

1. 웅어에 알이 들 시기인 6월 중순경에 웅어를 준비하여 깨끗이 손질한 뒤 알을 꺼내고 웅어는 5cm 길이로 자른다.
2. 감자는 0.5cm 두께로 은행잎 모양으로 썰고, 풋마늘대는 4cm 길이로 썬다.
3. 대파는 0.5cm로 너비를 어슷썬다.
4. 물에 고추장, 고춧가루, 된장을 풀고 감자를 넣어 끓인다.
5. 국물이 끓으면 웅어와 알을 넣고 풋마늘대, 대파, 다진 마늘을 넣고 소금으로 간하여 끓인다.

참고사항

웅어는 예전에 임금님이 드시던 귀한 물고기로 『한국수산지』, 『신증동국여지승람』(이석희 편, 1755), 『고양군지』등에 웅어에 관한 기록이 보인다. 위어 혹은 도어, 제어, 열어, 멸어라고도 한다. 또 『난호어목지』란 책자를 보면 웅어는 한강의 행주, 대동강, 임진강 등에서 많이 난다고 기록하고 있으며 『송남잡지』에는 '위어는 행주에서만 나오므로 지금 사옹원이 이를 잡아 진상한다' 고 기록하였다. 조선시대에는 웅어를 잡아 진상하던 관청인 위어소가 있었는데, 그 위치는 한강 하류의 고양으로 기록하고 있다.

출 처
고양시 향토음식연구회, 맛있는 고양음식 이야기, 1997

국

육탕

재료

쇠고기 300g • 다시마 10g(½장) • 무 400g(½개) • 물 1.2L(6컵) • 다진 파 1큰술 • 다진 마늘 ½큰술 • 소금 · 국간장 적량 • 후춧가루 약간

만드는 법

1. 쇠고기는 핏물을 빼고 물에 넣어 끓인다.
2. 무는 씻어 크게 납작썰고 다시마는 마른 면포로 닦아 놓는다.
3. 쇠고기의 겉이 어느 정도 삶아지면 무와 다시마를 넣고 다시 푹 끓여서 익힌 후 꺼내어 썰어서(2.5×3.5×0.2cm) 다진 파, 다진 마늘, 후춧가루로 양념한 후 한 번 더 끓인다.
4. 국간장, 소금으로 양념하고 그릇에 담아 낸다.

참고사항

육탕은 제사음식의 갱으로 많이 쓰인다.

출처
인천광역시 농촌지도소, 우리음식모음, 1996

국

임자수탕(깻국탕)

재 료

닭 600g(½마리) • 쇠고기 100g • 달걀 150g(3개) • 미나리 50g • 오이 80g(½개) • 건표고버섯 5g(2개) • 붉은 고추 15g(1개) • 물 2L(10컵) • 대파 35g(1뿌리) • 마늘 5g(1쪽) • 생강 5g(1쪽) • 통깨 90g(1컵) • 소금 1큰술 • 흰 후춧가루 약간 • 밀가루 · 식용유 · 전분 적량

쇠고기 양념 소금 1작은술 • 다진 파 2작은술 • 다진 마늘 1작은술 • 참기름 1작은술 • 후춧가루 약간

만드는 법

1. 닭은 깨끗이 씻어서 끓는 물에 넣어 삶는다. 삶는 도중에 대파, 마늘, 생강을 크게 저며서 넣는다.
2. 닭살이 무르게 삶아지면 살은 건져서 잘게 찢고 국물은 차게 하여 기름을 걷는다.
3. 통깨는 물을 조금 부어 으깨어 씻어 껍질을 벗겨 타지 않게 볶는다.
4. 분쇄기에 볶은 깨와 닭육수를 붓고 곱게 갈아 체에 밭쳐서 깻국을 만들어 소금과 흰 후춧가루로 간을 맞춘다.
5. 쇠고기는 곱게 다져서 분량의 양념으로 양념하여 지름 1.5cm의 완자로 빚어 밀가루, 달걀의 순서로 옷을 입혀서 팬에 지진다.
6. 미나리는 다듬어서 가는 대 꼬치에 꿰어서 밀가루, 달걀물을 묻혀 초대를 부친다.
7. 달걀 2개는 흰자, 노른자를 분리하여 소금을 약간 넣고 얇게 지단을 부쳐서 직사각형 모양(1.5×3.5cm)으로 썬다.
8. 오이는 소금으로 비벼서 씻어 껍질을 도톰하게 벗겨 1.5×3.5cm로 썰어서 전분을 묻혀서 끓는 물에 데쳐 내어 찬물에 헹구어 건진다.
9. 표고버섯은 불려서 기둥을 떼고 직사각형으로 썰어(1.5×4cm) 전분을 묻혀서 끓는 물에 데치고 찬물에 헹군다.
10. 붉은 고추는 갈라서 씨를 빼고 1.5×3.5cm의 직사각형으로 썰어서 전분을 묻혀서 끓는 물에 데쳐 내어 바로 냉수에 헹구어 건진다.
11. 대접에 닭고기살 찢은 것을 담고 위에 황백지단, 쇠고기완자, 미나리초대, 표고버섯, 오이, 붉은 고추 등을 얹고 찬 깻국을 붓는다.

참고사항

'임자(荏子)'는 깨를 말한다. 궁중이나 양반가에서 여름 보양식으로 즐겨 먹은 음식으로 삶은 전복이나 불린 해삼을 넣기도 하며 차게 먹는 음식이다. 배나 오이 대신 밀국수를 넣어 먹기도 한다.

출 처

김숙년, 600년 서울음식, 동아일보사, 1991
황혜성 · 한복려 · 한복진, 한국의 전통음식, 교문사, 1991
한국관광공사, 한국의 전통음식, www.visitkorea.or.kr/cc/mg/ccmg_cv0.jsp, 2006

고문헌

조선요리제법(초계탕)

조깃국(조기맑은탕)

재 료

쇠고기(육수용) 100g • 조기 2마리 • 쑥갓 40g • 물 1.2L(6컵) • 다진 마늘 1작은술 • 생강즙 1작은술 • 국간장 · 소금 적량

고기 양념 소금 1작은술 • 참기름 1작은술 • 다진 마늘 1작은술 • 후춧가루 약간

만드는 법

1. 쇠고기는 납작하게 썰어서 양념하여 물을 붓고 맑은 육수를 끓여서 국간장, 소금으로 간을 맞춘다.
2. 조기는 비늘을 잘 긁어서 머리를 잘라 내고 내장을 빼서 5cm 정도로 토막을 낸다.
3. 쑥갓은 씻어서 5cm 길이가 되도록 손으로 한 가지씩 떼어 놓는다.
4. 장국을 팔팔 끓여서 조기 토막과 다진 마늘, 생강즙을 넣는다.
5. 조기가 익으면 쑥갓을 넣고 바로 대접에 담는다.

❋ 참고사항

조기는 4~5월이 알이 배어 맛이 있는 제철이며 서해안에서 잡은 조기를 서울 지방에서 국, 찌개, 젓, 구이로 애용하였다.

출 처

한복려, 궁중음식과 서울음식, 대원사, 1995
김숙년, 600년 서울음식, 동아일보사, 2001

국

족탕

재료

우족 800g • 무 400g • 오이 70g(½개) • 건표고버섯 10g(4개) • 실파 2뿌리 • 물 2L(10컵) • 소금 적량

만드는 법

1. 우족은 깨끗이 손질하여 6cm로 토막 내서 찬물에 담가 놓는다.
2. 무는 손질하여 나박썰기하고(5×0.1×0.1cm), 오이는 껍질을 대강 벗겨 무와 같은 크기로 썬다. 건표고버섯은 물에 불려 기둥을 떼고 2등분한다. 실파는 깨끗이 다듬어 씻어 0.3cm로 송송 썬다.
3. 솥에 토막 낸 우족을 넣고 물을 부어 살이 흐물흐물할 정도로 끓인다. 우족을 꺼내어 먹기 좋게 다시 작게 썬다.
4. 솥에 썰어 놓은 우족을 다시 넣고 물을 흥건하게 더 부은 다음 무, 오이, 표고버섯도 넣고 뚜껑을 연 채로 10분 정도 더 끓인다.
5. 족탕이 뽀얗게 우러나고 무, 오이, 표고버섯이 익으면 실파를 살살 뿌려 넣고 소금으로 간을 맞춘다.

참고사항

『시의전서』에서 제사에 쓰는 국을 탕이라고도 하였다. 소의 족과 사태를 넣고 푹 고아서 살이 연하게 물렀을 때 건져 내고 국물을 식혀 기름을 걷어 내고 건더기에 양념하여 국물을 넣고 끓인 국이라고 한다. 주재료로 『음식디미방』에서는 우족만을 사용하였고 『조선무쌍신식요리제법』에서는 족과 사태를 함께 사용하여 탕을 끓였다.

출 처

문화공보부 문화재관리국, 한국민속종합조사보고서(향토음식 편), 1984

고문헌

음식디미방(족탕 : 足湯), 조선무쌍신식요리제법(족탕 : 足湯)

국

준치국

재료

준치 300g(1마리) • 쇠고기(양지머리) 100g • 물 1.2L(6컵) • 두부 80g(1/4모) • 느타리버섯 20g(1개) • 붉은 고추 20g(1 1/3개) • 쑥갓 50g • 실파 20g • 밀가루 25g(3큰술) • 달걀 100g(2개) • 식용유 · 국간장 · 소금 적량 • 초간장 약간

준치 양념 소금 1/2큰술 • 다진 파 1큰술 • 다진 마늘 1/2큰술 • 참기름 적량 • 흰 후춧가루 약간

만드는 법

1. 양지머리는 핏물을 빼고 냄비에 물을 넣고 푹 삶아 국간장과 소금으로 간한다.
2. 준치는 머리와 지느러미를 떼고 배를 갈라 내장을 제거하고 깨끗이 씻어 살만 포로 떠서 다진다.
3. 두부는 면포에 싸서 물기를 짜고 다시 곱게 으깬다.
4. 2와 3을 합하여 분량의 양념으로 양념하여 잘 주물러 지름 3cm의 완자를 만든다. 밀가루와 달걀물을 묻혀 달군 팬에 기름을 두르고 노릇하게 지져 낸다.
5. 느타리버섯은 소금에 살짝 절인 뒤 헹구어 물기를 살짝 짜고 찢어 둔다. 쑥갓은 잎을 떼고, 실파는 5cm 길이로 썰고, 붉은 고추는 0.5cm로 어슷썰어 씨를 뺀다.
6. 1의 육수에 4의 완자를 넣고 한소끔 끓인 뒤 버섯과 쑥갓, 실파, 고추를 넣고 다시 한번 끓인 후 초간장을 곁들인다.

참고사항

준치국은 단오날에 서울 지방에서 먹던 음식이다.

출처

이종근, 온 고을의 맛 한국의 맛, 신아출판사, 1991
김숙년, 600년 서울음식, 동아일보사, 2001

찌개 · 전골

돼지갈비콩비지찌개

재 료

콩(대두) 160g(1컵) • 장국국물(멸치 또는 황태머리) 800mL(4컵) • 돼지갈비 600g • 연배추(데친 것) 500g • 무채 150g

갈비 양념 생강즙 1작은술 • 액젓 1큰술 • 다진 마늘 1큰술 • 다진 파 2큰술 • 참기름 1큰술 • 후춧가루 약간 • 매실청 1큰술

연배추, 무채 양념 다진 마늘 1큰술 • 다진 파 2큰술 • 참기름 1큰술 • 새우젓 1큰술 • 후춧가루 약간

간장 양념장 간장 3큰술 • 굵은 고춧가루 1큰술 • 다진 실파 2큰술 • 다진 마늘 1큰술 • 참기름 1큰술 • 깨소금 1큰술 • 매실청 1작은술

새우젓 양념장 새우젓 2큰술 • 다진 실파 2큰술 • 굵은 고춧가루 1큰술 • 다진 마늘 1큰술 • 참기름 1큰술 • 깨소금 1큰술 • 매실청 1큰술

만드는 법

1. 콩을 하룻밤 불려 두고, 불린 콩에 물을 붓고 곱게 간다.
2. 연배추는 데쳐 송송 썬 후 무채와 같이 양념한다.
3. 돼지갈비는 데쳐 낸 후 분량의 양념으로 한 시간 정도 재운 다음 달군 냄비에 연배추와 같이 볶는다.
4. 3에 장국국물을 넣고 푹 끓인다.
5. 돼지갈비가 익어 연배추와 어우러지면 갈아 놓은 콩물을 그 위에 붓고 은근히 끓인다.
6. 새우젓 양념장이나 간장 양념장을 곁들여 낸다.

2

3

3

5

정보제공자
유모진, 경기도 의왕시 초평동
이강복, 경기도 화성시 장안면
하부순, 경기도 의왕시 초평동

조리시연자
박종숙, 서울특별시 서초구 잠원동

민어찌개(암치지짐이)

재 료

민어 2kg(1마리) • 쇠고기(양지머리) 150g • 애호박 190g(½개) • 풋고추 30g(2개) • 붉은 고추 15g (1개) • 쑥갓 5줄기 • 대파 35g(1개) • 쌀뜨물 1.4L(7컵) • 다진 마늘 1큰술 • 참기름 ½큰술 • 고춧가루 1큰술 • 된장 1큰술 • 고추장 2큰술 • 다진 생강 1작은술 • 액젓 1큰술 • 청주 1큰술 • 소금 약간

만드는 법

1. 민어는 비늘을 긁고 내장을 뺀 후 살은 큼직하게 토막 내고, 내장은 고니 부분만 깨끗이 씻어 물기를 뺀다.
2. 애호박은 반으로 잘라 1cm 두께로 반달썰기하고, 대파는 어슷썰고(0.3cm), 풋고추와 붉은 고추는 어슷하게 썰어 씨를 털어 낸다.
3. 분량의 쌀뜨물에 된장과 고추장을 풀어 놓는다.
4. 냄비에 참기름을 두르고 다진 마늘과 쇠고기를 볶다가 3의 물을 붓고 끓인다.
5. 국물이 끓으면 손질한 생선, 호박, 다진 생강을 넣어 생선 맛이 우러나도록 끓이다가 내장을 넣어 더 끓인다.
6. 5의 국물에 액젓, 소금으로 간하고 청주와 고춧가루를 넣고 마무리로 대파, 풋고추, 붉은 고추를 넣어 다시 한번 끓인 후 쑥갓을 얹어 낸다.

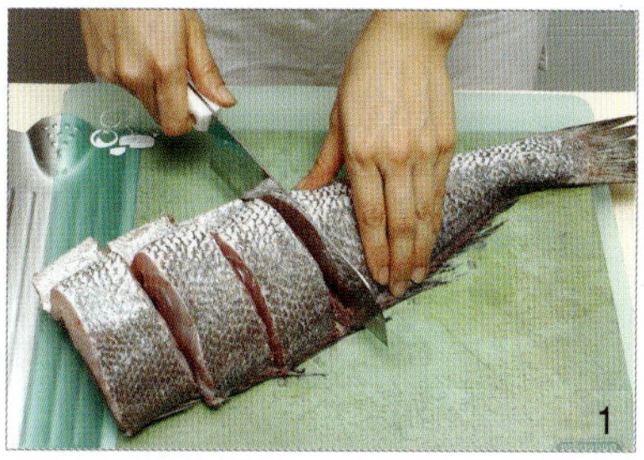

1

3

5

6

참고사항

- 민어는 우리나라 서 · 남해 등지에서 주로 잡힌다. 경기도 서해안 지역은 풍부한 해산물과 어류들이 많이 나서 이를 이용한 음식이 발달하였다. 민어를 『동의보감』에는 회어라 하였으며 『습유기』에는 면어라 하고 속어로 민어라고 하였다. 『난초어목지』에서는 민어라 하였다. 원래 민어는 회로 즐겨 먹고 발라 낸 뼈로 이른바 '매운탕'을 끓여 먹기 시작하였다.
- 민어 말린 것을 암치라고 한다.

출 처
한복려, 궁중음식과 서울음식, 대원사, 1995

조리시연자
박종숙, 서울특별시 서초구 잠원동

찌개 · 전골

병어감정

재 료

병어 480g(1마리)

국물 양념 장국국물 (멸치) 200mL(1컵) • 고추장 3큰술 • 된장 ½큰술 • 액젓 ½큰술 • 국간장 ½큰술

양념 채 썬 파 2큰술 • 채 썬 마늘 1큰술 • 채 썬 생강 2작은술 • 참기름 2작은술

만드는 법

1. 병어는 지느러미와 내장을 손질한 후 살에 칼집을 넣는다.
2. 대파, 마늘, 생강을 곱게 채썰고 분량의 양념을 섞어 준비한다.
3. 멸치국물에 고추장, 된장, 액젓, 국간장을 넣고 끓이다가 병어를 넣고 조린다.
4. 국물을 끼얹어 가면서 조리다가 2의 양념을 얹고 국물이 자작해질 때까지 조린다.

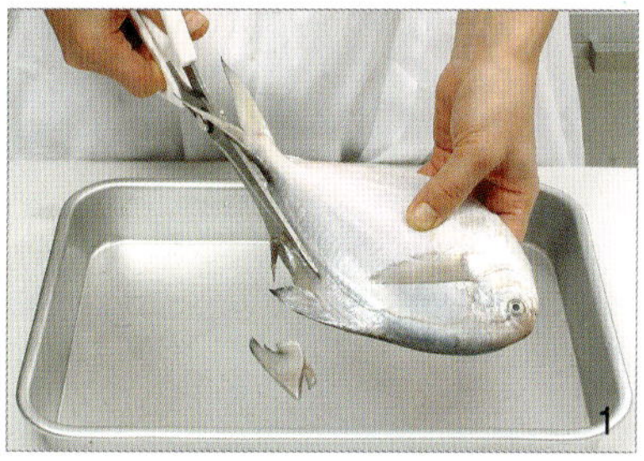

1

1

2

3

❋ 참고사항

감정은 찌개보다 국물이 적고 되직하게 끓여 낸 것으로 상추쌈에 올려 먹기도 하였다. 병어 대신 웅어, 조기를 사용하기도 한다.

출 처

전희정 · 이효지 · 한영실, 한국전통음식, 문화관광부, 2000

조리시연자

박종숙, 서울특별시 서초구 잠원동

게감정

재 료

게(소) 4마리 • 쇠고기 100g • 두부 50g • 숙주 100g • 무 200g(¼개) • 밀가루 15g(2큰술) • 달걀 50g (1개) • 물 800mL(4컵) • 식용유 2큰술 • 실파 10g • 다진 마늘 1큰술

국물 양념 고추장 3큰술 • 된장 1큰술 • 생강 1작은술 • 청주 1큰술 • 물 1L(5컵)

소 양념 소금 2작은술 • 다진 파 1큰술 • 다진 마늘 2작은술 • 깨소금 2작은술 • 참기름 적량 • 후춧가루 약간

만드는 법

1. 게는 솔로 깨끗이 닦은 후 삼각진 딱지와 등딱지를 떼어 내서 등딱지 안의 것을 긁어 모은다. 게 몸통은 갈라서 살을 발라 내고, 다리는 칼로 자른다.
2. 쇠고기는 곱게 다지고 두부는 으깨어 물기를 꼭 짠다.
3. 숙주는 데쳐 물기를 짜고 송송 썬다.
4. 게살, 쇠고기, 두부, 숙주를 합해 소를 만들어 양념한다.
5. 게딱지 안쪽의 물기를 닦고 식용유를 살짝 바르고 4의 양념한 소를 채워 넣는다.
6. 게딱지의 소 위에 밀가루, 달걀을 묻혀서 기름을 두른 팬에 전을 지지듯이 한 면만 지져 낸다.
7. 무는 3×3.5×0.5cm 크기로 납작하게 썰고, 실파는 3cm 길이로 짧게 썬다.
8. 게다리와 게살을 발라 낸 자투리에 생강, 청주, 물을 부어 끓인 다음 국물이 우러나면 걸러서 고추장과 된장을 푼다.
9. 게국물에 무를 넣어 끓이다가 말갛게 익으면 지져 낸 게와 다진 마늘을 넣어 잠깐 더 끓인다.
10. 마지막에 실파를 얹고 불에서 내린다.

출 처
전희정 · 이효지 · 한영실, 한국전통음식, 문화관광부, 2000

사 진
신승미 외, 한국 전통음식 전문가들이 재현한 우리 고유의 상차림, 교문사, 2005

동태찌개

재 료

생태(동태) 540g(1마리) • 쇠고기(양지머리) 100g • 무 200g($\frac{1}{4}$개) • 두부 500g(1모) • 쑥갓 50g • 붉은 고추 15g(1개) • 물 1L(5컵) • 대파 70g(2뿌리) • 국간장 · 소금 적량

고기 양념 국간장 2작은술 • 다진 파 4작은술 • 다진 마늘 2작은술 • 참기름 2작은술 • 후춧가루 약간

육수 양념 고추장 2큰술 • 고춧가루 1작은술 • 다진 마늘 2작은술 • 다진 생강 1작은술

만드는 법

1. 싱싱한 생태나 동태를 골라서 비늘을 잘 긁고 내장을 뺀다. 5cm 길이로 토막 내어 소금을 약간 뿌려 놓는다.
2. 쇠고기는 기름기가 있는 부위로 잘게 썰어서 고기 양념으로 고루 무친 다음 냄비에 볶다가 물을 넣고 끓여서 육수를 만든다.
3. 대파는 어슷하게, 쑥갓은 5cm 길이, 무는 2.5×3×0.3cm로 납작하게 썰고, 붉은 고추는 어슷하게 썰어 씨를 털어 낸다.
4. 2의 육수에 양념을 고루 풀어서 잠시 끓이다가 생선과 무를 넣어 끓여 소금이나 국간장으로 간을 맞추고, 두부와 채소를 넣고 잠시 더 끓인다.

출 처
전희정 · 이효지 · 한영실, 한국전통음식, 문화관광부, 2000

사 진
농촌진흥청, 농촌 식생활을 위한 식생활 평가 시스템 개발연구 보고서, 2000

찌개 · 전골

신선로

재 료

쇠고기(양지머리) 150g • 양 150g • 무 200g(¼개) • 당근 100g(⅔개) • 쇠고기(우둔) 150g • 두부 50g • 흰살생선(전 감) 50g • 천엽 50g • 간 100g • 미나리 50g • 달걀 200g(4개) • 석이버섯 5g(5개) • 건표고버섯 10g(3개) • 붉은 고추 10g(1개) • 호두 30g(3알) • 은행 25g(12알) • 잣 1작은술 • 물 2L(10컵) • 메밀가루 2큰술 • 깻가루 1작은술 • 국간장 · 소금 · 식용유 · 밀가루 적량 • 후춧가루 약간

완자 양념 소금 1작은술 • 다진 파 2작은술 • 다진 마늘 1작은술 • 참기름 1작은술 • 후춧가루 약간

쇠고기 양념 국간장 1큰술 • 다진 파 2작은술 • 다진 마늘 1작은술 • 참기름 1작은술 • 후춧가루 약간

탕거리 양념 국간장 2작은술 • 다진 파 4작은술 • 참기름 2작은술 • 후춧가루 약간

만드는 법

1. 쇠고기(양지머리)는 덩어리째 찬물에 담가 핏물을 빼고 끓는 물에 푹 삶아 건져 0.2cm로 얄팍하게 썰어서 양념한다.
2. 양은 두꺼운 부위로 골라서 끓는 물에 잠깐 넣었다가 건져 내어 검은 막을 칼등으로 긁어 깨끗이 손질하여 1의 양지머리육수에 넣어 같이 끓인다.
3. 2를 끓이는 중간에 무와 당근을 통째로 넣어 삶아 건지고 국물은 식혀서 기름을 걷어 내고 국간장과 소금으로 간하여 육수를 만든다.
4. 쇠고기(우둔) 100g은 다져서 고기 양념장으로 양념하고 나머지는 두부를 으깨어 합하여 완자 양념으로 고루 주물러서 지름 1.2cm의 완자로 빚어 밀가루와 달걀을 입혀 지져 낸다.
5. 흰살생선은 0.3cm 두께의 전 감으로 얇게 떠서 소금과 후춧가루를 뿌려 둔다. 천엽은 한 장씩 떼어서 소금을 뿌려 주물러 씻어 잔칼집을 고루 넣고 소금, 후춧가루를 뿌린다. 흰살생선과 천엽에 밀가루, 달걀물을 입혀 각각 전을 지진다.
6. 간은 0.3cm로 얇게 떠서 소금과 밀가루로 주물러서 씻은 후 마른 면포로 물기를 거두어 메밀가루에 깻가루 섞은 것을 묻혀서 지진다.
7. 미나리는 잎을 떼고 줄기만 다듬어 꼬치에 꿰어 밀가루, 달걀물을 묻혀 팬에 지진다.
8. 달걀 3개를 황백으로 분리하여 소금을 섞어 잘 풀고, 노른자는 황색지단을 부치고 흰자는 둘로 나누어서 하나는 백색지단을 부친다. 나머지 흰자에는 석이버섯을 잘 씻어 곱게 다져 섞어 석이버섯지단을 부친다.
9. 표고버섯은 되도록 큰 것으로 물에 불리고 붉은 고추는 반 갈라 씨를 뺀다.
10. 호두는 뜨거운 물에 불려서 꼬치로 껍질을 벗기고, 은행은 기름을 약간 두른 후 볶아서 비벼 속껍질을 벗기고 잣은 고깔을 뗀다.
11. 준비한 지단, 미나리초대, 전, 표고버섯, 당근, 붉은 고추를 신선로 틀의 폭을 길이로 하고 너비 1.5cm 정도의 직사각형으로 썬다.

12. 양지머리, 무는 건져서 0.2cm로 납작하게 썰어 탕거리 양념으로 무쳐 신선로 바닥에 깔고 그 위에 양념한 쇠고기를 놓고 그 위층에 11의 재료들을 색 맞추어 고르게 돌려 담는다. 제일 위에 호두, 은행, 잣, 고기완자를 고명으로 얹는다.
13. 3의 육수를 붓고 뚜껑을 덮은 다음 화로 속에 숯불을 넣어 상에 올린다.

출 처

한국관광공사, 한국의 전통음식, www.visitkorea.or.kr/cc/mg/ccmg_cv0.jsp, 2006

사 진

신승미 외, 한국 전통음식 전문가들이 재현한 우리 고유의 상차림, 교문사, 2005

고문헌

조선요리제법(신선로)

감동젓찌개(곤쟁이젓찌개)

재 료

쇠고기 100g • 배추 100g • 건표고버섯 10g(3개) • 두부 300g(½모) • 쪽파 3뿌리 • 쑥갓 50g • 물 600mL(3컵) • 감동젓 4큰술 • 대파 약간

고기 양념 소금 1작은술 • 후춧가루 ¼작은술

만드는 법

1. 쇠고기는 0.3cm 두께로 납작하게 썰어서 고기 양념으로 무치고, 배추는 길이 5cm, 너비 4cm 길이로 썰며, 쪽파는 5cm로 자른다.
2. 두부는 2.5×3.5×0.5cm 크기로 납작하게 썰고, 건표고버섯은 불려서 기둥을 뗀 다음 0.3cm로 굵게 채 썬다.
3. 쑥갓을 씻어서 5cm 길이로 자른다.
4. 고기, 배추, 표고버섯을 순서대로 넣고 볶다가 물을 붓고 감동젓으로 간을 하고 두부와 어슷썬 대파를 넣고 나중에 쑥갓을 넣는다.

참고사항

감동젓은 푹 삭힌 곤쟁이젓으로, 곤쟁이(紫蝦)는 인천(통인)의 산출식품으로 『도문대작』에 기록되어 있다. 감동젓은 18세기 초기 『춘향가』에도 등장하는데, 노론, 소론의 사색당파가 요란했던 시절에 유독 노론을 주창하는 사대부집에서 이 음식을 만들어 먹었으며 구한말 갑신정변으로 희생된 김병학 대감의 손부(孫婦)인 한영수 할머니가 만들었다고 한다. 젓갈을 오래 삭힌 것을 음식에 사용하여 맛을 내는 방법은 이미 중국의 주나라 때에 유래되어 우리의 젓찌개로 발전되어 왔다고 보며, 생선이나 갑각류의 젓갈을 푹 삭힘으로써 비린 맛은 없어지고 유리아미노산의 맛 성분만으로 감칠맛을 낸다. 이것이 겨울을 나면서 곰삭아 건더기가 없을 정도가 된 것이 감동이며, 이 젓으로 간을 맞추어 끓인 맑은 찌개가 감동젓찌개이다.

출 처
문화공보부 문화재관리국, 한국민속종합조사보고서(향토음식 편), 1984

찌개 · 전골

강된장찌개

재 료

쇠고기 100g • 건표고버섯 15g(5개) • 풋고추 25g(1½개) • 육수(양지머리) 300mL(1½컵) • 된장 70g(4큰술) • 참기름 2작은술 • 꿀 ½큰술 • 고추장 ½큰술

쇠고기 양념 간장 1½작은술 • 다진 파 2작은술 • 다진 마늘 1작은술 • 설탕 1작은술 • 참기름 2작은술 • 후춧가루 적량

만드는 법

1. 쇠고기는 채 썰어서(5×0.3×0.3cm) 분량의 양념으로 양념한다.
2. 건표고버섯은 물에 불려 기둥을 떼고 0.2cm로 채 썰고, 풋고추는 씨를 발라 0.3cm로 썬다.
3. 1의 고기를 뚝배기에 한 켜 놓고 그 위에 된장에 참기름과 꿀, 고추장을 넣어 잘 섞어 얹고, 표고버섯, 풋고추 순서로 담은 다음 육수를 부어, 밥솥에 찌거나 중탕을 한 후에 살짝 끓여 낸다.

출 처
전희정 · 이효지 · 한영실, 한국전통음식, 문화관광부, 2000

찌개 · 전골

두부새우젓찌개

재 료

두부 250g(½모) • 무 100g • 쇠고기 100g • 대파 10g(⅓뿌리) • 새우젓 30g • 물(또는 쌀뜨물) 300mL(1½컵) • 참기름 ½작은술 • 깨소금 ½작은술 • 다진 마늘 1작은술 • 소금 약간

만드는 법

1. 쇠고기는 곱게 다지고, 대파는 3cm 길이로 채 썰고, 새우젓도 살짝 다져 놓는다.
2. 두부는 납작하게 썰고(2.5×3×0.7cm), 무는 나박썰기한다(2.5×2.5×0.3cm).
3. 다진 쇠고기와 무에 새우젓을 섞어서 깨소금, 참기름, 다진 마늘로 양념을 한 다음 물을 조금 붓고, 살짝 끓인 후 분량의 물을 다 붓고 중간 불에서 끓인다.
4. 한소끔 끓었으면 썰어 놓았던 두부와 대파를 넣고 살짝 끓여 소금으로 간을 맞춘다.

출 처
전희정 · 이효지 · 한영실, 한국전통음식, 문화관광부, 2000

알젓찌개

재 료

달걀 250g(5개) • 쇠고기(우둔) 700g • 육수(또는 물) 400mL(2컵) • 새우젓 3큰술 • 실파 2뿌리 • 실고추 약간

고기 양념 소금 ½작은술 • 다진 파 1작은술 • 다진 마늘 1작은술 • 후춧가루 약간

만드는 법

1. 달걀은 그릇에 깨뜨려서 흰자와 노른자가 잘 섞이도록 풀어서 육수를 넣고 고루 섞는다.
2. 쇠고기는 곱게 다져서 양념한다.
3. 새우젓은 건더기를 곱게 다진다.
4. 실파는 다듬어서 2cm 길이로 썬다.
5. 실고추는 2cm로 짧게 잘라 놓는다.
6. 1에 다진 쇠고기와 새우젓을 넣어 고루 섞어 작은 뚝배기에 담아 실파와 실고추를 얹는다.
7. 찜통에 넣어 중불에서 약 10분 정도 찐다. 불을 끄고 10분 정도 그대로 두면 알맞게 쪄진다.

❁ 참고사항

명태알을 덩어리째 넣기도 한다.

출 처

전희정 · 이효지 · 한영실, 한국전통음식, 문화관광부, 2000

찌개 · 전골

애호박젓국찌개

재 료

애호박 150g(1/3개) • 쇠고기 100g • 두부 150g • 실파 2뿌리 • 붉은 고추 15g(1개) • 물 600mL(3컵) • 새우젓 2큰술

고기 양념 국간장 1작은술 • 다진 파 4작은술 • 다진 마늘 2작은술 • 참기름 2작은술 • 후춧가루 약간

만드는 법

1. 쇠고기는 기름이 없는 부위로 0.3cm 두께로 잘게 썰어서 고기 양념으로 고루 무친 다음 냄비에 넣고 볶다가 물을 부어 육수를 끓인다.
2. 애호박은 0.5cm 두께의 반달 모양으로 썰고, 붉은 고추는 반을 갈라 씨를 털어 낸 다음 2cm 길이로 채 썰고, 실파는 3cm 길이로 썬다.
3. 두부는 납작하게 썬다(2.5×3.5×0.8cm).
4. 육수국물이 우러나면 새우젓을 다져 넣어 간을 맞추고 두부, 애호박을 넣어 끓인 후 실파, 붉은 고추를 넣고 바로 불을 끈다.

참고사항

예전에 서울이나 중부 지방에서는 매운맛을 좋아하지 않아 젓국이나 소금으로 간을 한 맑은 찌개를 즐겨 해먹었다. 찌개에 넣는 젓국으로는 주로 새우젓, 감동젓을 사용하였고, 쇠고기 대신 조갯살이나 굴을 넣어 끓여도 좋다. 그러나 젓국찌개를 너무 오래 끓이면 모양도 나쁘고 맛도 좋지 않다.

출 처
전희정 · 이효지 · 한영실, 한국전통음식, 문화관광부, 2000

우거지찌개

재 료

우거지 120g • 쇠고기 30g • 풋고추 30g(2개) • 쌀뜨물 400mL(2컵) • 된장 1큰술 • 대파 20g(½뿌리)

양념 다진 파 1작은술 • 다진 마늘 1작은술 • 고춧가루 2작은술 • 참기름 적량

만드는 법

1. 배춧잎이나 무잎 시래기를 데쳐서 꼭 짠 우거지를 5cm 길이로 썰고 풋고추는 0.2cm로 송송 썬다.
2. 쇠고기는 다져서 1과 함께 냄비에 넣는다.
3. 2에 다진 파, 다진 마늘, 고춧가루, 참기름을 넣고 주물러 양념하여 볶는다.
4. 된장을 쌀뜨물에 풀어 조리에 밭쳐서 2에 넣고 끓이다가 어슷썬 대파를 넣고 한 번 더 끓인다.

고문헌
조선요리제법(우거지찌개), 조선무쌍신식요리제법(우거지찌개)

조기고추장찌개

재 료

조기 200g(1마리) • 쇠고기 100g • 대파 70g(2뿌리) • 쑥갓 50g • 풋고추 30g(2개) • 붉은 고추 30g(2개) • 물 600mL(3컵) • 국간장 · 소금 적량

고기 양념 국간장 2작은술 • 다진 파 4작은술 • 다진 마늘 2작은술 • 참기름 2작은술 • 후춧가루 약간

찌개 양념 고추장 2큰술 • 고춧가루 1작은술 • 다진 마늘 2작은술 • 다진 생강 1작은술

만드는 법

1. 조기는 싱싱한 것으로 골라서 비늘을 긁고 내장을 빼서 5cm 정도로 토막을 내어 소금을 약간 뿌려 놓는다.
2. 쇠고기는 0.3cm로 얇게 썰어서 고기 양념으로 무쳐 냄비에 볶다가 물을 넣고 끓여서 육수를 만든다.
3. 대파는 0.5cm로 어슷하게 썰고, 쑥갓은 다듬어서 5cm 길이로 썬다.
4. 풋고추와 붉은 고추는 0.5cm로 어슷하게 썰어 씨를 털어 낸다.
5. 육수에 찌개 양념을 풀어서 잠시 끓이다가 1의 조기 토막과 어슷썬 대파를 넣고 끓인다.
6. 조기가 익으면 국간장이나 소금으로 간을 맞추고 쑥갓을 넣은 후 바로 불을 끈다.

출 처

전희정 · 이효지 · 한영실, 한국전통음식, 문화관광부, 2000

고문헌

조선요리제법(조기찌개)

웅어감정(웅어찌개)

재 료

웅어 300g(1마리) • 풋고추 30g(2개) • 붉은 고추 25g(1¼개) • 건표고버섯 10g(3개) • 대파 30g(1뿌리) • 물 400mL(2컵) • 고춧가루 1큰술 • 고추장 1큰술 • 다진 마늘 1큰술 • 생강즙 1큰술 • 소금 적량 • 후춧가루 약간

만드는 법

1. 웅어를 비늘, 지느러미, 내장, 꼬리를 떼고 5cm 길이로 썬다.
2. 건표고버섯은 불려서 크기에 따라 2~4등분하여 썰고, 고추와 파도 0.5cm로 어슷하게 썬다.
3. 냄비에 물을 붓고 고추장과 고춧가루를 풀어 끓기 시작하면 생선을 넣고 표고버섯, 풋고추, 붉은 고추, 생강즙, 소금, 다진 마늘을 넣어 한소끔 끓인 후 대파, 후춧가루로 맛을 낸다.

참고사항

고양시의 서남쪽에 위치한 행주는 고양시의 이산포나루와 함께 가장 유명한 포구이다. 행주 지역하면 유명한 것이 행주산성, 행주대첩, 권율, 행주치마 등이다. 여기에 지금부터 30~40년 전까지만 하더라도 유명했던 것이 바로 웅어다. 웅어는 멸치과에 속하는 바다물고기로 몸이 가늘고 길며 고기의 옆면은 칼 모양으로 생겼다. 몸의 빛은 은백색이며 몸길이는 보통 30cm인데, 우리나라 서해안, 남해안에 널리 분포하고 있다. 『난호어목지』란 책자를 보면 웅어는 한강의 행주, 대동강, 임진강 등에서 많이 난다고 기록하고 있으며 『송남잡지』에는 '위어는 행주에서만 나오므로 지금 사옹원이 이를 잡아 진상한다' 고 기록하였다. 조선시대에는 웅어를 잡아 진상하던 관청인 사옹원(司饔院) 소속의 위어소가 있었는데, 그 위치는 한강 하류의 고양으로 기록하고 있다.

출 처

경기도 농촌진흥원, 경기향토요리, 1991

찌개 · 전골

각색전골

재 료

쇠고기(등심 또는 안심) 300g • 표고버섯 15g(5개) • 숙주 100g • 당근 50g(⅓개) • 무 100g • 실파 100g • 달걀 50g(1개) • 육수 400mL(2컵) • 간장 · 소금 · 참기름 적량

고기 양념 간장 3큰술 • 설탕 1½큰술 • 다진 파 2큰술 • 다진 마늘 1큰술 • 깨소금 2큰술 • 참기름 1큰술 • 후춧가루 1작은술

만드는 법

1. 쇠고기는 결대로 굵게 채 썰어(5×0.3×0.3cm) 양념장으로 무친다.
2. 건표고버섯은 물에 불려 기둥을 떼고 0.3cm 굵기로 채 썰어 간장과 참기름으로 무친다.
3. 숙주는 머리와 꼬리를 떼고 끓는 물에 살짝 데쳐 소금과 참기름에 무친다.
4. 당근과 무는 납작하게 채 썰어(5×0.5×0.2cm) 끓는 물에 살짝 데쳐 소금과 참기름으로 무친다.
5. 실파도 5cm 길이로 자른다.
6. 전골 냄비에 각색 재료를 보기 좋게 담고 육수에 간을 맞추어 붓고 끓인다.
7. 달걀은 풀어서 익은 전골음식을 찍어 먹거나 통째 끓는 장국에 깨 넣어 반숙하여 먹는다.

참고사항

- 내장(양, 천엽, 간, 염통, 콩팥)을 섞어 넣을 수도 있으며, 버섯류를 많이 넣어도 좋다. 전골은 다양한 재료를 손쉽게 즉석에서 만들어 먹을 수 있고, 반상이나 주안상에 반드시 따라 가는 음식이었다. 재료들을 곁상에 준비하고 화로와 전골 냄비를 들고 들어가 곁에서 조리하면서 대접하였다.
- 전골은 여러 가지 재료를 전골냄비에 넣고 간장으로 간을 한 육수를 부어 끓이는 음식을 말하는데, 한국음식에는 고유한 신선로가 있다. 신선로를 간단하게 만든 것이 바로 전골냄비이다. 여러 가지 재료를 전으로 만들어 넣거나 그냥 빛깔을 보기 좋게 맞춰 넣고 간장으로 간을 한 맑은 육수로 끓인 것이 전골이다. 전골이라는 말은 아주 옛날 우리나라 군사들이 전쟁터에서 조리 기구나 그릇이 없자 철로 만들어 머리에 썼던 전립을 벗어 거기다 여러 가지 재료를 넣고 음식을 끓여 먹었던 데서 연유한 것이라는 이야기도 있다.

출 처
문화공보부 문화재관리국, 한국민속종합조사보고서(향토음식 편), 1984

대합전골

재 료

대합살 300g(6마리) • 쇠고기 200g • 두부 100g • 당근 100g(⅔개) • 미나리 50g • 대파 30g(1뿌리) • 달걀 50g(1개) • 육수 400mL(2컵)

대합, 쇠고기 양념 간장 2큰술 • 후춧가루 ½작은술 • 참기름 1작은술 • 다진 파 · 다진 마늘 약간

만드는 법

1. 대합살을 깨끗이 씻고, 쇠고기는 채 썰어(5×0.3×0.3cm) 분량의 양념을 넣고 양념한다.
2. 두부와 당근은 1×4×0.3cm로 납작하게 썰어 놓고, 대파와 미나리는 5cm 길이로 썬다. 대파가 굵을 때는 굵직하게 채 썬다.
3. 준비된 재료를 전골냄비에 빛깔을 맞추어서 담고 끓는 육수를 부어서 간을 맞추고 끓여 가운데에 달걀을 올려서 반숙될 때쯤 불을 끈다.

참고사항

대합(大蛤)은 비교적 큰 조개의 일종으로 조개껍데기의 양쪽이 제짝만 맞는다고 하여 부부화합의 상징으로 폐백음식, 이바지음식에 사용되어 왔다.

출 처

전희정 · 이효지 · 한영실, 한국전통음식, 문화관광부, 2000

찌개 · 전골

도미면(도미국수)

재료

도미 500g(소 1마리) • 소등골 200g • 쇠고기(우둔) 200g • 쇠고기(양지머리) 100g • 천엽 100g • 양 100g • 간 180g • 미나리 20g • 쑥갓 15g • 달걀 200g(4개) • 목이버섯 20g • 표고버섯 10g(3개) • 석이버섯 5g(5개) • 삶은 국수 100g • 물 1.2L(6컵) • 식용유 2큰술 • 밀가루 · 소금 적량 • 후춧가루 약간

고기 양념 소금 • 다진 파 • 깨소금 • 후춧가루

만드는 법

1. 도미는 비늘을 긁고 내장을 빼고 깨끗이 씻어 주둥이 끝과 꼬리를 잘라 내고 몸통은 칼집을 내어 간장을 발라 살짝 구운 뒤 냄비에 담아 놓는다.
2. 소등골, 천엽, 양, 간은 손질하여 소금, 후춧가루를 뿌리고 밀가루, 달걀물을 묻혀 전을 부쳐서 길이 5cm, 넓이 2cm로 썬다.
3. 목이버섯, 표고버섯, 석이버섯은 불려 깨끗이 씻은 다음 직사각형 모양으로 썰어(5×2×0.3cm) 식용유를 두른 팬에 볶는다.
4. 쇠고기(우둔)는 분량의 반은 채 썰어서(5×0.3×0.3cm) 소금, 다진 파, 깨소금, 후춧가루를 넣어 양념한다. 나머지 반은 다져서 1.2cm 크기의 완자를 빚어 밀가루, 달걀을 씌워서 기름에 지진다.
5. 양지머리는 찬물에 핏물을 빼고 맑은 육수를 끓여 놓는다.
6. 쑥갓은 다듬어서 깨끗이 씻어 놓는다.
7. 달걀 한 개는 삶아서 둥근 모양대로 썰어 놓고 나머지는 황백지단을 따로 부쳐서 직사각형으로 썰어 놓는다.
8. 미나리는 미나리 초대를 만들어서 전유어와 같은 크기로 썬다.
9. 큰 접시에 도미를 담고 그 위에 각색 전유어와 미나리초대 부친 것을 색 맞추어 얹고 버섯도 곁들여 얹은 후 완자, 삶은 달걀을 돌려 담고 지단, 쑥갓을 얹는다.
10. 먹을 때에 생선냄비를 불에 올려 놓고 고기와 채소 담아 놓은 것을 조금씩 넣고 맑은 육수를 부으면서 익혀 먹는다.
11. 삶은 국수를 넣어서 먹는다.

출처
전희정 · 이효지 · 한영실, 한국전통음식, 문화관광부, 2000

고문헌
조선요리제법(도미국수), 조선무쌍신식요리제법(도미국수)

두부전골

재 료

두부 500g(1모) • 쇠고기 150g • 무 50g • 당근 35g(¼개) • 숙주 100g • 실파 5뿌리 • 양파 80g(½개) • 미나리 50g • 표고버섯 10g(4개) • 달걀 50g(1개) • 육수 400mL(2컵) • 잣 1작은술 • 국간장 · 전분 적량 • 참기름 · 소금 · 식용유 · 후춧가루 약간

고기 양념 간장 2큰술 • 다진 파 4큰술 • 참기름 2작은술 • 설탕 1큰술 • 다진 마늘 2작은술 • 깨소금 2작은술

만드는 법

1. 두부는 납작하게 썰어(3×2.5×0.7cm) 소금을 약간 뿌렸다가 물기를 제거한 후 겉면에 전분을 고루 묻혀 팬에 노릇노릇하게 지진다.
2. 쇠고기 100g은 채 썰고(5×0.3×0.3cm) 50g은 곱게 다진다.
3. 건표고버섯은 불려서 기둥을 떼고 채 썬다(5×0.2×0.2cm).
4. 고기 양념을 채 썬 고기, 표고버섯, 다진 고기에 나누어서 골고루 양념한다.
5. 무와 당근은 직사각형 모양으로 썰고(4×1×0.3cm), 숙주는 머리와 꼬리를 떼고 끓는 물에 소금을 약간 넣고 살짝 데친 다음 참기름, 소금, 후춧가루로 무친다.
6. 양파는 길이로 채 썰고 실파는 5cm 길이로 썬다. 미나리는 잎을 떼고 다듬어 끓는 물에 데친다.
7. 지진 두부의 두 장 사이에 양념한 다진 고기를 얇게 펴고 데친 미나리로 가운데를 한 번씩 묶는다.
8. 준비한 채소와 고기, 두부를 전골냄비에 돌려 담고 잣을 뿌린다.
9. 육수 2컵에 국간장, 소금으로 간을 맞추어 붓고 불에 올려 끓인다. 재료가 익으면 달걀을 깨 넣어 반숙으로 익힌다.

출 처

남양주시 향토음식연구회, 전통음식 맥잇기 활동보고서, 1988
정혜경 · 이정혜 · 조미숙 · 이종미, 서울 음식문화에 대한 연구 – 심층면접에 의한 사례연구, 한국식생활문화학회지, 11(2), 1996

고문헌

시의전서(두부전골 : 豆腐煎骨)

버섯전골

재 료

느타리버섯 50g(3개) • 송이버섯 50g • 싸리버섯 30g • 쇠고기 300g • 미나리 100g • 쪽파 20g • 육수(양지머리) 600mL(3컵) • 국간장 2큰술

양념 간장 3큰술 • 다진 파 1큰술 • 다진 마늘 2작은술 • 설탕 1큰술 • 참기름 2큰술 • 깨소금 1큰술 • 후춧가루 ¼작은술

만드는 법

1. 느타리버섯은 잘 불려 가늘게 찢은 다음 볶아 분량의 양념으로 양념한다.
2. 송이버섯은 0.3cm로 얇게 썰어 놓는다.
3. 싸리버섯은 소금물에 담가서 우려 잘 씻어 찢어 놓는다.
4. 쇠고기는 채 썰어(5×0.2×0.2cm) 양념해 놓는다.
5. 미나리는 잎을 따고 깨끗이 씻어 5cm 길이로 썰고, 쪽파도 다듬어 5cm 길이로 썬다.
6. 전골 냄비에 모든 재료를 담고 양지머리 육수를 부은 뒤 국간장으로 간을 맞추어 끓인다.

출 처
인천광역시 농촌지도소, 우리음식모음, 1996

강화순무밴댕이김치(순무김치, 순무밴댕이김치)

재료

순무 2kg(1단) • 물 200mL(1컵) • 소금 1큰술

양념 쪽파 100g • 대파 20g($\frac{1}{2}$뿌리) • 다진 마늘 2큰술 • 생강즙 $\frac{1}{2}$큰술 • 새우젓 $\frac{1}{3}$컵 • 밴댕이젓 $\frac{1}{3}$컵 • 설탕 1큰술 • 고춧가루 1컵

만드는 법

1. 순무는 생생하고 알이 고른 것을 골라 겉잎은 떼어 내고 잔뿌리를 정리하여 깨끗이 씻어 물기를 뺀다.
2. 생긴 모양대로 길이로 4등분한 후 다시 1~2cm 두께로 먹기 좋게 썰고 속잎은 3cm로 자른다.
3. 쪽파는 3cm로 자르고 대파는 어슷썬다.
4. 순무에 고춧가루를 섞어 물을 들인다.
5. 나머지 양념을 합하여 고루 버무려 항아리에 담는다.
6. 김치 버무린 그릇에 물 1컵을 넣어 양념을 씻은 후 소금을 풀어 김치통 가장자리에 부어 준다.
7. 김치 윗면에 우거지를 덮어 익힌다.

2

3

5

참고사항

- 강화순무는 겨자과에 속한 채소로서 지중해 연안이 원산이다.
- 순무는 토질, 기후 등의 영향으로 경기도 강화 인근에서만 재배할 수 있는 특산품이다. 수분이 많은 일반 무와 달리 수분이 적고 단단한 질감을 가지고 있다. 모양이 꼭 큼직한 배추꼬리 같고 맛도 비슷하다. 강화도 내에서 하면 망월리(河面 望月里)의 진땅(개흙)에서 마늘과 함께 많이 재배되고 있다. 김장무와 같은 시기인 늦여름에 씨를 뿌려서 늦가을부터 초겨울까지 수확한다.

출처
경기도 농촌진흥원, 경기향토요리, 1991
농촌진흥청 농촌영양개선연수원(현 농촌자원개발연구소), 한국의 향토음식, 1994

정보제공자
김옥순, 경기도 김포군 하성면 신리

조리시연자
박종숙, 서울특별시 서초구 잠원동

꿩김치

재료

꿩 1마리 • 동치미무 1kg(1개) • 물 2L(10컵) • 동치미국물 2L(10컵) • 잣 1큰술 • 대파 35g(1뿌리) • 양파 80g(½개) • 생강 10g(2쪽) • 마늘 30g(1통) • 통후추 약간

만드는 법

1. 꿩은 내장을 꺼내 깨끗하게 씻어 대파, 양파, 생강, 마늘, 통후추와 함께 냄비에 넣고 푹 삶는다.
2. 살만 먹기 쉽게 뜯어 놓고 국물은 차게 식혀서 기름기를 걷는다.
3. 동치미국물을 꿩국물에 타서 간을 맞추고 동치미무 썬 것과 꿩고기를 넣고 잣을 띄운다.

1

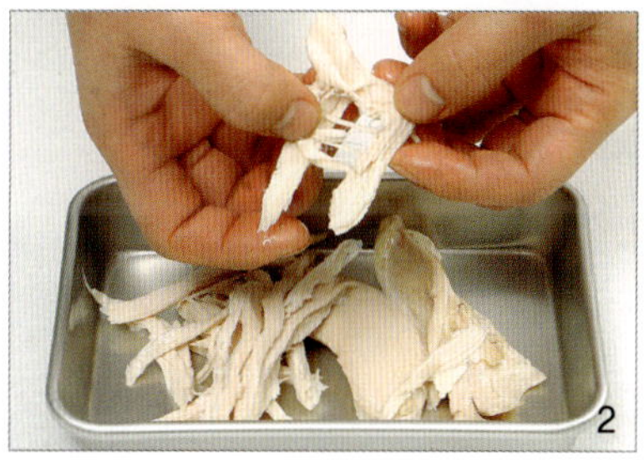
2

2

3

참고사항

1670년경 안동 장씨 부인이 지은 『음식디미방』에는 꿩김치가 나오는데, '생치 침채' 라 하여 '오이지와 같이 썰어 따뜻한 물에 소금을 알맞게 넣어 나박김치같이 담가 삭혀서 먹는다' 고 하였으니 일종의 물김치에 속한다.

출처
경기도 농촌진흥원, 경기향토요리, 1991
이종근, 온 고을의 맛 한국의 맛, 신아출판사, 1999

정보제공자
윤석분, 경기도 남양주시 화도면 답내리

조리시연자
박종숙, 서울특별시 서초구 잠원동

고문헌
수운잡방(치저 : 雉菹), 음식디미방(생치침채법)

김치

배추김치

재료

배추 7kg(5포기) • 무 2.5kg(3개) • 쪽파 400g • 갓 1kg • 미나리 600g • 굵은 소금 5컵 • 물 5L(25컵)

양념 고춧가루 10컵 • 다진 마늘 300g(2½컵) • 다진 생강100g(⅚컵) • 새우젓 250g(1컵) • 황석어젓 200g(1컵) • 굴 200g(1컵) • 생새우 300g(2컵) • 설탕 · 소금 적량

만드는 법

1. 배추는 겉잎을 떼고 큰 것은 4등분, 작은 것은 2등분하는데, 밑둥에서부터 반 정도까지만 칼집을 넣어 손으로 쪼갠다.
2. 다듬은 배추는 소금물에 담그고 남은 소금은 배추 위에 솔솔 뿌려 5시간 동안 위아래를 바꿔 주며 고루 절인다.
3. 절인 배추는 깨끗이 헹구어 소쿠리에 엎어 물기를 뺀다.
4. 무는 깨끗이 씻어 채 썰고(5×0.2×0.2cm), 미나리, 쪽파, 갓은 씻어서 4cm 길이로 썬다.
5. 새우젓은 굵게 다지고 젓국은 남겨 둔다.
6. 고춧가루를 따뜻한 물에 불린 뒤 새우액젓, 황석어젓을 넣고 무채를 넣어 버무려 소금으로 간한다.
7. 6에 다진 마늘, 다진 생강, 새우젓을 넣고 버무린 뒤 미나리, 갓, 쪽파를 넣고 가볍게 섞고 소금, 설탕으로 간한 뒤 마지막으로 굴과 생새우를 넣어 버무린다.
8. 배춧잎 사이사이에 소를 넣고 겉잎으로 전체를 싼다.
9. 배추 자른 면이 위로 가도록 항아리에 차곡차곡 담고 배추 겉잎 절인 것으로 덮어 꼭꼭 눌러 둔다.

2

4

8

8

참고사항

서울식 김치는 새우젓이나 조기젓, 황석어젓을 많이 쓰기 때문에 시원하면서 담백한 맛이 특징이다.

출처
한국관광공사, 한국의 전통음식, www.visitkorea.or.kr/cc/mg/ccmg_cv0.jsp, 2006

조리시연자
박종숙, 서울특별시 서초구 잠원동

김치

비늘김치

재료

동치미무 5kg(10개) • 배춧잎 20장 • 굵은 소금 2컵 • 실파 100g • 미나리 80g • 갓 150g

양념 다진 마늘 1$\frac{2}{3}$큰술 • 다진 생강 1작은술 • 새우젓 140g($\frac{1}{2}$컵) • 고춧가루 80g(1컵) • 소금 적량

만드는 법

1. 무는 작은 것을 골라 잎은 떼어 내고 껍질째 깨끗이 씻은 다음 8개는 길이로 반 갈라 껍질 쪽에 비늘 모양으로 어슷하게 칼집을 넣어 함께 절인 후 깨끗이 헹군다.
2. 나머지 무 2개는 곱게 채 썰고(3×0.2×0.2cm), 실파, 미나리, 갓도 다듬어 3cm 길이로 썬다.
3. 새우젓은 건져 다져 놓고 고춧가루는 따뜻한 물을 섞어 되직하게 개어 놓는다.
4. 3의 고추 양념에 채 썬 무와 다진 마늘, 다진 생강, 실파, 미나리, 갓, 새우젓을 넣고 고루 버무려 소금으로 간을 맞춘다.
5. 무의 비늘 사이에 4의 양념을 조금씩 채워 넣고 배춧잎으로 싸서 배추김치 사이에 켜켜로 넣어 익힌다.

1

1

4

5

출처

광주군 향토음식연구회, 너른고을 향토음식, 1997
김숙년, 600년 서울음식, 동아일보사, 2001

조리시연자

박종숙, 서울특별시 서초구 잠원동

김치

숙깍두기

재 료

무 2kg(2개) • 배추 400g • 쪽파 100g • 미나리 100g • 소금 ⅓컵 • 물 300mL(1⅔컵)

양념 새우젓 2큰술 • 생강즙 ½큰술 • 다진 파 2큰술 • 다진 마늘 2큰술 • 밥(간 것) 3큰술 • 액젓 3큰술 • 불린 고추(간 것) ½컵 • 굵은 고춧가루 ⅓컵 • 고운 소금 1큰술 • 배즙 ¼컵 • 양파즙 ¼컵

만드는 법

1. 무는 깨끗이 씻어서 가로, 세로 1.7cm 크기로 깍둑썰기한 후 끓는 물에 살짝 삶아 건진다.
2. 배추는 길이로 적당히 잘라 소금물에 절여 씻어 건진다.
3. 미나리는 줄기만 다듬어 3cm 길이로 자르고 쪽파도 다듬어 같은 크기로 자른다.
4. 새우젓은 다지고 양파와 배는 갈아서 즙만 짠다.
5. 1의 무와 2의 배추에 고춧가루를 넣어 버무려 색을 낸다.
6. 나머지 재료와 양념을 모두 합한 후 5의 고추색을 들인 무와 배추를 넣어 버무린다.
7. 깊이가 깊은 김치통에 담고 윗면에 우거지를 덮어 공기를 막아 준 후 익힌다.

1

4

6

참고사항

숙깍두기는 숙김치의 대표적인 것으로 무를 통째로 찜통에 쪄서 잘라 양념에 버무리기도 한다. 『조선요리학』에 정종의 사위인 영명위(永明慰) 홍현주(洪顯周) 부인이 임금에게 처음으로 깍두기를 담가 올렸다는 기록이 있다. 당시에는 각독기라 불렀으며, 그 후 여염집에도 소개되었다.

출 처
정혜경 · 이정혜 · 조미숙 · 이종미, 서울 음식문화에 대한 연구 – 심층면접에 의한 사례연구, 한국식생활문화학회, 11(2), 1996

조리시연자
박종숙, 서울특별시 서초구 잠원동

고문헌
조선요리제법(숙깍두기), 조선무쌍신식요리제법(숙깍둑이)

이천게걸무김치(게거리김치)

재료

게걸무 2kg(10개) • 소금 ½컵 • 실파 300g • 갓 300g • 대파 50g(1⅓뿌리)

양념 다진 마늘 4큰술 • 다진 생강 2큰술 • 멸치젓국 ½컵 • 새우젓 ½컵 • 고춧가루 1컵 • 설탕 2큰술

찹쌀풀 물 200mL(1컵) • 찹쌀가루 3큰술 • 소금 2큰술

만드는 법

1. 게걸무는 잔털을 떼고 무청 달린 부분의 껍질을 도려 내어 깨끗이 씻고, 소금을 고루 뿌려서 절인 다음 물에 살짝 헹구어서 소쿠리에 건져 물기를 뺀다.
2. 실파, 갓은 다듬어서 무를 절이는 도중에 함께 넣어 절여서 살짝 씻어 건진다.
3. 대파는 어슷하게 채 썬다.
4. 냄비에 물을 담아 찹쌀가루를 잘 풀어서 풀을 쑤어 소금으로 간을 하여 식힌다.
5. 큰 그릇에 멸치젓국을 담아 먼저 고춧가루를 섞고 이어서 식힌 찹쌀풀을 고루 섞은 후에 파, 마늘, 생강, 새우젓, 설탕을 넣어 걸쭉한 양념을 만든다.
6. 섞어 놓은 양념에 절인 게걸무, 실파, 갓을 넣어 고루 버무려서 게걸무에 실파, 갓을 두 가닥 정도씩 한 데 모아 말아 둥근 묶음으로 하여 항아리에 차곡차곡 담고 꼭꼭 눌러서 익힌다.

참고사항

게걸무는 경기도 이천 지역에서 오래 전부터 목화밭 및 콩밭 사이에서 재배되어 온 토종무이다. 게걸무는 배추 뿌리와 같은 원추형으로 잔털이 많고 매운맛이 강하며 속이 단단하고 무청은 보통 무보다 연하며 감칠맛이 있다. 게걸무김치는 육질이 단단하여 몇 년이 지나도 무르지 않고 여름철 입맛이 없을 때 먹으면 입맛을 돋우어 준다. 게걸무김치는 김장을 끝낸 뒤 담그는데, 익은 뒤에는 김치라기보다는 장아찌처럼 오래 두고 이용한다.

출처
농촌진흥청, 향토음식, www2.rda.go.kr/food/, 2006

정보제공자
장금례, 경기도 이천시 대월면 도리리

조리시연자
박종숙, 서울특별시 서초구 잠원동

김치

장김치

재료

배추 400g • 무 150g • 미나리 100g • 갓 150g • 쪽파 50g • 건표고버섯 10g(3개) • 석이버섯 3g(3개) • 밤 100g(6개) • 대추 20g(8개) • 단감 140g(1개) • 배 370g(1개) • 마늘 30g(1통) • 생강 10g(2쪽) • 잣 1큰술 • 진간장 ½컵

국물 간장 ½컵 • 물 1.2L(6컵) • 꿀(설탕) 3큰술

만드는 법

1. 배추는 겉껍질을 제거하고 한 잎씩 떼어 씻어 가로 3.5cm, 세로 3cm 정도로 썬다.
2. 무는 단단하고 바람이 들지 않은 것으로 골라 깨끗이 씻어 배추보다 약간 작게 썬다.
3. 1과 2에 진간장을 부어 섞어 절인다.
4. 갓과 미나리는 다듬어 씻어 줄기만 3.5cm 정도로 썰고, 건표고버섯은 물에 담가 불려 손질하여 채 썰고, 석이버섯은 손질하여 0.2cm 두께로 채 썬다.
5. 밤은 0.3cm 두께로 편으로 썰고, 대추는 씨를 발라 세로로 세 쪽 정도 낸다.
6. 단감과 배는 껍질을 벗겨 무와 비슷하게 썬다.
7. 쪽파는 흰 부분만 길이 3.5cm 정도로 썰고, 마늘과 생강은 곱게 채 썬다.
8. 잣은 고깔을 떼고 마른 행주로 닦는다.
9. 3에 썰어 놓은 모든 재료를 넣어 버무려 하루쯤 두었다가, 국물 간을 맞추어 부어 덮어 익힌다.

1

2

3

9

참고사항

장김치는 달고 고소한 맛이 나는 무, 배추를 간장으로 간하여 먹을 만큼만 담가 먹는 것으로 빨리 익기 때문에 오래 두고 먹기가 어렵다. 서늘할 때면 4~6일가량이면 익고 여름철에는 2일이면 익으나 장김치는 본래 가을과 겨울철에 더 맛이 있다. 그릇에 담을 때 잣을 위에 얹는다. 밥상보다는 교자상이나 떡국상을 차릴 때 곁들인다.

출처
문화공보부 문화재관리국, 한국민속종합조사보고서(향토음식 편), 1984

조리시연자
박종숙, 서울특별시 서초구 잠원동

고문헌
시의전서(장침채 : 醬沈菜), 조선요리제법(장김치), 조선무쌍신식요리제법(장저 : 醬菹)

백김치

재료

배추 5kg(3포기) • 무 400g(½개) • 미나리 200g • 갓 230g • 쪽파 80g • 배 700g(2개) • 건석이버섯 5g(5장) • 밤 160g(10개) • 소금 3컵

양념 마늘 120g(4통) • 생강 60g(15쪽) • 잣 2큰술 • 멸치액젓 ½컵

김칫국물 육수(양지머리) 1L(5컵) • 물 1L(5컵) • 찹쌀가루 1컵 • 소금 적량

만드는 법

1. 배추는 속이 노란 것을 골라 소금에 절인 후 씻어서 건진다.
2. 무는 곱게 채 썰고(5×0.2×0.2cm) 미나리는 5cm 길이로 썬다.
3. 갓, 쪽파도 5cm 길이로 썬다.
4. 건석이버섯은 따뜻한 물에 불려서 깨끗이 씻어 채 썬다.
5. 밤은 납작하게 편 썰고 배와 마늘, 생강은 곱게 채 썬다.
6. 양지머리는 푹 삶아서 국물을 면포에 밭쳐 맑게 준비한다.
7. 찹쌀가루로 풀을 쑨 다음 육수를 섞어 소금으로 간한다.
8. 준비해 둔 양념을 한꺼번에 버무려 배추 속 사이사이에 넣어 그릇에 담고 돌로 꽉 누른 다음 만들어 놓은 7의 김칫국물을 붓는다.

참고사항

고춧가루를 쓰지 않고 시원하고 담백하게 담근 물김치로 매운 것을 먹을 수 없는 환자나 어린이에게 적절한 고급 김치이다.

출처
농촌진흥청, 향토음식, www2.rda.go.kr/food/, 2006

사진
농촌진흥청, 농촌 식생활 향상을 위한 식생활 평가 시스템 개발연구 보고서, 2000

김치

감동젓무김치

재료

배추 1kg(1포기) • 무 850g(1개) • 배 700g(2개) • 오이 300g(2개) • 실파 100g • 미나리 100g • 밤 100g(7개) • 생굴 200g(1컵) • 낙지 200g(1마리) • 전복 200g(2마리) • 북어 140g(1마리) • 잣 2큰술 • 실고추 2g • 설탕 2큰술 • 소금(호렴) ½컵 • 물 적량

양념 고춧가루 1컵 • 감동젓(곤쟁이젓) 2컵 • 소금 2큰술 • 다진 마늘 · 다진 생강 적량

만드는 법

1. 중간 정도의 배추로 잎이 얇은 것을 골라 뿌리 쪽을 갈라 씻어 소금물에 절였다가 물기를 짠 후 3cm 길이로 썰어 놓는다.
2. 무와 배는 껍질을 벗겨 2.5×3×0.3cm로 썰어서 설탕물에 잠시 재워 둔다.
3. 오이는 무와 같은 크기로 썰고, 밤은 껍질을 벗겨 0.3cm 두께로 굵게 채 썰고, 잣은 고깔을 떼어 놓는다.
4. 실파와 미나리는 다듬어 씻어서 3cm 길이로 썬다.
5. 생굴은 소금물에 조심해서 씻어 건지고, 낙지와 전복은 소금으로 문질러 씻어 낙지는 3cm 길이로 썰고 전복은 같은 길이로 얇게 저민다.
6. 북어는 물에 불려서 껍질을 벗겨 2cm 길이로 토막 낸다.
7. 배추와 무 절인 국물에 고춧가루를 넣어 불려서 물을 곱게 들인 후 절인 배추와 무, 오이, 미나리, 실파, 낙지, 전복, 북어를 넣고 고루 섞은 다음 감동젓(곤쟁이젓)과 다진 마늘, 다진 생강을 넣어 고루 버무린 후 2큰술의 소금으로 간을 맞춘다.
8. 마지막에 생굴, 실고추, 밤채, 잣을 넣고 살살 버무려서 항아리에 꼭꼭 눌러 담고 배추 우거지로 덮어서 익힌다.

참고사항

자하젓, 곤쟁이젓이라고도 하는 감동젓은 서해안에서만 서식하는 작은 자색의 새우로 담그며 보리새우와 비슷하나 크기가 매우 작다. 서울이나 경기 지방에서는 감동젓무라 하여 깍두기도 담그고, 찌개의 간을 맞추기도 하는 등 귀하게 썼다.

출처
전희정 · 이효지 · 한영실, 한국전통음식, 문화관광부, 2000

김치

개성보쌈김치

재 료

배추 2kg(2포기) • 굵은 소금 600g(3컵) • 무 2kg(2개) • 미나리 100g • 갓 200g • 쪽파 50g • 낙지 200g(1마리) • 전복 200g(1개) • 배 350g(1개) • 조기젓 30g • 물 3L

양념 마늘 50g • 생강 30g • 고춧가루 2컵 • 조기젓국 1컵 • 소금 적량

고명 건표고버섯 20g(7개) • 건석이버섯 3g(3개) • 밤 100g(6개) • 잣 70g(½컵) • 실고추 30g

만드는 법

1. 배추는 큰 것은 4등분, 작은 것은 2등분하여 소금물에 5시간 정도 절이다가 위아래를 바꾸어 절인다. 절인 배추는 흐르는 물에 씻어 낸 뒤 채반에 올려 물기를 뺀다.
2. 무의 반은 나박썰어(2×2.5×0.5cm) 소금물에 절이고, 나머지 무도 큼직하게 썰어 소금에 절인다.
3. 배는 무와 같은 크기로 썰고 밤은 납작하게 편 썬다(0.3cm).
4. 미나리, 갓, 쪽파는 3cm 길이로 자른다.
5. 낙지는 껍질을 벗겨 두드려 2cm 길이로 썰고, 전복은 얇게 저미고 조기젓은 살을 도톰하게 떠 낸다.
6. 건표고버섯과 건석이버섯은 물에 불려 0.3cm 굵기로 채 썬다.
7. 무, 배추에 4의 채소와 5의 해물을 넣고 고춧가루 등 양념으로 버무린 후 조기젓국으로 간을 맞춘다.
8. 보시기에 배춧잎을 2~3장 잘 펴고 7에서 버무린 김치속을 담아 위에 준비한 고명을 넣고 배춧잎을 차례차례 덮어 꼭 오므려 싸서 항아리에 차곡차곡 담는다.
9. 김칫국은 조기살을 떠내고 난 조기머리와 조기젓 뼈를 푹 끓여 식힌 국물(조기젓국)과 소금을 타서 간 맞추어 붓고 서늘한 곳에서 익힌다.

❁ 참고사항

개성배추는 다른 지방의 배추보다 길이가 길고 허리가 잘록하면서 배춧잎이 넓은 씨도리배추로 보쌈김치 만들기에 적합하다. 해물이 많이 들어가고 손이 많이 가는 귀한 음식이다.

출 처

김숙년, 600년 서울음식, 동아일보사, 2001

김치

고구마줄기김치

재료

고구마줄기 300g • 풋고추 60g(4개)

양념 다진 마늘 20g • 소금 5큰술

만드는 법

1. 고구마줄기는 껍질을 벗겨 길이 5cm로 썰어 놓고 풋고추는 잘게 다진다.
2. 고구마줄기와 풋고추를 섞어 양념을 버무리고 소금 간을 맞춰서 항아리에 꼭꼭 눌러서 담는다.

참고사항

• 고구마줄기김치는 이른 가을에서 중추에 이르는 기간, 고구마 발견이할 때 고구마 산지로 유명한 경기도 여주 지역의 농촌에서 많이 담가 먹어 온 별미김치다.

• 줄기를 미리 소금에 절이지 않아도 된다.

출처

문화공보부 문화재관리국, 한국민속종합조사보고서(향토음식 편), 1984

이승교, 경기 지역 향토음식 조사, 수원대학교 논문집 10권, 1992

고춧잎김치(고춧잎석김치)

재료

고춧잎 1kg • 까나리액젓 2컵 • 고추씨 갈은 것 100g(1컵) • 고춧가루 240g(3컵) • 찹쌀풀 1컵 • 다진 마늘 · 다진 생강 · 소금 적량

만드는 법

1. 고춧잎을 깨끗이 씻어 미지근한 소금물에 담가 따뜻한 곳에서 색이 노랗게 될 때까지 3~4일간 삭힌다.
2. 삭힌 고춧잎에 준비된 양념을 모두 섞어서 항아리에 담아 짚더미에 두어 숙성시킨다.
3. 한 달 정도 후에 먹는다.

참고사항

고춧잎을 절이는 소금물은 짜지 않아야 한다.

출처

농촌진흥청, 향토음식, www2.rda.go.kr/food/, 2006

김치

굴깍두기

재료

무 2kg(2개) • 미나리 100g • 갓 100g • 굴 400g(2컵) • 쪽파 50g

양념 다진 마늘 40g(⅓컵) • 소금 ½컵 • 설탕 4큰술 • 고춧가루 60g(⅔컵) • 멥쌀가루 4큰술 • 새우젓 5큰술 • 다진 생강 10g (3⅓작은술)

만드는 법

1. 무는 깨끗이 닦아 깍둑썰기해서(사방 2cm) 설탕을 넣고 절인다. 무가 설탕에 거의 절여지면 소금을 넣고 다시 절인다. 이때 생기는 물은 버리지 말고 따로 받아 놓는다.
2. 1의 받아 놓은 물에 멥쌀가루를 넣고 풀을 쑨다.
3. 갓, 쪽파, 미나리는 4cm 크기로 자른다.
4. 새우젓은 곱게 다지고, 굴은 싱싱한 것으로 골라 깨끗이 손질한다.
5. 1의 무에 고춧가루물을 들인다.
6. 2, 3, 4를 골고루 섞은 다음 5의 무를 넣고 다진 생강, 다진 마늘을 넣어 버무린 다음 소금으로 간을 맞춘다.
7. 손질해 둔 굴을 마지막으로 넣어 잘 섞는다.

출처

인천광역시농업기술센터 우리음식연구모임, 우리의 맛 쌀요리와 김치, 2005

고문헌

조선요리제법(굴깍두기), 조선무쌍신식요리제법(굴깍두기)

닭김치

재료

영계 300g(1마리) • 열무김치(건더기) 200g • 쇠고기 150g

양념 다진 파 2큰술 • 고추장 1큰술 • 간장 · 식초 · 설탕 적량 • 깨소금 1큰술

만드는 법

1. 영계는 내장을 꺼내고 머리와 다리를 자른 후 깨끗이 씻어 놓는다.
2. 쇠고기는 곱게 다져서 고추장, 깨소금, 다진 파 등을 넣고 양념한다.
3. 양념한 쇠고기는 닭 뱃속에다 덩어리를 만들어 넣고 실로 동여매서 목이 잠길 만큼 물을 붓고 푹 삶아지면 건져서 속에 든 쇠고기는 빼내고 닭고기살만 찢어 놓는다.
4. 알맞게 익은 열무김치를 건더기만 건져서 김치 한 켜, 닭고기 한 켜를 교대로 담은 후 닭 삶은 물에다 간장, 식초, 설탕, 깨소금으로 간을 맞춘 후 섞어서 김칫국물을 붓는다.
5. 그릇에 담을 때는 잣을 띄우는데, 얼음을 잘게 깨뜨려 넣으면 차고 좋다.

❋ 참고사항

닭김치는 이미 만든 김치와 곁들여 먹는데, 『조선요리법』에는 열무김치와 곁들이고, 『간편조선요리제법』에는 외깍두기에 버무려 먹는다고 하였고, 『이조궁정요리통고』에서는 햇김치와 곁들이고 『조선요리제법』에는 통김치와 곁들인다고 하였다.

출 처

한희순 · 황혜성 · 이혜경, 이조궁정요리통고, 학총사, 1957
한복려, 궁중음식과 서울음식, 대원사, 1995

고문헌

조선무쌍신식요리제법(계저 : 鷄菹)

김치

더벙이김치

재 료

배추김치 100g • 더벙이(해초류) 300g • 물 2L(10컵)

만드는 법

1. 배추김치를 1cm로 송송 썰어 물을 넣는다.
2. 더벙이는 살짝 데친 후 깨끗이 씻는다.
3. 배추김치를 썰어서 넣은 국물에 더벙이를 넣는다.

참고사항

더벙이김치는 청정해역의 저온에서 자라는 해초인 더벙이로 겨울에 채취하여 김장김치와 함께 넣어 물김치를 만드는 것이다.

정보제공자
박성녀, 인천광역시 옹진군 백령면 가을1리

무청김치(잎새김치)

재료

무청 1kg • 쪽파 20g • 소금 1컵 • 물 적량

양념 다진 마늘 1⅔큰술 • 다진 생강 1작은술 • 액젓 ⅓컵 • 찹쌀가루 1큰술 • 고춧가루 2컵 • 고추씨 1컵 • 멸치가루 1큰술

만드는 법

1. 무청은 소금물에 절여 깨끗이 씻어 물기를 뺀다.
2. 찹쌀가루로 풀을 쑤어 식힌다.
3. 쪽파는 깨끗이 다듬어 씻고 10cm 길이로 썬다.
4. 액젓에 고춧가루, 찹쌀풀, 다진 마늘, 다진 생강, 고추씨, 멸치가루를 넣고 버무려 양념을 만든다.
5. 양념과 무청을 버무려 간을 맞춰 항아리에 담는다.

출처

김숙년, 600년 서울음식, 동아일보사, 2001

인천광역시 농업기술센터 우리음식연구모임, 우리의 맛 쌀요리와 김치, 2005

김치

석류김치

재료

무 5kg(6개) • 배춧잎 20장 • 배 370g(1개) • 밤 64g(4개) • 건석이버섯 5g(5개) • 미나리 60g • 실파 20g • 굵은 소금 2컵 • 물 2L(10컵)

양념 마늘 15g(½통) • 생강 5g(1쪽) • 소금 4큰술 • 설탕 1큰술 • 새우젓 80g(⅓컵) • 실고추 적량

만드는 법

1. 배춧잎과 무는 깨끗하게 씻고 손질한 무는 4cm 두께로 원형썰기한다.
2. 원통 모양의 무를 1.5cm 간격의 바둑판 모양으로 칼집을 낸다.
3. 칼집을 낸 무와 씻은 배춧잎을 소금물에 절였다가 찬물에 헹군다.
4. 헹군 무와 배추는 채반에 올려 물기를 뺀다.
5. 무, 배, 밤, 마늘, 생강은 손질하여 씻은 다음 0.2cm 두께로 곱게 채 썬다.
6. 미나리, 실파는 2cm 길이로 썰고, 물에 불린 석이버섯은 뒷면의 이끼를 제거한 다음 돌돌 말아 채 썬다.
7. 채 썬 채소를 섞어 실고추, 소금, 설탕, 새우젓을 넣고 간을 맞추어 절여서 바둑판 모양으로 썬 무 사이로 속을 꼭꼭 눌러 넣는다.
8. 절인 배추로 무를 싸서 말아 항아리에 담는다.

출처
황혜성, 한국의 미각, 궁중음식연구원, 1971

김치

섞박지

재료

배추 800g(⅔포기) • 무 400g(½개) • 미나리 200g • 쪽파 300g • 우거지 · 소금 적량

양념 마늘 30g(1통) • 생강 10g(2쪽) • 고춧가루 2큰술 • 실고추 10g • 조기젓국 220g(1컵) • 소금 1컵

만드는 법

1. 배추를 손질하여 깨끗이 씻어 길이 5cm 정도로 잘라 소금에 3시간쯤 절였다가 헹궈 물기를 뺀다.
2. 무는 3×4×0.5cm 크기로 도톰하게 썬다.
3. 미나리와 쪽파도 각각 5cm 정도의 길이로 썬다.
4. 마늘, 생강은 각각 0.2cm 두께로 채 썬다.
5. 배추와 무에 마늘, 생강, 고춧가루를 넣어 버무리다가 조기젓국, 쪽파, 미나리, 실고추, 소금을 넣고 함께 버무려 항아리에 꼭 눌러 담은 다음 버무린 그릇에 물을 조금 부어 씻어 붓는다.
6. 5의 위에 절인 우거지에 소금을 조금 넣고 무쳐서 덮는다.

참고사항

섞박지는 통배추김치가 익기 전에 지레 김치로 담가 빨리 익혀 먹으면 좋다. 혹 오래 두고 먹으려면 소금물을 팔팔 끓여 식힌 다음 체에 내리면서 항아리에 붓는다.

출처

문화공보부 문화재관리국, 한국민속종합조사보고서(향토음식 편), 1984

광주군 향토음식연구회, 너른고을 향토음식, 1997

고문헌

규합총서(섞박지), 시의전서(섞박지), 조선무쌍신식요리제법(섞박지)

김치

숙김치(삶은김치)

재료

배추 3kg(2⅓포기) • 무 800g(1개) • 배 250g(⅔개) • 굴 120g(½컵) • 대파 70g(2뿌리) • 미나리 100g • 소금 적량

양념 생강 10g(2쪽) • 다진 마늘 1⅓큰술 • 다진 파 2큰술 • 고춧가루 5큰술 • 실고추 5g • 소금 ½컵 • 새우젓 ⅓컵

만드는 법

1. 배추는 6cm 길이로 썰어 소금으로 절인다.
2. 무는 2.5×4cm로 썰어서 소금물에 삶아 설익는 정도로 해서 소쿠리에 건져 놓고 배는 납작하게 썬다.
3. 파와 미나리는 5cm 길이로 썬다.
4. 굴은 소금물에 조심해서 씻어 건져 물기를 뺀다.
5. 절인 배추를 건져 헹구고 위의 모든 재료를 섞어 양념으로 버무린다.
6. 김칫국은 소금물에 새우젓국을 조금 타서 부어 두면 좋다.

참고사항

우리나라는 예로부터 동방예의지국이라고 불렸는데, 내 부모는 물론 이웃의 어른들까지 내 부모처럼 공경하는 것을 당연하게 생각하였다. 이런 효(孝)의식은 식생활에서도 나타나는데, 숙김치가 그 예이다. 젊은이와는 달리 노인들은 치아가 부실하여 단단한 음식을 잘 먹을 수 없으므로 노인이 드시기에 좋은 김치를 만들었는데, 이것이 바로 숙(熟)김치이다.

출 처
문화공보부 문화재관리국, 한국민속종합조사보고서(향토음식 편),1984

정보제공자
오숙희, 경기도 용인시 백암리

이천게걸무깍두기(게거리깍두기)

재료

게걸무 2kg(10개) • 소금 500g • 쪽파 100g • 갓 100g • 미나리 150g

양념 다진 마늘 1¼컵 • 다진 생강 ½컵 • 고춧가루 2컵 • 새우젓(또는 생태아가미) 200g • 설탕 2큰술

만드는 법

1. 게걸무는 무청이 달린 것을 골라 잔뿌리는 떼고 깨끗이 씻어서 건진다.
2. 손질한 무는 반으로 갈라 사방 2cm 두께로 깍둑썬다.
3. 쪽파, 갓, 미나리는 다듬어 씻어 5cm 길이로 썬다.
4. 새우젓은 건더기만 건져 굵게 다진다.
5. 깍둑썬 무에 고춧가루를 넣어 고루 버무리고 빨갛게 색을 들인 후 소금을 넣어 간을 한다.
6. 다진 마늘, 다진 생강과 새우젓(또는 생태 아가미)을 넣고 버무린 후 쪽파와 갓, 미나리는 가볍게 섞는다.
7. 부족한 간은 소금, 설탕으로 맞추고 항아리에 꼭꼭 눌러 담는다.

출처
이천쌀사랑본부, 구만리 뜰, 가을호, 1998

정보제공자
장금례, 경기도 이천시 대원면 도리리

호박김치

재료

늙은 호박 3kg(1개) • 통배추 500g(½포기) • 무청줄기 500g • 쪽파 100g • 실고추 10g • 소금 적량 • 물 · 우거지 약간

양념 다진 마늘 1컵 • 다진 생강 1컵 • 고춧가루 ¾컵 • 고운 고춧가루 ¼컵 • 맑은 액젓 1컵

만드는 법

1. 누렇게 잘 익은 늙은 호박을 두 쪽으로 쪼갠 다음 씨를 빼고 껍질을 깎아 1cm 두께, 5cm 길이로 썬다.
2. 배추는 3~4cm 길이로 썰고, 무청줄기를 배추와 같은 길이로 썬다.
3. 쪽파는 4cm 길이로 썬다.
4. 소금물에 배추, 무청줄기, 호박을 넣어 2~3시간 동안 눌러 절인다. 찬물에 헹군 다음 소쿠리에 건져 물기를 뺀다.
5. 액젓, 다진 마늘, 다진 생강, 고춧가루를 섞어 양념을 만든다.
6. 절인 호박, 배추, 무청줄기를 양념에 넣고 버무린다. 실고추를 뿌리고 항아리에 차곡차곡 담은 다음 꼭 눌러서 우거지를 덮어 잘 봉하고 찬 곳에 둔다.

출처
전희정 · 이효지 · 한영실, 한국전통음식, 문화관광부, 2000

나물 – 숙채

씀바귀나물

재 료

씀바귀 300g • 소금 적량

양념장 된장 1큰술 • 고추장 3큰술 • 다진 파 1큰술 • 다진 마늘 ½큰술 • 참기름 ½큰술 • 깨소금 ½큰술

만드는 법

1. 씀바귀는 잔뿌리를 떼고 잘 다듬어 소금에 무쳤다가 끓는 물에 데쳐서 물기를 꼭 짠 다음 4cm 길이로 자른다. 굵은 뿌리는 0.2cm 너비로 어슷하게 저며 썬다.
2. 준비된 양념을 섞어 양념장을 만든다.
3. 데친 씀바귀를 그릇에 담고 준비된 양념장을 넣어 고루 주물러서 무친다.

참고사항

씀바귀는 쓴맛이 강하여 고채(苦菜)라고도 하며 씀바귀를 먹으면 한여름에 더위를 타지 않는다고 한다. 뿌리와 어린잎으로 나물을 해서 먹으며 위장을 튼튼하게 하고 소화기능을 도와 몸을 보양하고 신체의 면역력을 증강시키는 효과가 있는 것으로 알려져 있다.

출 처
전희정 · 이효지 · 한영실, 한국전통음식, 문화관광부, 2000

사 진
농촌진흥청, 농촌 식생활 향상을 위한 식생활 평가 시스템 개발연구 보고서, 2000

고문헌
조선무쌍신식요리제법(다채 : 茶菜)

나물 – 기타

어 채

재 료

민어(또는 광어) 2kg(1마리) • 전분 20g(3큰술) • 붉은 고추 40g(2½개) • 대파(푸른 잎) 2뿌리 • 석이버섯 3g(3개) • 달걀 100g(2개) • 잣 2작은술 • 초장(또는 겨자집) 3큰술

만드는 법

1. 민어는 비늘, 내장을 제거하고 얇게 포처럼 떠서 길쭉길쭉하게 썰어 소금을 뿌려 놓는다.
2. 붉은 고추와 대파는 1×5cm의 길이로 썰어 놓는다.
3. 석이버섯은 뜨거운 물에 불려서 손질한 다음 손으로 알맞게 뜯어 놓는다.
4. 달걀은 소금을 조금 넣고 흰자, 노른자가 잘 섞이도록 풀어 놓는다.
5. 준비해 놓은 흰살생선에 전분을 앞뒤로 골고루 묻힌 후 끓는 물에 생선을 살짝 데친다. 생선살이 물에 둥둥 뜰 때 건져 내어 냉수에 헹군다.
6. 붉은 고추와 파도 전분에 묻혀 끓는 물에 데친 다음 찬물에 넣었다 건진다.
7. 달걀은 지단을 부쳐서 1×5cm의 크기로 썬다.
8. 접시에 생선을 동그랗게 담고 그 위에 붉은 고추, 석이버섯, 파, 달걀지단을 원형으로 얹은 다음 그 가운데 잣을 놓는다. 초장이나 겨자즙을 곁들인다.

❇ 참고사항

접시에 담을 때 접시도 차게 하고 모든 재료를 차게 해야 맛이 있다.

출 처
문화공보부 문화재관리국, 한국민속종합조사보고서(향토음식 편), 1984

사 진
신승미 외, 한국 전통음식 전문가들이 재현한 우리 고유의 상차림, 교문사, 2005

고문헌
시의전서(어채 : 魚菜), 부인필지(어채)

나물 – 기타

죽순채

재 료

죽순(생것) 600g(2개) • 쌀뜨물 적량 • 마른 고추 10g(2개) • 쇠고기(우둔) 120g • 건표고버섯 20g(7개) • 미나리 50g • 숙주나물 100g • 붉은 고추 15g(1개) • 달걀 50g(1개)

고기 양념 간장 1큰술 • 설탕 ½큰술 • 다진 파 2작은술 • 다진 마늘 1작은술 • 참기름 1작은술 • 깨소금 1작은술 • 후춧가루 약간

죽순채 양념 간장 2작은술 • 소금 2작은술 • 설탕 2작은술 • 식초 1큰술 • 깨소금 2작은술

만드는 법

1. 생죽순은 뾰족한 끝을 5cm 정도 어슷하게 자르고 길이로 밑둥에 칼집을 넣어 냄비에 쌀뜨물과 마른 고추를 함께 넣고 1시간 정도 삶아서 그대로 식힌다.
2. 삶은 죽순은 껍질을 벗겨 반을 갈라서 빗살 모양으로 납작하게 썬다.
3. 쇠고기는 채 썰고(5×0.2×0.2cm), 건표고버섯은 물에 불려서 기둥을 떼어 내고 0.2cm 너비로 채 썰어 쇠고기와 합하여 고기 양념으로 무쳐서 팬에 기름을 두른 후 볶아서 식힌다.
4. 미나리는 잎을 떼어 다듬어 4cm 길이로 자르고, 숙주는 머리와 꼬리를 다듬어서 끓는 물에 소금을 약간 넣어 데친다.
5. 달걀은 황백으로 나누어 풀어 지단을 부쳐서 채 썰고(4×0.2×0.2cm) 볶은 죽순과 볶은 쇠고기, 표고버섯, 미나리, 숙주, 고추채를 한 데 모아서 죽순채 양념을 넣어 고루 섞어서 무친다.
6. 그릇에 담고 황백지단을 올린다.

출 처

전희정 · 이효지 · 한영실, 한국전통음식, 문화관광부, 2000

사 진

신승미 외, 한국 전통음식 전문가들이 재현한 우리 고유의 상차림, 교문사 2005

고문헌

조선요리제법(죽순채나물), 조선무쌍신식요리제법(죽순채 : 竹筍菜)

나물 – 생채

노각생채

재 료

노각(늙은 오이) 500g • 붉은 고추 10g(½개) • 소금 1큰술 • 대파 30g

초고추장 양념 고추장 1큰술 • 식초 1큰술 • 설탕 2작은술 • 다진 파 1큰술 • 다진 마늘 ½큰술 • 참기름 1작은술 • 깨소금 1작은술

만드는 법

1. 노각은 껍질을 벗기고 반을 갈라서 숟가락으로 씨를 말끔히 긁은 다음 0.3cm로 반달썰기 하여 소금을 뿌려 절인다.
2. 노각이 절여지면 물에 씻어 건져 살짝 짜 놓고, 붉은 고추는 갈라서 씨를 뺀 다음 0.2cm로 채 썰고, 대파도 2cm 길이로 썰어 다시 0.2cm 길이로 채 썬다.
3. 준비된 양념을 고루 섞어서 초고추장을 만든다.
4. 절인 노각을 초고추장으로 무치고 붉은 고추와 실파채를 넣어 살짝 버무려서 그릇에 담는다.

참고사항

- 노각은 늙은 오이라고도 한다. 껍질은 진한 노란색을 띠며 흰색의 작은 그물 모양이 퍼져 있다. 굵기는 일반 오이보다 2~3배 정도 굵고 길이는 30cm 정도로 크고 길다. 껍질이 두껍고 씨가 많아 씨를 제거하고 요리해야 한다. 수분 함량이 90% 이상이며 칼슘과 섬유소가 많아 갈증을 해소하는 데 좋은 채소이다. 노각은 찬 성질이 있어 목이 아프거나, 가슴이 답답하고 여름철에 더위를 먹었을 때 섭취하면 좋다. 특히 더위를 먹어 가슴이 답답하고 소화가 잘 안 될 때, 노각의 씨 부분을 긁어 낸 뒤 즙을 내어 마시면 곧 가라앉는다고 한다.
- 노각은 생채 이외에 장아찌 등에 이용되며 날 것으로 무칠 때는 고추장 양념으로 무쳐야 특유의 쓴맛을 없앨 수 있다.

출 처

전희정 · 이효지 · 한영실, 한국전통음식, 문화관광부, 2000

달래무침

재 료

달래 100g • 무 100g

양념 간장 2큰술 • 고춧가루 1큰술 • 식초 2작은술 • 설탕 1작은술 • 깨소금 2작은술 • 참기름 1작은술

만드는 법

1. 달래는 어린 것으로 골라서 깨끗하게 다듬어 씻어 5cm 길이로 잘라 놓는다.
2. 무는 채 썰어(5×0.2×0.2cm) 소금에 절였다가 찬물에 헹궈 물기를 뺀다.
3. 준비된 양념을 고루 섞어서 초간장을 만들어 달래와 무를 넣어 살짝 무친다.

✻ 참고사항

소산(小蒜), 즉 달래는 중국 도처에서 자생하던 야초(野草) 가운데 하나였다. 손염(孫炎)이 지은 『이아정의(爾雅正義)』에 보면, 천자가 달래가 많아서 산산(蒜山)이라 불리는 산에 올라 마를 캐어 먹고 식중독에 걸렸는데, 이때 야생의 달래를 캐어 먹고 씻은 듯이 나았다고 했다. 사람에게 유익한 풀이라 해서, 이를 황궁의 밭에 옮겨 심게 하고 가꾼 것이 작물로서의 시작이었다. 달래는 백합과에 속하는 다년초로 땅 속에 난구형의 비늘줄기가 있고 잎은 가늘며 긴 대롱 모양인데, 여름에는 말라 없어진다. 마늘과 비슷한 냄새가 나서 들판에서 나는 마늘이란 뜻에서 '야산' 이라고도 부른다.

출 처
문화공보부 문화재관리국, 한국민속종합조사보고서(향토음식 편), 1984

냉이무침

재 료

냉이 400g

양념 된장 2큰술 • 고추장 3큰술 • 다진 파 2작은술 • 다진 마늘 1작은술 • 깨소금 2작은술 • 참기름 2작은술

만드는 법

1. 냉이는 다듬어서 뿌리와 누런 잎은 떼고 굵은 것은 반으로 쪼개서 끓는 물에 뿌리를 먼저 데치고 잎은 따로 데쳐서 물기를 꼭 짠다.
2. 양념을 넣어 섞은 후에 데친 냉이를 넣어 고루 주물러서 무친다(된장만 넣고 무치기도 한다).

참고사항

한방에서는 냉이를 제채(薺菜)라고 부른다. 소화제나 지사제로 사용될 만큼 위나 장에 좋으며 특히 냉이의 뿌리는 눈에 좋다. 간기능 향상과 소화기능 증진, 동맥경화 예방, 만성간염, 위궤양, 변비, 당뇨, 고혈압, 이뇨, 감기, 해열에 두루 효험이 있다고 하고, 냉이를 달여 음료로 마시면 오장에 이롭다고 한다.

출 처

전희정 · 이효지 · 한영실, 한국전통음식, 문화관광부, 2000

나물 – 숙채

다래순나물

재 료

다래순 200g

양념 고추장 1큰술 • 고춧가루 1작은술 • 간장 1큰술 • 설탕 ½큰술 • 다진 파 1큰술 • 다진 마늘 1큰술

만드는 법

1. 다래순은 깨끗이 손질하여 씻은 후 끓는 물에 살짝 삶아 찬물에 헹구어 꼭 짜서 물기를 제거한다.
2. 양념을 잘 섞어 데친 다래순을 넣어 무친다.

나물 – 숙채

참죽순나물

재 료

참죽순 300g

양념장 고추장 2큰술 • 간장 2큰술 • 식초 1큰술 • 설탕 1큰술 • 다진 마늘 · 다진 파 · 깨소금 적량

만드는 법

1. 참죽순을 살짝 데쳐 찬물에 헹구어 물기를 꼭 짠 다음 5cm 길이로 썬다.
2. 썰어 놓은 죽순에 만들어 놓은 양념장을 넣고 골고루 무친다.

출 처
전희정 · 이효지 · 한영실, 한국전통음식, 문화관광부, 2000

정보제공자
김옥순, 경기도 김포군 하성면 신리

나물 – 숙채

두릅나물

재 료

두릅 300g • 소금 적량

초고추장 고추장 1큰술 • 설탕 1작은술 • 식초 1작은술 • 다진 파 1작은술 • 다진 마늘 1작은술 • 참기름 1큰술 • 깨소금 ½작은술

만드는 법

1. 두릅은 어리고 연한 것을 골라 껍질째 연한 소금물에 삶아 찬물에 헹궈 건진다.
2. 줄기 위쪽을 잘라 껍질을 벗기면 연하고 파란 대가 나오는데, 굵으면 두세 쪽으로 쪼갠다.
3. 쪼갠 두릅을 초고추장에 무쳐 내기도 하고 초고추장을 곁들여 내기도 한다.

참고사항

한수 이북 지역은 경기도의 동북부로 강원도 산간 지역과 연결된 지역에서는 두릅과 같은 산채류를 이용한 음식이 발달하였다. 두릅은 맑고 깊은 산악지대에서만 자라는 나무의 싹잎(芽葉, sprout, shoot)으로, 오가피과(五加皮科)에 속하는 생약재식물(生藥材植物)이며 학명은 Arabisa Elata이다. 산사(山寺)의 미식류(美食類)로 알려져 왔다. 일본, 중국, 몽고, 티베트 등지에서도 식용식물로 애용한다.

고문헌
시의전서(두릅나물), 조선요리제법(두릅나물), 조선무쌍신식요리제법(목두채 : 木頭菜)

물쑥나물

재 료

물쑥 300g

초고추장 양념 고추장 1큰술 • 식초 1작은술 • 설탕 1작은술 • 참기름 1작은술 • 깨소금 1큰술 • 다진 파 1큰술 • 다진 마늘 1작은술

만드는 법

1. 물쑥은 겉껍질을 벗기고 다듬어 데친 후 찬물에 헹구어 5cm 길이로 자른다.
2. 초고추장 재료를 잘 섞은 후 물쑥을 넣어 손끝으로 살살 무친다.

참고사항

- 물쑥은 이른 봄에 물기가 많은 논두렁이나 냇가에서 주로 나며 독특한 향으로 입맛을 돋운다. 쑥의 한 종류로 잎과 줄기는 버리고 뿌리를 먹는다. 색깔이 흑색이고 단단한 물쑥은 잔털이 나 있는 겉껍질을 한꺼풀 벗기고 조리한다.
- 물쑥나물은 물쑥만 이용하여 나물을 만들기도 하지만, 숙주, 미나리, 쇠고기, 청포묵을 넣고 초장에 무쳐도 별미이다.

출 처

문화공보부 문화재관리국, 한국민속종합조사보고서(향토음식 편), 1984

경기도 농촌진흥원, 경기향토요리, 1991

고문헌

조선요리제법(물쑥나물), 조선무쌍신식요리제법(물쑥나물)

나물 – 숙채

원추리나물

재 료

원추리 300g • 소금 적량

양념 된장 2큰술 • 고추장 2큰술 • 다진 파 1큰술 • 다진 마늘 ½큰술 • 참기름 ½큰술 • 깨소금 ½큰술

만드는 법

1. 원추리를 깨끗이 다듬어 끓는 물에 소금을 약간 넣고 살짝 데친 다음 찬물에 헹구어 물기를 꼭 짜고 5cm로 자른다.
2. 양념 재료를 섞어 양념장을 만든다.
3. 데친 원추리를 그릇에 담고 준비된 양념장을 넣어 고루 주물러서 무친다.

참고사항

원추리는 맛이 달고 연하며 매끄럽고 감칠맛이 나는 나물인데, 쇠지 않은 어린 순을 살짝 데쳐서 초고추장에 무치면 별미이다. 마른 꽃은 소주에 담가 술을 만들기도 하는데, 자양강장 피로회복에 좋고, 뿌리에도 자양강장 이뇨의 효과가 있다고 한다.

출 처

손정우, 식품재료학, 효일출판사, 2004

나물 – 숙채

질경이나물

재료

질경이 200g

양념 고추장 1큰술 • 간장 1큰술 • 다진 마늘 1작은술 • 통깨 1작은술

만드는 법

1. 연한 질경이를 뜯어 살짝 데쳐서 찬물에 헹구어 꼭 짠다.
2. 분량의 양념 재료를 섞어 질경이를 넣고 무친다.

참고사항

- 질경이는 일명 '차전초(車前草)' 라고도 하는데, 옛날 한나라 광무제 때 마부(馬武)라는 장군이 황하 유역에서 가뭄에 시달려 병사와 말이 모두 식량과 물이 없어 요독증으로 죽게 되었을 때 장군의 현명한 말이 전차 앞에 있는 풀을 뜯어 먹고 혈뇨(血尿)가 없어지고 원기를 회복하였다. 이에 장군이 전차 앞에 있는 풀을 말에게 먹이고 병사들에게 삶아서 먹였더니 병이 낫고 원기를 회복해 승전하였으므로 이 풀의 이름을 '차앞의 풀(車前草)' 이라 했다는 중국의 고사가 전해지는 약초이다. 말이 병을 고쳤다 하여 의마초(醫馬草) 또는 마제초(馬蹄草)라고도 한다.
- 오래 전부터 봄에 나물로 즐겨 이용했으며 삶아서 말려 두었다가 묵은 나물로도 이용했다. 소금물에 살짝 데쳐서 나물로 무치기도 하고 기름에 볶기도 했으며 국거리나 튀김으로도 이용한다. 흉년에는 질경이로 죽을 끓이기도 했다.

나물 – 숙채

호박나물(눈썹나물)

재 료

애호박 380g(1개) • 소금 2작은술 • 쇠고기 50g • 새우젓 1큰술 • 참기름 약간

고기 양념 간장 1작은술 • 다진 파 1작은술 • 다진 마늘 1작은술 • 깨소금 · 참기름 · 후춧가루 약간

나물 양념 다진 파 1큰술 • 다진 마늘 1큰술 • 참기름 1큰술 • 깨소금 ½큰술 • 실고추 적량

만드는 법

1. 애호박은 가는 것을 둥근 모양으로 0.2cm 두께로 얇게 썰고 굵은 것은 가운데 씨 부분을 긁어 내고 반달 모양으로 썰어서 분량의 소금을 뿌린 다음 절여 물기를 뺀다.
2. 쇠고기를 다져서 고기 양념으로 무친다.
3. 새우젓의 건지는 다져서 젓국과 합해 둔다.
4. 냄비에 참기름을 두르고 쇠고기를 볶다가 절인 호박을 넣어 같이 볶는다. 기름이 고루 배면 나물 양념과 새우젓을 넣고 뒤적인 후 뚜껑을 덮어 잠시 두었다가 그릇에 담는다.

❁ 참고사항

호박의 제철은 여름이다. 호박이 커갈수록 씨가 많아지면 길이로 반을 갈라 숟가락으로 씨 부분을 긁어 내고 반달 모양으로 썰면 눈썹 모양이 된다고 하여 눈썹나물이라고도 한다. 호박나물은 새우젓으로 간을 해야 제맛이 난다.

출 처

전희정 · 이효지 · 한영실, 한국전통음식, 문화광관부, 2000

나물 – 기타

겨자채

재 료

오이 50g(1/3개) • 배 150g(1/4개) • 당근 50g(1/3개) • 양배추 50g(1 1/3장) • 삶은 죽순 50g • 밤 50g(3개) • 잣 1작은술 • 달걀 50g (1개) • 전복 80g(1마리) • 양지머리편육 50g • 후춧가루 · 소금 적량

겨자즙 겨자가루 2큰술 • 물 1 1/2큰술 • 설탕 1작은술 • 식초 2큰술 • 소금 1작은술 • 연유 3큰술

만드는 법

1. 오이, 당근, 양배추는 씻어서 직사각형 썰기(4×1×0.3cm)를 한다. 죽순도 같은 길이로 빗살 모양을 살려 썰어서 끓는 물에 살짝 데친다.
2. 양지머리는 삶아 눌러 편육으로 하여 채소와 같은 크기로 썬다. 전복은 소금으로 문질러 씻어서 끓는 물에 살짝 삶아서 얇게 저민다.
3. 배는 껍질을 벗겨 채소와 같은 크기로 썰고, 잣은 고깔을 벗기고, 밤은 속껍질을 벗겨 납작하게 편 썰어서(0.3cm) 찬물에 담갔다가 건진다.
4. 달걀은 흰자, 노른자로 나누어 도톰하게 지단을 부쳐서 채소와 같은 크기로 썬다.
5. 겨자가루는 끓는 물로 개어서 잠시 덮어 두어 매운맛을 낸 후에 식초, 설탕, 소금을 넣어 겨자즙을 만든다.
6. 준비한 재료들을 차게 두었다가 상에 내기 직전에 소금, 후춧가루를 약간 뿌리고 겨자즙과 연유를 넣어 무친 후 그릇에 담고 잣을 얹는다.

출 처

한국관광공사, 한국의 전통음식, www.visitkorea.or.kr/cc/mg/ccmg_cv0.jsp, 2006

고문헌

조선요리제법(겨자채), 조선무쌍신식요리제법(개자채 : 芥子菜)

대하잣즙무침

재 료

대하 800g(8마리) • 쇠고기(사태) 200g • 오이 150g(1개) • 삶은 죽순 100g • 흰 후춧가루 · 식용유 · 소금 약간

잣즙 잣가루 6큰술 • 육수 4큰술 • 소금 1작은술 • 참기름 1작은술 • 흰 후춧가루 약간

만드는 법

1. 큰 새우는 껍질째 깨끗이 씻어 등 쪽의 내장을 꼬치로 빼고 소금을 뿌려 찜통에 7~8분 정도를 쪄서 둥글게 오므라들게 한다.
2. 새우가 익으면 머리를 떼고 껍질을 벗겨 어슷하게 3cm 폭으로 저며 썬다.
3. 사태는 미리 삶아서 편육을 만들어 납작하게 썬다.
4. 오이는 길이로 반갈라 어슷썰어(0.3cm) 소금에 절였다가 물기를 꼭 짜 식용유에 살짝 볶아 식힌다.
5. 삶은 죽순은 반 갈라 빗살 모양을 살려 얇게 썰어서 소금과 흰 후춧가루로 간을 해서 식용유에 볶아 넓은 그릇에 펴서 식힌다.
6. 도마에 넓은 종이를 펴고 잣을 곱게 다져서 잣가루를 만든다.
7. 분량의 재료를 넣어 잣즙을 만들어서 위에서 준비한 재료를 한 데 담고 소금과 흰 후춧가루를 살짝 뿌린 다음 잣즙을 넣어 가볍게 무친다.

출 처
전희정 · 이효지 · 한영실, 한국전통음식, 문화관광부, 2000

나물 – 기타

메밀묵무침

재 료

메밀묵 450g • 배추김치 200g • 김 2g(1장)

양념 간장 간장 1½큰술 • 다진 파 1큰술 • 다진 마늘 1½큰술 • 깨소금 1큰술 • 참기름 2큰술

만드는 법

1. 메밀묵은 반으로 잘라서 0.8cm 두께로 납작하게 썬다.
2. 잘 익은 배추김치는 소를 털어 내어 송송 썬다(0.5cm).
3. 분량의 재료로 양념 간장을 만들어 넣는다.
4. 꼭 짠 김치와 묵을 큰 그릇에 담고 양념장을 넣어 무친다. 그릇에 담고 김을 뿌린다.

참고사항

메밀 묵 쑤는 법은 우선 메밀쌀을 물에 불려서 깨끗이 씻어 건져 절구에 찧고 물을 부어 체에 밭쳐서 건더기는 버리고 앙금을 가라앉힌다. 웃물은 따라 버리고 남은 앙금을 솥에 부은 후 묵을 쑨다. 냄비에 물을 먼저 끓이다가 메밀앙금을 넣고 나무주걱으로 저으면서 풀 쑤듯이 끓여 사기그릇이나 네모진 그릇에 담아 굳힌다.

출 처

문화공보부 문화재관리국, 한국민속종합조사보고서(향토음식 편), 1984

나물 – 기타

탕평채

재 료

청포묵 400g • 쇠고기(우둔) 100g • 미나리 100g • 숙주 100g • 달걀 50g(1개) • 김 2g(1장) • 실고추(또는 붉은 고추) · 식용유 적량 • 소금 약간

고기 양념 간장 1큰술 • 설탕 ½큰술 • 다진 파 2작은술 • 다진 마늘 1작은술 • 참기름 1작은술 • 깨소금 1작은술 • 후춧가루 약간

양념 간장 1½ 큰술 • 식초 1½큰술 • 설탕 1작은술

만드는 법

1. 청포묵은 채 썰어(5×0.7×0.7cm) 끓는 물에 데친다.
2. 쇠고기는 살로 가늘게 채 썰고(5×0.2×0.2cm), 고기 양념으로 양념하여 식용유에 볶아서 식힌다.
3. 달걀은 흰자, 노른자로 나누어 풀어 지단을 부쳐서 채 썬다(5×0.2×0.2cm).
4. 미나리는 깨끗이 다듬어 씻어서 끓는 소금물에 살짝 데치고 5cm 길이로 썰어 놓는다.
5. 김은 그대로 구워서 잘게 부수어 놓는다.
6. 숙주는 머리와 꼬리를 다듬어서 끓는 물에 데쳐 낸다.
7. 준비된 재료를 간장, 식초, 설탕 양념으로 무쳐서 그릇에 담고 위에 황백지단과 붉은 고추나 실고추를 고명으로 얹는다.

출 처

경기도 농촌진흥원, 경기향토요리, 1991

한국관광공사, 한국의 전통음식, www.visitkorea.or.kr/cc/mg/ccmg_cv0.jsp, 2006

고문헌

시의전서(탕평채), 조선요리제법(탕평채), 조선무쌍신식요리제법(묵청포)

대합구이

재료

대합 6개 • 조갯살 100g(½컵) • 쇠고기(우둔) 50g • 두부 50g • 밀가루 25g(3큰술) • 달걀 100g(2개) • 소금 약간

양념 소금 1큰술 • 다진 파 4작은술 • 다진 마늘 2작은술 • 설탕 1작은술 • 깨소금 2작은술 • 참기름 1작은술 • 후춧가루 약간

만드는 법

1. 대합을 씻어서 소금물에 담가 해감을 하고 냄비에 약간의 물과 씻은 대합을 넣어서 끓인다. 입이 벌어지면 바로 불을 끈 다음 대합살을 발라 내고 껍데기는 깨끗이 씻어 놓는다.
2. 조갯살을 뜨겁게 데운 냄비에 살짝 익혀 물기를 뺀 후 대합 조갯살과 합하여 곱게 다진다.
3. 쇠고기는 살코기로 곱게 다지고, 두부는 눌러서 물기를 빼 곱게 으깨어 2의 조갯살과 합하여 분량의 양념으로 양념한다.
4. 대합 껍데기의 안쪽에 기름을 엷게 바른 후 밀가루를 살짝 뿌려 3을 채워서 윗면을 고르게 한다. 그 위에 밀가루를 엷게 묻힌 후 풀어 놓은 달걀을 소를 넣은 면만 묻혀서 전유어처럼 팬에 지진 다음 다시 뒤집어 석쇠에 얹어 굽는다. 붉은 고추와 쑥갓을 붙여 지지면 보기 좋다.
5. 속까지 익었으면 껍데기를 깨끗이 하여 접시에 담는다. 기호에 따라 초간장을 조금씩 위에 얹어 먹기도 한다.

✻ 참고사항

붉은 고추와 쑥갓을 붙여 지지면 보기 좋다.

출처
전희정 · 이효지 · 한영실, 한국전통음식, 문화관광부, 2000

사진
신승미 외, 한국 전통음식 전문가들이 재현한 우리 고유의 상차림, 교문사, 2005

고문헌
음식디미방(대합구이)

가자미양념구이

재 료

가자미 1kg(4마리) • 소금 1큰술

양념 간장 3큰술 • 다진 파 1큰술 • 다진 생강 1작은술 • 고춧가루 2작은술 • 참기름 2작은술 • 깨소금 2작은술 • 실고추 약간

만드는 법

1. 가자미는 싱싱한 것으로 골라 비늘을 긁고 내장을 뺀 다음 통째로 소금을 뿌려 냉장고나 서늘한 곳에 하루쯤 둔다.
2. 실고추는 짧게 끊어서 양념에 넣고 고루 섞는다.
3. 절인 가자미를 5~6cm 길이로 두세 토막 내어 석쇠에 얹어 그대로 살짝 구운 후 위의 양념을 바르면서 앞뒤를 고루 굽는다.

출 처
전희정 · 이효지 · 한영실, 한국전통음식, 문화관광부, 2000

구이

수원갈비

재료

소갈비 2kg • 양파 200g(1¼개)

양념 소금 1½큰술 • 설탕 3큰술 • 참기름 3큰술 • 통깨 1½큰술 • 후춧가루 ⅓작은술 • 다진 파 4큰술 • 다진 마늘 2큰술 • 생강 · 물엿 · 청주 적량

만드는 법

1. 갈비는 약 2°C에서 24~36시간 동안 예비 냉각하여 2~6번째 갈비를 너비 7cm로 절단한 후 지방을 제거하고 0.2cm 두께로 포를 뜬 후 사용한다. 갈빗대 옆에 붙어 있는 도톰한 살을 한쪽부터 얇게 편다. 먼저 갈빗대 쪽에서 바깥쪽으로 칼을 넣어 저민 후 뒤집어서 마찬가지로 저미고 다시 뒤집어서 저민다. 두 번 정도 반복하여 끝까지 잘 편다.
2. 마찬가지로 반대쪽에 붙어 있는 살도 갈비를 앞뒤로 뒤집어 가며 뼈 부분까지 얄팍하게 편다.
3. 분량의 양념을 고루 섞은 그릇에 얄팍하게 저민 갈비를 하나씩 넣고 가만히 주물러서 양념을 골고루 묻힌다.
4. 양념한 갈빗살을 한쪽부터 잘 펴가면서 칼끝으로 잔칼질을 한다. 고기 결에 수직이 되게 하면 힘줄이 끊어져서 너덜너덜 해지므로 고기 결에 평행이 되게 잔칼질을 한 후 이틀 정도 재워 두었다가 국물이 생기면 잘 펴서 석쇠에 올리고 은근한 숯불에 굽는다.

참고사항

정조의 둔우(屯牛)정책과 함께 발전한 수원의 축산장려정책으로 인해 수원에서는 수원갈비라는 향토음식을 낳게 되었다. 1940년대부터 영동시장의 싸전거리 '화춘옥' 이라는 음식점에서부터 시작한 수원갈비는 초기에는 해장국에 갈비를 넣어 주다가 갈비구이로 독립하여 팔기 시작하였고 1985년부터 수원시 고유 향토음식으로 지정되었다. 다른 지역에 비하여 갈빗대를 크게 한 왕갈비를 소금으로 양념하여 굽는 것이 수원갈비의 특징이다.

출처

김상보, 향토음식문화, 신광출판사, 2004
이승교, 경기 지역 향토음식 조사, 수원대학교 논문집 10권, 1992
경기도문화유산, www.kg21.net, 2006

정보제공자

송순옥, 경기도 수원시

구이

의정부떡갈비

재 료

돼지갈비(뼈 포함) 2kg

양념 간장 2큰술 • 청주 50g • 소금 2작은술 • 설탕 1큰술 • 다진 파 5큰술 • 다진 마늘 3큰술 • 참기름 1큰술 • 생강즙 1큰술 • 통깨 1큰술 • 후춧가루 1작은술

만드는 법

1. 돼지갈비에 붙은 살은 대부분 떼어 낸다.
2. 갈비에 붙은 각질 부분은 칼로 저민 후 생강물에 살짝 절여 놓는다.
3. 1에서 떼어 낸 살을 먹기 좋게 다져 청주와 생강즙을 넣고 버무려 둔다.
4. 버무려 둔 고기에 참기름, 마늘, 파, 후춧가루, 간장, 설탕 등 양념을 고루 섞어 무친다.
5. 양념한 고기를 빈대떡 모양으로 떼어서 갈비뼈에 두툼하게 부친다.
6. 모양을 잘 만들어서 먼저 석쇠에 구운 후 달구어진 놋쇠판에 담아 내 놓는다.

출 처

이승교, 경기 지역 향토음식 조사, 수원대학교 논문집 10권, 1992

정보제공자

엄덕순, 경기도 의정부시 의정부1동

이동갈비

재료

소갈비 2kg • 양파 200g(1¼개)

양념 간장 ½컵 • 설탕 3큰술 • 다진 파 4큰술 • 다진 마늘 2큰술 • 참기름 3큰술 • 통깨 1½큰술 • 후춧가루 ⅓작은술 • 다진 생강 · 물엿 · 청주 적량

만드는 법

1. 갈비는 지방을 제거하고 7cm 길이로 잘라 0.2cm 두께로 포를 뜬다. 갈빗대 옆에 붙어 있는 도톰한 살을 한쪽부터 얇게 편다. 먼저 갈빗대 쪽에서 바깥쪽으로 칼을 넣어 저민 후 뒤집어서 마찬가지로 저미고 다시 뒤집어서 저민다. 갈비와 갈비의 나머지 살을 이쑤시개에 꼽아서 연결시킨다.
2. 분량의 양념을 고루 섞은 그릇에 1의 얄팍하게 저민 갈비를 하나씩 넣고 주물러서 양념이 고루 배도록 한다.
3. 48시간 재워 두었다가 국물이 생기면 잘 펴서 석쇠에 올리고 은근한 숯불에 굽는다.

❋ 참고사항

갈비와 갈비의 나머지 살을 이쑤시개에 꽂아서 만드는 이동갈비는 포천시 이동면에서 처음 시작되었다. '이동갈비' 라는 명칭은 30여 년 전부터 이동에서 이동갈비의 원조로 식당을 운영해 온 이용구 씨의 부친인 이인규 씨가 고장의 이름을 따서 '이동갈비' 라고 명명한 것으로부터 유래한다. 지역향토음식으로 수원갈비와 함께 전국적으로 유명하다.

정보제공자
이용구, 경기도 포천시 이동면 장암리

구이

너비아니

재 료

쇠고기(등심 또는 안심) 500g

양념 간장 4큰술 • 배즙 4큰술 • 설탕 2큰술 • 다진 파 3큰술 • 다진 마늘 1½큰술 • 깨소금 1½큰술 • 참기름 1½큰술 • 잣가루 1작은술 • 후춧가루 약간

만드는 법

1. 연한 등심이나 안심 부위를 0.5cm 두께로 얇게 저며 썬 다음 가로, 세로로 잔칼집을 넣어 연하게 한다.
2. 양념을 만들어 고기에 켜켜이 넣으면서 골고루 주물러 무쳐 간이 배게 해둔다.
3. 30분 정도 재워 둔 고기를 뜨겁게 달군 석쇠에 얹어 양면을 고루 익힌다. 약간 센 불에서 단시간에 구워 내는 것이 좋다.
4. 그릇에 담고 잣가루를 뿌린다.

✿ 참고사항

- 너비아니는 쇠고기구이 중 가장 대표적인 것으로 너붓너붓하게 썰어서 너비아니라고 붙인 듯하며 요즘의 불고기를 말한다. 너비아니의 원조격인 '맥적'은 우리나라 상고시대 조리법의 발달상을 볼 수 있는 대표적인 구이였다. 고려시대에 접어들면서 불교의 영향으로 소의 도살법이나 조리법이 미숙해졌으나 몽고인의 지배에 들어감에 따라 옛 요리법인 맥적을 되찾아 고려시대와 조선시대에는 '설야적'이란 음식이 탄생했으며 너비아니로 발전하였다.
- 너비아니용 고기는 너무 얇으면 구울 때 조각이 떨어져 맛이 덜하므로 등심이나 안심 덩어리를 약간 두껍게 썰어서 잔칼질을 하는 것이 좋다.

출 처

문화공보부 문화재관리국, 한국민속종합조사보고서(향토음식 편), 1984
한국관광공사, 한국의 전통음식, www.visitkorea.or.kr/cc/mg/ccmg_cv0.jsp, 2006

고문헌

시의전서(너비아니), 조선무쌍신식요리제법(너비아니)

구이

더덕구이

재료

더덕(중간 것) 150g(5뿌리) • 참기름 4큰술 • 잣가루 1작은술

양념 간장 ½큰술 • 고추장 1½큰술 • 고운 고춧가루 1작은술 • 다진 파 1큰술 • 다진 마늘 1큰술 • 설탕 1큰술 • 깨소금 1큰술

만드는 법

1. 더덕 껍질을 벗긴 다음 이것을 반으로 갈라 방망이로 자근자근 얇게 두드린다.
2. 두드려 놓은 더덕에 참기름을 충분히 발라 큰 그릇에 포개어 잠시 둔다. 석쇠에 더덕이 타지 않도록 구워 낸다.
3. 양념을 만들어 구워 놓은 더덕을 한 쪽씩 양념에 적셔 큰 그릇에 다시 포개어 놓았다가 2와 같은 방법으로 굽거나 팬에 굽는다.
4. 적당한 크기로 썰어 그릇에 담은 다음 잣가루를 뿌려 낸다.

참고사항

- 더덕은 뿌리가 희고 곧게 쭉 뻗은 것이 좋으며 2~8월에 수확한 것은 약용으로 쓴다. 칼슘이 비교적 많고 사포닌류와 스테롤류가 많으며 알칼로이드의 일종인 콘도놉신(condonop-sin)이 약용성분이다. 당질, 단백질, 지질, 티아민, 리보플라빈, 인, 철 등의 영양성분을 함유하며 뿌리에 있는 사포닌과 잎에 있는 플라보노이드는 혈중 콜레스테롤과 지질의 함량을 낮추어 준다. 또한 한방 효과도 뛰어나 염증을 제거하는 작용이 있어 유방염, 폐렴, 피부의 부스럼, 버짐을 치료하고 해열, 강장, 거담, 해독의 작용도 한다. 기관지염, 해수, 천식, 갈증에도 효과가 있어 건강식품의 좋은 식재료이다. 더덕으로는 더덕찜, 더덕장아찌, 더덕생무침, 더덕정과, 더덕누름적, 더덕튀김, 더덕자반, 더덕술 등의 음식을 만든다.
- 양평의 용문산더덕구이도 유명하다.

출 처

경기도 농촌진흥원, 경기향토요리, 1991

농촌진흥청 농촌영양개선연수원(현 농촌자원개발연구소), 한국의 향토음식, 1994

정보제공자

김순덕, 경기도 연천군 왕징면 동중리

구이

도미구이

재료

도미 1kg(1마리) • 소금 적량

양념 소금 1큰술 • 참기름 1작은술

만드는 법

1. 도미의 비늘을 긁고 밑으로 배 쪽에 칼을 넣어서 내장을 빼고 안과 겉에 물을 부어서 깨끗이 씻고 물을 뺀다.
2. 분량의 소금을 고루 뿌려서 20분 정도 둔다.
3. 석쇠를 데워 도미 양쪽으로 참기름을 발라서 굽고 한 쪽이 거의 구워지면 뒤집는다. 뒤집으면 그 면에 또 참기름을 바른다. 익기 전에 자주 뒤집으면 껍질이 상한다.

참고사항

- 도미라는 이름이 붙는 어류는 200여 종이나 되는데, 그 중 참돔이 대표적인 어종이다. 주로 한국, 대만, 중국 등지에 분포하며 카로티노이드(carotenoid)의 일종인 아스타잔틴(astaxanthin) 색소에 의해 붉은색을 띤다. 예부터 민물고기의 대표가 잉어라면 바닷고기의 대표는 도미를 말하는 것으로 맛도 있지만 재수가 좋고 축하하는 의미의 연회에 사용하였다. 일본, 뉴질랜드, 호주, 스페인에서도 즐겨 먹는다. 지방이 3.4%로 적고 냄새가 없어 맛이 담백하며 이노신산을 함유하여 농후한 맛이 난다. 10~1월이 제철이며 머리 부분이 맛이 있고 회, 찜, 구이, 탕, 전으로 쓰인다.
- 숯불에 불을 붙인 후 막 피기 시작한 불꽃은 닿는 부위만 군데군데 타기 쉬우므로 활짝 피었다가 불꽃이 가라앉은 고른 불이 구이에 적당하다.

출처
문화공보부 문화재관리국, 한국민속종합조사보고서(향토음식 편), 1984

민어구이(암치구이)

재료

민어 2kg(1마리) • 소금 2큰술 • 참기름 1큰술

만드는 법

1. 민어는 중심 뼈를 빼고 양면 살을 따로 떼어 약 10cm 가량의 길이로 자른 다음 소금을 고루 뿌려서 배어 들 때쯤 해서 채반에 담아 잠시 말린다.
2. 물기가 가시고 표면이 약간 꾸덕꾸덕해졌을 때 참기름을 발라서 앞뒤로 굽는다. 표면이 노릇노릇하게 될 정도로 굽는다.

참고사항

민어는 초여름이 제철이며 서울 지역에서 많이 이용하였다. 찌개, 구이, 전, 회, 부레를 이용한 부레찜 등으로 이용하며 민어의 내장을 제거하고 햇볕에 말린 것을 암치라고 한다.

출처

전희정 · 이효지 · 한영실, 한국전통음식, 문화관광부, 2000

구이

북어구이

재료

북어(中) 270g(2마리)

양념 간장 4큰술 • 물 2큰술 • 설탕 2큰술 • 다진 파 2큰술 • 다진 마늘 1큰술 • 다진 생강 ½큰술 • 참기름 1큰술 • 깨소금 1큰술 • 고춧가루 1작은술 • 실고추 약간

만드는 법

1. 마른 북어는 황태로 골라서 살이 부서지지 않게 방망이로 자근자근 두들기고, 북어포이면 물에 담가 부드럽게 불린다. 북어가 부드러워지면 갈라서 뼈와 가시를 발라 내고 지느러미를 떼어 내어 물기를 꼭 눌러서 짜고 폭 5cm 정도로 토막을 낸다.
2. 분량의 재료로 양념을 만든다.
3. 손질한 북어 토막을 양념에 켜켜로 재워서 20분 정도 두어 간이 배도록 한다.
4. 석쇠나 철판을 달구어서 양념한 북어를 얹어서 앞뒤로 고루 구워 뜨거울 때 그릇에 담아 낸다.

참고사항

- 북어는 우리나라에서 가장 많이 이용하는 명태를 말려 가공한 것이다. 명태는 함경도 연안에서 많이 잡히며 겨울에 대량으로 어획하여 생것은 생태, 말린 것은 북어, 냉동한 것은 동태, 어린 명태 말린 것은 노가리로 다양하게 가공한다. 특히 덕장에서 겨울바람에 동결과 해동 상태를 반복하며 건조한 것은 더덕북어 또는 황태라고 하여 상품으로 친다. 반건조 상태의 코다리는 명태(明太)의 알과 내장을 분리하고 몸체를 건조한 것이다.
- 북어는 국, 조림, 찜, 무침, 북어보푸라기 등으로 이용하며 제사 때는 북어포를 빠지지 않고 올린다.

고문헌
조선요리제법(북어구이)

밴댕이구이

재 료

밴댕이 1kg • 소금 20g

만드는 법

1. 밴댕이 내장을 제거하고 깨끗이 씻은 후 소금을 앞뒤로 골고루 뿌린다.
2. 1을 석쇠에 노릇노릇하게 굽는다.

❋ 참고사항

밴댕이는 4~7월 중순이 산란기로 밴댕이가 살이 올라 두툼해지고 기름져서 맛이 일품이다. 1980년대 초반 수도권 일대 밴댕이구이를 취급하는 포장마차나 전문점이 생기면서 서민들의 입맛을 사로잡아 밴댕이구이가 널리 알려졌다.

출 처

정건조 외, 한국의 맛, 경향신문사, 2005

양구이

재료

소양 1kg

양념 간장 2큰술 • 소금 1작은술 • 다진 파 3큰술 • 다진 마늘 3큰술 • 참기름 적량 • 깨소금 ½작은술 • 후춧가루 1작은술

만드는 법

1. 소양의 양면을 소금과 밀가루로 싹싹 비벼서 말끔하게 헹구어 냄새를 없앤 다음 끓는 물을 부었다가 검은색 쪽의 껍질을 벗기고 난 뒤 흰 쪽에 붙은 얇은 점막도 깨끗하게 떼어 낸다.
2. 4~5cm 크기로 썰어 가로, 세로로 잔칼집을 넣고 사방에 드문드문 칼집을 넣는다.
3. 양념 재료를 섞어서 양념을 만든다.
4. 2에 3의 양념을 넣어 20분 정도 재웠다가 굽는다.

참고사항

- 간장으로만 양념하는 것보다 간장에 소금을 섞어서 조미하면 색깔이 더 깨끗하다.
- 소의 4개의 위 중 첫 번째와 두 번째 위를 양이라 하고, 첫째 위의 두꺼운 부분을 양깃머리라 한다. 둘째 위는 벌집 모양으로 생겨 벌집양이라 하는데, 가장 양이 적다. 양은 쫄깃쫄깃한 육질의 맛이 있으며 구이, 전골, 탕, 양즙으로 이용된다.

출처
전희정 · 이효지 · 한영실, 한국전통음식, 문화관광부, 2000

염통구이

재 료

염통 300g • 쇠고기(등심) 100g

구이 양념 간장 5큰술 • 배즙 4큰술 • 설탕 2큰술 • 다진 파 3큰술 • 다진 마늘 1½큰술 • 다진 생강 1½큰술 • 참기름 1½큰술 • 깨소금 1½큰술 • 후춧가루 약간

만드는 법

1. 소의 염통을 덩어리째 씻어서 핏물을 빼고 힘줄과 딱딱한 부분은 도려 낸 다음 얇은 막을 벗긴다. 먹기 좋은 크기로 썰어 얇게 저며 잔칼집을 넣어 연하게 한다.
2. 쇠고기는 연한 부위로 납작하게 저며 썬다.
3. 분량의 양념을 섞어 구이 양념을 만든다.
4. 쇠고기는 먹기 30분 전쯤에 구이 양념으로 고루 주물러 간이 고루 배게 한다.
5. 뜨겁게 달군 석쇠나 팬에 고기 조각을 잘 펴서 얹어 양면을 고루 익혀 더울 때 바로 대접한다.

❁ 참고사항

배가 없을 때는 육수를 대신 넣어도 되며 염통이나 콩팥은 살코기와는 달리 누린 냄새가 나므로 반드시 생강을 넣도록 한다.

출 처

전희정 · 이효지 · 한영실, 한국전통음식, 문화관광부, 2000

고문헌

증보산림경제(우심적방 : 牛心炙方), 시의전서(염통구이), 조선요리제법(염통구이), 조선무쌍신식요리제법(우심적 : 牛心炙)

구이

웅어구이

재 료

웅어 1kg • 굵은 소금 적량

만드는 법

1. 웅어는 깨끗이 씻어 다듬는다.
2. 굵은 소금을 뿌리고, 석쇠를 달궈 굽는다.

참고사항

웅어는 한강 어귀의 낮은 물에 잘 자라며 갈대 속에서 많이 자라서 갈대 '위(葦)' 자를 써서 위어라고도 한다. 조선시대 행주 지역의 진상품이었다.

고문헌

조선무쌍신식요리제법(웅어구이)

임진강장어구이

재 료

장어 1kg • 생강 • 무 • 통후추 • 통계피 • 다시마 • 물

양념장 생강 20g(5쪽) • 통깨 1큰술 • 다진 파 2큰술 • 다진 마늘 1큰술 • 간장 1컵 • 설탕 ½컵

만드는 법

1. 장어를 깨끗이 씻어 배를 갈라 뼈를 발라 낸다.
2. 한 마리에 5cm 정도의 길이로 5~6토막 정도를 내어 채반에 물기를 뺀다.
3. 머리와 뼈는 생강, 무, 통후추, 통계피, 다시마를 넣고 푹 고아 육수를 만든다.
4. 3의 육수 1컵에 양념장 재료를 넣어 30분쯤 달인다. 양념장이 붉은빛을 띠면서 윤기가 나고 끈끈해져야 다 된 것인데, 만들어 둔 양념장을 쓸 때마다 조금씩 덜어 따뜻하게 데워서 써야 고기가 식지 않아 좋다.
5. 손질한 뱀장어를 양념장에 재워 놓고 숯불에 석쇠를 달군 후 장어를 굽는다. 양념장을 4~5회 정도 더 발라 가며 굽는다.

출 처

경기도 농촌진흥원, 경기향토요리, 1991

이승교, 경기 지역 향토음식 조사, 수원대학교 논문집 10권, 1992

구이

준치구이

재료

준치 4kg(5마리) • 굵은 소금 2½컵

만드는 법

1. 신선한 준치를 골라 머리와 꼬리를 자른다. 비늘을 긁고 내장을 꺼낸 다음 깨끗이 씻어 배를 반으로 갈라 편평하게 해놓는다.
2. 소금을 골고루 뿌려 하룻밤 동안 시원한 곳에 두었다가 다음날 햇볕이 잘 들고 통풍이 잘 되는 곳에서 말린다.
3. 거의 말랐을 때 싸서 눌러 놓는다. 납작하게 되면 다시 말려서 서늘한 곳에 둔다.
4. 두들겨 6cm 길이로 잘라서 석쇠에 굽는다.

참고사항

준치는 '썩어도 준치' 라는 속담이 있을 만큼 맛이 좋기로 유명하다. 『자산어보』에서는 준치에 대해 다음과 같이 설명하였다. '크기는 두세 자 정도로 몸은 좁고 높으며 비늘이 굵고 가시가 많으며 등은 푸르다. 맛이 좋고 시원하다. 곡우가 지난 뒤 비로소 우이도(전남 신안군)에서 잡힌다. 이때부터 북으로 이동하여 6월이 되면 서해에서 잡힌다' 『규합총서』에서는 유난히 많은 가시를 없애는 법에 대해 설명하였다. '준치를 토막 내어 그 조각을 도마 위에 세우고 허리를 꺾어 베나 모시수건으로 두 끝을 누르면 가는 뼈가 수건 밖으로 삐져나올 것이니 낱낱이 뽑으면 된다' 고 하였고 이것을 말려 구우면 훌륭한 밥반찬이 된다.

출처
김경숙, 경기도 이천시
최현숙, 경기도 이천시

청어구이(비웃구이)

재 료

청어 5마리 • 굵은 소금 2½컵

만드는 법

1. 신선한 청어를 골라 머리와 꼬리를 자른다. 비늘을 긁고 내장을 꺼낸 다음 깨끗이 씻어 배를 반으로 갈라 편평하게 해놓는다.
2. 소금을 골고루 뿌려 석쇠에 굽는다.

❋ 참고사항

청어는 정어리보다 조금 크고 떨어지기 쉬운 비늘로 되어 있으며 담흑색의 푸른빛을 띠고 있다. 우리나라에서는 경상도 포항 영일만이 주 산란지이다. 조선시대에는 삼면의 바다에서 흔히 잡히는 생선으로 가난한 유생을 살찌우는 생선이라 해서 비유어(肥儒魚) 혹은 비웃이라 하였다. 원래 청어 말린 것은 눈을 꼬챙이로 꿰어 관목어(貫目漁) 혹은 과메기라 하였으나 청어가 기름지고 비린내가 많이 나므로 요즘은 꽁치로 대신하기도 한다. 청어는 냉수성 어종으로 2~10℃에서 사는 저층 냉수대에서 서식한다. 등푸른생선의 하나로 불포화지방산이 많이 함유되어 있으며 값도 싸고 맛이 좋으나 잔가시가 많아 먹기에 번거로운 점도 있다. 구이, 찜, 튀김 등으로 이용된다.

출 처
한복려, 궁중음식과 서울음식, 대원사, 1995
손정우, 식품재료학, 효일출판사, 2004

콩팥구이

재료

콩팥 300g • 쇠고기(등심) 100g

구이 양념 간장 4큰술 • 설탕 2큰술 • 다진 파 3큰술 • 다진 마늘 1큰술 • 다진 생강 2작은술 • 깨소금 1½큰술 • 참기름 1½큰술 • 후춧가루 약간

만드는 법

1. 소의 콩팥을 덩어리째 씻어서 반을 갈라 흰색의 기름과 힘줄은 떼어 내고 얇은 막을 벗기고 얇게 저며 골고루 잔칼집을 넣어 연하게 한다.
2. 쇠고기는 연한 부위로 납작하게 저며 썬다. 한 입에 먹기에 알맞은 크기로 썰어 잔칼집을 넣어 연하게 한다.
3. 분량의 재료로 구이 양념을 만든다.
4. 쇠고기와 콩팥을 먹기 30분 전쯤에 구이 양념을 넣고 고루 주물러 간이 배게 한다.
5. 뜨겁게 달군 석쇠나 팬에 고기 조각을 잘 펴서 얹어 양면을 고루 익힌다.

출처
전희정 · 이효지 · 한영실, 한국전통음식, 문화관광부, 2000

조림 · 지짐이

은행장조림

재 료

은행 500g(3컵) • 식용유 ½큰술

양념 간장 1½컵 • 물엿 ⅓컵 • 설탕 ⅓컵 • 청주 3큰술 • 물 100mL(½컵) • 참기름 약간

만드는 법

1. 은행을 물에 살짝 씻은 후 볶아서 속껍질을 벗긴 후 행주로 기름기를 깨끗이 닦아 낸다.
2. 간장, 물엿, 설탕, 물, 청주를 넣고 끓인 후 반 정도 조려지면 은행을 넣는다.
3. 2의 불을 줄여 은근히 조린 후 은행이 익어 윤기가 나면 불을 끈다.
4. 먹기 직전에 참기름을 살짝 뿌려 준다.

1

1

2

2

출 처
양평군 향토음식연구회, 향토 · 개발요리 모음집, 1997

조리시연자
박종숙, 서울특별시 서초구 잠원동

무릇쑥조림

재 료

무릇 1kg • 쑥 800g • 엿기름 400g(3½컵) • 설탕 4컵 • 물 적량

만드는 법

1. 무릇잎은 살짝 데쳐서 말리고 뿌리는 통째 말려서 보관한다.
2. 말린 무릇을 사용할 때 무릇잎은 물에 불려 건져 놓고, 뿌리는 껍질을 벗긴 후 씻어서 삶는다. 삶은 후 그 물은 따로 받아 두고 뿌리 부분만 건져서 사용한다.
3. 잘 말려 놓은 쑥을 물에 불려서 건져 놓는다.
4. 준비한 찜통에 무릇의 뿌리를 한 켜 놓고 설탕을 뿌린 후 건져 놓은 무릇잎과 쑥을 섞어서 한 켜 놓고 설탕을 뿌린다.
5. 엿기름을 2의 따로 받아 놓은 국물에 풀어 4가 완전히 잠길 정도로 충분히 붓는다.
6. 은근한 불에서 건더기에 국물이 약간 묻어 있을 정도까지 조린다.

❋ 참고사항

무릇은 나리과에 속하는 다년생 풀로서 6월에 수확이 가능하며 삶아서 먹을 경우 아린맛이 있으나 설탕을 넣어 조려 먹으면 아린 맛이 감해지고 단맛이 증가하여 밥반찬으로 이용되며 위장병을 앓고 있는 사람에게 특효가 있는 것으로 알려졌다.

출 처

경기도 농촌진흥원, 경기향토요리, 1991
농촌진흥청 농촌영양개선연수원(현 농촌자원개발연구소), 한국의 향토음식, 1994
이승교, 경기 지역 향토음식 조사, 수원대학교 논문집 10권, 1992

조림 · 지짐이

병어고추장조림

재 료

병어 140g(1마리) • 감자 100g(⅔개) • 풋고추 15g(1개) • 붉은 고추 15g(1개) • 대파 20g(½뿌리) • 물 200mL(1컵)

양념 간장 2큰술 • 고추장 ½큰술 • 고춧가루 1큰술 • 설탕 1작은술 • 다진 마늘 1작은술 • 다진 생강 ½작은술

만드는 법

1. 병어를 손질하여 두 토막으로 자른다.
2. 양념 재료를 섞어서 양념장을 만든다.
3. 감자는 1.5cm 두께로 원형으로 썰어 2등분하고 대파와 풋고추, 붉은 고추는 1cm 너비로 어슷썬다.
4. 냄비에 감자를 깔고 병어를 넣은 후 준비한 양념장을 골고루 끼얹고 물을 부어 자작하게 조린다.
5. 대파, 풋고추, 붉은 고추를 넣고 다시 잠깐 조려 낸다.

참고사항

병어는 우리나라 서남해안에 널리 분포하며 몸이 10~20cm 길이로 납작하고 편편하다. 푸른빛을 띠는 작은 둥근 비늘이 있는데, 매우 떨어지기 어렵다. 생선살이 부드럽고 연하며 생선회, 찜, 구이, 튀김 등으로 이용한다. 3~11월에 걸쳐 잡히나 성어기는 4~6월이다.

출 처
이종근, 온 고을의 맛 한국의 맛, 신아출판사, 1999

병어조림

재 료

병어 200g(2토막) • 쇠고기 50g • 물 200mL(1컵) • 실고추 3g

쇠고기 양념장 간장 ½큰술 • 다진 파 1작은술 • 다진 마늘 1작은술 • 참기름 1작은술 • 후춧가루 약간

조림 양념장 간장 3큰술 • 설탕 1큰술 • 대파 20g(½뿌리) • 다진 생강 1큰술 • 참기름 1작은술 • 깨소금 1작은술

만드는 법

1. 병어의 내장을 제거하고 손질하여 두 토막으로 자른다.
2. 대파는 4cm로 잘라 0.3cm 너비로 굵게 채 썰고, 양념 재료를 섞어 양념장을 만든다.
3. 쇠고기를 잘게 다져서 양념장으로 양념한다.
4. 냄비에 병어와 양념한 쇠고기를 넣고 2의 양념장을 끼얹은 다음 물을 붓고 국물이 자작해질 때까지 국물을 끼얹어 가면서 익힌다.
5. 완성되면 그릇에 담고 실고추를 올린다.

출 처

한복려, 궁중음식과 서울음식, 대원사, 1995

북어조림

재 료

북어 270g(2마리) • 실고추 3g

양념장 간장 4큰술 • 물 4큰술 • 설탕 1큰술 • 다진 마늘 1큰술 • 다진 생강 1큰술 • 다진 파 1큰술 • 통깨 ½큰술 • 고춧가루 ½큰술

만드는 법

1. 북어는 물에 충분히 불려서 부드러워지면 건져서 물기를 거둔다. 북어의 지느러미를 떼고 가운데 뼈를 발라 내어 납작하게 펼친 후 5cm 정도로 토막을 낸다.
2. 분량의 재료로 양념장을 만든다.
3. 냄비에 북어를 한 켜 고르게 펴서 담고 위에 양념장을 끼얹고 실고추를 놓는다. 다시 북어를 가지런히 넣고 양념장을 고루 얹어서 불에 올려 조린다.
4. 끓어오르면 불을 약하게 줄이고 장물을 떠서 위에 끼얹어 간이 들도록 한다.
5. 국물이 거의 졸아들고 북어가 부드러워질 때까지 조린다.

출 처
전희정 · 이효지 · 한영실, 한국전통음식, 문화관광부, 2000

조기조림

재 료

조기 340g(2마리) • 쑥갓 20g

양념 간장 4큰술 • 설탕 1큰술 • 물 4큰술 • 실파 20g • 마늘 10g • 생강 5g • 깨소금 1작은술 • 실고추 적량

만드는 법

1. 조기의 지느러미는 다 떼고 어슷하게 2~3토막을 낸다.
2. 실파는 4cm 길이로 썰고, 마늘은 얇게 저며서 썰고, 생강은 얇게 편 썰기(0.2~0.3cm)한다.
3. 쑥갓은 6cm로 자른다.
4. 분량의 양념을 모두 섞고 작은 냄비나 뚝배기에 생선을 한 켜 담고 준비한 양념을 부어 가며 생선을 조린다.
5. 중간 정도의 불에 얹어 15~20분이면 적당하며, 거의 꺼낼 무렵에 쑥갓을 위에 얹고 다시 한번 끓인다.
6. 생선 껍질이 약간 갈색으로 물들고 국물이 조금 남아있게 조린다.

출 처

전희정 · 이효지 · 한영실, 한국전통음식, 문화관광부, 2000

고문헌

조선무쌍신식요리제법(조기조림)

주꾸미조림(쭈꾸미조림)

재료

주꾸미 300g • 쇠고기 60g • 소금 적량 • 실고추 약간

고기 양념장 간장 ½큰술 • 다진 파 1작은술 • 다진 마늘 1작은술 • 참기름 1작은술 • 깨소금 1작은술 • 후춧가루 ¼작은술

조림 간장 간장 2큰술 • 고추장 2큰술 • 조청 4큰술 • 물 200mL(1컵)

만드는 법

1. 주꾸미는 머리를 뒤집어서 내장을 빼고 소금을 뿌려 주물러서 깨끗이 씻어 건진다.
2. 쇠고기는 곱게 다져서 양념장으로 양념한다.
3. 주꾸미의 머릿속에 양념한 고기를 채워 넣는다.
4. 냄비에 조림 간장을 붓고 끓어오르면 주꾸미와 실고추를 넣고 조린다.
5. 색과 맛을 고르게 하기 위하여 가끔 위아래를 뒤적거리면서 국물이 거의 졸아들 때까지 윤기 나게 조린다.

❋ 참고사항

주꾸미는 낙지과의 소형 문어로 껍질이 매끈거리며 다리 사이 완막 표면에 한 쌍의 검은 안상 반점이 있는 것이 특징이다. 이른 봄 투명하고 맑은 알이 꽉 차 있을 때가 맛있다. 머리의 알째 조리하면 작은 좁쌀이 들어 있는 것 같고 씹는 맛이 좋다. 3월이 제철이며 서해안에서 많이 잡힌다. 볶음, 회, 찜, 구이, 탕 등으로 다양하게 조리하여 먹는다.

출 처
한국관광공사, 한국의 전통음식, www.visitkorea.or.kr/cc/mg/ccmg_cv0.jsp, 2006

홍합초

재 료

홍합살 300g • 쇠고기(우둔살) 50g • 꿀 ½큰술 • 참기름 ½큰술 • 다진 잣 ½큰술 • 전분 1큰술 • 물 1큰술

쇠고기 양념 간장 1작은술 • 다진 파 1작은술 • 설탕 ½작은술 • 다진 마늘 ½작은술 • 참기름 1작은술 • 후춧가루 약간

조림장 대파(흰 부분) 10g(¼뿌리) • 마늘 20g(5쪽) • 생강 10g(2쪽) • 간장 2큰술 • 배즙 5큰술 • 물엿 1큰술 • 후춧가루 약간

만드는 법

1. 홍합은 살만 발라 끓는 소금물에 살짝 데쳐 물기를 뺀다.
2. 쇠고기는 길이로 채 썰어 분량의 양념으로 무친 후 바싹 볶아 식힌다.
3. 대파의 흰 부분과 생강은 2cm의 길이로 곱게 채 썰고, 마늘은 0.2cm 두께로 편으로 썬다.
4. 팬을 달궈 기름을 살짝 두른 후 파채, 마늘편, 생강채를 볶다가 조림장을 넣어 반 정도 조린다.
5. 조림장에 홍합살을 넣어 조리다가 쇠고기를 넣어 국물 없이 자작하게 조린 후 전분을 물에 개어 붓고 고루 섞는다.
6. 꿀과 참기름으로 마무리하고 잣을 얹어 낸다.

1

2

4

5

참고사항

초(炒)라는 조리법은 간장물에 거므스름하게 짜지 않고 달게 녹말물을 풀어 넣어 조려서 장물이 남지 않게 만든다. 초를 할 수 있는 음식은 해산물 중 전복이나 해삼, 큰 조갯살 말린 것으로 만들 수 있다. 화양적을 돌려 담고 가운데 홍합초를 소복히 담아 놓고 잣가루를 뿌리면 호화스런 술안주가 된다.

출 처

문화공보부 문화재관리국, 한국민속종합조사보고서(향토음식 편), 1984

한복려, 궁중음식과 서울음식, 대원사, 1995

조리시연자

박종숙, 서울특별시 서초구 잠원동

고문헌

시의전서(홍합초 : 紅蛤炒), 조선요리제법(홍합초)

볶음 · 초

떡볶이

재 료

흰떡 400g • 다진 고기 100g • 숙주 100g • 미나리 50g • 건표고버섯 10g(3개) • 당근 30g • 양파 50g(⅓개) • 소금 · 설탕 · 깨소금 · 참기름 약간

양념 간장 2큰술 • 설탕 1큰술 • 다진 파 2작은술 • 다진 마늘 1작은술 • 참기름 ½큰술 • 깨소금 1작은술 • 후춧가루 약간

만드는 법

1. 약간 굳은 흰떡을 4cm 길이로 자르고 길이로 다시 4등분하여 끓는 물에 잠깐 데쳐 내어 찬물에 헹군다.
2. 다진 고기는 다시 칼날로 곱게 다져 놓는다.
3. 숙주와 미나리는 각각 데쳐 찬물에 헹군 후 물기를 꼭 짜고, 미나리는 4cm 길이로 자른다.
4. 건표고버섯, 당근, 양파는 직사각형 모양으로 썰어(4×1×0.3cm) 소금 간하여 참기름에 볶아 놓는다.
5. 양념 재료를 섞어 양념장을 만든 다음 반은 다진 고기를 양념하고 나머지 반은 데쳐 낸 흰떡을 각각 양념한다.
6. 냄비에 고기를 볶다가 흰떡을 넣고 흰떡에 고기간이 완전히 배게 되면 3과 4의 채소들을 함께 섞어 참기름, 깨소금, 설탕을 넣어 간을 맞춘다.

출 처

문화공보부 문화재관리국, 한국민속종합조사보고서(향토음식 편), 1984

고문헌

시의전서(떡볶이), 부인필지(떡볶이), 조선무쌍신식요리제법(떡볶이)

배추뿌리볶음(배추꼬리볶음, 배추꼬랭이볶음)

재 료

배추뿌리 800g • 돼지고기 50g • 실고추 3g

양념장 간장 3큰술 • 다진 파 2작은술 • 다진 마늘 1작은술 • 참기름 1작은술 • 깨소금 1작은술

만드는 법

1. 배추뿌리를 다듬어 소금에 절였다가 씻어서 2cm 두께로 큼직하게 썬다.
2. 돼지고기는 굵게 채 썬다(5×0.5×0.5cm).
3. 양념장 재료를 섞어서 양념장을 만든다.
4. 양념장 1큰술은 돼지고기에 섞고 나머지 양념장은 썰어 놓은 배추뿌리에 넣고 무친다.
5. 팬에 돼지고기를 넣어 볶다가 배추꼬리를 같이 넣어 볶는다.
6. 그릇에 담고 실고추를 3cm로 잘라 얹는다.

출 처

황혜성, 한국의 미각, 궁중음식연구원, 1971

경기도 농촌진흥원, 경기향토요리, 1991

보리새우볶음

재 료

보리새우 50g • 간장 • 물 • 설탕 • 물엿 • 참기름 • 통깨

만드는 법

1. 팬에 기름을 두르지 말고 뜨겁게 달구어 마른 새우를 볶은 다음 마른 면포에 싸서 까칠한 수염과 가시가 떨어지도록 비빈다.
2. 팬에 간장, 물, 설탕, 물엿을 넣고 끓인다.
3. 간장물이 거품이 나면서 끓어오르면 볶은 새우를 넣고 고루 섞어서 불에서 내린다.
4. 참기름과 통깨를 넣고 고루 섞는다.

출 처
문화공보부 문화재관리국, 한국민속종합조사보고서(향토음식 편), 1984

볶음 · 초

천엽볶음

재 료

천엽 600g • 풋고추 30g(2개) • 붉은 고추 20g(1¼개) • 양파 200g(1¼개) • 소금 · 식용유 적량

양념 간장 4큰술 • 다진 파 1큰술 • 다진 마늘 1큰술 • 생강 1작은술 • 깨소금 1큰술 • 후춧가루 약간

만드는 법

1. 천엽은 한 조각씩 떼어 내서 소금으로 박박 문질러 씻은 후 끓는 물에 살짝 데쳐 검은 부분을 벗긴 다음 돌돌 말아 4cm 길이로 채 썬다.
2. 풋고추와 붉은 고추는 씨를 털어 내고 0.5cm로 어슷썰며, 양파는 반을 갈라 0.3cm 너비로 채 썬다.
3. 분량의 재료로 양념장을 만들어 천엽에 넣고 고루 무친다.
4. 뜨겁게 달군 팬에 식용유를 두르고 양파를 볶다가 천엽을 넣고 풋고추와 붉은 고추를 넣어 가볍게 섞듯이 볶는다.

출 처

전희정 · 이효지 · 한영실, 한국전통음식, 문화관광부, 2000

고문헌

조선요리제법(천엽볶음), 조선무쌍신식요리제법(천엽초 : 千葉炒)

화성불낙지볶음

재 료

낙지 250g(1마리) • 양파 50g(⅓개) • 당근 50g(⅓개) • 느타리버섯 100g(5개) • 미나리 100g • 풋고추 45g(3개) • 붉은 고추 45g(3개)

양념 고춧가루 2큰술 • 다진 파 1큰술 • 다진 마늘 1큰술 • 다진 생강 1작은술 • 육수 100mL(½컵) • 참기름 1작은술 • 소금 적량 • 후춧가루 약간

만드는 법

1. 산 낙지는 소금물에 바락바락 씻어 건져 놓는다.
2. 양파는 0.5cm로 채 썰고, 당근은 길이로 반 갈라 0.3cm로 어슷썬다. 고추는 0.5cm로 어슷썬다.
3. 느타리버섯은 살짝 데쳐 찢고, 미나리는 5cm 길이로 썬다.
4. 철판 위에 준비한 채소를 돌려 담고 철판이 달궈지면 낙지와 양념을 넣고 볶는다.
5. 남은 국물에 밥을 비벼 먹거나 송송 썬(0.5cm) 미나리와 김 부순 것을 넣고 볶아 먹는다.

참고사항

경기도 화성시 남양면의 불낙지는 예로부터 유명하여 가정식이나 식당에서도 즐겨 먹는 음식이다.

출 처

농촌진흥청, 향토음식, www2.rda.go.kr/food/, 2006

정보제공자

손태미, 경기도 화성시 남양면

전복초

재 료

마른 전복 150g(3개) • 쇠고기 100g • 물 1큰술 • 전분 1큰술 • 참기름 1큰술 • 잣가루 적량

양념장 간장 4큰술 • 전복 불린 물 100mL(½컵) • 설탕 2큰술 • 마늘 10g(⅓통) • 생강 10g(2쪽) • 후춧가루 약간

만드는 법

1. 마른 전복은 하룻밤 물에 불려 얇게 저민다.
2. 쇠고기는 사방 2.5cm 크기로 얇게 저며 썰고, 마늘과 생강은 0.2cm 두께로 편 썰기를 한다.
3. 냄비에 양념장을 넣어 끓으면 쇠고기를 넣는다.
4. 다시 한번 끓으면 전복 저민 것을 넣고 서서히 끓인다.
5. 국물이 자작해지면 전분에 동량의 물을 넣은 전분물을 넣어 고루 섞고 마지막으로 참기름을 넣어 윤기를 낸다.
6. 그릇에 담고 잣가루를 뿌린다.

출 처
한복려, 궁중음식과 서울음식, 대원사, 1995

고문헌
조선요리제법(전복초)

전 · 적

두부적

재 료

두부 1kg(2모) • 돼지고기 150g • 식용유 약간

두부 양념 소금 1작은술 • 후춧가루 약간 • 전분 2큰술

돼지고기 양념 간장 1큰술 • 설탕 ½큰술 • 다진 파 1큰술 • 다진 마늘 ½큰술 • 생강즙 1작은술 • 참기름 1큰술 • 후춧가루 약간

초장 간장 1큰술 • 식초 ½큰술 • 매실청 1큰술 • 생수 1큰술

만드는 법

1. 두부는 은근히 눌러 물기를 빼고 7mm 두께로 썰어 소금, 후춧가루 간을 한 후 전분을 고루 묻힌다.
2. 다진 돼지고기는 분량의 양념을 한다.
3. 두부 조각의 한쪽에 양념한 돼지고기를 얇고 고르게 펴 바른다.
4. 팬에 식용유를 두르고 고기 쪽부터 먼저 지지고 익으면 뒤집어 두부 쪽을 노릇노릇하게 지진다.
5. 초장을 곁들인다.

참고사항

두부는 기원전 2세기경 한나라의 회남왕 유안이 발명했다고 한다. 중국 당나라 때 우리나라에 들어 왔을 것으로 보고 있다. 옛날에는 두부를 포(泡)라고 불렀고 조선시대에는 두부를 맡아 제조하는 절을 조포사(造泡寺)라고 하였다.

1

1

3

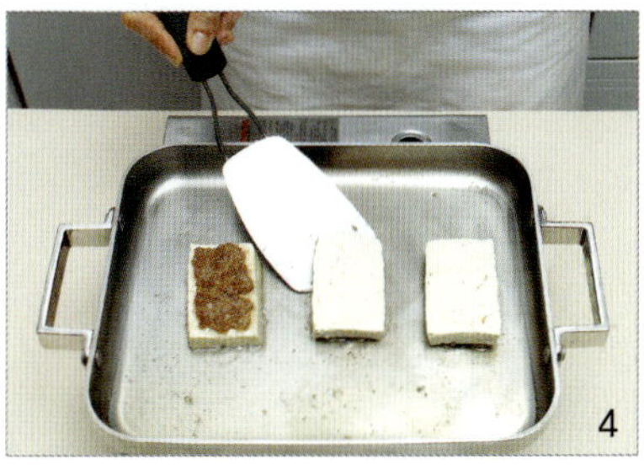

4

출 처
문화공보부 문화재관리국, 한국민속종합조사보고서(향토음식 편), 1984

조리시연자
박종숙, 서울특별시 서초구 잠원동

전 · 적

제육저냐

재 료

돼지고기(다릿살) 600g • 밀가루 110g(1컵) • 식용유 · 물 적량 • 소금 $\frac{1}{3}$작은술

만드는 법

1. 기름기 없는 돼지고기를 삶아 눌러 얇게 저민다.
2. 밀가루에 물과 소금을 넣고 잘 풀어 놓는다.
3. 달군 팬에 식용유를 두르고 2의 밀가루 반죽물을 한 국자 떠 놓고 편 다음 고기 몇 조각을 얹고 다시 반죽을 펴 발라서 뒤집어 지진다.
4. 노릇노릇하게 익으면 먹기 좋게 썰어 낸다. 큰 상에는 네 모서리만 도려 내고 여러 장 괴어 쓴다.

1

2

3

3

❁ 참고사항

돼지고기를 생으로 얇게 저며서 소금과 후춧가루를 뿌려 재운 후 밀가루와 달걀을 입혀서 보통 육전처럼 지지기도 한다.

출 처
경기도 농촌진흥원, 경기향토요리, 1991

조리시연자
박종숙, 서울특별시 서초구 잠원동

고문헌
조선요리제법(제육전유어), 조선무쌍신식요리제법(제육전유어)

전 · 적

가지전

재 료

가지 120g(1개) • 달걀 50g(1개) • 밀가루 25g(3큰술) • 소금 · 식용유 적량

만드는 법

1. 가지는 껍질을 벗겨 1cm 두께로 어슷하게 썰어 찬물에 담가 두었다가 물기를 뺀다.
2. 가지에 소금을 살짝 뿌려 간을 하고 밀가루를 묻혀 달걀물에 담갔다가 팬에 노릇하게 지진다.

출 처
전희정 · 이효지 · 한영실, 한국전통음식, 문화관광부, 2000

전 · 적

풋고추전

재 료

풋고추 200g(15개) • 쇠고기 50g • 달걀 100g(2개) • 밀가루 5큰술 • 소금 $\frac{1}{4}$작은술

고기 양념 간장 $\frac{1}{2}$작은술 • 다진 파 $\frac{1}{2}$작은술 • 다진 마늘 $\frac{1}{2}$작은술 • 참기름 $\frac{1}{2}$작은술 • 깨소금 $\frac{1}{2}$작은술 • 후춧가루 약간

만드는 법

1. 풋고추는 길이로 칼집을 넣어 씨를 빼고, 큰 것은 반으로 가른 다음 씨를 뺀다.
2. 쇠고기를 곱게 다져서 양념한 다음 고추 안에 조금씩 채워 넣는다.
3. 고기를 넣은 부분에만 밀가루와 푼 달걀을 씌워서 뜨거운 팬에 식용유를 두르고 한 면은 파랗게, 한 면은 노랗게 지진다.

출 처
전희정 · 이효지 · 한영실, 한국전통음식, 문화관광부, 2000

고문헌
조선무쌍신식요리제법(고초보찜)

간랍(전유아, 전유어)

재 료

부아전 부아(허파) 100g • 밀가루 15g(2큰술) • 달걀 50g(1개) • 소금 · 식용유 적량 • 후춧가루 약간

간전 간 100g • 소금 ½작은술 • 후춧가루 ⅓작은술 • 메밀가루 2큰술 • 깨소금 1큰술 • 식용유 적량

천엽전 천엽 100g • 밀가루 15g(2큰술) • 달걀 50g(1개) • 소금 ½작은술 • 후춧가루 ⅓작은술 • 식용유 적량

만드는 법

부아전

1. 부아를 끓는 물에 삶는데 도중 꼬치로 찔러 가며 완전히 익도록 한다. 다 익으면 얇게 저며 소금, 후춧가루를 뿌린다.
2. 밀가루와 달걀을 씌워 팬에 식용유를 두르고 지진다.

간 전

1. 간을 0.3cm 두께로 저며 소금으로 주물러 씻어서 냉수에 담가 핏물을 빼어 마른 면포 위에 눌러 놓고 물기를 뺀다. 소금과 후춧가루를 조금씩 뿌린다.
2. 마른 메밀가루에 깻가루를 섞어 꼭꼭 눌러 씌워서 기름을 간 조각이 반은 잠길만큼 부어서 노릇노릇하게 바싹 지져 낸다.

천엽전

천엽을 깨끗이 씻어 한 조각씩 떼어 내어 잔칼집을 내고 소금, 후춧가루를 뿌렸다가 밀가루와 달걀물을 씌워 지진다. 천엽 쪽은 칼집을 내고 가장자리도 조금씩 끊어야 오그라들지 않는다.

❁ 참고사항

- 내장은 조리하기 전 미리 손질을 잘하고 냉수로 많이 씻어야 내장 특유의 냄새가 없다. 부아는 꼬치로 찌르면서 삶고 천엽과 소양은 소금으로 주물러 씻어 껍질을 하얗게 벗겨야 한다. 간은 메밀가루로 입혀 지지는 것이 냄새가 나지 않고 먹기 좋다.
- 내장전은 큰상 차릴 때 고이는 음식에 밑받침으로 많이 쓰고 있다. 다른 전보다 무기질이 많아 권장할 만한 음식이다.

출 처
문화공보부 문화재관리국, 한국민속종합조사보고서(향토음식 편), 1984

개성장땡이(장떡)

재 료

찹쌀가루 800g(8컵) • 쇠고기 150g • 된장 5큰술 • 식용유 적량

쇠고기 양념 다진 파 2큰술 • 다진 마늘 1큰술 • 다진 생강 1작은술 • 소금 적량 • 참기름 1큰술 • 깨소금 1큰술

만드는 법

1. 쇠고기을 곱게 다져 쇠고기 양념을 넣어 여러 번 주무른다.
2. 된장과 쇠고기 양념한 것을 찹쌀가루에 넣어 고루 반죽한다.
3. 반죽한 것을 지름 3cm, 두께 0.8cm 정도로 동글납작하게 빚어 하루 정도 말린 다음 2회 정도 쪄서 말렸다가 먹을 때마다 기름에 지져서 밥반찬으로 한다.

참고사항

- 장땡이는 흔히 장떡이라고 하는데, 개성 지방에선 이를 장땡이라고 한다. 장떡은 햇된장이나 고추장에 찹쌀가루, 쇠고기 등을 넣고 버무려 동글납작하게 빚어서 말린 후 찌거나 기름에 지진 떡이다. 예전에는 여행할 때 가지고 다니는 행찬(行饌)으로 많이 쓰였다.
- 찹쌀가루 대신 밀가루를 쓰기도 하며 보관하지 않고 바로 먹을 것은 햇된장이 두어 달 삭은 후 풋고추나 대파 흰 부분을 굵게 채 썰어 넣고 버무려서 바로 구워도 된다.

출 처
문화공보부 문화재관리국, 한국민속종합조사보고서(향토음식 편), 1984

고추장떡

재 료

쌀가루 500g(3⅓컵) • 밀가루 110g(1컵) • 쇠고기 200g • 양파 200g(1¼개) • 풋고추 40g(3개) • 고추장 2큰술 • 물 · 식용유 적량

만드는 법

1. 쇠고기를 곱게 다진다.
2. 양파는 0.3cm 너비로 채 썰고, 풋고추는 어슷썬다(0.3cm).
3. 준비된 쌀가루, 밀가루, 양파, 쇠고기, 풋고추, 고추장, 물을 넣고 혼합한다.
4. 팬에 기름을 두르고 반죽을 떠넣어 지진다.

참고사항

중부 지방의 토속음식으로 고추장떡을 들 수 있는데, 고추장떡은 밀가루떡에 고추장과 양념 간장을 바르고 풋고추와 배추김치를 얹어 부친 일명 '날궂이떡' 이라고도 부른다. 비 오는 날 농가에서 한가하게 부쳐 먹던 음식이라는 뜻으로 매콤하고 구수한 맛이 일품이다.

출 처
농촌진흥청 농촌영양개선연수원(현 농촌자원개발연구소), 한국의 향토음식, 1994

정보제공자
이평순, 경기도 양주군 광적면 광석리

김치전병

재 료

메밀가루 70g • 배추김치 30g • 무 20g • 애호박 20g • 두부 50g • 물 적량 • 소금 약간

양념 고춧가루 1큰술 • 참기름 1작은술 • 깨소금 2작은술 • 다진 마늘 1작은술 • 소금 · 다진 파 적량

만드는 법

1. 메밀가루와 소금을 섞어 물에 푼다.
2. 무는 채 썰어(4×0.2×0.2cm) 기름에 볶는다.
3. 애호박도 무와 같은 크기로 채 썰어 끓는 물에 데쳐 꼭 짠다.
4. 두부는 으깨고 배추김치는 1cm 길이로 송송 썬다.
5. 무, 애호박채와 으깬 두부, 김치 등 준비된 재료를 모두 넣고 분량의 양념으로 양념한다.
6. 팬에 1의 메밀 반죽을 둥글게 펴 살짝 익힌 후 그 위에 5의 재료를 얹고 둥글게 싸서 노릇하게 지진다.

출 처

전희정 · 이효지 · 한영실, 한국향토음식, 문화관광부, 2000

도토리빙떡

재 료

도토리가루 220g(2컵) • 찹쌀가루 300g(3컵) • 쇠고기 50g • 무 150g • 당근 50g(⅓개) • 물 800mL(4컵) • 깨소금 1큰술 • 참기름 1작은술 • 다진 파 1큰술 • 소금 ½작은술 • 식용유 적량

쇠고기 양념 간장 ½큰술 • 설탕 ¼큰술 • 다진 파 1작은술 • 다진 마늘 ½작은술 • 깨소금 ½작은술

만드는 법

1. 도토리가루와 찹쌀가루를 골고루 섞은 후 물을 부어 반죽한다.
2. 무, 당근은 채 썰어서(5×0.2×0.2cm) 약간의 소금을 넣고 식용유에 볶은 후 물기를 뺀 다음 다진 파, 깨소금, 참기름을 넣고 버무린다.
3. 쇠고기도 채 썰어(5×0.2×0.2cm) 분량의 양념으로 양념한 다음 식용유에 볶아 2와 섞는다.
4. 식용유를 두른 사각 프라이팬이 뜨거워지면 1의 반죽을 한 국자 정도 떠 넣어 골고루 퍼지게 하여 반쯤 익으면 3의 속을 앞쪽으로 일정한 분량을 놓아서 돌돌 말은 다음 지진다.
5. 뜨거울 때 양념장을 곁들인다.

출 처
농촌진흥청 농촌영양개선연수원(현 농촌자원개발연구소), 한국의 향토음식, 1994

미꾸라지부침

재 료

미꾸라지 500g • 양파 200g(1¼개) • 깻잎 15g(10장) • 풋고추 60g(4개) • 당근 30g(⅕개) • 쌀가루 300g(2컵) • 밀가루 220g(2컵) • 물 · 들기름 · 초간장 적량 • 소금 약간

만드는 법

1. 미꾸라지에 소금을 살짝 뿌려 깨끗이 씻고 분쇄기에 간다.
2. 양파는 2등분하여 물을 약간 넣고 다시 분쇄기에 간다.
3. 큰 그릇에 1과 2를 담고 혼합한 후 쌀가루, 밀가루를 넣고 다시 잘 섞는다.
4. 풋고추, 깻잎은 0.3cm로 곱게 채 썰어서 3에 넣고 소금을 첨가해서 간을 맞춘다.
5. 달군 팬에 들기름을 두르고 먹기 좋은 크기로 동글납작하게 지진다.
6. 접시에 초간장과 함께 곁들인다.

출 처

경기도 농촌진흥원, 경기향토요리, 1991
농촌진흥청 농촌영양개선연수원(현 농촌자원개발연구소), 한국의 향토음식, 1994

정보제공자

장옥순, 경기도 김포시 김포읍 운양1리

민어전

재 료

민어살 300g • 밀가루 55g(½컵) • 달걀 100g(2개) • 식용유 적량 • 소금 · 후춧가루 약간

초간장 간장 2큰술 • 물 1큰술 • 식초 1큰술 • 잣가루 ½작은술

만드는 법

1. 민어살을 0.3cm 두께의 전감으로 포를 떠서 소금과 후춧가루를 뿌린다.
2. 1에 밀가루를 묻혀서 살짝 털고 풀어 놓은 달걀물에 담갔다가 식용유를 두른 팬에 양면을 노릇하게 지진다.
3. 한 입에 먹을 수 있을 4~5cm 크기로 잘라 그릇에 담는다.
4. 초간장을 곁들인다.

출 처

김상보, 향토음식문화, 신광출판사, 2004
한국관광공사, 한국의 전통음식, www.visitkorea.or.kr/cc/mg/ccmg_cv0.jsp, 2006

고문헌

조선무쌍신식요리제법(민어전유어 : 民魚煎油魚)

백합쑥전 (상합쑥전)

재 료

백합(상합) 1kg(껍질 제거 후 200~300g) • 밀가루(또는 쌀가루) 5큰술 • 달걀 100g(2개) • 쑥 · 식용유 적량

양념 소금 · 다진 파 · 다진 마늘 약간

만드는 법

1. 백합을 손질하여 물에 씻어 물기를 뺀다.
2. 밀가루(또는 쌀가루)로 옷을 입힌다.
3. 달걀에 소금, 다진 파, 다진 마늘을 넣고 풀어 놓는다.
4. 밀가루를 묻힌 백합에 3의 달걀물을 입혀 팬에 식용유를 두르고 지져 낸다.
5. 4에 연한 쑥을 위에 고명으로 얹어 지지면 향과 모양이 살아난다.

참고사항

- 백합은 이매패류에 속하며 상합, 생합, 대합, 피합, 참조개 등의 방언으로 불린다. 맛이 좋고 품귀하여 궁중에 진상품으로 바쳤던 큰 조개이며 이 조개로 전을 부친 것이다.
- 백합은 고급 패류로서 서해안에서 많이 잡히는데, 인천광역시 강화군 서도면에서는 특히 백합이 유명하여 백합쑥전 외에 다양한 음식의 재료로 사용되었다.

출 처

현경숙, 인천광역시 강화군 북도면 장봉2리

사슬적

재 료

흰살생선(민어, 광어, 동태) 200g • 쇠고기 150g • 두부 150g(⅓모) • 잣가루 1큰술

생선 양념 간장 ½큰술 • 소금 1작은술 • 참기름 2작은술 • 다진 파 2작은술 • 다진 마늘 1작은술 • 후춧가루 약간

쇠고기 양념 간장 1작은술 • 소금 1작은술 • 참기름 2작은술 • 깨소금 2작은술 • 다진 파 2작은술 • 다진 마늘 1작은술 • 후춧가루 약간

만드는 법

1. 흰살생선은 길이 6cm, 폭 1cm 정도의 막대 모양을 썰어 생선 양념으로 고루 무친다.
2. 쇠고기는 곱게 다지고 두부는 물기를 꼭 짜서 한 데 섞어 쇠고기 양념으로 고루 양념한다.
3. 생선을 꼬치에 꿰어 밀가루를 고루 묻힌 다음 2의 양념한 고기를 생선 사이사이에 채워서 고르게 눌러 붙인다. 또는 생선을 꼬치에 꿰어 뒷면에 양념한 고기를 반대기를 만들어 고르게 붙인다.
4. 석쇠에 굽거나 팬을 달구어서 양면을 지져 낸다.
5. 접시에 담아 잣가루를 뿌리고 초장을 곁들인다.

출 처

전희정 · 이효지 · 한영실, 한국전통음식, 문화관광부, 2000

고문헌

조선요리제법(사슬적), 조선무쌍신식요리제법(사슬산적)

전 · 적

새우전

재 료

새우 300g(10마리) • 달걀 100g(2개) • 밀가루 · 식용유 적량 • 소금 · 후춧가루 약간

초간장 간장 2큰술 • 물 1큰술 • 식초 1큰술 • 잣가루 ½작은술

만드는 법

1. 새우는 껍질째로 깨끗이 씻어 머리를 떼어 내고, 꼬리 쪽의 마지막 한 마디와 꼬리를 남기고 나머지는 껍질을 벗긴다.
2. 새우는 내장을 등쪽에서 꼬치로 발라 내고 배 쪽에 칼집을 3~4번 살짝 넣는다. 또는 새우의 등 쪽에 길이로 칼집을 얕게 넣어 한 장으로 펴서 하기도 한다.
3. 달걀은 깨뜨려서 잘 풀어 놓는다.
4. 준비된 새우에 소금과 후춧가루를 뿌리고 꼬리 쪽은 묻지 않도록 하여 밀가루를 얇게 묻힌다.
5. 새우의 꼬리를 잡고 풀어 놓은 달걀에 담갔다가 뜨겁게 달군 팬에 식용유를 두르고 지진다.
6. 초간장을 만들어 곁들인다.

대하전

재 료

대하 300g • 밀가루 5큰술 • 달걀 50g(1개) • 식용유 적량

만드는 법

1. 대하의 껍질을 모두 벗긴 다음 찜통에서 잠깐 익힌 후 길이로 칼집을 넣어 얇게 두 쪽으로 저민다.
2. 저민 대하에 밀가루를 묻히고 달걀을 씌워 식용유를 두른 팬에서 노릇노릇하게 지진다.

참고사항

새우는 한자어로 하(鰕)라고 하여 크기에 따라 대하, 중하로 분류한다. 작은 새우는 껍질째 먹으면 칼슘 함량이 높고 껍질에 키틴질도 많아 성인병 예방에 효과가 있다. 우리나라 충남 및 전북 연안에서 주로 잡히며 새우의 수명은 1년이고 성장이 빠르므로 최근 새우 양식이 성행 중이다. 대하는 5~6월과 10~11월경에 잡힌다. 서해안의 대하는 5~6월에 산란하며 알이 여름에 급속히 성장하여 수온이 내려가는 10~11월에 서해 중부에 이르러 잡히는데, 아미노산인 글리신(glycine)의 함량이 많아지는 가을 것이 맛이 더 좋다. 새우는 살이 부드러우면서도 쫄깃하고 감칠맛이 있어 남녀노소 누구나 좋아하며 생으로도 먹고 구이, 찜, 튀김, 전, 젓갈로 이용한다.

출 처

한국관광공사, 한국의 전통음식, www.visitkorea.or.kr/cc/mg/ccmg_cv0.jsp, 2006

고문헌

조선요리제법(새우전유어), 조선무쌍신식요리제법(하전유어 : 蝦煎油魚)

주식류
부식류
떡류
과정류
음청류
주류

섭산적

재료

쇠고기(우둔) 300g • 두부 150g(1/3모) • 잣가루 2작은술

양념 간장 2큰술 • 소금 1작은술 • 설탕 1큰술 • 다진 파 2큰술 • 다진 마늘 1큰술 • 깨소금 1큰술 • 참기름 1큰술 • 후춧가루 약간

만드는 법

1. 쇠고기는 연하고 힘줄 없는 살코기 부위로 곱게 다진다.
2. 두부는 면포로 싸서 무거운 것으로 눌러 물기를 빼고 곱게 으깬다.
3. 쇠고기와 두부에 양념을 모두 넣고 끈기가 날 때까지 고루 섞는다.
4. 양념한 고기를 한지에 물을 축여서 깔고 1cm 두께의 네모진 반대기를 만들어 윗면을 칼등으로 자근자근 두들긴다.
5. 석쇠에 얹어서 고기가 고루 익도록 가끔 자리를 움직이면서 굽는다.
6. 양면을 모두 익힌 다음 한 김 식으면 2×2.5cm 정도의 크기로 썰어 그릇에 담고 잣가루를 고루 뿌린다.

출처
전희정 · 이효지 · 한영실, 한국전통음식, 문화관광부, 2000

고문헌
조선요리제법(섭산적)

송이산적

재 료

쇠고기 200g • 송이버섯 200g • 꼬치 6개 • 참기름 적량

양념장 간장 2큰술 • 설탕 1큰술 • 참기름 1큰술 • 다진 파 1작은술 • 마늘 1작은술 • 깨소금 ½작은술 • 후춧가루 ¼작은술

가루즙 물 200mL(1컵) • 간장 ½큰술 • 밀가루 15g(2큰술) • 참기름 2큰술 • 후춧가루 ¼작은술

만드는 법

1. 쇠고기는 0.7cm 두께로 얇게 포를 떠서 양념장으로 재워 놓고, 송이버섯은 깨끗이 다듬어 0.8cm 두께로 송이버섯 모양 그대로 썰어 참기름에 무쳐 놓는다.
2. 쇠고기와 송이버섯을 하나씩 교대로 꼬치에 끼워서 중간 불에 구우면서 가루즙을 바른다. 가루즙을 바르면 부드럽고 윤기가 나며 간이 되어 색다른 향을 낸다.

출 처
문화공보부 문화재관리국, 한국민속종합조사보고서(향토음식 편), 1984

고문헌
시의전서(송이산적), 조선요리제법(송이산적), 조선무쌍신식요리제법(송이산적 : 松茸散炙)

전 · 적

양동구리

재 료

양 300g • 달걀 50g(1개) • 전분 3큰술 • 식용유 적량 • 소금 1큰술

양 양념 소금 ½큰술 • 다진 파 2큰술 • 다진 마늘 1큰술 • 참기름 ½큰술 • 후춧가루 약간

초장 간장 2큰술 • 식초 1큰술 • 물 1큰술 • 잣가루 ½작은술

만드는 법

1. 양은 두꺼운 부위로 골라서 소금으로 문질러 씻어 안쪽에 붙어 있는 기름덩어리와 막을 벗긴다.
2. 끓는 물에 양을 잠깐 넣었다가 건져서 검은 막을 긁어 내고 곱게 다진다.
3. 양 다진 것에 양념을 고루 섞은 후 전분과 달걀을 풀어 넣어 고루 섞는다.
4. 달군 팬에 식용유를 두르고 한 숟가락씩 떠서 직경 3cm 정도로 동그랗게 지진다.
5. 초장을 만들어 곁들인다.

출 처

한복려, 궁중음식과 서울음식, 대원사, 1995

양평마전

재 료

마 200g • 쇠고기(간 것) 100g • 밀가루 110g(1컵) • 양파 200g($1\frac{1}{4}$개) • 당근 50g($\frac{1}{3}$개) • 대파 70g(2뿌리) • 식용유 적량

쇠고기 양념 간장 1큰술 • 설탕 1작은술 • 다진 파 1작은술 • 다진 마늘 1작은술 • 참기름 1작은술 • 깨소금 1작은술 • 후춧가루 약간

만드는 법

1. 마는 껍질을 벗겨 잘게 썰어 갈아 둔다.
2. 쇠고기 간 것은 고기 양념을 하여 잠시 재워 놓는다.
3. 양파, 당근, 대파는 잘게 다진다.
4. 재료를 모두 섞고 밀가루로 반죽한다.
5. 달군 팬에 한 숟가락씩 떠서 직경 6cm 정도의 크기로 지져 낸다.

❂ 참고사항

마는 마과에 속하는 다년초로 고구마처럼 생겼고, 마에 대한 기록은 『삼국유사』에서 찾아 볼 수 있으며, 중국의 『한서동이전』에서도 기록되어 있어 한반도의 농경 시작부터 식용해 왔던 것을 알 수 있다. 양평은 가평, 연천, 포천, 양주, 의정부, 남양주 등과 함께 경기도 동북부에 속하며, 강원도 산간 지역과 연결된 지역으로 양지바른 산비탈 나무 아래 초지에서 자라나는 마를 이용하여 전을 부쳐 먹었다.

출 처
이승교, 경기 지역 향토음식 조사, 수원대학교 논문집 10권, 1992

정보제공자
원시희, 경기도 양평군 강상면 화양2리

어산적

재 료

흰살생선살 400g • 쪽파 50g

양념장 간장 ¼컵 • 참기름 1큰술 • 설탕 1큰술 • 다진 파 1큰술 • 다진 마늘 1큰술 • 실고추 · 후춧가루 약간

만드는 법

1. 뼈 없이 손질한 생선을 너비 1.2cm, 길이 6cm 크기로 도톰하게 저며서 양념장에 재운다.
2. 쪽파의 흰 부분을 생선보다 약간 짧은 길이로 썬다.
3. 생선에 양념장이 배었으면 쪽파와 함께 꼬치에 꽂아서 양념장을 바르면서 바삭하게 굽는다.

출 처

전희정 · 이효지 · 한영실, 한국전통음식, 문화관광부, 2000

연근전

재 료

연근 190g(1개) • 밀가루 15g(2큰술) • 식용유 적량 • 식초 약간

밀가루 반죽 밀가루 110g(1컵) • 물 150mL(¾컵) • 간장 2작은술 • 참기름 2작은술

초장 간장 2큰술 • 물 1큰술 • 식초 1큰술 • 잣가루 ½큰술

만드는 법

1. 연근의 지름이 5cm 정도 굵은 것을 골라서 깨끗이 씻고 껍질을 벗겨서 0.5cm 정도 두께의 둥근 모양으로 썰어 식초를 조금 넣은 냉수에 담가 둔다.
2. 냄비에 넉넉히 물을 끓여서 썬 연근을 넣어 삶아 건진다.
3. 밀가루에 간장, 참기름, 물을 넣고 잘 개어 밀가루 반죽을 만든다.
4. 데쳐 낸 연근에 밀가루를 고루 묻힌 후 밀가루 반죽에 담갔다가 뜨겁게 달군 팬에 기름을 두르고 양면을 노릇하게 지진다.
5. 초장을 만들어 곁들인다.

출 처
전희정 · 이효지 · 한영실, 한국전통음식, 문화관광부, 2000

고문헌
음식디미방(연근전)

잡누름적

재 료

쇠고기(우둔) 200g • 전복 80g(1마리) • 불린 해삼 100g(대 1개) • 건표고버섯 6g(2개) • 통도라지 100g(5뿌리) • 당근 100g(⅔개)

고기 양념 간장 3큰술 • 설탕 1½큰술 • 다진 파 2큰술 • 다진 마늘 1큰술 • 깨소금 2작은술 • 참기름 2작은술 • 후춧가루 약간

도라지 양념 소금 2작은술 • 다진 파 4작은술 • 다진 마늘 2작은술 • 참기름 2작은술 • 깨소금 2작은술 • 후춧가루 약간

만드는 법

1. 쇠고기는 0.7cm 두께로 넓적하게 적으로 포를 뜬다.
2. 전복은 깨끗이 손질하여 살만 떼고, 불린 해삼은 잘 씻어서 굵기 1cm, 길이 6cm의 막대 모양으로 썬다.
3. 건표고버섯은 되도록 큰 것으로 골라서 물에 담갔다가 1cm 너비로 썬다.
4. 고기 양념으로 쇠고기, 전복, 해삼, 표고버섯에 나누어 고루 무쳐서 각각 볶는다.
5. 통도라지와 당근도 고기와 같은 크기로 썰어 소금물에 살짝 데친다. 각각 도라지 양념으로 무쳐 팬에 볶고 바로 넓은 그릇에 펴서 식힌다.
6. 준비한 재료들을 꼬치에 색을 맞추어 번갈아 꿰고 끝을 가지런히 다듬어서 접시에 돌려 담고 잣가루를 뿌린다.

출 처

전희정 · 이효지 · 한영실, 한국전통음식, 문화관광부, 2000

고문헌

조선요리제법(잡누루미), 조선무쌍신식요리제법(잡눌음이)

전 · 적

장산적

재 료

쇠고기 300g • 두부 150g(⅓모) • 잣가루 2큰술

쇠고기, 두부 양념 소금 1작은술 • 설탕 1큰술 • 다진 파 2큰술 • 다진 마늘 1큰술 • 깨소금 1큰술 • 참기름 1큰술 • 후춧가루 약간

조림 양념 간장 3큰술 • 물 4큰술 • 설탕 2큰술 • 후춧가루 약간

만드는 법

1. 쇠고기는 연하고 기름기가 없는 부위로 골라 곱게 다진다.
2. 두부는 면포로 싸서 무거운 것으로 눌러 물기를 빼고 곱게 으깬다.
3. 쇠고기와 두부에 양념을 넣고 끈기가 날 때까지 고루 섞는다.
4. 양념한 고기를 둘로 나누어 한지에 물을 축여 깔고 1cm 두께의 네모진 반대기를 만들어 칼등으로 자근자근 두들겨서 위를 편편하게 한다.
5. 석쇠에 얹어서 고기가 고루 익도록 가끔 자리를 움직이면서 굽는다. 양면을 모두 익힌 다음 한 김 식으면 가로 3cm, 세로 2cm 정도의 크기로 네모지게 썬다.
6. 냄비에 조림 양념을 담아 불에 올려서 끓어오르면 5의 섭산적을 넣어서 고루 간이 들도록 가끔 간장을 위에 끼얹는다.
7. 국물이 자작할 때까지 윤이 나게 조려서 그릇에 담고 잣가루를 고루 뿌린다.

출 처
한복려, 궁중음식과 서울음식, 대원사, 1995

고문헌
증보산림경제(장산적), 조선무쌍신식요리제법(장산적 : 醬散炙)

전 · 적

조개전

재 료

조개(대합) 200g(4개) • 달걀 50g(1개) • 밀가루 5큰술 • 식용유 적량

초간장 간장 2큰술 • 물 1큰술 • 식초 1큰술 • 참기름 ½작은술

만드는 법

1. 조갯살을 떼어 낸 다음 내장을 떼어 내고 깨끗이 씻어서 물기를 제거한다. 살이 두꺼운 것일 때에는 반으로 저민다.
2. 달걀은 부드럽게 푼다.
3. 조갯살은 밀가루를 고루 묻힌 후 풀어 놓은 달걀물에 담갔다 건져서 달군 팬에 식용유를 두르고 양면을 노릇노릇하게 지진다. 작은 조갯살은 여러 개를 합하여 숟가락으로 떠서 놓는다.
4. 초간장을 만들어 곁들인다.

출 처
전희정 · 이효지 · 한영실, 한국전통음식, 문화관광부, 2000

전 · 적

파산적

재 료

쇠고기 300g • 쪽파(또는 움파) 100g • 잣가루 1큰술 • 꼬치 4개

쇠고기 양념 간장 3큰술 • 설탕 1큰술 • 다진 파 1큰술 • 다진 마늘 1큰술 • 깨소금 2작은술 • 참기름 2큰술 • 후춧가루 ½작은술

파 양념 간장 1작은술 • 참기름 ½큰술

만드는 법

1. 쇠고기는 연한 부위로 0.5cm 두께로 포를 떠서 잔칼집을 넣어 너비 1.5cm, 길이 8cm의 막대 모양으로 길게 썰어 양념으로 고루 버무린다.
2. 쪽파를 다듬어 7cm 길이로 잘라 파 양념으로 간한다.
3. 산적 꼬치에 파와 쇠고기를 번갈아 끼워 꼬치의 양끝이 1cm 정도 남도록 하여 잠시 간이 배게 둔다.
4. 뜨겁게 달군 팬에 식용유를 두르고 고기 모양을 반듯이 하면서 양면을 지져 낸다.

출 처

한복려, 궁중음식과 서울음식, 대원사, 1995

고문헌

시의전서(파산적), 조선요리제법(파산적), 조선무쌍신식요리제법(총산적 : 蔥散炙)

전 · 적

표고버섯전

재 료

건표고버섯 300g(10장) • 쇠고기 50g • 밀가루 55g(½컵) • 달걀 50g(1개) • 식용유 적량 • 소금 약간

고기 양념 간장 1작은술 • 설탕 ½작은술 • 다진 파 ½작은술 • 다진 마늘 ½작은술 • 참기름 ⅓작은술 • 깨소금 ⅓작은술 • 후춧가루 약간

만드는 법

1. 건표고버섯은 미지근한 물에 불려서 기둥은 떼어 내고 머리 부분 만 물기를 닦은 후 소금을 조금 뿌려 밑간한다.
2. 쇠고기는 곱게 다져서 고기 양념하여 잠시 재워 놓는다.
3. 버섯의 안쪽 오목한 부분에 밀가루를 바른 다음 2의 고기를 납작하게 펴서 얹는다.
4. 고기 채운 면에 밀가루와 푼 달걀을 차례로 입혀 식용유를 두른 팬에 지진 다음 뒤집어서 표고버섯 윗부분도 살짝 익힌다.

출 처

인천광역시 농촌지도소, 우리음식모음, 1996

광주군 향토음식연구회, 너른고을 향토음식, 1997

한국관광공사, 한국의 전통음식, www.visitkorea.or.kr/cc/mg/ccmg_cv0.jsp, 2006

화양적

재 료

쇠고기 200g • 오이 250g(1⅔개) • 당근 200g(1⅓개) • 도라지 100g(5뿌리) • 건표고버섯 30g(10개) • 잣 1큰술 • 소금 · 식용유 적량

양념 간장 3큰술 • 설탕 1½큰술 • 다진 파 2작은술 • 다진 마늘 1작은술 • 참기름 2작은술 • 깨소금 1작은술 • 후춧가루 약간

만드는 법

1. 도라지와 당근은 직사각형(6×1×0.5cm)으로 썰어 살짝 데쳐 찬물로 헹궈 놓는다.
2. 오이도 당근, 도라지와 같은 크기로 썰어 소금에 살짝 절인 뒤 찬물에 씻어 놓는다.
3. 쇠고기는 7×1.2×0.5cm 크기로 잘라 앞뒤 칼집을 넣어 두드려 놓고, 건표고버섯은 물에 불려 채소와 같은 크기로 썬다.
4. 양념장을 준비하여 쇠고기와 표고버섯에 양념을 재워 놓는다.
5. 달궈진 팬에 식용유를 두르고 도라지, 오이, 당근, 쇠고기, 표고버섯순으로 볶아 내놓는다.
6. 꼬치에 쇠고기, 오이, 도라지, 당근, 표고버섯순으로 끼우고, 꼬치는 양 끝을 1cm 정도만 남기고 자른다.
7. 잣은 고깔을 떼고 종이에 올려 곱게 다져 놓는다.
8. 다져 놓은 잣가루를 적의 가운데에 일자로 가지런히 뿌려 장식한다.

출 처

남양주시 향토음식연구회, 전통음식 맥잇기 활동보고서, 1998
김상보, 생활 속의 향토음식문화, 신광출판사, 2004
한국관광공사, 한국의 전통음식, www.visitkorea.or.kr/cc/mg/ccmg_cv0.jsp, 2006

전 · 적

해삼전

재 료

불린 해삼(소) 12개 • 쇠고기(우둔살) 100g • 두부 100g($\frac{1}{5}$모) • 달걀 100g(2개) • 밀가루 · 식용유 적량

소양념 간장 1큰술 • 설탕 $\frac{1}{2}$큰술 • 다진 파 2작은술 • 다진 마늘 1작은술 • 참기름 1작은술 • 깨소금 1작은술 • 후춧가루 약간

초간장 간장 2큰술 • 물 1큰술 • 식초 1큰술 • 잣가루 $\frac{1}{2}$작은술

만드는 법

1. 불린 해삼은 배를 갈라서 내장을 꺼내고 깨끗이 씻는다. 마른 해삼일 경우에는 되도록 작은 것으로 골라 냄비에 담고 물을 넉넉히 부어 약한 불에 올려 놓는다. 끓어오르면 불을 끄고 그대로 두어서 완전히 식으면 다시 불에 올려 데웠다가 다시 식힌다. 이렇게 여러 번 반복하여 원래 크기의 5배 이상 되게 불린다.
2. 쇠고기는 곱게 다지고, 두부는 깨끗한 면포로 싸서 도마 등 무거운 것으로 눌러 물기를 빼고 곱게 으깬다.
3. 다진 쇠고기와 으깬 두부를 합하여 양념하여 소를 만든다. 해삼의 안쪽에 밀가루를 고루 묻힌 다음에 소를 꼭꼭 눌러 펴서 채운다.
4. 해삼의 소를 넣은 면에만 밀가루를 얇게 묻히고 달걀 푼 것에 담갔다가 뜨겁게 달군 팬에 노릇노릇하게 지진다.
5. 초간장을 곁들인다.

출 처

전희정 · 이효지 · 한영실, 한국전통음식, 문화관광부, 2000

홍해삼(해삼 · 홍합쌈)

재 료

불린 해삼 200g • 홍합 200g(9개) • 쇠고기 300g • 두부 600g(1⅕모) • 밀가루 110g(1컵) • 달걀 150g(3개) • 식용유 적량 • 초간장 1큰술

양념 간장 1큰술 • 소금 1작은술 • 다진 파 2큰술 • 다진 마늘 1큰술 • 설탕 2큰술 • 참기름 2큰술 • 깨소금 1큰술 • 후춧가루 ¼작은술

만드는 법

1. 불린 해삼은 잘 씻어 길이 5cm 정도로 썬다.
2. 홍합은 손질하여 끓는 물에 데친다. 큰 것은 길이로 2등분한다.
3. 쇠고기는 곱게 다지고, 두부는 면포에 싸서 무거운 것으로 눌러 물기를 없앤 다음 쇠고기와 두부를 섞어 양념을 해서 잘 주무른다.
4. 홍합을 각각 가운데 두고, 양념한 쇠고기와 두부로 홍합이 보일 정도만 남기고 주먹만하게 꼭꼭 싼다. 해삼도 홍합과 같은 방법으로 싼다.
5. 4를 밀가루에 굴려 쪄서 식힌 다음 밀가루를 묻혀 달걀을 황백으로 나누어 해삼에는 흰색, 홍합에는 노란색을 입혀 노릇하게 지진다.
6. 5의 지진 것이 식은 후 썰어 접시에 담아 초간장을 곁들인다. 또 통째로 꼬치에 꿰어 괴어서 고배상에 쓰기도 한다.

✽ 참고사항

개성의 명물이며 잔치에 만드는 특별한 음식으로 초장에 찍어 먹는다.

출 처
전희정 · 이효지 · 한영실, 한국전통음식, 문화관광부, 2000

찜 · 선

떡찜

재 료

가래떡 500g • 사태 200g • 양 200g • 쇠고기채 100g • 무 100g • 당근 100g(⅔개) • 건표고버섯 15g (5개) • 미나리 50g • 달걀 50g(1개) • 은행 20g(10알) • 육수(양지머리) 200mL(1컵)

사태와 양 양념 간장 1큰술 • 다진 파 1큰술 • 설탕 ½큰술 • 다진 마늘 ½큰술 • 후춧가루 약간 • 참기름 1큰술

쇠고기채 양념 간장 1큰술 • 다진 파 1큰술 • 다진 마늘 ½큰술 • 설탕 ½큰술 • 후춧가루 약간 • 참기름 1큰술

마무리 양념 간장 · 깨소금 · 설탕 · 참기름 약간

만드는 법

1. 양과 사태는 푹 무르도록 삶아 건져 큼직하게 썰어 양념한다.
2. 불린 표고버섯은 채 썰어 쇠고기채와 같이 양념한다.
3. 가래떡은 5cm 길이로 잘라 다시 길이로 4등분을 하고 굳은 것은 끓는 물에 데쳐 낸다.
4. 무와 당근은 살짝 삶아 떡과 같은 크기로 썰고 미나리는 4cm로 자른다. 은행은 속껍질을 벗긴다.
5. 달걀은 황백으로 나누어 지단을 부쳐 마름모 모양으로 썬다(폭 2cm).
6. 고기와 표고버섯 양념한 것을 볶다가 양념한 사태와 양, 무, 당근을 넣고 육수에 간을 맞춰 부은 다음 은근히 끓인다.
7. 국물이 반 정도 남으면 흰떡과 은행을 넣고 고루 섞은 다음 나머지 간을 맞춘다.
8. 불을 끄기 직전에 미나리를 넣고 그릇에 담은 후 황백지단을 얹어 낸다.

1

2

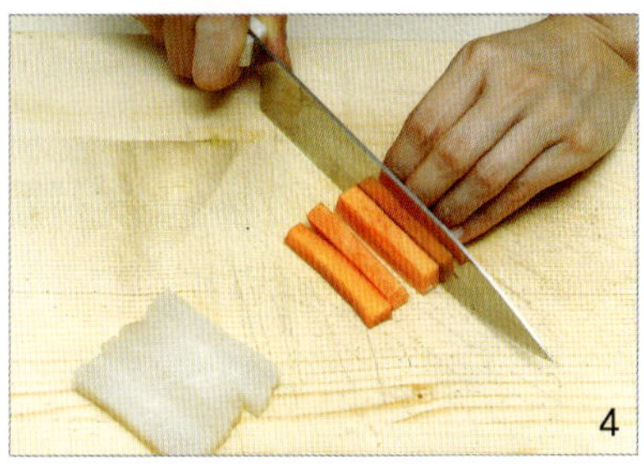

4

8

출 처
전희정 · 이효지 · 한영실, 한국전통음식, 문화관광부, 2000

조리시연자
박종숙, 서울특별시 서초구 잠원동

북어찜

재 료

북어 70g(½마리) • 참기름 약간

양념 간장 2큰술 • 설탕 2큰술 • 다진 파 2큰술 • 다진 마늘 1큰술 • 다진 생강 ½작은술 • 고춧가루 2큰술 • 배즙 1컵 • 후춧가루 1작은술

만드는 법

1. 물에 불린 북어를 적당한 크기로 잘라서 준비한다.
2. 분량의 재료로 양념을 만든다.
3. 2의 양념에 북어를 적셔 냄비에 넣고 양념이 자작할 때까지 찜을 한다.

조리시연자
박종숙, 서울특별시 서초구 잠원동

찜 · 선

종갈비찜

재 료

종갈비(돼지갈비) 1kg • 생강즙 3큰술

양념 간장 6큰술 • 설탕 3큰술 • 다진 마늘 3큰술 • 다진 파 6큰술 • 후춧가루 1작은술 • 참기름 1½큰술 • 깨소금 3큰술

만드는 법

1. 종갈비를 10cm 크기로 잘라서 생강즙에 버무려 두었다가 다시 양념에 재운다.
2. 1을 약한 불로 20분 정도 끓이다가 뭉근하게 타는 불로 국물이 조금 남게 조려 거무스름하고 윤이 나게 만든다. 찜이므로 조림보다 간이 싱거워야 한다.

❋ 참고사항

종갈비찜은 살이 붙어 있는 돼지갈비를 토막 내어 익히는 것으로 개성 지방의 전통음식이다.

정보제공자
윤순분, 경기도 남양주시 하도면 답내리

사 진
농촌진흥청, 농촌식생활 향상을 위한 식생활 평가 시스템 개발연구 보고서, 2000

찜 · 선

가지찜

재 료

가지 240g(2개) • 쇠고기 100g • 대파 35g(1뿌리) • 달걀 50g(1개) • 육수(양지머리) 1컵

양념 소금 1작은술 • 실고추 3g • 고추장 2작은술 • 간장 2작은술 • 다진 파 2작은술 • 다진 마늘 1작은술 • 설탕 1작은술 • 참기름 2작은술 • 깨소금 2작은술 • 후춧가루 약간

만드는 법

1. 가지는 연한 것을 골라 8cm 길이로 토막을 내고 길이로 세 군데 칼집을 넣어 소금물에 약간 절여 물기를 제거한다.
2. 쇠고기를 곱게 다져 분량의 양념과 짧게 끊은 실고추를 섞어 소를 만들고 절여 놓은 가지 속에 넣는다.
3. 달걀은 황백으로 지단을 부쳐 마름모 모양으로 썬다(폭 2cm).
4. 냄비 밑에 파잎을 굵게 썰어 깔고 그 위에 소를 넣은 가지를 담은 후 육수국물을 자작하게 부어 끓인다.
5. 그릇에 담아 낼 때 황백지단을 얹어 낸다.

출 처

전희정 · 이효지 · 한영실, 한국전통음식, 문화관광부, 2000

고문헌

음식디미방(가지찜), 조선요리제법(가지찜)

갈비찜(가리찜)

재 료

쇠갈비 600g • 무 300g(⅓개) • 당근 200g(1⅓개) • 건표고버섯 25g(8개) • 달걀 50g(1개) • 밤 100g(6개) • 은행 20g(10개) • 물 800mL(4컵)

양념 간장 6큰술 • 배즙 6큰술 • 다진 파 2큰술 • 다진 마늘 2큰술 • 참기름 1큰술 • 깨소금 1큰술 • 후춧가루 약간

만드는 법

1. 쇠갈비는 5cm 정도로 토막을 내어 찬물에 담가 핏물을 빼고 건져서 물을 넣고 삶는다. 갈비에 붙은 질긴 힘줄이나 기름 덩어리를 떼어 내고 2cm 간격으로 칼집을 넣고, 육수는 기름을 걷는다.
2. 분량의 재료로 양념을 만든다.
3. 냄비에 삶은 갈비를 담고 양념을 ⅓ 분량을 남기고 넣어 고루 버무린 후 육수 2컵 정도를 넣어서 중간 불에서 서서히 끓이고 끓기 시작하면 약한 불에서 갈비가 무르도록 끓인다.
4. 무와 당근은 사방 3cm의 크기로 썰어 돌려 깎기하여 끓는 물에 넣어 삶아 내고, 건표고버섯은 불려서 은행잎 모양으로 썬다.
5. 갈비가 무르고 국물이 자작하게 졸면 삶은 무, 당근, 표고버섯을 넣고 남은 양념과 육수를 넣어 약한 불에서 서서히 뜸을 들인다.
6. 윤기가 나고 간이 잘 들면 밤과 은행을 넣는다. 찜 그릇에 담은 다음 달걀지단을 완자 모양이나 마름모 모양으로 썰어 고명으로 얹는다.

출 처

전희정 · 이효지 · 한영실, 한국전통음식, 문화관광부, 2000

고문헌

조선요리제법(가리찜), 조선무쌍신식요리제법(가리찜)

찜 · 선

개성무찜

재 료

무 1kg(1⅕개) • 돼지갈비 300g • 쇠고기 300g • 돼지고기 300g • 닭갈비 300g • 은행 20g(10알) • 밤 100g(6개) • 대추 25g (10개) • 잣 1큰술 • 달걀 50g(1개) • 소금 · 물 적량

양념 간장 6큰술 • 설탕 3큰술 • 다진 마늘 3큰술 • 다진 파 3큰술 • 후춧가루 1작은술 • 깨소금 1큰술 • 생강즙 1큰술 • 참기름 2큰술

만드는 법

1. 무는 씻어 껍질을 벗기고 납작하게 썰어(5×3×1cm) 물에 소금을 넣고 살짝 데쳐 낸다.
2. 돼지갈비는 4cm로 토막을 내고, 쇠고기와 돼지고기, 닭고기는 4×3cm의 크기로 썰어 양념에 재운다.
3. 은행은 볶아 껍질을 벗기고 밤은 껍질을 벗겨 통째로 사용하며, 대추는 씨를 발라 내고 잣은 고깔을 벗긴다.
4. 달걀은 황백지단을 부쳐 완자 모양으로 썬다.
5. 2의 양념한 고기는 냄비에 담고 재료가 잠길 정도로 물을 부어 처음에는 센 불에서 끓이다가 점차 불을 약하게 줄이고, 국물이 반쯤 줄면 무, 밤, 대추를 넣고 끓인다.
6. 찜을 그릇에 담고 황백지단, 잣, 은행을 얹는다.

출 처

전희정 · 이효지 · 한영실, 한국전통음식, 문화관광부, 2000

찜 · 선

궁중닭찜

재 료

닭 1kg(1마리) • 물 2L(10컵) • 대파 70g(2뿌리) • 마늘 15g(½통) • 생강 10g(½쪽) • 건표고버섯 10g(4개) • 목이버섯 5g • 석이버섯 5g(5개) • 달걀 100g(2개) • 소금 적량 • 후춧가루 약간 • 밀가루 25g(3큰술) • 물 3큰술

닭살 양념 소금 1큰술 • 다진 파 2큰술 • 다진 마늘 1큰술 • 참기름 1큰술 • 깨소금 1큰술 • 후춧가루 약간

만드는 법

1. 닭은 머리, 발을 잘라 내고 배를 갈라서 내장을 빼 낸 후 뼈에 붙어 있는 것들도 말끔히 뜯어 내어 물에 씻어 건져서 10컵 정도의 끓는 물에 넣어 삶는다. 삶는 도중에 대파는 어슷썰고, 마늘, 생강은 크게 저며서 넣는다.
2. 닭이 충분히 무르면 건져서 뼈와 껍질을 발라 내고 살만 모아서 굵직하게 뜯어 놓은 후 국물은 식혀서 기름을 걷고 깨끗한 면포에 거른다.
3. 건표고버섯은 물에 불려서 기둥을 떼고, 목이버섯은 불려서 잘 씻어 손으로 한 잎씩 떼어 손질하며 석이버섯은 더운물에 불려 비벼서 안쪽의 이끼를 없애고 깨끗이 손질한다. 모두 굵은 채로 썰어 놓는다.
4. 냄비에 2의 닭국물 4컵을 담아 끓여서 소금, 후춧가루로 간을 맞추고 표고버섯과 목이버섯을 넣어 끓이다가 물에 푼 밀가루를 주걱으로 저으면서 걸쭉하게 만든다.
5. 닭살은 닭살 양념으로 고루 버무린 후 4에 넣어 끓어오르면 달걀을 풀어 넣고 줄알을 치고 석이버섯을 고루 얹어서 그릇에 펴서 담는다.

출 처

전희정 · 이효지 · 한영실, 한국전통음식, 문화관광부, 2000

찜 · 선

꽃게찜

재 료

꽃게 800g(3마리) • 쇠고기 100g • 달걀 150g(3개) • 밀가루 1큰술 • 표고버섯 10g(3개) • 석이버섯 5g(5개) • 미나리 30g • 소금 약간

양념 간장 2작은술 • 설탕 1작은술 • 소금 1작은술 • 참기름 1작은술

만드는 법

1. 꽃게는 깨끗이 씻어 게딱지를 연다. 아가미를 데어 내고 껍데기 안의 장과 알을 발라낸다.
2. 쇠고기는 곱게 다져 게살, 밀가루, 푼 달걀을 섞어 갖은 양념을 한다.
3. 게딱지에 2를 담아 찜통에 찐다.
4. 표고버섯과 석이버섯은 곱게 채 썰어(0.2cm) 약간의 소금을 넣고 볶는다.
5. 미나리는 데쳐 4cm 길이로 잘라 무치고, 달걀은 황백지단을 부쳐 채 썬다(5×0.2× 0.2cm).
6. 게찜에 4와 5의 고명을 얹어서 낸다.

출 처
인천광역시 농촌지도소, 우리음식모음, 1996

찜 · 선

누치찜

재 료

누치 3kg • 무 200g(1/4개) • 감자 200g(1 1/3개) • 달걀 • 통깨 • 물 적량

양념장 간장 4큰술 • 고추장 1큰술 • 고춧가루 8큰술 • 다진 마늘 • 다진 생강 • 물엿 • 식초 • 청주 • 후춧가루

만드는 법

1. 누치는 비늘을 긁어 내고 내장을 꺼내 씻는다.
2. 무, 감자는 0.5cm 두께의 반달 모양으로 자른다.
3. 냄비에 먼저 2를 깔고, 그 위에 누치를 넣은 다음 물을 부어 푹 끓인다.
4. 끓기 시작하여 5분 정도 후에 양념장을 2~3회 정도 끼얹어 주면서 계속 끓인다.
5. 4가 다 익으면 그 위에 통깨와 황백지단을 고명으로 얹는다.

❋ 참고사항

누치(訥魚)는 여주의 대표적인 특산물로 전해 내려 온다(驪州牧邑誌, 1611년).

출 처

농촌진흥청, 향토음식, www2.rda.go.kr/food/, 2006

찜 · 선

대하찜

재 료

대하 1kg(10마리) • 석이버섯 3g(3개) • 달걀 50g(1개) • 풋고추 15g(1개) • 붉은 고추 15g(1개) • 청주 · 소금 · 후춧가루 적량

만드는 법

1. 대하는 머리와 꼬리를 떼지 않고 등껍질을 벗긴 후 내장을 떼어 내고, 등에 칼집을 내고 이쑤시개를 꽂아 등을 펴서 청주, 후춧가루, 소금으로 밑간을 하여 찜통에 찐다.
2. 석이버섯은 곱게 채 썰어 볶고, 달걀은 황백으로 지단을 부쳐 곱게 채 썰어(4×0.2× 0.2cm) 둔다. 붉은 고추, 풋고추도 씨를 빼고 곱게 채 썰어 놓는다. 찐 새우등에 채 썰어 놓은 고명을 색깔을 맞춰 보기 좋게 얹어 낸다.

출 처
남양주시 농업기술센터, 남양주시 향토음식연구회, 보양음식, 2000

고문헌
음식법(대하찜)

찜 · 선

땅두릅찜

재 료

땅두릅 300g • 생멸치 500g • 산나물(고사리 · 다래 · 취나물) 300g • 밀가루 110g(1컵) • 된장 1큰술 • 소금 · 대파 적량

만드는 법

1. 땅두릅은 다듬어 큰 것은 반으로 갈라서 끓는 물에 살짝 데쳐서 적당한 크기로 자른다.
2. 생멸치는 뼈를 발라 깨끗이 씻어 준비한다.
3. 산나물도 살짝 데쳐서 5cm 길이로 잘라서 1, 2와 섞은 후 된장, 소금을 넣어 양념이 배게 한 후 어슷하게 썰은 대파, 밀가루와 혼합하여 시루에 김이 오르면 쪄 낸다.

참고사항

김포 산야에 자생하며 자라는 땅두릅을 살짝 데쳐 생멸치와 산나물, 된장을 섞어 만든 찜으로 생멸치 대신 쇠고기를 넣기도 하였다.

출 처
농촌진흥청 농촌영양개선연수원(현 농촌자원개발연구소), 한국의 향토음식, 1994
농촌진흥청, 향토음식, www2.rda.go.kr/food/, 2006

찜 · 선

돌붕어채소찜

재 료

돌붕어 600g(3마리) • 미나리 80g • 깻잎 15g(10장) • 무 300g(⅓개) • 양파 200g(1¼개) • 대파 70g(2뿌리)

양념 간장 1큰술 • 고춧가루 3큰술 • 다진 마늘 1큰술 • 참기름 1큰술 • 물엿 1큰술 • 청주 · 들깨 갈은 것 적량 • 통깨 ½큰술

만드는 법

1. 분량의 재료를 섞어서 양념을 만든다.
2. 무를 납작하게 썰어(5×4×1cm) 냄비 밑에 깐다.
3. 무 위에 다듬은 돌붕어를 얹고 1의 양념을 끼얹어 가면서 조린다.
4. 양파는 0.3cm 너비로 채 썰고 미나리는 5cm 길이로 자르고, 깻잎과 대파는 어슷하게 썬다(0.3cm).
5. 4의 채소를 3의 위에 얹고 국물이 거의 없어질 때까지 조린다.
6. 통깨를 얹어 낸다.

✻ 참고사항

늦봄에서 초여름에 냇가나 강에서 가장 흔히 잡히는 것이 붕어이며 부어 또는 즉어라고도 한다. 옛 음식 책에는 붕어구이와 붕어찜 조리법이 많이 나오는데, 『시의전서』에 나오는 방법을 살펴보면 '큰 붕어를 비늘을 긁고 칼로 등마루를 째서 속을 내버리고 어만두소처럼 만들어 뱃속에 넣고 좋은 초 두 술을 붓는다. 고기 입 가운데 조그만 백반 조각을 넣는다. 생선을 잘라 구멍 난 데에 간장을 묻히고 실로 동여매어 노구에 물을 조금 붓고 기름장에 뭉근한 불로 끓이되 밀가루와 달걀을 풀어 넣는다' 라고 하여 붕어요리를 해먹었던 자취를 엿볼 수 있는데, 이 붕어에 채소나 김치를 넣고 찜을 해서 먹으면 비린내도 적게 나므로 조상들의 슬기를 엿볼 수 있다.

출 처

이승교, 경기 지역 향토음식 조사, 수원대학교 논문집 10권, 1992

정보제공자

신용선, 경기도 연천군 전곡읍

찜 · 선

분원붕어찜

재 료

붕어 3kg(20~30cm) 2마리 • 민물새우 150g • 감자 240g(2개) • 무 400g(½개) • 콩나물 50g • 대파 20g(½뿌리) • 깻잎 10g • 미나리 20g • 쑥갓 20g • 우거지 200g • 수제비 반죽 200g • 대추 10g(4개) • 풋고추 30g(2개) • 통깨 1큰술 • 물 적량

양념장 고춧가루 • 고추장 • 다진 마늘 • 간장 • 후춧가루 • 다진 양파 • 다진 인삼 • 다진 생강

만드는 법

1. 바닥이 넓은 냄비에 도톰하게 썬 감자, 무 2조각을 깐다.
2. 붕어는 내장을 빼고 칼집을 내어 냄비에 올려 놓는다.
3. 물은 붕어가 잠길 정도로 부은 후 콩나물, 우거지를 놓는다.
4. 미리 만들어 놓은 양념장을 넣는다.
5. 미나리와 쑥갓은 5cm 길이로 자르고, 대파와 풋고추는 어슷썬다(0.3cm). 깻잎은 0.3cm 정도로 채 썬다.
6. 한소끔 끓인 후 대파, 풋고추, 깻잎, 미나리, 쑥갓, 대추, 민물새우, 수제비 반죽을 떼어 넣는다.
7. 자주 국물을 떠서 끼얹는다.

참고사항

- 팔당댐에서 잡은 붕어를 사용하여 인삼을 다져 양념장에 섞어 붕어의 비린 맛을 제거해 주며 우거지, 수제비 등을 넣어 별미로 만들어 왔다. 한수 이북을 걸쳐 내려 오는 모래이강의 마을 주민들이 주로 해먹던 음식으로 조선왕실 도자기 생산 지역의 도공들이 가마의 숯불에 즐겨 해먹던 음식이다.
- 이 밖에 한수 이북을 걸쳐 내려 오는 모래이강의 마을 주민들이 먹는 붕어찜 혹은 붕어조림은 강에서 붕어를 잡아 해먹던 음식으로 무와 감자를 큼직하게 썰어 냄비에 깔고 그 위에 붕어와 고추장 양념장을 넣고 끓여 먹는 음식이다.

출 처

농촌진흥청, 농촌영양개선연수원(현 농촌자원개발연구소), 한국의 향토음식, 1994
농촌진흥청, 향토음식, www2.rda.go.kr/food/, 2006

배추꼬리찜

재 료

배추뿌리 800g • 물 600mL(3컵) • 실고추 3g

양념 간장 3큰술 • 다진 파 2작은술 • 다진 마늘 1작은술 • 참기름 1작은술 • 깨소금 1작은술

만드는 법

1. 배추뿌리를 다듬어 소금에 절였다가 씻어서 2cm 두께로 큼직하게 썬다.
2. 양념 재료를 섞어서 양념을 만든다.
3. 냄비에 배추꼬리와 양념을 넣고 섞은 후 물을 자작하게 부어 푹 찐다.
4. 그릇에 담은 후 실고추를 올린다.

출 처
문화공보부 문화재관리국, 한국민속종합조사보고서(향토음식 편), 1984

생복찜(전복찜)

재 료

생전복 400g(5마리) • 쇠고기 50g • 건표고버섯 10g(3개) • 잣가루 1큰술 • 물 적량

양념 간장 3큰술 • 참기름 2작은술 • 다진 파 1작은술 • 다진 마늘 1작은술 • 설탕 2작은술 • 후춧가루 약간

만드는 법

1. 생전복을 껍질에서 떼고 내장을 뗀 다음 전복 가장자리를 소금으로 싹싹 비벼서 검은색이 없이 깨끗하게 하여 0.5cm 간격으로 칼집을 넣어 놓는다. 건표고버섯은 물에 불려 놓는다.
2. 쇠고기와 불린 표고버섯을 곱게 다져서 갖은 양념으로 조미한 다음 칼로 전복 저민 사이에 조금씩 끼운다.
3. 냄비에 담아서 잠길 정도의 물을 붓고 은근한 불에서 1~2시간 정도 익혀서 국물이 조금 남게 한다.
4. 뜨거울 때 국물과 함께 전복 위에 잣가루를 소복하게 뿌린다.

출 처
전희정 · 이효지 · 한영실, 한국전통음식, 문화관광부, 2000

고문헌
음식법(생복찜)

전복찜

재 료

전복 660g(8마리) • 쇠고기 120g • 건표고버섯 10g(4개) • 육수(또는 더운물) 200mL(1컵) • 국간장 1큰술 • 은행 25g(12알)

고기 양념 간장 1큰술 • 다진 파 2작은술 • 다진 마늘 1작은술 • 설탕 ½큰술 • 깨소금 1작은술 • 참기름 1작은술 • 후춧가루 약간

만드는 법

1. 전복은 껍질째 솔로 씻어서 숟가락을 깊이 넣어 살을 떼 낸다.
2. 전복살에서 내장을 떼고 뒷면에 0.5cm 간격의 사선으로 칼집을 넣는다. 앞면도 대강 어슷하게 칼집을 넣는다.
3. 쇠고기는 납작하게 저미고, 표고버섯도 불려 기둥을 뗀 다음 두 조각으로 썬다.
4. 고기 양념을 만들어 쇠고기와 표고버섯을 무쳐서 냄비 바닥에 깔고 위에 전복을 나란히 담는다.
5. 육수나 더운물에 국간장으로 간하여 냄비에 붓고 센 불에 올린다. 끓어오르기 시작하면 불을 약하게 줄여 서서히 끓인다.
6. 은행을 볶아서 마른 면포나 종이로 비벼 껍질을 벗긴다.
7. 전복이 무르게 익으면 은행을 넣어 잠시 더 익힌다.
8. 전복 껍질에 전복을 하나씩 놓고 쇠고기와 표고버섯, 은행도 옆에 곁들인다.

출 처

전희정 · 이효지 · 한영실, 한국전통음식, 문화관광부, 2000

찜 · 선

가지선

재 료

가지 240g(2개) • 쇠고기 150g • 건표고버섯 6g(2개) • 달걀 50g(1개) • 실고추 · 석이버섯채 적량 • 육수 200mL(1컵) • 간장 4큰술 • 설탕 1작은술

고기 양념 간장 2큰술 • 설탕 1큰술 • 다진 파 4작은술 • 다진 마늘 2작은술 • 참기름 2작은술 • 깨소금 2작은술 • 후춧가루 약간

만드는 법

1. 가지는 가늘고 연한 것으로 골라 6cm 정도로 토막을 내어 양끝을 1cm씩 남기고 오이소박이처럼 칼집을 세 번씩 넣어 연한 소금물에 담갔다가 살짝 데친다.
2. 쇠고기는 살로 곱게 다지고 건표고버섯은 불려서 0.2cm 너비로 곱게 채 썰어 합하여 고기 양념으로 고루 무친다.
3. 가지를 마른 면포로 물기를 닦고 칼집 사이에 양념한 쇠고기를 채워 넣는다.
4. 달걀은 황백으로 나누어 지단을 부쳐 곱게 채 썬다(5×0.2×0.2cm).
5. 냄비에 간장과 설탕, 육수를 붓고 불에 올려 끓어오르면 소를 채운 가지를 나란히 놓고 끓인다. 도중에 불을 줄이고 가끔 국물을 끼얹어서 고루 간이 들도록 한다.
6. 가지가 연하게 익고 국물이 거의 없어지면 그릇에 담고 황백지단채와 실고추, 석이버섯채를 얹는다.

출 처
전희정 · 이효지 · 한영실, 한국전통음식, 문화관광부, 2000

고문헌
시의전서(가지선)

찜 · 선

두부선

재 료

두부 300g(½모) • 닭고기 100g • 건표고버섯 5g(2개) • 석이버섯 3g(3장) • 달걀 50g(1개) • 잣 1작은술 • 실고추 · 초장(또는 겨자장) 적량

양념 소금 2작은술 • 설탕 1작은술 • 다진 파 1작은술 • 다진 마늘 ½큰술 • 참기름 1작은술 • 깨소금 1작은술 • 후춧가루 약간

만드는 법

1. 닭고기는 살만을 발라서 곱게 다진다.
2. 두부를 면포에 싸서 무거운 것으로 눌러 물기를 뺀 다음 도마에 놓고 한쪽 끝에서부터 칼을 눕혀서 으깨어 체에 내린다.
3. 건표고버섯은 불려서 기둥을 떼고 석이버섯은 불려서 비벼 깨끗이 손질하여 채 썬다(0.2cm).
4. 실고추는 3cm 길이로 잘라 놓고 잣은 고깔을 떼고 길이로 반을 갈라서 비늘잣을 만든다.
5. 달걀은 황백으로 나누어 지단을 부쳐서 채 썬다.
6. 두부와 고기를 섞어 찜 양념을 넣어 고루 섞는다. 젖은 면포를 펴고 양념한 두부를 1cm 두께로 고르게 펴서 네모난 반대기를 만들고 위에 표고버섯, 석이버섯, 지단, 실고추, 비늘잣을 고루 얹고 위에는 젖은 면포를 덮어 살짝 누른다.
7. 찜통에 넣고 10분 정도 쪄 내어 한 김 식힌 후 3×4cm 크기로 썰어 초장과 겨자장을 곁들인다.

출 처

전희정 · 이효지 · 한영실, 한국전통음식, 문화관광부, 2000

고문헌

조선무쌍신식요리제법(두부선 : 豆腐膳)

어 선

재 료

민어 300g • 쇠고기(우둔) 80g • 건표고버섯 5g(2개) • 오이 70g(½개) • 당근 50g(⅓개) • 달걀 150g(3개) • 석이버섯 5g(5장) • 전분 20g(3큰술) • 소금 · 참기름 약간

민어 밑간 소금 · 후춧가루 · 생강즙 약간

고기 양념 간장 1큰술 • 설탕 ½큰술 • 다진 파 2작은술 • 다진 마늘 1작은술 • 참기름 1작은술 • 깨소금 1작은술 • 후춧가루 약간

겨자 초장 갠 겨자 ½큰술 • 간장 3큰술 • 식초 1½큰술 • 물 ½큰술

만드는 법

1. 민어를 넓게, 같은 두께로 포를 떠서 칼을 눕혀서 펼치고 두께를 고르게 하여 소금과 후춧가루를 뿌린 다음 생강즙을 조금 뿌린다.
2. 쇠고기는 살로 곱게 채 썰고 건표고버섯은 불려서 곱게 채 썬 다음(5×0.2×0.2cm) 합하여 고기 양념으로 무쳐서 팬에 볶아 펴서 식힌다.
3. 달걀은 소금을 넣고 잘 풀어 얇게 지단을 3장 부쳐 1장분은 채 썬다.
4. 오이와 당근은 4cm로 토막을 내어 돌려 깎은 다음 가는 채 썰어서 소금에 잠깐 절였다가 뜨거운 팬에 식용유를 두르고 볶아 바로 넓은 그릇에 펴서 식힌다.
5. 석이버섯은 더운물에 불려 비벼서 검은 막을 깨끗이 하여 채 썰어 끓는 물에 잠깐 넣었다가 건져 내어 소금, 참기름으로 고루 무친다.
6. 대발 위에 지단을 펴고 전분을 얇게 바른 후 생선 저민 것을 네모반듯하게 맞추어 놓고 2, 3, 4, 5의 채 썬 고명을 길이로 놓는다. 김밥 말듯이 꼭꼭 말아 젖은 면포로 싸서 김이 오른 찜통에 넣어 10분 정도 쪄 낸다.
7. 익으면 꺼내어 식힌 다음 1.5cm의 폭으로 썰어서 초간장에 매운맛을 낸 겨자 초장과 함께 낸다.

출 처
전희정 · 이효지 · 한영실, 한국전통음식, 문화관광부, 2000

찜 · 선

오이선

재 료

오이 70g(½개) • 표고버섯(1개) • 쇠고기 20g • 달걀 50g(1개) • 식용유 · 소금 적량

쇠고기 양념 후춧가루 • 깨소금 • 참기름 • 간장 • 마늘

촛물 설탕 1큰술 • 소금 ½작은술 • 물 1큰술 • 식초 1큰술

만드는 법

1. 오이는 깨끗이 손질하여 반으로 길게 갈라 4cm 길이로 어슷하게 썬다.
2. 오이의 등 부분에 3개의 칼집을 어슷하게 넣어 소금에 절인다.
3. 표고버섯과 쇠고기는 곱게 채 썰어(2.5×0.1×0.1cm) 양념에 무쳐 볶아 낸다.
4. 달걀은 황백으로 분리하여 지단을 얇게 부쳐 표고버섯과 같은 길이로 곱게 채 썬다.
5. 절인 오이는 면포에 싸서 물기를 제거하고, 식용유를 두른 뜨거운 팬에서 파랗게 볶아 낸다.
6. 오이에 낸 칼집 사이에 황백지단과 볶은 쇠고기, 표고버섯을 끼운다.
7. 식촛물을 새콤하게 만들어 상에 내기 직전에 오이선 위에 끼얹어 낸다.

출 처

광주군 향토음식연구회, 너른고을 향토음식, 1997

호박선

재 료

애호박 190g(½개) • 쇠고기 30g • 건표고버섯 15g(5개) • 당근 10g • 달걀 25g(½개) • 실고추 · 잣 · 석이버섯 적량 • 초장 • 겨자즙

양념 소금 ½큰술 • 간장 ½작은술 • 참기름 1½작은술 • 다진 파 1작은술 • 다진 마늘 ½작은술 • 깨소금 약간 • 후춧가루 약간

소금물 소금 1½큰술 • 물 1½큰술

육수 육수 ½컵 • 소금 1작은술

만드는 법

1. 가는 애호박은 열십자로 칼집을 넣고 굵은 호박은 반으로 쪼개어 어슷하게 길이 4cm로 썰어 3개의 칼집을 넣고 소금물에 데치거나 절여서 물기를 뺀다.
2. 쇠고기는 채 썰고(5×0.2×0.2cm) 표고버섯도 물에 불린 다음 곱게 채 썰어 양념하며, 석이버섯도 손질하여 채 썬다.
3. 당근도 곱게 채 썰어 살짝 데친 다음 물기를 짠다.
4. 쇠고기, 표고버섯, 당근을 섞어서 호박 칼집 사이사이에 끼워 넣는다.
5. 냄비에 간을 맞춘 육수를 호박이 반 정도 잠길 만큼 부어 국물이 조금 남을 정도로 끓인다.
6. 호박선을 그릇에 담고 위에 황백지단을 부쳐 채 썬 것과 석이버섯채, 잣, 실고추를 고명으로 얹는다.
7. 초장과 겨자즙을 곁들인다.

출 처
광주군 향토음식연구회, 너른고을 향토음식, 1997

고문헌
시의전서(남과선 : 南瓜膳)

회

수삼강회

재 료

수삼 5뿌리 • 대추 10g(5개) • 미나리 5줄기 • 설탕 1큰술 • 식초 1큰술 • 소금 ½작은술 • 꿀 2큰술 • 잣 약간

만드는 법

1. 수삼은 중간 크기의 것으로 깨끗이 씻어 준비한다.
2. 수삼 2뿌리는 4cm 토막으로 잘라서 얇게 돌려 깎아 소금, 설탕, 식초를 혼합한 물에 잠시 재운다.
3. 대추는 씨를 빼고 채 썬다.
4. 돌려 깎은 수삼에는 대추채를 넣고 돌돌 말아 그 위에 작게 썬 대추를 올려 장식한다.
5. 나머지 수삼을 가로 1cm, 세로 3.5cm 정도로 잘라 가늘게 썬 대추를 얹고, 데친 미나리로 묶는다.
6. 꿀과 함께 내거나 초고추장을 곁들여 낸다.

1

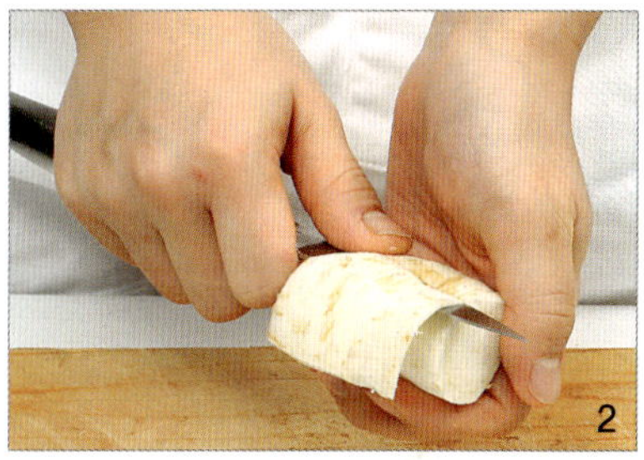

2

2

3

조리시연자
박종숙, 서울특별시 서초구 잠원동

갑회

재 료

소간 100g • 천엽 100g • 쇠양 100g • 잣 25g(3큰술)

기름 소금 소금 1큰술 • 깨소금 2작은술 • 참기름 2작은술 • 후춧가루 ¼작은술

만드는 법

1. 간은 얇은 막을 벗기고 얇게 저며서 먹기 좋은 크기로 썬 다음 소금으로 주물러 흐르는 물에 핏물을 빼면서 씻는다.
2. 천엽은 한 장씩 떼어 소금으로 박박 문질러 냉수에 여러 번 씻어 냄새를 뺀 다음 한 장씩 칼의 끝으로 콕콕 찍어 칼집을 많이 내어 연하게 한 다음 간과 같은 크기로 썬다.
3. 소양은 두꺼운 부분으로 골라 끓는 물에 살짝 데쳐서 칼로 검은 면을 긁어 찬물로 씻어 얇게 저민다.
4. 준비한 천엽과 소양에 잣을 하나씩 넣고 돌돌 말아 접시에 가지런히 담는다. 간은 싸기 어려우므로 그대로 담는다.
5. 기름 소금을 만들어 곁들인다.

참고사항

일일이 잣을 넣어 싸기 어려울 때는 천엽과 양은 채 썰어 참기름, 소금, 잣가루로 무쳐서 담아도 좋다. 기호에 따라 겨자장을 찍어 먹기도 한다.

출 처

문화공보부 문화재관리국, 한국민속종합조사보고서(향토음식 편), 1984

경기도 농촌진흥원, 경기향토요리, 1991

회

농어회

재 료

농어 2kg(1마리) • 쑥갓 40g • 풋고추 30g(2개) • 붉은 고추 15g(1개) • 깻잎 15g(8장) • 마늘 20g(4쪽) • 참기름 · 깨소금 적량

초고추장 고추장 4큰술 • 간장 ½큰술 • 식초 2큰술 • 설탕 2작은술 • 마늘즙 2작은술 • 생강즙 1작은술 • 잣가루 2작은술

만드는 법

1. 농어는 싱싱한 것으로 잡아서 피를 뺀 다음 비늘은 꼬리에서 머리 방향으로 긁고, 내장을 모두 꺼낸다. 흐르는 물에서 농어를 깨끗이 씻고, 겉과 뱃속의 물기를 젖은 면포로 말끔히 닦아 낸다.
2. 농어를 도마 위에 놓고 머리를 잘라 내고 살을 아래위 두 토막으로 떠내고 껍질을 벗긴다.
3. 껍질 벗긴 살토막의 가운데 부분에 있는 가는 가시는 V자형으로 잘라 내어 전부 갸름한 생선 토막이 네 개가 되도록 한다. 칼을 뉘여서 생선 토막을 납작하게 썬 다음 굵게 채 썬다.
4. 채 썬 생선살을 참기름과 깨소금을 조금 넣어 무친다.
5. 쑥갓을 씻어서 물기를 뺀다. 마늘은 편 썰고(0.2~0.3cm), 풋고추와 붉은 고추는 어슷하게 썰어(0.3cm) 물에 헹구어 건진다.
6. 접시에 깻잎을 깔고 생선살을 놓고 옆에 쑥갓과 고추, 마늘을 곁들여 담는다. 초고추장은 작은 그릇에 따로 담아 낸다.

출 처

전희정 · 이효지 · 한영실, 한국전통음식, 문화관광부, 2000

고문헌

조선무쌍신식요리제법(롱어회)

두릅회

재 료

두릅 200g

두릅 양념 소금 1작은술 • 깨소금 1작은술 • 참기름 1작은술

초고추장 고추장 2큰술 • 간장 ½큰술 • 식초 1큰술 • 물 1큰술 • 설탕 2작은술 • 마늘즙 1작은술 • 생강즙 ½작은술 • 통깨 1작은술

만드는 법

1. 두릅은 길이가 짧고 통통한 것으로 골라서 겉껍질을 벗기고 밑둥에 열십자로 칼집을 넣은 다음 끓는 물에 소금을 넣고 파릇하게 데쳐 찬물에 헹구어서 건진다.
2. 데쳐 낸 두릅이 크면 길이로 반을 자르고 양념으로 무친다.
3. 양념한 두릅을 접시에 담고 초고추장은 종지에 담아 낸다.

출 처

농촌진흥청, 향토음식, www2.rda.go.kr/food/, 2006

회

미나리강회

재 료

미나리 50g • 편육(쇠고기) 30g • 붉은 고추 8g(½개) • 달걀 50g(1개) • 소금 적량

초고추장 고추장 2큰술 • 다진 마늘 1작은술 • 식초 1큰술 • 설탕 ½큰술 • 물 ½큰술

만드는 법

1. 미나리는 잎을 떼고 다듬은 다음 끓는 물에 소금을 약간 넣어 살짝 데쳐서 바로 찬물에 헹구어 물기를 꼭 짠다.
2. 편육은 길이 4cm, 폭 1cm, 두께 0.3cm로 썬다.
3. 달걀은 황백지단으로 두껍게 부치고, 붉은 고추는 길이 3cm, 폭 0.7cm, 두께 0.3cm 크기로 썬다.
4. 미나리는 가닥을 집어 머리쪽을 위로 하여 황백지단, 편육, 붉은 고추를 함께 잡고 길이 4cm, 굵기는 1cm로 말아서 가지런히 담고 초고추장을 만들어 곁들여 낸다.

참고사항

실파를 이용하여 같은 방법으로 만든 것을 파강회라고 한다.

출 처

광주군 향토음식연구회, 너른고을 향토음식, 1997

고문헌

시의전서(미나리강회), 조선요리제법(강회), 조선무쌍신식요리제법(수근강회 : 水芹江膾)

회

민어회

재 료

민어 2kg(1마리) • 녹두전분 160g(1컵)

초고추장 고추장 2큰술 • 다진 마늘 1작은술 • 식초 1큰술 • 설탕 ½큰술 • 물 ½큰술

만드는 법

1. 민어를 회를 떠서 앞뒤로 전분을 뿌린 다음 끓는 물에 잠깐 넣었다 꺼낸다.
2. 초고추장 재료를 섞어 초고추장을 만들어 곁들인다.

출 처

김상보, 생활 속의 향토음식문화, 신광출판사, 2004
정혜경 · 이정혜 · 조미숙 · 이종미, 서울 음식문화에 대한 연구 : 심층면접에 의한 사례연구, 한국식생활문화학회, 11(2), 1996

고문헌

조선무쌍신식요리제법(민어회 : 民魚膾)

회

밴댕이회

재 료

밴댕이 1kg • 깻잎 10g(7장) • 마늘 20g(5쪽) • 된장 또는 초고추장

만드는 법

1. 밴댕이를 깨끗이 씻어 칼집을 내어 뼈와 내장을 제거한다.
2. 깻잎에 싸서 마늘과 된장이나 초고추장을 곁들인다.

참고사항

- 밴댕이는 지방에 따라 반댕이, 순뎅이라고도 불리며 청어과에 속하는 생선이다. 몸이 납작하고 배 정중선 위에 강하고 날카로운 비늘이 발달했다. 그물에 잡힐 때 곧바로 죽어버리는 성질이 있어 흔히 속이 좁고 너그럽지 못한 사람을 빗대어 '밴댕이 소갈머리 같다' 고 표현하기도 한다.
- 밴댕이는 회를 만들면 고소한 맛이 있고, 석쇠에 구워 먹거나 젓갈을 담가 먹기도 한다. 바닷물과 민물이 교차하는 서남해안을 중심으로 4월부터 중순까지 주로 잡히는데, 인천 강화도가 전국에서도 최적의 산란지로 꼽힌다.

출 처

김상보, 생활 속의 향토음식문화, 신광출판사, 2004

정건조 외, 한국의 맛, 경향신문사, 2005

회

빙어회

재 료

빙어 1kg

초고추장 고추장 2큰술 • 다진 마늘 1작은술 • 식초 1큰술 • 설탕 ½큰술 • 물 ½큰술

만드는 법

빙어를 깨끗이 손질한 다음 초고추장 재료를 섞어 초고추장을 만들어 곁들인다.

❁ 참고사항

빙어(氷魚)라는 이름은 조선 말기의 실학자인 서유구가 『전어지』에 '동지가 지난 뒤 얼음에 구멍을 내어 그물이나 낚시로 잡고, 입추가 지나면 푸른색이 점점 사라지기 시작하다가 얼음이 녹으면 잘 보이지 않는다' 하여 얼음 '빙(氷)'에 물고기 '어(魚)' 자를 따서 '빙어'라 불렀다는 기록이 남아 있다. 겨울이 제철이므로 동어(冬漁)라고도 하였다. 우리나라 각지에 분포되어 있으며 강화 장흥지의 빙어가 유명하다.

회

숭어회

재 료

숭어 1kg

초고추장 고추장 2큰술 • 다진 마늘 1작은술 • 식초 1큰술 • 설탕 ½큰술 • 물 ½큰술

만드는 법

1. 숭어를 깨끗이 씻어 칼집을 내어 뼈와 내장을 제거한다.
2. 숭어의 껍질을 벗기고 생선살을 얇게 저민다. 초고추장을 곁들여 먹는다.

❁ 참고사항

『도문대작』에 숭어는 한성, 경기도 특산물로 기록되어 있다.

출 처

김상보, 생활 속의 향토음식문화, 신광출판사, 2004

고문헌

조선무쌍신식요리제법(숭어회)

웅어회

재 료

웅어 1kg(3마리) • 참기름 1큰술 • 통깨 약간 • 후춧가루 적량

만드는 법

1. 웅어를 깨끗이 씻어 다듬는다.
2. 다듬은 웅어를 가늘게 채 썬다(5×0.3×0.3cm).
3. 2에 후춧가루와 참기름을 넣어 버무린 뒤에 통깨를 뿌려 고소한 맛을 낸다.

참고사항

『경도잡지』에 '웅어는 한강하류 행주나룻터 근처에서 늦은 봄이나 첫 여름에 생산된다. 사옹원의 관망으로 잡아서 진상하기도 한다. 생선장수가 소리치고 다니면서 파는데, 도화가 떨어질 무렵에 횟감으로 쓴다' 고 기록되어 있다.

출 처
김상보, 생활 속의 향토음식문화, 신광출판사, 2004

고문헌
규합총서(웅어), 조선무쌍신식요리제법(웅어회)

육회

재 료

쇠고기 200g • 배 200g(½개) • 마늘 30g(1통) • 잣 1큰술

육회 양념 소금 ½작은술 • 참기름 1큰술 • 다진 파 2큰술 • 다진 마늘 2큰술 • 깨소금 ¼작은술

만드는 법

1. 쇠고기는 결 반대 방향으로 곱게 채 썰어(5×0.2×0.2cm) 설탕을 약간 뿌려 핏물을 빼 둔다.
2. 배는 곱게 채 썰어 설탕물에 담갔다가 물기를 빼고 깻잎을 깐 접시에 돌려 담는다.
3. 마늘은 0.3cm 두께로 편으로 썰어 둔다.
4. 쇠고기에 양념을 넣고 무쳐 배채 위에 얹고 가장자리에 마늘편을 두른 다음 잣을 고루 얹는다.

출 처

남양주시 농업기술센터 남양주시 향토음식연구회, 보양음식, 2000

고문헌

시의전서(육회 : 肉膾), 조선요리제법(육회), 조선무쌍신식요리제법(육회)

회

향어회

재 료

향어 1마리 • 당근 70g($\frac{1}{2}$개) • 마늘 10g($\frac{1}{3}$통) • 풋고추 60g(4개) • 오이 80g($\frac{1}{2}$개) • 초고추장 · 겨자초장 적량

만드는 법

1. 향어는 비늘을 긁어 내고 내장을 뺀 다음 깨끗이 씻어 낸다.
2. 꼬리와 머리 쪽에 칼집을 내고 등 쪽으로 칼을 넣어 살을 포 뜬다.
3. 향어살의 껍질을 벗기며 살을 갈라 낸다.
4. 향어살은 0.5cm 두께로 먹기 좋게 썬다.
5. 마늘과 풋고추는 0.2cm 두께로 채 썰어 놓고 당근과 오이는 직사각형 모양으로 잘라(5×1×1cm) 4와 함께 모양 있게 담아 낸다.
6. 초고추장이나 겨자초장을 곁들인다.

정보제공자
남태순, 경기도 가평군 가평읍 읍내리

마른반찬

고추부각(풋고추부각)

재 료

풋고추 300g(22개) • 밀가루 80g(⅔컵) • 소금 ½작은술 • 식용유 적량

만드는 법

1. 고추는 길이로 잘라 씨를 빼고 물에 씻어 건진다. 매운 고추는 물에 담가 매운맛을 뺀다.
2. 밀가루에 소금을 섞고 1의 고추에 골고루 묻힌다.
3. 2의 고추를 찜통에 쪄서 햇볕에 바삭하게 말린다.
4. 말린 고추를 식용유에 튀겨 낸다.

참고사항

가을에 밑반찬으로 해두었다가 겨울에 반찬이 없을 때 손쉽게 튀겨 먹을 수 있다.

출 처

문화공보부 문화재관리국, 한국민속종합조사보고서(향토음식 편), 1984

농촌진흥청 농촌영양개선연수원(현 농촌자원개발연구소), 한국의 향토음식, 1994

정보제공자

오명란, 경기도 시흥시 미산동

윤명옥, 경기도 안성군 보개면

가죽잎부각

재 료

가죽잎 400g • 찹쌀가루 300g(3컵) • 물 적량

양념장 고추장 3큰술 • 다진 마늘 1작은술 • 통깨 2큰술 • 참기름 2작은술 • 간장 1큰술

만드는 법

1. 가죽잎은 부드러운 것으로 골라 살짝 데쳐 찬물에 헹구어 꾸덕꾸덕하게 말린다.
2. 물에 찹쌀가루를 풀어 찹쌀풀을 되직하게 끓여 양념장을 넣고 골고루 섞는다.
3. 말린 가죽잎에 2의 찹쌀풀을 도톰하게 발라 채반에 펴 말리다가 꾸덕꾸덕해지면 줄에 매달아 말린다.
4. 석쇠에 구워 먹거나 식용유에 튀겨 먹는다.

출 처
광주군 향토음식연구회, 너른고을 향토음식, 1997

김자반

재료

김 20g(10장) • 통깨(또는 잣가루) 1큰술

양념장 간장 3큰술 • 설탕 1큰술 • 고춧가루 ½작은술 • 다진 파 2작은술 • 다진 마늘 1작은술 • 참기름 ½작은술

만드는 법

1. 김은 티나 모래를 골라 내고 4등분으로 자른다.
2. 쟁반에 김을 한 장씩 놓고 양념장을 숟가락으로 떠서 고루 바르고 다시 위에 김을 놓고 같은 요령으로 발라서 여러 장을 겹쳐서 꼭꼭 눌러 둔다.
3. 김에 간이 배면 채반에 한 장씩 펴서 겹치지 않게 널고 위에 통깨나 잣가루를 고루 뿌린다. 말릴 때 가끔 자리를 옮겨야 채반에 들러붙지 않는다.
4. 김자반이 바싹 마르면 석쇠에 얹어 살짝 굽고 가장자리를 다듬어서 작게 썰어 낸다.

❋ 참고사항

김은 얕은 바다 위에서 이끼처럼 붙어 있는 홍조류로 우리나라 서 · 남해안, 특히 다도해 지방인 완도에서 양식하는데, 거의 마른 김으로 가공한다. 김을 먹는 나라는 우리나라와 일본뿐이다. 『동국여지승람』에는 400년 전부터 김이 전남 광양군의 토산품이었다고 씌어 있는 것으로 보아 오래 전부터 김을 먹어 왔던 것으로 보인다. 자반은 감자, 풋고추, 깻잎, 참죽나무 잎 등의 채소와 김, 다시마 등의 해초를 말려 두는 저장식품으로 필요할 때 무쳐서 찬으로 했으며 우리나라 저장음식으로 많이 먹어 왔다.

정보제공자
윤숙효, 경기도 파주군 금촌읍 맥금3리

고문헌
시의전서(김자반), 조선요리제법(김자반), 조선무쌍신식요리제법(감태좌반 : 甘苔佐飯)

깨송이부각(들깨송이부각)

재 료

들깨송이 300g • 찹쌀가루 80g(⅔컵) • 소금(또는 설탕) ½작은술 • 식용유 적량

만드는 법

1. 아직 여물지 않은 들깨송이를 따서 물에 씻고 찹쌀가루를 묻혀 시루에 찐 다음 말린다.
2. 먹을 때 식용유에 튀겨 소금이나 설탕을 뿌린다.

출 처
문화공보부 문화재관리국, 한국민속종합조사보고서(향토음식 편), 1984

정보제공자
남덕순, 경기도 안성군 양성면 방축리

마른반찬

매듭자반

재 료

다시마 20g(1장) • 잣 2작은술 • 통후추 1작은술 • 식용유 2컵 • 설탕 1큰술

만드는 법

1. 다시마는 약간 두꺼운 것으로 골라서 물기를 꼭 짠 젖은 면포로 깨끗이 닦아 낸 다음 폭 1.2cm, 길이 12cm 정도의 긴 끈 모양으로 썬다.
2. 썬 다시마를 한 가닥씩 들고 매듭을 묶고, 삼각진 매듭에 잣과 통후추를 한 알씩 넣어 빠지지 않게 당긴다.
3. 튀김냄비에 식용유을 담아 160℃ 정도로 끓인 다음 다시마를 넣어 바삭하게 튀긴다.
4. 고루 튀겨지면 망에 건져서 여분의 기름은 빼고 설탕을 고루 뿌려서 그릇에 담는다.

출 처

전희정 · 이효지 · 한영실, 한국전통음식, 문화관광부, 2000

고문헌

조선요리제법(매듭자반), 조선무쌍신식요리제법(결좌반 : 結佐飯)

마른반찬

북어보푸라기(북어무침)

재 료

북어포 90g

간장 양념 간장 1작은술 • 설탕 ½작은술 • 깨소금 ½작은술 • 참기름 ½작은술 • 후춧가루 적량

소금 양념 소금 ½작은술 • 설탕 ½작은술 • 깨소금 ½작은술 • 참기름 ½작은술 • 후춧가루 적량

고춧가루 양념 소금 ½작은술 • 설탕 ½작은술 • 깨소금 ½작은술 • 참기름 ½작은술 • 고춧가루 적량

만드는 법

1. 북어는 부드럽게 부푼 황태로 골라 숟가락으로 살살 긁어서 결대로 부풀린다.
2. 곱게 부풀린 북어를 3등분하여 각각 간장 양념, 소금 양념, 고춧가루 양념으로 고루 무친다. 간장 양념은 부피가 줄어들므로 북어의 양을 넉넉히 한다.
3. 한 그릇에 세 가지 무침을 어울려 담는다.

출 처
한복려, 궁중음식과 서울음식, 대원사, 1995

마른반찬

암치포무침

재 료

암치포 300g(½마리) • 참기름 2큰술

만드는 법

1. 암치의 살은 뜯어서 잘 편 다음 깨끗한 보자기에 싸서 손바닥으로 비벼 솜털같이 보슬보슬하게 준비한다.
2. 참기름을 넣고 고루 무치거나 참기름을 따로 곁들인다.

출 처
전희정 · 이효지 · 한영실, 한국전통음식, 문화관광부, 2000

어 포

재 료

민어(또는 숭어)1kg(½마리) • 설탕 2큰술 • 참기름 적량

양념 다진 파 4큰술 • 다진 마늘 2큰술 • 참기름 2큰술 • 간장 2큰술 • 참기름 적량

만드는 법

1. 생선을 되도록 얇게 저며서 칼자루로 자근자근 두들겨 살을 고루 편평히 한 후 준비된 양념으로 잘 무친다.
2. 무친 생선은 면포를 깔고 채반에 널어 말리다가 한 번 뒤집어서 말린다.
3. 꾸덕꾸덕하게 거의 마를 때에 면포 위에 포개어 잠시 눌렀다가(1시간가량) 다시 말린다.
4. 바싹 말랐으면 거둬서 깨끗이 싸둔다.
5. 상에 놓을 때는 참기름, 설탕을 섞어 얇게 바르고 적당히 썰어 담는다.

출 처

한복려, 궁중음식과 서울음식, 대원사, 1995

고문헌

음식법(어포), 시의전서(어포 : 魚脯), 조선요리제법(어포)

육포

재 료

쇠고기(우둔) 500g

양념장 간장 5큰술 • 꿀 2큰술 • 설탕 2큰술 • 참기름 1큰술 • 잣가루 1큰술 • 후춧가루 · 배즙 · 양파즙 · 무즙 약간

만드는 법

1. 쇠고기는 얇게 포를 떠서 기름과 힘줄을 제거한다.
2. 넓은 그릇에 양념장을 부어 고기 조각을 한 번씩 고루 담가서 한쪽 옆으로 겹쳐 놓았다가 고루 주물러서 간장이 배도록 한다.
3. 채반에 고기 조각을 한 장씩 잘 펴서 햇볕이 잘 들고 바람이 통하는 곳에서 말린다.
4. 말라서 꾸덕꾸덕 해졌으면 잘 다듬어서 겹친 후 마른 면포에 싸서 무거운 것으로 눌러 납작하게 포 모양새를 잡는다. 공기가 들어가지 않게 랩이나 비닐로 잘 싸서 냉장고에 보관하면서 필요할 때마다 꺼내 쓴다.

참고사항

육포란 쇠고기를 간장으로 양념하여 말린 쇠고기포로 예전부터 혼례 시에 시댁 부모께 폐백드릴 때 마련하던 음식이다. 쇠고기를 간장으로 간한 것을 장포, 소금으로 간한 것을 염포, 꿀을 넣어 만든 포를 약포라고 하였다.

출 처
인천광역시 농업기술센터, 우리 멋 · 우리 맛, 1999

마른반찬

산포

재료

쇠고기(우둔) 1kg • 소금 · 간장 약간 • 후춧가루 적량

만드는 법

1. 쇠고기를 기름기 없는 부분으로 준비하여 0.3cm 두께로 포 뜬다.
2. 1에 소금, 후춧가루를 뿌리고 주물러 양념이 고루 섞이게 한 다음 채반에 펴서 말린다.
3. 말린 것을 망치로 폭신폭신하게 두드려 납작하게 썬 다음 간장을 곁들인다.

출처
한복려, 궁중음식과 서울음식, 대원사, 1995

마른반찬

약포

재료

쇠고기(우둔) 1kg • 꿀 170g(½컵)

양념장 참기름 3큰술 • 간장 6큰술 • 설탕 3큰술 • 후춧가루 1작은술 • 잣가루 5큰술

만드는 법

1. 쇠고기를 기름기 없는 부분으로 준비하여 0.2cm 두께로 얇게 포 뜬다.
2. 꿀과 함께 양념장을 만들어 고기를 무친다.
3. 고기를 채반에 고루 펴서 꾸덕꾸덕하게 말린다.

출처
전희정 · 이효지 · 한영실, 한국전통음식, 문화관광부, 2000

고문헌
규합총서(약포), 시의전서(약포 : 藥脯), 부인필지(약포), 조선요리제법(약포), 조선무쌍신식요리제법(약포 : 藥脯)

마른반찬

장똑똑이

재 료

쇠고기(우둔) 300g • 마늘 10g(2쪽) • 생강 4g(1쪽) • 간장 2큰술 • 설탕 2큰술 • 물 2큰술 • 대파(흰 부분) 20g(1뿌리) • 깨소금 1큰술 • 참기름 1큰술

쇠고기 양념 간장 1큰술 • 참기름 ½큰술 • 후춧가루 약간

만드는 법

1. 쇠고기는 연하고 기름기가 없는 우둔살이나 홍두깨살을 골라서 얇게 저민 후 가늘게 채 썬다(5×0.2×0.2cm).
2. 파는 흰 부분으로 3cm 토막 내어 0.2cm 두께로 채 썰고, 마늘과 생강도 깨끗이 껍질을 벗겨서 곱게 채 썬다.
3. 채 썬 쇠고기를 양념으로 고루 무쳐서 냄비를 뜨겁게 달구어서 볶는다.
4. 고기가 익으면 간장, 설탕, 물을 섞은 장물을 붓고 조리다가 채 썬 파, 마늘, 생강을 넣고 서서히 조린다.
5. 장물이 거의 졸아들면 참기름과 깨소금을 넣어 윤이 나게 뒤적인다.

출 처

전희정 · 이효지 · 한영실, 한국전통음식, 문화관광부, 2000

마른반찬

대추편포

재 료

쇠고기(우둔) 500g • 잣 3큰술 • 참기름 적량

양념 간장 5큰술 • 꿀 1큰술 • 후춧가루 ½작은술 • 설탕 2큰술

만드는 법

1. 쇠고기는 기름기가 없는 우둔살 부위로 골라서 기름기를 떼고 곱게 다진다.
2. 양념장을 그릇에 준비하여 다진 고기를 넣어 전체를 고루 주물러 간이 충분히 배도록 한 뒤 1시간 정도 둔다.
3. 양념한 고기를 큰 대추알 크기로 빚어 끝에 잣 한 알을 깊게 박은 후 통풍이 잘 되고 햇빛이 나는 곳에 이틀 정도 가끔 뒤집으면서 말린다.
4. 바싹 마르기 전에 걷어서 비닐이나 랩으로 싼 후 냉장고나 냉동실에 넣어 보관한다.
5. 먹을 때는 참기름을 고루 발라서 석쇠에 살짝 구워 낸다.

출 처

전희정 · 이효지 · 한영실, 한국전통음식, 문화관광부, 2000

고문헌

조선무쌍신식요리제법(대초편포 : 大棗片脯)

편 포

재 료

쇠고기(우둔) 5kg • 잣 70g(½컵)

양념 간장 2컵 • 소금 2큰술 • 다진 파 1½컵 • 다진 마늘 ¾컵 • 설탕 ½컵 • 참기름 ½컵 • 깨소금 적량 • 후춧가루 약간

만드는 법

1. 쇠고기는 우둔살이나 연한 살코기로 준비해 힘줄과 기름은 떼어 내고 곱게 갈아 도마에 놓고 다시 곱게 다진다.
2. 분량의 재료로 양념을 만들어 놓는다.
3. 고기를 양념하여 도마 위에 놓고 10cm 정도의 네모로 자르고, 가로, 세로에 잔칼집을 넣어 그대로 채반에 떠서 말린다.
4. 말리는 도중에 갈라질 듯하면 기름장이나 진한 설탕물로 손질한다.
5. 먹을 때에는 다시 기름장으로 윤이 나게 한 다음 2×3cm로 썰고, 위에 잣가루를 뿌려 낸다.

참고사항

편포를 폐백용으로 쓸 때는 고기를 양념하여 타원형으로 만들어 찜통에 쪄서 식힌 다음 잣가루를 뿌리고 청홍띠를 두른다. 이를 청 · 홍 양면에 금전지를 단 보자기에 싼 후 네 귀를 묶어 한지에 근봉띠를 두른다.

출 처

문화공보부 문화재관리국, 한국민속종합조사보고서(향토음식 편), 1984
인천광역시 농촌지도소, 우리음식모음, 1996
남양주시 향토음식연구회, 전통음식 맥잇기 활동보고서, 1998

고문헌

증보산림경제(조편포법 : 造片脯法), 규합총서(편포), 시의전서(편포), 부인필지(편포), 조선요리제법(편포), 조선무쌍신식요리제법(편포 : 片脯)

쇠머리편육

재 료

소머리 1개 • 대파 200g(6뿌리) • 마늘 100g(1/3통) • 생강 100g • 물 적량 • 소금 2큰술 • 초간장 • 겨자초장

만드는 법

1. 소머리는 반으로 갈라 찬물에 담가서 핏물을 뺀다. 솥에 물을 충분히 붓고 끓으면 소머리를 넣고 끓어오르면 건져서 깨끗이 씻는다.
2. 데쳐 낸 소머리에 충분히 물을 붓고 소금, 생강, 마늘, 대파를 넣고, 거품을 걷어 내면서 서서히 끓인다.
3. 3시간 정도 끓이면 뼈가 쉽게 빠진다. 뜨거울 때 뼈를 발라 낸 머리고기를 면포에 둥글게 싸서 동여 매어 2의 소머리 삶던 국물에 다시 넣어 반 시간 정도 끓인다.
4. 건져서 찬물을 끼얹어 편평하게 놓고 도마를 엎어 놓고 무거운 물건으로 하룻밤 눌러서 모양을 굳힌다.
5. 4의 편육을 5cm 폭으로 얇게 저며 썬다.
6. 초간장이나 겨자초장을 곁들인다.

참고사항

『시의전서』에 의하면 '쇠고기는 양지머리, 사태, 부아, 지라, 쇠머리, 우설, 우랑, 우신, 유통 등이 적절하다. 설렁탕을 만들기 위하여 장시간에 걸쳐 쇠고기를 삶으면 국물은 설렁탕 국물이요, 건더기는 수육이 된다. 이것으로 편육을 만든다' 라고 하였다.

출 처

전희정 · 이효지 · 한영실, 한국전통음식, 문화관광부, 2000

고문헌

조선무쌍신식요리제법(쇠머리편육 : 牛頭片肉)

순대 · 편육 · 족편

백암순대

재료

돼지창자 300g • 돼지고기 100g • 선지 600g • 당면 50g • 절인 배추 100g • 양파 50g(⅓개) • 양배추 50g(1⅓장) • 부추 30g • 육수(돼지고기) 2L(10컵) • 간장 · 된장 · 새우젓 적량

순대 양념 다진 파 1큰술 • 다진 마늘 10g • 다진 생강 10g • 후춧가루 1작은술 • 소금 1작은술

만드는 법

1. 돼지창자는 끝을 수도꼭지에 대고 속을 훑어가면서 씻어 낸 후 소금으로 주물러 씻는다.
2. 돼지고기는 갈아 놓고, 절인 배추는 다지고, 양파와 양배추는 0.2cm 너비로 채 썬다.
3. 당면은 더운물에 불려 2~3cm 길이로 썰고, 부추는 곱게 다진다.
4. 2와 3에 선지를 넣고 순대 양념하여 고루 섞은 후 간이 골고루 배도록 잠깐 둔다.
5. 돼지창자의 한쪽 끝을 실로 묶고 다른 한쪽 끝에는 깔때기를 끼운 후 4를 밀어 넣어 창자 속에 꽉 차도록 채운 다음 끝을 실로 묶어 마무리한다.
6. 찜통에 육수를 붓고 끓이다가 된장, 간장을 풀어 약하게 간한 후 5를 넣고 약한 불에서 삶는다.
7. 꼬치로 찔러 맑은 물이 나오면 건져 식힌 후 1cm 두께로 썰어 그릇에 담아 새우젓을 곁들인다.

❁ 참고사항

조선시대 이래 죽성(현재의 안성군 죽산면 소재) 지역을 중심으로 만들어 먹던 전통음식으로 죽성이 퇴조하면서 인근 고을인 백암면 백암 5일장을 통해 그 전통을 유지 · 보존하여 왔다. 순대는 예부터 어느 지방에서나 해먹었던 것이지만 개성식 순대가 그 중에서 가장 특이한 맛을 지녔고 그 순대 맛이 백암 지역에 정착하여 '백암순대' 로 자리를 굳히면서 유명하게 되었다.

출처
농촌진흥청 농촌영양개선연수원(현 농촌자원개발연구소), 한국의 향토음식, 1994

정보제공자
신동선, 경기도 용인시 백암면 고암리

우설편육

재 료

우설(소의 혀) 1kg • 생강 30g • 마늘 20g(5쪽) • 물 적량 • 소금 약간 • 초장(또는 겨자장)

만드는 법

1. 우설은 껍질을 칼로 긁고 소금으로 문질러 깨끗하게 씻어 놓고 마늘, 생강은 얇게 저며 둔다.
2. 끓는 물에 우설과 마늘, 생강을 넣어 끓을 때 생기는 거품을 걷어 낸다.
3. 우둘투둘한 껍질을 칼로 벗겨 내고 식힌다.
4. 식힌 우설을 얇게 썰어서 흩어지지 않게 그대로 접시에 가지런히 담고 초장이나 겨자장을 곁들인다.

출 처

문화공보부 문화재관리국, 한국민속종합조사보고서(향토음식 편), 1984

고문헌

조선요리제법(우설편육)

족편

재 료

우족 3kg(1개) • 달걀 100g(2개) • 생강 10g(½쪽) • 마늘 20g(5쪽) • 대파(잎 부분) 1뿌리 • 석이버섯 5g(5개) • 잣 2작은술 • 물 · 소금 · 간장 적량 • 후춧가루 · 실고추 약간

만드는 법

1. 우족은 털을 뽑고 깨끗이 손질하여 토막을 친다.
2. 마늘은 얇게 저며 놓고, 생강은 즙을 짜 놓는다. 대파는 곱게 채 썬다(4×0.2×0.2cm).
3. 달걀은 얇게 지단을 부쳐 채 썰고(4×0.2×0.2cm), 석이버섯은 뜨거운 물에 담갔다가 깨끗이 채 썰어 놓는다.
4. 잣은 반쪽식 비늘 잣으로 썰어 놓는다.
5. 두꺼운 냄비나 솥에 우족을 담고 잠길 만큼 넉넉히 물을 부어 푹 끓인다. 위에 뜨는 기름과 거품을 걷어 낸 후 냄새를 없애기 위해 마늘을 넣는다.
6. 국물이 뽀얗게 우러나고 뼈에서 골수나 고기가 저절로 떼어질 정도로 충분히 고아서 우족을 건져 내어 껍질과 살을 떼어 내고 곱게 다진다. 이것을 국물에 다시 넣고 생강즙을 넣어 끓이다가 소금, 간장, 후춧가루를 약간 넣어 간을 맞춰 다시 끓인다.
7. 넓은 그릇에 걸쭉한 국물을 부어서 식힌 다음 한 김 나가면 달걀지단채, 석이버섯채, 대파잎, 실고추, 잣을 뿌려서 다시 식혀 굳힌다.
8. 족편이 완전히 식어서 묵과 같이 굳게 되면 4×5cm의 크기, 1.2cm의 두께로 약간 도톰하게 저며 접시에 가지런히 담아 초장을 곁들인다.

참고사항

족편에 황소의 목덜미 껍질, 양지머리, 소양을 사용하기도 한다.

출 처
문화공보부 문화재관리국, 한국민속종합조사보고서(향토음식 편), 1984

고문헌
규합총서(족편), 음식법(족편), 시의전서(족편), 부인필지(족편), 조선요리제법(족편), 조선무쌍신식요리제법(족편)

묵 · 두부

고구마묵

재 료

고구마 전분 90g(1컵) • 물 1L(5컵) • 소금 · 참기름 적량

만드는 법

1. 고구마 전분을 물에 30분 정도 담근다.
2. 1을 고운체에 한 번 내려 끓인다. 이때 바닥이 눌지 않도록 잘 저어 준다.
3. 약간의 소금과 참기름을 넣고 약한 불에서 뜸을 들인 후 식기 전에 모양 있는 그릇에 담는다.

❋ 참고사항

- 여주의 특산물인 고구마로 만든 묵이다.
- 고구마전분 만드는 방법 : 생고구마를 깨끗이 씻어 깍둑썰기로 썰어서 갈린 다음 자루에 넣고 물을 부어서 꼭 짠다. 2시간 정도 가라앉혀 앙금을 만든다.

출 처
농촌진흥청, 향토음식, www2.rda.go.kr/food/, 2006

묵 · 두부

박대껍질묵 (벌버리묵, 벌벌이묵)

재 료

박대껍질 말린 것 300g • 물 300mL(1½컵)

만드는 법

1. 박대껍질을 검은 물이 모두 빠질 때까지 주물러 빤다.
2. 박대껍질과 물의 비율을 1 : 1로 해서 약한 불에 2시간 정도 끓인다. 손으로 만졌을 때 찐득한 느낌이 들면 적당하다.
3. 체에 걸러 판에 넣고 응고시킨다.

❋ 참고사항

벌버리묵은 영종도 근해에서 많이 잡히는 박대생선의 껍질을 이용해서 만든 묵으로, '벌벌이'란 이름은 칼로 썰어 접시에 담아 놓으면 힘없이 벌벌 떤다고 해서 붙여졌다.

출 처
농촌진흥청, 향토음식, www2.rda.go.kr/food/, 2006

올방개묵

재 료

올방개 전분 100g(1컵) • 물 1.2L(6컵) • 참기름 1작은술 • 소금 1작은술

양념장 간장 2큰술 • 통깨 1작은술 • 고춧가루 1작은술 • 다진 마늘 1¼큰술 • 다진 파 1큰술 • 참기름 적량

만드는 법

1. 올방개 전분 1컵에 물 6~7컵의 비율로 타서 묵을 쑤면서 참기름, 소금 1작은술을 넣어 약한 불에서 끓인다. 다 쑤어지면 그릇에 부어 굳힌다.
2. 올방개묵을 3×4cm 크기로 잘라 양념장을 곁들여 낸다.

참고사항

- 올방개는 김포의 습한 논에서 자라나는 잡초로 11월 채취하는 괴경(덩이줄기)을 오우(烏芋)라 하여 한약재로 쓰기도 한다. 11월 하순에서 4월 하순에 빨간 괴경을 채취하여 전분을 만들어묵을 쑤어 먹는다. 춘궁기에는 구황식품으로 생으로도 먹었으며, 간장풀을 쑤어 상용하기도 하였다. 봄철에 별미인 올방개묵은 메밀이나 도토리묵에 비해 윤이 나며 쫄깃해 식욕을 촉진시킨다.
- 올방개 전분 만드는 방법 : 논에서 캔 올방개를 깨끗이 씻어 4~5일 정도 물을 갈아 주면서 불린다. 물에 불린 올방개를 분쇄기로 갈아 체에 밭친 후 고운 면주머니에 넣고 주물러 짠다. 맑은 물이 나올 때까지 물을 부어 짠 다음 앙금을 가라앉힌다. 웃물을 여러 번 갈아내야 빛이 깨끗하고 좋다. 하얗게 우러났으면 위에 맑은 물을 버리고 가라앉은 전분을 채반에 한지를 깔고 한 숟가락씩 떠 놓아 말린다. 거의 마르면 고운체로 쳐서 가루를 내고 따뜻한 방에서 바싹 말려 봉지에 넣어 두고 사용한다.

출 처

농촌진흥청 농촌영양개선연수원(현 농촌자원개발연구소), 한국의 향토음식, 1994
이승교, 경기 지역 향토음식 조사, 수원대학교 논문집 10권, 1992
농촌진흥청, 향토음식, www2.rda.go.kr/food/, 2006

정보제공자

김민자, 경기도 평택시 청북면 어연2리

쌈

구절판

재 료

쇠고기(우둔) 120g • 건표고버섯 20g(7개) • 오이 150g(1개) • 당근 100g(⅔개) • 석이버섯 20g(20개) • 숙주 150g • 달걀 150g(3개) • 소금 · 후춧가루 · 참기름 약간

밀전병 밀가루 110g(1컵) • 물 200mL(1컵) • 소금 ⅓작은술

고기 양념 간장 2큰술 • 설탕 1큰술 • 다진 파 2큰술 • 참기름 2작은술 • 깨소금 2작은술 • 다진 마늘 1큰술 • 후춧가루 약간

만드는 법

1. 쇠고기는 결을 따라서 가늘게 채 썰고(5×0.2×0.2cm), 표고버섯은 물에 불려 기둥을 떼어 내고 0.2cm로 얇게 저민 다음에 곱게 채 썰어 고기 양념을 만들어 각각 무친다.
2. 오이는 4cm 길이로 토막 내어 돌려 깎기하여 0.2cm 두께로 채 썰어 소금에 살짝 절였다가 물기를 짠다.
3. 당근도 채 썰어 놓고(4×0.2×0.2cm), 숙주는 머리와 꼬리를 다듬어 살짝 데친다.
4. 석이버섯은 물에 불려 뒷면의 이끼를 제거하고 깨끗이 씻어 겹쳐 말아서 0.2cm로 채 썬다.
5. 오이, 당근, 숙주, 석이버섯은 각각 참기름, 소금, 후춧가루로 양념하여 살짝 볶아 식힌다.
6. 달걀은 흰자와 노른자를 나누어 소금을 넣고 지단을 얇게 부쳐 채 썬다.
7. 밀가루에 소금을 섞어 물을 조금씩 넣어 가면서 풀어서 체에 거른다. 밀가루 반죽을 팬에 한 숟가락씩 떠서 지름 6cm로 동그랗고 얇게 밀전병을 부친다.
8. 구절판 틀 중앙의 그릇에 밀전병을 담고 준비한 8가지 재료를 같은 색끼리 마주 보게 담는다. 겨자장과 초장을 곁들인다.

참고사항

구절판에 올라가는 재료는 계절과 경제적 형편, 신분에 따라 죽순, 전복, 호박 등으로 다양하게 준비할 수 있다.

출 처

문화공보부 문화재관리국, 한국민속종합조사보고서(향토음식 편), 1984

남양주시 향토음식연구회, 전통음식 맥잇기 활동보고서, 1998

쌈

밀쌈

재 료

밀가루 110g(1컵) • 달걀 150g(3개) • 쇠고기 100g • 미나리 30g • 당근 30g • 건표고버섯 15g(5개) • 오이 100g(⅔개) • 물 200mL(1컵) • 참기름 3큰술 • 식용유 3큰술 • 소금 1큰술 • 후춧가루 ¼작은술 • 간장 약간 • 겨자장(또는 초간장)

쇠고기 양념 간장 1큰술 • 설탕 ½큰술 • 다진 파 2작은술 • 다진 마늘 1작은술 • 참기름 1작은술 • 깨소금 1작은술 • 후춧가루 약간

만드는 법

1. 밀가루에 달걀흰자 1개와 물 1컵, 소금 ½작은술을 넣고 섞어서 끈기가 나도록 잘 갠 후 직경 6cm 크기로 팬에 얇게 부친다.
2. 달걀 2개는 흰자와 노른자로 나누어 황백지단을 부쳐서 식은 다음 곱게 채 썬다(5×0.2×0.2cm).
3. 건표고버섯을 물에 불려 가늘게 0.2cm로 채 썰어 참기름과 간장을 적량 넣어 볶는다.
4. 쇠고기는 채 썰어(5×0.2×0.2cm) 양념에 무쳐서 볶는다.
5. 당근은 5cm로 잘라 0.2cm로 고르게 채 썬 다음 소금을 넣어 기름에 볶는다.
6. 미나리는 살짝 데쳐 5cm 길이로 썰어 놓는다.
7. 오이는 5cm 길이로 자른 다음 껍질을 0.2cm의 두께로 돌려 깎아 얇게 채 썰고 소금에 잠깐 절였다가 헹궈 짜서 참기름을 넣고 파랗게 볶는다.
8. 밀가루 전병을 깨끗한 면포 위에 놓고 고기, 채소류를 색을 맞추어 줄지어 놓은 다음 면포를 의지하면서 단단하게 말아 잠시 두었다가 2cm 길이로 썬다. 굵게 말렸으면 타원형이 되도록 눌러서 짧게 썰고 가는 것이면 둥글게 3cm로 썬다.
9. 겨자장이나 초간장을 곁들인다.

출 처
전희정 · 이효지 · 한영실, 한국전통음식, 문화관광부, 2000

배춧잎쌈

재 료

배추속대 300g • 쌈장 3큰술

만드는 법

배추속대를 깨끗이 씻어 물기를 뺀 후 쌈장과 함께 곁들인다.

참고사항

- 배추는 재배역사, 재배면적 및 이용 면에서 볼 때 우리나라의 가장 중요한 채소 중 하나이다. 배추의 원산지는 중국의 북부 지역이며 우리나라에 전래된 연대는 확실히 알 수는 없으나 고려 고종 23년(서기 1236년)에 펴 낸 『향약구급방』에 배추가 기록된 것으로 보아 그 이전에 이미 재배된 것으로 추정되고 있으며 18세기경부터 지금과 같이 속이 꽉 차고 품질이 좋은 결구배추가 생산된 것으로 추정되고 있다.
- 배추는 수분 함량이 매우 높고 칼슘과 비타민 C를 많이 함유하고 있으며 섬유질을 공급하는 채소이다. 일 년 내내 먹을 수 있지만 제철은 겨울로 서리를 맞으면 섬유질이 연해지고 풍미도 증가하여 맛이 좋아진다.
- 보존이 쉬운 채소로 겨울철에는 신문지에 싸서 차가운 곳에 세워서 보존하면 2~3주일은 보존할 수 있고 여름에는 랩으로 싸서 냉장고에 보관한다.

출 처

전희경 · 이효지 · 한영실, 한국전통음식, 문화관광부, 2000

고문헌

조선요리제법(배추쌈)

쌈

상추쌈

재 료

상추 300g • 실파 50g • 쑥갓 50g

약고추장 쇠고기 50g • 고추장 ½컵 • 참기름 ½큰술 • 설탕 또는 꿀 2큰술 • 물 · 잣 약간

쌈된장 풋고추 30g(2개) • 된장 4큰술 • 고춧가루 1작은술

만드는 법

상추를 깨끗이 씻어 물기를 뺀 후 쌈된장, 약고추장과 함께 곁들인다.

✻ 참고사항

상추쌈에 실파, 쑥갓 등의 다른 채소를 함께 사용하기도 하고, 보리새우볶음, 장똑똑이, 병어감정 등을 채소와 함께 곁들여서 싸먹는다.

출 처
전희정 · 이효지 · 한영실, 한국전통음식, 문화관광부, 2000

고문헌
시의전서(상추쌈)

쌈

피마자잎쌈(아주까리잎쌈)

재 료

아주까리잎 300g

양념장 간장 3큰술 • 다진 파 1큰술 • 다진 마늘 ½큰술 • 고춧가루 1작은술 • 참기름 1큰술 • 깨소금 1큰술

만드는 법

1. 말려 두었던 아주까리잎을 물에 삶는다. 물을 뿌려서 삶아야 부서지지 않는다.
2. 삶은 아주까리잎을 여러 번 헹궈 물기 없이 짜서 그릇에 담아 내고 양념장을 곁들인다.

출 처
전희정 · 이효지 · 한영실, 한국전통음식, 문화관광부, 2000

고문헌
조선요리제법(피마자잎쌈), 조선무쌍신식요리제법(피마자잎쌈)

배춧잎장아찌

재 료

배춧잎 중간 크기 3kg

절임물 간장 5컵 • 액젓 3컵 • 물 3L(15컵)

양념 다진 파 1큰술 • 다진 마늘 ½큰술 • 생강즙 ½작은술 • 통깨 ½큰술 • 참기름 · 홍고추채 약간

만드는 법

1. 배추는 겉잎을 떼어 내고 중간 잎만 다듬어 끓는 물에 데쳐 말린다.
2. 분량의 절임물을 합해 끓인 후 식힌다.
3. 김치통에 배춧잎을 차곡차곡 담고 끓여 2의 식힌 장물을 붓고 무거운 돌로 눌러 둔다.
4. 3~4일 후 3에서 국물만 따라 내어 끓인 후 식혀서 붓기를 두세 번 한다.
5. 겨울에 먹을 때 간장을 살짝 씻어 낸 후 송송 썰고 분량의 양념으로 무친다.

1

1

3

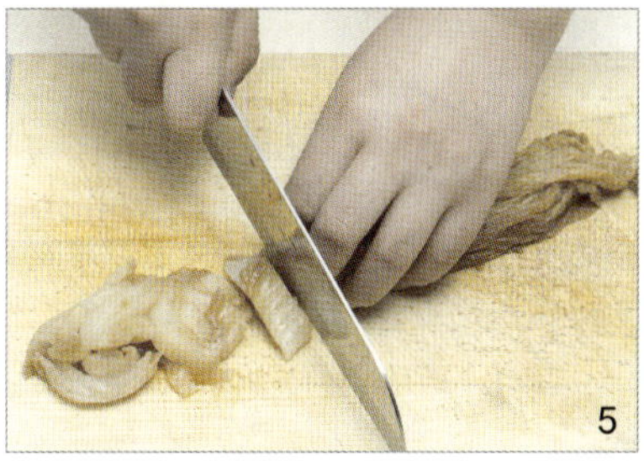

5

출 처
문화공보부 문화재관리국, 한국민속종합조사보고서(향토음식 편), 1984

조리시연자
박종숙, 서울특별시 서초구 잠원동

장아찌

용인오이지(용인외지)

재료

늙은 오이(노각) 2kg(50개) • 맑은 쌀뜨물 18L • 소금 4kg • 물 적량

만드는 법

1. 항아리에 오이를 씻어 담고 돌로 눌러 놓는다.
2. 1에 찬물을 붓고 맑은 쌀뜨물에 소금을 풀어서 넣는다.
3. 다음날 물만 따라 내어 한소끔 끓여 식혀서 다시 붓기를 3~4번 되풀이한다.

참고사항

조선요리서인 『부인필지』에 용인에서 생산되는 오이 저장법에 관한 기록이 수록되어 있으며, 『규합총서』에도 수록이 되어 있어 역사가 있는 전통음식이다. 아삭아삭 씹히는 맛과 새콤한 맛을 지닌 침채류로써 오늘날 오이지로 발전된 것으로 보인다.

1

2

2

3

출 처

문화공보부 문화재관리국, 한국민속종합조사보고서(향토음식 편), 1984
농촌진흥청 농촌영양개선연수원(현 농촌자원개발연구소), 한국의 향토음식, 1994
이승교, 경기 지역 향토음식 조사, 수원대학교 논문집 10권, 1992

정보제공자

정종숙, 경기도 용인시 원삼면

조리시연자

박종숙, 서울특별시 서초구 잠원동

고문헌

증보산림경제(용인담과저법 : 龍仁淡瓜菹法), 규합총서(용인오이지법), 부인필지(용인외지)

장아찌

이천게걸무장아찌(게거리장아찌)

재 료

게걸무 2kg • 굵은 소금 200g • 치자

만드는 법

1. 게걸무에 굵은 소금을 뿌려 절여 둔다.
2. 1의 게걸무를 깨끗하게 다듬어 치자물을 들인 다음 소금물에 푹 잠기도록 하여 보관한다.
3. 먹기 전에 2를 두께 0.3cm로 썰고 물을 부어 낸다.

참고사항

게걸무(개걸무, 게거리)는 경기도 이천 지역에서만 나는 특산물로 껍질이 두껍고 매운맛이 나는 무이다. 게걸무는 예로부터 넉고개(광주) 넘어가면 안 되고, 능서고개(여주) 넘어가면 안 된다고 전해질 만큼 이천 지역에서만 재배가 되는 특이한 작물이다. 김치를 담갔을 때 매우 단단하고 매운맛이 강하기 때문에 금방 무르지 않아 오래 삭혔다 먹는다. 가을에 장아찌(짠지)를 담가 다음해 여름에 먹기도 한다.

1

2

3

3

출 처
이천쌀사랑본부, 구만리 뜰, 가을호, 1998

정보제공자
장금례, 경기도 이천시 대원면 도리리

조리시연자
박종숙, 서울특별시 서초구 잠원동

주식류 부식류 떡류 과정류 음청류 주류

장아찌

더덕장아찌

재 료

더덕 500g(20뿌리) • 고추장 2kg

양념장 설탕 1큰술 • 다진 파 1큰술 • 다진 마늘 1큰술 • 참기름 2작은술 • 깨소금 2작은술

만드는 법

1. 더덕을 껍질을 벗긴 후 방망이로 두들겨 납작하게 만든 다음 햇볕에 꾸덕꾸덕하게 말려서 고추장에 박아 둔다.
2. 더덕에 간이 배면 하나씩 꺼내어 길이대로 쭉쭉 찢어 양념장을 넣고 고루 무친다.

❃ 참고사항

고추장에 넣기 전에 된장에 한 달 정도 박아 두었다가 고추장에 옮겨 넣어도 별미이다.

출 처

한복려, 궁중음식과 서울음식, 대원사, 1995

산초장아찌

재 료

산초 500g • 간장 ¼컵 • 식초 적량

만드는 법

1. 산초봉오리는 깨끗하게 다듬어 식초에 담가 보름가량 두었다가 식초는 따라 내고 간장을 잠길만큼 부어 둔다.
2. 15일 후에 간장을 따라서 달여 식힌 후에 다시 항아리에 붓는다.

참고사항

산초는 향기가 좋은 열매로 산골에서 음력 7월경에 산초의 꽃봉오리를 채취한다. 열매가 익기 전의 파란색이 장아찌 재료로 이용되고 까맣게 익은 열매는 산초기름을 짠다. 일반 가정에서는 맛보기 힘든 음식으로 절에서 만들어 대접하는 향취가 있는 음식이다.

출 처

문화공보부 문화재관리국, 한국민속종합조사보고서(향토음식 편), 1984
이승교, 경기 지역 향토음식 조사, 수원대학교 논문집 10권, 1992

정보제공자

이영순, 경기도 양주군 은현면 용담2리

도라지장아찌

재 료

도라지 600g(30뿌리) • 물 700mL(3½컵) • 간장 700mL(3컵) • 설탕 2큰술 • 식초 2큰술 • 물엿 2큰술 • 마늘20g(5쪽) • 대파 20g(½개) • 실고추 · 참기름 적량

만드는 법

1. 도라지 껍질을 벗긴 후 깨끗이 씻어 먹기 좋은 크기로 썰어 말린다.
2. 간장과 물을 섞어 3일 정도 도라지를 담가 둔 후 간장물을 따라 내고 하루 보관한다.
3. 따라 낸 국물로 도라지를 조린 후 남은 간장물을 또 따라 내고 식힌다. 이 과정을 2회 반복한다.
4. 남은 간장물을 붓고 물엿, 식초, 마늘, 실고추, 파를 넣어 마지막으로 살짝 조린 후 먹기 직전 참기름에 무친다.

출 처

양평군 향토음식연구회, 향토 · 개발요리 모음집, 1997

무갑장과(무숙장아찌)

재 료

무 300g(⅓개) • 쇠고기 50g • 건표고버섯 5g(2개) • 미나리 10g • 간장 4큰술 • 참기름 1큰술 • 깨소금 ½큰술 • 실고추 약간

고기 양념 간장 ½작은술 • 설탕 ½작은술 • 다진 파 1작은술 • 다진 마늘 ½작은술 • 깨소금 1작은술 • 참기름 1작은술 • 후춧가루 약간

만드는 법

1. 무는 폭 4cm로 토막을 내어 0.7cm 굵기의 막대 모양으로 썰어서 간장을 부어 가끔 위아래를 뒤섞으면서 두 시간 이상 절인다.
2. 쇠고기는 연한 살코기로 결대로 곱게 채로 썰고(5×0.2×0.2cm), 건표고버섯은 불려서 꼭지를 떼고 0.2cm 너비로 가늘게 채 썬다.
3. 고기 양념으로 쇠고기와 표고버섯을 고루 무친다.
4. 무가 검게 절여졌으면 건져 내어 면포에 싸서 꼭 짜 절였던 간장을 남긴다. 그리고 미나리는 3cm 길이로 자른다.
5. 4의 남겨 둔 간장물을 냄비에 넣고 팔팔 끓이다가 쇠고기와 표고버섯을 넣는다.
6. 간장물이 거의 없어지면 무를 넣고 볶아서 다시 미나리, 참기름, 깨소금, 실고추를 넣어 잠시 무친다.

출 처

한복려, 궁중음식과 서울음식, 대원사, 1995

장아찌

무릇장아찌

재 료

무릇 말린 것 200g • 간장 1컵 • 물엿 3큰술 • 마른 고추 15g • 마늘 90g(3통) • 고추장 적량

만드는 법

1. 봄에 무릇을 채취하여 알뿌리는 버리고 삶아서 잎 부분을 매일 물을 갈아 주면서 1주일간 우려 낸다.
2. 물에 우려 낸 무릇을 채반에 널어 바싹 말려 둔다.
3. 준비한 간장과 물엿, 마른 고추, 마늘을 넣고 끓여 식혀 둔다.
4. 말린 무릇에 3의 간장을 부어 촉촉하게 불려 준 후 고추장에 넣는다.
5. 항아리에 꼭꼭 눌러 담고 6개월 후 꺼내어 갖은 양념으로 무쳐 먹는다.

❁ 참고사항

- 봄에 많이 나는 무릇을 채취하여 말려 두었다가 장아찌를 만들면 쫄깃한 맛이 일품이다. 무릇에는 독성이 있으므로 반드시 1주일 이상 우려 내어야 쓴맛이 없다.
- 무릇은 달래와 비슷하게 생긴 식물로 장아찌를 담그는 것은 잎 부분이고 둥근 뿌리 부분은 쑥과 합하여 무릇곰으로 해먹기도 한다.

장아찌

배추속대장과(배추속대장아찌)

재 료

배추속대 200g • 무 100g • 쇠고기 100g • 미나리 30g • 간장 적량

쇠고기 양념 간장 3큰술 • 다진 파 ⅓큰술 • 다진 마늘 ⅓큰술 • 깨소금 2작은술 • 참기름 ½큰술 • 후춧가루 약간

만드는 법

1. 배추는 속대를 골라 씻어 물기를 제거한 후 폭 2cm, 길이 6~7cm 정도로 썰어 채반에 펴서 시들하게 말린다.
2. 무는 다듬어 씻어 4~5cm 길이로 썬 다음 채반에 살짝 말려 물기를 없앤다.
3. 쇠고기는 가늘게 채 썰고 미나리도 4cm 길이로 썬다.
4. 1과 2에 간장을 부어 간이 고루 배도록 절인 후 물기를 꼭 짠다.
5. 쇠고기는 양념에 재웠다가 볶은 후 4의 절인 무와 배추를 넣고 볶다가 미나리 데친 것과 함께 무친 다음 오지그릇에 꾹꾹 눌러 담았다가 꺼내 먹는다.

정보제공자
이하자, 경기도 수원시 권선구 호매실동

장아찌

삼합장과

재료

생홍합 200g(9개) • 생전복 200g(2½개) • 불린 해삼 200g • 쇠고기(우둔) 100g • 대파(흰 부분) 20g(1뿌리) • 마늘 20g(5개) • 생강 10g(2½쪽) • 참기름 ½큰술 • 잣가루 ½큰술 • 간장 적량 • 후춧가루 약간

고기 양념 간장 1큰술 • 설탕 ½큰술 • 후춧가루 약간

만드는 법

1. 쇠고기는 연하고 기름기가 없는 우둔살로 납작하게 저며 고기 양념으로 양념한다.
2. 홍합은 크고 신선한 것을 골라 털과 얇은 막을 없애고 끓는 물에 삶아 내어 너무 크면 2~3등분한다.
3. 전복은 껍데기째 솔로 깨끗이 씻고 살의 검은 막은 소금으로 문질러 씻어 찜통에 살짝 쪄서 내장을 떼어 내고 얇게 저민다.
4. 불린 해삼은 내장을 빼고 씻어 어슷하게 썬다(0.3cm).
5. 대파는 다듬어서 3cm로 토막 내고, 마늘과 생강을 0.2cm 두께로 편 썰기 한다.
6. 냄비에 간장과 5의 대파, 마늘, 생강을 넣고 불에 올려 끓어오르면 먼저 양념한 쇠고기를 넣어 조린다.
7. 쇠고기가 익으면 후춧가루를 뿌리고 준비한 해물을 넣어 고루 간이 배도록 가끔 뒤섞으면서 서서히 조린다.
8. 국물이 거의 졸아들면 참기름을 넣어 고루 섞은 후 그릇에 담고 잣가루를 뿌린다.

출처

전희정 · 이효지 · 한영실, 한국전통음식, 문화관광부, 2000

장아찌

속대장아찌

재 료

배추속대 3kg • 무 1kg(1개) • 간장 1.8L • 대파 10g(1/3뿌리) • 마늘 10g(2쪽) • 생강 10g(2쪽) • 참기름 · 깨소금 · 실고추 약간

만드는 법

1. 배춧잎은 떼서 씻어 건져 깨끗하게 말린다.
2. 무는 3×4×0.4cm 크기로 잘라 배춧잎과 함께 간장에 담근다.
3. 2가 절여지면 건더기는 건져 내고 간장은 끓였다가 식힌다.
4. 대파, 마늘, 생강은 채 썰어 절인 배추, 무와 함께 독에 넣고, 3의 간장물을 부어 무거운 돌로 눌러 놓는다.
5. 겨울에 먹을 때 꺼내서 참기름, 깨소금, 실고추 등 양념으로 무쳐서 먹는다.

출 처

문화공보부 문화재관리국, 한국민속종합조사보고서(향토음식 편), 1984
경기도 농촌진흥원, 경기향토요리, 1991
이승교, 경기 지역 향토음식 조사, 수원대학교 논문집 10권, 1992

고문헌

시의전서(속대장아찌)

장아찌

순무짠지

재 료

순무 10kg • 마늘속대 500g • 소금 1kg • 새우젓국 200g • 물 적량

만드는 법

1. 순무를 칼로 다듬어 씻고 마늘속대도 깨끗이 씻어 놓는다.
2. 소금과 새우젓국을 섞어 순무에 뿌리면서 독에 차곡차곡 담아 놓고 마늘속대를 채워 넣으면서 돌로 눌러 소금물에 푹 잠기도록 하여 보관한다.

참고사항

이규보의 『동국이상국집』 '가포육영' 이란 시에서 채마밭에 있는 여섯 가지 채소인 외, 가지, 순무, 파, 아욱, 박에 대하여 읊었는데, '순무로 담근 장아찌 여름철에 먹기 좋고, 소금에 절인 김치 겨울 내내 반찬 되네. 뿌리는 땅 속에서 자꾸만 커져 서리 맞은 칼로 무를 베어 먹으니 배와 같은 맛이지' 하였다. 무짠지는 다음해 여름까지도 보존이 잘 돼 '묵은 김치' 로 즐겼으며, 땅 속에 묻으면 더욱 오래가므로 두고두고 먹었던 찬류였다.

장아찌

언무장아찌

재 료

무 10kg(약 12개) • 간장 2L • 설탕 1컵 • 마늘 50g(1 ⅔통) • 생강 20g(5쪽) • 실고추 5g

만드는 법

1. 김장 때 얼은 무를 씻어 철사에 꿰어 겨울 동안 얼리면서 더덕처럼 말린다.
2. 항아리에 담고 간장을 부어 자주 뒤집어 1주일쯤 간이 배도록 둔다.
3. 마늘, 생강은 0.2cm 두께로 채 썰어 두고 간장을 따라 내서 설탕을 함께 넣고 끓여서 식힌다.
4. 무를 4등분하여 항아리에 담고 3의 식힌 간장을 부어 마늘, 생강, 실고추를 넣고 봉해 둔다.

출 처

경기도 농촌진흥원, 경기향토요리, 1991
이승교, 경기 지역 향토음식 조사, 수원대학교 논문집 10권, 1992

장아찌

오이갑장과

재료

오이 300g(2개) • 쇠고기(우둔살) 50g • 건표고버섯 10g(3개) • 식용유 1큰술 • 참기름 1큰술 • 깨소금 ½큰술 • 실고추 3g

소금물 물 300ml(1½컵) • 소금 2큰술

양념 간장 2작은술 • 설탕 1작은술 • 다진 파 2작은술 • 다진 마늘 1작은술 • 후춧가루 약간

만드는 법

1. 오이는 4cm로 토막을 내어 길이대로 6~8등분하여 씨 부분을 도려 내고 막대 모양으로 썰어서 소금물에 한 시간 정도 절인다.
2. 쇠고기는 연한 살코기를 결대로 곱게 채 썰고(5×0.2×0.2cm) 건표고버섯은 불려서 꼭지를 떼고 가늘게 채 썬다.
3. 쇠고기와 표고버섯은 준비해 둔 고기 양념으로 고루 무친다.
4. 1의 오이가 절여졌으면 물에 헹구어 건져 내어 면포에 싸서 꼭 짜 물기를 뺀다.
5. 팬에 식용유를 두르고 먼저 양념한 쇠고기와 표고버섯을 넣어 볶다가 익으면 한쪽으로 모아 놓고 다시 식용유를 더 두른 뒤 오이를 넣어 센 불에서 볶아서 섞는다.
6. 오이가 익으면 참기름, 깨소금, 실고추를 넣어 잠시 더 볶아서 넓은 그릇에 펴 식힌 뒤 그릇에 담는다.

출처
전희정 · 이효지 · 한영실, 한국전통음식, 문화관광부, 2000

젓갈 · 식해

연평도조기젓

재 료

황조기 5kg(50마리) • 소금 3kg • 소금물(물 10L(50컵) · 소금 1.9kg)

만드는 법

1. 물에 소금을 타서 바닷물과 같이 만들어 놓고 조기의 머리를 잡고 소금물 속에서 비늘을 긁으면서 깨끗하게 씻어 소쿠리에 건진다.
2. 조기를 한 마리씩 잡고 아가미 속에 소금을 가득 넣어 항아리에 나란히 놓고 한 켜마다 몸이 보이지 않도록 마른 소금을 뿌려 차곡차곡 담는다.
3. 조기젓 항아리에는 대소쿠리 바닥 같은 것으로 덮고 무거운 돌로 누르고 조기를 씻었던 소금물은 소쿠리에 밭쳐 한소끔 끓여 차게 식힌 다음 항아리에 붓고 항아리 입을 봉하여 둔다.
4. 햇볕이 들지 않고 서늘한 곳에서 잘 보관한다.

참고사항

- 연평도는 인천광역시 옹진군 연평면에 속하는 섬으로 신석기시대부터 사람이 살았던 것으로 추정된다. 조기, 꽃게잡이가 유명하며 예로부터 조기로 젓갈을 담아 먹었다.
- 조기젓은 5월 초순부터 6월 중순까지 담그며 10월부터 먹기 시작한다.
- 먹을 때는 꼬들꼬들하게 된 조기젓을 살을 크게 찢어서 다진 파, 다진 마늘, 고춧가루, 식초를 넣어 양념한다.

출 처
문화공보부 문화재관리국, 한국민속종합조사보고서(향토음식 편), 1984

조리시연자
박종숙, 서울특별시 서초구 잠원동

파주참게장

재 료

참게 4kg(50마리) • 국간장 8컵 • 간장 8컵 • 생강 115g(1컵) • 마늘 30g(1통) • 붉은 고추(말린 것) 40g

만드는 법

1. 참게를 하룻밤 물에 담가 해감을 시킨 후 솔로 깨끗이 씻어 항아리에 담아 국간장과 간장을 섞어 붓는다.
2. 일주일 후 간장을 쏟아서 달인다. 거품과 불순물은 걷어 내고 끓여 식힌 후 게가 잠기도록 간장을 붓는다. 이렇게 5일 후 다시 반복한다.
3. 3일 후 다시 간장을 끓여 식혀서 마늘, 생강 저민 것, 붉은 고추 말린 것을 넣어 꼭 눌러 봉해 두었다가 1개월 정도 지나 익으면 먹는다.

3

3

3

✻ 참고사항

참게는 일반 게와 달리 흙냄새가 나지 않고 그 맛이 독특하여 예부터 경기도 근교, 임진강 근처에서 즐기던 향토요리이다.

출 처

경기도 농촌진흥원, 경기향토요리, 1991
농촌진흥청 농촌영양개선연수원(현 농촌자원개발연구소), 한국의 향토음식, 1994
이승교, 경기 지역 향토음식 조사, 수원대학교 논문집 10권, 1992

정보제공자

임영희, 인천광역시 남구 주안7동

백령도까나리젓

재 료

까나리 3kg • 소금 1kg

만드는 법

1. 까나리와 소금을 3 : 1의 비율로 골고루 버무린다.
2. 1을 항아리나 용기에 꾹꾹 눌러 담아 5~6개월 정도 발효시킨다.
3. 5개월 후 용기 내에는 2층으로 구분되는데, 위층에 뜨는 까나리 건더기를 떠 내면 아래층의 검붉은색의 까나리 간장이 남는데, 이것을 그릇에 담아 보관한다.

참고사항

백령도에서 잡은 까나리로 담근 젓이며 액젓으로 유명하다. 까나리는 경골어류로서 까나리과의 바닷물고기인데, 가늘고 길며 몸빛은 은백색, 등 쪽은 녹갈색이다. 얕은 바다에 떼지어 알을 낳는데, 산란기는 4~6개월로 가장 맛이 있으며, 5월경 백령도 연안에서 잡히는 까나리를 자연 발효시켜 국간장 대용으로 사용하였다.

정보제공자
홍선비, 인천광역시 옹진군 백령면 진촌4리

젓갈 · 식해

밴댕이젓무침

재 료

절인 밴댕이 200g • 붉은 고추 15g(1개) • 풋고추 15g(1개)

양념 고춧가루 1큰술 • 다진 마늘 ½큰술 • 다진 파 1큰술 • 통깨 ½큰술 • 참기름 ½큰술

만드는 법

1. 소금에 절인 밴댕이는 2cm 폭으로 썰어 놓는다. 붉은 고추와 풋고추는 0.3cm로 송송 썰어 씨를 제거한다.
2. 그릇에 1의 재료를 담고 양념을 넣어 무친다.

출 처

인천광역시 농촌지도소 우리음식모음, 1996

김상보, 생활 속의 향토음식문화, 신광출판사, 2004

고문헌

조선무쌍신식요리제법(소어해 : 蘇魚醢)

젓갈 · 식해

새우젓무침

재 료

새우젓 200g

양념 다진 파 1큰술 • 다진 마늘 ½큰술 • 고춧가루 ½큰술 • 깨소금 1작은술

만드는 법

새우젓은 깨끗하고 통통한 것으로 준비하여 살짝 짜서 물기를 없앤 후 준비한 양념을 넣고 살살 버무린다.

참고사항

새우젓은 서울 지방에서 김치를 만들 때 없어서는 안 되는 재료이며 그대로 양념하여 밥반찬으로도 즐겨 이용한다.

출 처

한복려, 궁중음식과 서울음식, 대원사, 1995

어리굴젓

재 료

굴 200g(1컵) • 무 50g • 배 50g • 밤 80g(5개) • 대파 10g(⅓뿌리) • 마늘 10g(2쪽) • 생강 5g(1쪽) • 고춧가루 3큰술 • 소금 · 물 적량

만드는 법

1. 굴은 다듬어 심심한 소금물에 담갔다가 소쿠리에 건져 놓는다.
2. 무, 배는 사방 1.5cm 정도, 0.3cm 두께로 얄팍하게 저며 썬다.
3. 밤은 껍질을 벗겨 납작하게 저민 다음 0.2cm 두께로 채 썬다.
4. 대파, 마늘, 생강도 1.5cm 길이, 0.2cm 두께로 채 썬다.
5. 준비된 무, 배, 밤에 고춧가루를 넣어 빨갛게 물이 들도록 버무린다.
6. 5에 굴과 4의 대파, 마늘, 생강을 넣어 살살 버무린 다음 소금간을 하고 항아리에 담아 잘 봉해 둔다.

참고사항

10°C 정도에서 4~5일이면 알맞게 익는다.

출 처

농촌진흥청 농촌영양개선연수원(현 농촌자원개발연구소), 한국의 향토음식, 1994

고문헌

조선무쌍신식요리제법(담석화해 : 淡石花醢)

청어젓(비웃젓)

재 료

청어(비웃) 3kg • 소금 1kg

만드는 법

1. 청어의 비늘을 긁고 아가미 밑으로 내장을 꺼내고 씻는다.
2. 1을 체에 건져 물기를 뺀 후 아가미 속으로 소금을 가득 넣는다.
3. 항아리에 청어를 깔고 소금을 하얗게 덮어서 여러 켜 반복한 후 제일 위에 소금을 넉넉히 뿌리고 무거운 돌로 얹는다.
4. 잘 싸맨 후에 꼭 덮어 서늘한 곳에 둔다.
5. 2~3일 지나면 소금물을 끓여 식힌 후 붓고 꼭 봉한다.

❁ 참고사항

- 청어를 발 위에 펴 놓고 소금을 뿌리며 켜켜로 놓아 하룻밤을 재워서 청어즙이 다 빠진 후에 젓을 담그면 오래도록 저장이 잘 된다.
- 청어젓은 1, 2월에 담는다.

출 처

문화공보부 문화재관리국, 한국민속종합조사보고서(향토음식 편), 1984

고문헌

규합총서(비웃젓), 부인필지(비웃젓), 조선무쌍신식요리제법(청어해 : 靑魚醢)

황석어젓

재 료

황석어 4kg(100마리) • 소금 1kg • 소금물 적량(물 10컵 : 소금 3컵 비율)

만드는 법

1. 소금물을 넉넉하게 만들어 황석어를 넣어 절인다.
2. 황석어의 내장을 꺼내고 깨끗이 씻은 다음 소쿠리에 건져 물기를 뺀다.
3. 항아리 바닥에 소금을 넉넉히 뿌리고 아가미 속과 입 속에 소금이 꽉 차도록 넣고 다음 위를 돌로 눌러 놓는다.
4. 소금물을 끓여 식힌 다음 돌 위까지 올라오도록 붓는다.
5. 항아리를 봉해 뚜껑을 완전히 밀폐시킨 다음 햇볕이 들지 않고 통풍이 잘 되는 곳에 보관한다.

참고사항

황석어(黃石魚)는 민어과의 참조기를 말한다. 먹을 때는 황석어를 0.5cm 너비로 잘게 썰고 매운 고추, 마늘, 파, 생강을 다져 넣고 고춧가루, 깨소금을 섞어 버무려 먹는다.

출 처
농촌진흥청 농촌영양개선연수원(현 농촌자원개발연구원), 한국의 향토음식, 1994

정보제공자
오혜영, 인천광역시 남동구 송정동

고문헌
조선무쌍신식요리제법(황석어해 : 黃石魚醢)

고구마고추장

재료

고구마 2kg(8개) • 고춧가루 500g(7컵) • 찹쌀가루 800g(8컵) • 메줏가루 240g(3컵) • 엿기름 800g • 물엿 1kg • 소금 적량

만드는 법

1. 고구마를 삶아 으깨어 물을 붓고 고운체에 거른다.
2. 엿기름을 걸러서 1의 고구마와 찹쌀가루를 넣고 반으로 줄어들 때까지 삭히면서 조린다.
3. 2의 재료에 메줏가루와 고춧가루를 1 : 2 분량으로 넣고 물엿과 소금으로 간을 맞춰 항아리에 담는다.
4. 햇볕이 잘 드는 곳에서 발효시켜 4~5개월간 숙성시켜 먹는다.

출처
농촌진흥청, 향토음식, www2.rda.go.kr/food/, 2006

장

무장

재 료

메주 깨뜨린 것 500g • 동치미무 200g(¼개) • 차돌박이편육 100g • 배 300g(¾개) • 통고추 30g • 물 1L(5컵) • 소금 150g • 고춧가루 3큰술

만드는 법

1. 메주를 잘게 부수어 항아리에 담고 물을 부어 두면 2~3일 후에 물이 우러나면서 메주는 동동 뜬다.
2. 소금으로 간을 맞추고 꼭 덮어 두면 3~4일 후면 익는다.
3. 다 익으면 동치미무를 껍질을 벗겨 나박썰기(2.5×2.5×3cm)하고, 배도 껍질을 벗기고 같은 크기로 썰고, 차돌박이편육도 같은 크기로 썰어서 섞는다.
4. 3의 무장국물을 너무 묽지 않게 해서 그릇에 담고 고춧가루를 뿌린다.

참고사항

- 무장국물을 심심하게 하여 밥을 비비거나 말아 편육과 같이 먹는다. 간이 약해 변질되기 쉬우므로 장을 담그자마자 냉장고에 보관해야 하며 바로 먹을 수 있다.
- 10월에 장메주 쑬 때 조금 만들어서 먼저 띄운다.

출 처

문화공보부 문화재관리국, 한국민속종합조사보고서(향토음식 편), 1984

고문헌

조선요리제법(무장), 조선무쌍신식요리제법(담수장 : 淡水醬)

보리고추장

재 료

보리쌀 4kg • 고춧가루 2kg • 엿기름 2kg • 메줏가루 2kg • 소금 · 물 적량

만드는 법

1. 보리쌀을 깨끗이 씻어 잘 말린 다음 빻아 가루로 만든다.
2. 엿기름도 가루로 빻아서 물에 넣고 걸러 엿기름물을 만든다.
3. 보리쌀가루에 엿기름물을 풀을 쑬 수 있을 정도로 붓고 잘 저어 죽을 쑨다.
4. 3이 완전히 식은 후 고춧가루, 메줏가루와 소금을 넣어 버무린 다음 독에 담아 발효시킨다.
5. 한 달 후부터 꺼내 먹는다.

참고사항

- 보리고추장은 미리 보리쌀을 빻아 시루에 쪄 내어 따뜻한 곳에 놓아 노랗게 띄워서 고춧가루와 메줏가루를 넣어 버무려 만드는 방법도 있다. 즉, 푹 찐 보릿가루를 식혀서 소쿠리에 담아 따뜻한 곳에 두면 4~5일쯤 지나 노랗게 뜬다. 이것을 쏟아 고춧가루와 메줏가루를 넣고 싹싹 비비면서 섞어 소금 간을 하여 담는다. 요즘에는 보릿가루를 쪄서 엿기름물로 풀어서 삭혀 고춧가루와 메줏가루를 넣고 버무려서 간편하게 담근다. 보리쌀 5에 메줏가루 1의 비율로 만들고 찹쌀고추장보다는 색이 검다.
- 더울 때보다 3, 4월에 담그면 파리와 같은 해충의 걱정이 없고, 다른 고추장에 비해 단맛이 적은 반면, 칼칼하고 구수해서 쌈장으로 많이 먹는다.

출 처

문화공보부 문화재관리국, 한국민속종합조사보고서(향토음식 편), 1984
농촌진흥청 농촌영양개선연수원(현 농촌자원개발연구소), 한국의 향토음식, 1994

정보제공자

고광심, 경기도 김포시 대곶면 대능2리

고문헌

조선요리제법(보리고추장)

기타

마른안주(건구절판)

재료

호두 30g(3알) • 은행 50g(⅓컵) • 밤 100g(6개) • 쇠고기(우둔) 80g • 잣 6큰술 • 곶감 190g(6개) • 송홧가루 10g • 대추 20g(18개) • 유자 100g(1개) • 전분 1큰술 • 꿀 1큰술 • 솔잎 • 소금 약간 • 참기름 1큰술 • 식용유 · 설탕 적량

육포 양념 간장 • 설탕 • 후춧가루

만드는 법

1. 호두는 딱딱한 겉껍질을 깨뜨리고 살만 꺼낸 다음 따뜻한 물에 불려서 대꼬치로 얇은 속껍질까지 벗긴다. 깐 호두는 전분을 묻혀서 식용유에 넣고 노릇노릇하게 튀겨 낸 다음 뜨거울 때 소금을 뿌린다.
2. 은행은 식용유 두른 팬에 볶아 껍질을 벗기고 소금을 조금 뿌린 다음 꼬치에 3개씩 꿰고 끝에는 잣을 1개씩 꿴다.
3. 밤은 껍질을 벗긴 다음 물에 담가 불려 칼로 속껍질을 벗기고 모양을 다듬는다.
4. 잣은 솔잎에 하나씩 박아 5개가 1묶음이 되도록 다홍실로 묶는다.
5. 송홧가루는 꿀로 반죽하여 다식판에 박아 낸다.
6. 곶감은 말랑말랑한 것으로 준비해 한쪽만 갈라 씨를 바르고 심을 뺀 호두 1개를 곶감에 넣고 꼭꼭 말아 붙여 1cm 두께로 둥글게 썬다.
7. 육포는 얇고 넓적하게 뜬 쇠고기에 간장, 설탕, 후춧가루 등 육포 양념으로 양념하여 채반에 말린 후 참기름을 발라 살짝 구워서 직사각형 모양으로 잘라 잣가루를 뿌린다.
8. 대추는 씨를 발라 꿀과 설탕 넣은 물에 조린다.
9. 유자는 속과 껍질을 따로 하여 설탕에 재웠다 조려 2cm 크기로 썰어 놓는다.
10. 위에서 준비한 안주를 모두 그릇에 보기 좋게 돌려 담아 상에 낸다.

참고사항

마른안주는 주안상이나 교자상에 올리는 술안주이다. 입이 심심할 때 간식으로도 이용하며 정성을 다해 예쁘게 솜씨를 내어 폐백음식 혹은 이바지음식으로도 사용된다. 위의 재료 이외에 마른 인삼, 마른 새우, 곶감, 문어포, 전복포, 약포, 곶감쌈, 암치포, 대구포, 전복쌈 등을 사용하기도 한다.

출 처
인천광역시 농촌지도소, 우리음식모음, 1996

고문헌
시의전서(마른안주)

구름편(구름떡)

재 료

찹쌀가루 1kg • 팥가루 1컵 • 설탕물 100mL(½컵) • 대추 100g • 밤 200g(1¼컵) • 호두 40g(½컵) • 울타리콩 ½컵 • 잣 35g(¼컵) • 물 · 설탕 적량

만드는 법

1. 찹쌀가루는 물을 섞어 반죽한다.
2. 팥은 씻어 건져 푹 삶은 후 체에 내려 물기를 꼭 짜고 팬에 볶아 고슬고슬 물기를 말린다(쓰기 직전에 설탕물을 뿌려 약간의 물기를 준 후 체에 내린다).
3. 밤은 살짝 찐 후 껍질을 벗겨 통째로 준비하고, 대추는 씨를 빼고 2~3등분하고 울타리콩은 불려서 삶아 놓는다.
4. 잣은 마른 행주로 닦아 고깔을 떼고, 호두는 속껍질을 벗겨 2등분한다.
5. 3과 4를 합하여 설탕물에 조린다.
6. 1의 찹쌀반죽에 5의 견과류 재료를 합하여 찜솥에서 찐다.
7. 네모진 틀에 2의 팥가루를 뿌리고 6의 찹쌀떡을 떼어서 팥가루를 묻힌 후 꼭꼭 채워 담아 떡이 한 덩어리가 되면서 서로 연결해서 붙도록 손으로 눌러 담은 다음 위에도 팥가루를 덮고 2~3시간 정도 무거운 그릇으로 눌러 모양을 잡는다.
8. 모양이 잡히면 적당한 크기로 썬다.

1

6

6

7

출 처

인천광역시농업기술센터 우리음식연구회, 우리의 맛 쌀요리와 김치, 2005
농촌진흥청, 향토음식, http://www2.rda.go.kr/food, 2006

조리시연자

박종숙, 서울특별시 서초구 잠원동

꽃절편

재 료

멥쌀가루 1kg • 소금 2큰술 • 물 300mL(1½컵) • 참기름 적량

색소 쑥가루 · 치자물 · 백년초가루 적량

만드는 법

1. 쌀은 깨끗이 씻어 5시간 정도 불린 다음 물기를 빼고 소금을 넣어 빻는다. 쑥은 쌀을 빻을 때 넣어 같이 빻는다.
2. 쌀가루와 쑥을 넣은 쌀가루에 물을 넣고 버무려 각각 찜통에 앉혀 김이 오른 후 15분 정도 찐다.
3. 2의 익은 떡을 절구나 안반에서 차지게 친다.
4. 장식용 꽃을 만들기 위해 흰떡은 조금씩 떼어서 치자물과 백년초가루를 넣어 색을 들여서 팥알 정도의 크기로 만든다.
5. 3의 떡과 쑥떡 친 것은 각각 큰 도마에 놓고 소금물을 발라 가며 둥근 막대 모양으로 밀어 손끝으로 잘라 꼬리떡을 만든다.
6. 꼬리떡 중앙에 떼어 놓은 색떡을 붙여 떡살에 기름을 묻혀 눌러 모양을 낸다.

2

3

6

6

출 처

문화공보부 문화재관리국, 한국민속종합조사보고서(향토음식 편), 1984

인천광역시농업기술센터 우리음식연구회, 우리의 맛 쌀요리와 김치, 2005

조리시연자

박종숙, 서울특별시 서초구 잠원동

두텁떡(봉우리떡, 후병)

재 료

두텁떡 가루 찹쌀가루 500g(5컵) • 간장 1½큰술 • 설탕 3큰술 • 꿀 3큰술

팥고물 푸른 거피팥 4컵 • 간장 2큰술 • 설탕 4큰술 • 꿀 5큰술 • 계핏가루 ½작은술 • 후춧가루 약간

떡소 밤 100g • 대추 50g • 호두 40g • 잣 25g • 유자청 건더기 ½큰술 • 유자청 1큰술

만드는 법

1. 찹쌀은 깨끗이 씻어 6시간 정도 충분히 불려 물기를 빼고 간하지 않고 가루로 빻는다.
2. 1의 쌀가루에 간장을 넣어 고루 비벼 중간체에 내리고 설탕과 꿀을 섞는다.
3. 팥을 충분히 불려 껍질을 벗기고 씻어 물기를 뺀 후 찜통에 젖은 면포를 깔고 푹 무르게 찐다.
4. 익은 팥을 큰 그릇에 쏟아서 절구로 대강 찧은 후 중간체에 내리고, 남은 무거리는 맷돌이나 믹서에 갈아 섞는다.
5. 체에 내린 팥고물에 간장, 설탕, 꿀, 계핏가루, 후춧가루를 넣어 고루 섞은 후 팬에 보슬보슬 볶아 식혀 다시 체에 내린다.
6. 잣은 고깔을 떼고, 밤과 대추는 잣 크기로 자르고, 호두는 속껍질을 벗겨 잘게 썬다. 유자청 건더기는 다진다.
7. 6의 재료에 유자청을 잘 섞어 1cm 완자를 빚어 살짝 누른다.
8. 큰 시루에 5의 팥고물을 깔고 2의 찹쌀가루를 한 숟가락 올린 후 7의 완자를 놓고 다시 찹쌀가루를 얹어 덮은 다음 팥고물을 뿌려 덮고 우묵한 곳을 골라 다시 놓기를 세 켜 정도 해서 김이 오른 찜통에 올린다.
9. 15분 정도 찐 후 불을 줄여 5분 정도 뜸을 들인 후 한 켜씩 납작한 숟가락으로 들어 내 쟁반에 담고 남은 팥고물로 덮고 다시 면포를 덮어 식힌다.

3

7

8

9

참고사항

이 떡은 궁중에서 임금 탄신일에 반드시 만들던 것으로, 『정례의궤』, 『진찬의궤』 등에 그 만드는 법이 기록되어 있다. 두텁떡은 쌀가루를 간장으로 간을 한 궁중의 대표적인 떡이며 본래 이름이 봉우리떡으로 한자로는 후병(厚餠)이라고 쓴다. 보통 시루떡처럼 고물과 떡가루를 평평하게 안치지 않고 떡의 모양을 작은 보시기 크기로 하나씩 떠 낼 수 있도록 소복소복 안치므로 이름을 그렇게 붙였다. 『도문대작』에 서울의 시절음식으로 기록되어 있다.

출 처

전희정 · 이효지 · 한영실, 한국전통음식, 문화관광부, 2000

이승교, 경기 지역 향토음식 조사, 수원대학교 논문집 10권, 1992

정보제공자

조향숙, 경기도 김포시 대곶면 신안2리

조리시연자

박종숙, 서울특별시 서초구 잠원동

고문헌

도문대작(두텁떡), 규합총서(두텁떡), 음식법(두텁떡), 시의전서(두텁떡), 부인필지(두텁떡), 조선요리제법(두텁떡), 조선무쌍신식요리제법(후병 : 厚餠)

밤단자

재 료

찹쌀 330g(2컵) • 밤 160g(10개) • 계핏가루 ½컵 • 귤병(또는 유자) 1큰술 • 꿀 1큰술 • 물 적량 • 소금 약간

만드는 법

1. 찹쌀을 물에 2시간 이상 불려 물기를 빼고 가루로 빻는다.
2. 찜통에 젖은 면포를 깔고 그 위에 찹쌀가루를 얹어 찐 다음 양푼에 쏟아 꽈리가 일도록 방망이로 젓는다.
3. 밤을 삶아 껍질을 벗겨 체에 내려 고물을 만든다.
4. 귤병은 곱게 다져 밤가루 ⅓컵과 계핏가루, 소금을 섞어 0.8cm 지름으로 소를 만든다.
5. 2에서 준비한 떡을 밤톨만큼씩 떼어 4의 소를 넣고 2~3cm 지름으로 만들어 꿀을 바르고 나머지 밤가루를 묻혀 그릇에 담아 낸다.

3

5

5

출 처

문화공보부 문화재관리국, 한국민속종합조사보고서(향토음식 편), 1984
강인희, 한국의 맛, 대한교과서주식회사, 1987
전희정 · 이효지 · 한영실, 한국전통음식, 문화관광부, 2000

조리시연자

박종숙, 서울특별시 서초구 잠원동

고문헌

시의전서(밤단자), 조선요리제법(율단자 : 栗團餈)

떡

여주산병

재 료

멥쌀가루 900g(5컵) • 물 적량 • 소금 ½큰술 • 치자 · 참기름 약간

소 거피팥 240g • 설탕 2큰술 • 계핏가루 1큰술

만드는 법

1. 멥쌀가루를 물을 내려 푹 쪄서 절구에 넣어 친 다음 도마에 참기름을 바르고 쏟아 밀방망이로 얇게 민다.
2. 거피팥을 푹 쪄서 으깬 후 설탕과 계핏가루를 넣어 1cm 정도로 은행알만하게 뭉쳐 소를 준비한다.
3. 밀어 놓은 떡에 팥소를 넣고 직경 15cm 정도의 그릇과 직경 12cm 정도의 작은 그릇으로 각각 찍어 크게 만든 떡은 구부리고 그 안에 작게 만든 떡을 구부려 넣어 네 끝을 한 데 모아 붙인다.
4. 떡 위에 여러 가지 색깔을 낸 작은 구슬 모양의 떡을 고명으로 붙이기도 한다.

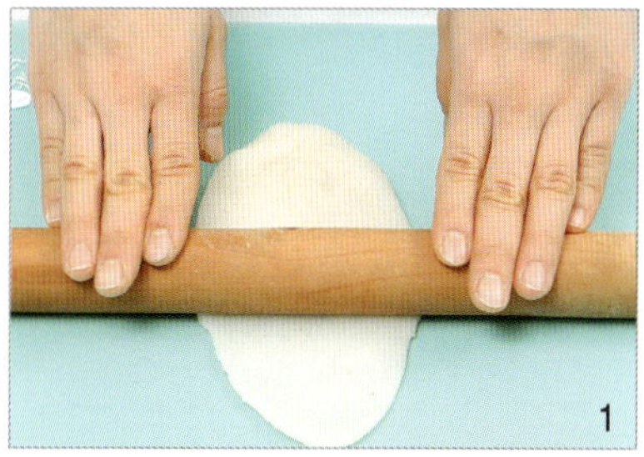

1

2

3

3

참고사항

여주산병은 흰떡과 같이 쌀가루를 쪄서 안반에 친 후 방망이로 밀어 개피떡 만들 때처럼 보시기로 둥글게 떼 내어 팥소를 넣어 두 개를 겹쳐 만드는 특이한 모양의 떡이다. 경기도 여주 지방은 권력과 재력이 있는 민씨네가 많이 모여 살던 곳으로 만석 가까이 농사를 짓는 사람들이 모양을 내고 솜씨를 내어 많이 해먹었던 떡이다. 옛날 경기도 지방에서는 큰 잔치 때 반드시 여주산병을 만들어 편의 웃기로 올렸다고 한다. 산병이란 본래 개피떡보다 작게 만들어서 떡 위에 웃기로 쓰던 것으로 조선시대 성균관에서 많이 만들어 먹었다고 한다. 1763년의 문헌인 『성호사설』에서는 '송편 모양인데, 솔잎에 찌지 않고 무늬가 있으며 얇게 만들어 익힌다' 라고 하였다.

출 처

문화공보부 문화재관리국, 한국민속종합조사보고서(향토음식 편), 1984

전희정 · 이효지 · 한영실, 한국전통음식, 문화관광부, 2000

조리시연자

박종숙, 서울특별시 서초구 잠원동

떡

우메기떡(개성주악, 우메기)

재 료

찹쌀가루 500g(5컵) • 멥쌀가루 150g(1컵) • 탁주(막걸리) ½컵 • 설탕 ⅓컵 • 물 2큰술 • 소금 ½큰술 • 식용유 2컵 • 대추 · 무정과 약간

즙청액 조청 1컵 • 물 100mL(½컵) • 생강 10g(2½쪽)

만드는 법

1. 찹쌀가루와 멥쌀가루를 고루 섞어 중간체에 친 후 소금과 설탕을 섞는다.
2. 1의 가루에 막걸리를 넣어 버물버물 섞은 후 끓는 물을 넣어 끈기가 나도록 오래 치대 반죽한다.
3. 반죽을 떼어 지름 3cm, 두께 1cm의 동그란 모양으로 빚어 가운데, 위아래 부분을 살짝 눌러 준다(드문드문 구멍을 뚫어도 된다).
4. 180°C의 식용유에 3의 반죽을 서로 붙지 않도록 넣어 지지면서 노릇하게 색을 내고 모양을 잡는다.
5. 모양이 잡히면 150°C의 약한 불로 옮겨 은근히 속까지 익힌다.
6. 조청과 물을 합하여 생강을 넣고 끓여 즙청액을 만든다.
7. 기름을 잘 뺀 우메기를 6의 즙청액에 담갔다가 건진다.
8. 완성된 우메기 윗면에 작은 대추나 무정과를 장식한다.

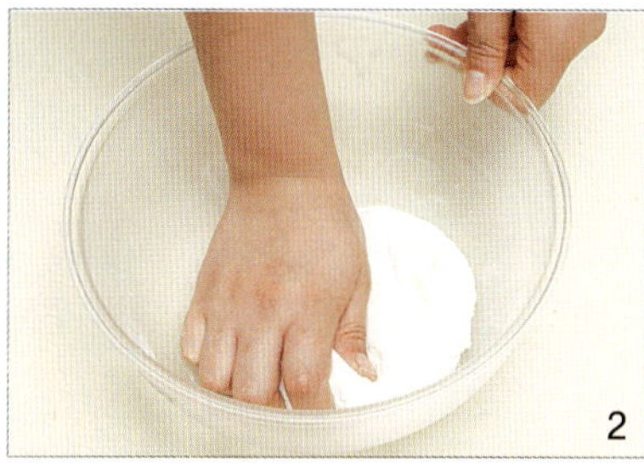

2

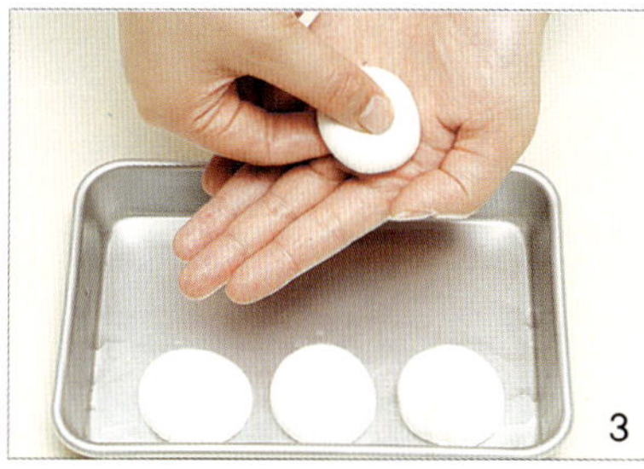

3

4

7

참고사항

- 우메기는 기름에 지져 낸 떡에 즙청을 입혀 만든 음식으로 만들기가 간편하고 쉽게 굳지 않는 특색이 있다. 우메기는 햅쌀이 나올 때 특히 많이 만들어 먹는 떡으로 '우메기 빠진 잔치는 없다' 라고 하여 잔칫상에 많이 올렸던 떡으로 알려졌다.
- 반죽의 농도는 꼭꼭 뭉쳐지는 정도가 좋으며 모양을 동그랗게 빚은 후 가운데를 엄지손가락으로 누르고 대추를 잘라 박으면 보기에도 좋다. 2~3일간은 쉽게 굳지도 않고 맛이 뛰어나서 아이들의 간식이나 후식으로도 권할 만하다. 일명 개성주악이라고도 한다.

출 처

문화공보부 문화재관리국, 한국민속종합조사보고서(향토음식 편), 1984
전희정 · 이효지 · 한영실, 한국전통음식, 문화관광부, 2000

조리시연자

박종숙, 서울특별시 서초구 잠원동

각색편(백편, 꿀편, 승검초편)

재료

백편 멥쌀가루 500g(3⅓컵) • 소금 ½큰술 • 설탕 80g(½컵) • 물 100mL(½컵) • 밤 50g(3개) • 대추 30g(13개) • 석이버섯 5g(5개) • 잣 2큰술

꿀편 멥쌀가루 500g(3⅓컵) • 소금 ½큰술 • 꿀 170g(½컵) • 황설탕 90g(½컵) • 물 100mL(½컵) • 밤 50g(3개) • 대추 30g(13개) • 석이버섯 5g(5개) • 잣 2큰술

승검초편 멥쌀가루 500g(3⅓컵) • 소금 ½큰술 • 승검초가루 2큰술 • 설탕 80g(½컵) • 물 100mL(½컵) • 밤 50g(3개) • 대추 30g(13개) • 석이버섯 5g(5개) • 잣 2큰술

만드는 법

1. 쌀은 6시간 이상 물에 불려 소금을 넣고 곱게 빻아 고운체에 내린다. 설탕물을 끓여 식힌 다음 쌀가루에 뿌리면서 손으로 비벼 수분의 함량을 조절한 후 다시 체에 내린다. 손으로 쥐어 펴서 흔들어 부서지지 않을 정도면 수분량이 적당하다.
2. 꿀편에는 끓여 식힌 황설탕물에 꿀을 넣어 섞고, 승검초편에는 승검초를 넣으며 만드는 방법은 백편과 같다.
3. 밤과 대추, 석이버섯은 손질하여 0.1cm 두께로 가늘게 채 썰고, 잣은 길이로 반을 잘라 비늘 잣으로 만든다.
4. 시루 밑에 기름종이를 깔고 꿀편은 2cm 두께로 안치고 3에서 준비한 고명을 얹은 후 다시 기름종이를 깔고 반복하여 승검초편과 백편을 안친다. 젖은 면포를 덮고 시루번을 붙인 후 약 30~40분 정도 찐다.

출 처

문화공보부 문화재관리국, 한국민속종합조사보고서(향토음식 편), 1984
전희정 · 이효지 · 한영실, 한국전통음식, 문화관광부, 2000

강화근대떡

재 료

찹쌀가루 500g(5컵) • 멥쌀가루 750g(5컵) • 근대뿌리 200g • 물 적량 • 소금 2큰술

만드는 법

1. 근대뿌리는 깨끗이 씻어 놓는다.
2. 그릇에 찹쌀가루와 멥쌀가루를 반반씩 섞어 소금을 넣고 물을 뿌린다.
3. 떡가루에 근대뿌리를 뚝뚝 끊어 넣고 버무려 섞어 시루에 설기떡으로 찐다.

❃ 참고사항

- 근대잎은 주로 국거리 · 나물로 쓰며 근대국은 위와 장이 나쁜 사람에게 식이요법용으로 이용된다. 유럽 원산의 동일 원종으로부터 생채(生菜)를 얻을 수 있도록 개량한 채소작물이다. 근동 지방에서 발달된 것으로 생각되나 지중해 연안 지방에서도 옛날부터 재배되었다.
- 중국에서는 6세기 초의 『본초서』에 기록이 있고, 일본에는 17세기 말에 중국으로부터 전래되었다. 우리나라에는 『동의보감』(1613)에 기록이 있고 『증보산림경제』(1776)에 뿌리와 줄기로 국을 끓여 먹는다고 하였으나, 재배가 시작된 연대는 확실하지 않다.

출 처
경기도 농촌진흥원, 경기향토요리, 1991

개성경단

재 료

찹쌀가루 100g(1컵) • 멥쌀가루 150g(1컵) • 물 70mL(⅓컵) • 소금 1작은술 • 경아가루 280g(2컵) • 조청 280g(1컵) • 잣가루 1큰술

만드는 법

1. 찹쌀가루와 멥쌀가루를 섞어 소금을 넣고 뜨거운 물로 익반죽하여 직경 2cm 정도로 동그랗게 빚어 끓는 물에 삶아 건진다.
2. 삶은 경단에 경아가루 고물을 묻히고 조청에 즙청한 후 잣가루를 뿌린다.

참고사항

• 경단은 1680년『요록』에 경단병으로 처음 나오는데, 그 후 1827년『임원십육지』, 1800년대 말『시의전서』에 나타나며, 1913년『조선요리법』에는 여러 가지 고물을 묻혔으며, 1938년『조선요리법』에 수수경단이 기록되어 오늘날까지 꾸준히 전승되고 있다.

• 개성경단은 고물로 묻히는 경아가루가 특색이 있다. 경아가루는 붉은 팥을 삶아 앙금을 내어 고운 팥가루가 되도록 볕에 말린 것이다. 앙금을 참기름에 고루 비벼 말리기를 서너 번 거듭하여 체에 쳐서 고운 가루를 낸다.

출 처
문화공보부 문화재관리국, 한국민속종합조사보고서(향토음식 편), 1984

거말떡

재 료

메밀가루 550g(5컵) • 밀가루 200g(2컵) • 팥가루 200g • 물 · 소금 적량

만드는 법

1. 메밀가루와 밀가루에 소금과 물을 넣고 잘 섞어서 밀대로 밀 수 있을 정도로 반죽한다.
2. 반죽을 밀대로 밀어서 길이 7cm, 너비 3cm, 두께 0.3cm로 만든다.
3. 2의 반죽 민 것을 끓는 물에 3분 정도 익혀 낸다.
4. 팥을 푹 삶아 체에 내려서 팬에 보슬보슬하게 볶아 고물을 만든다.
5. 데쳐 낸 반죽에 팥고물을 골고루 묻혀 그릇에 담아 낸다.

❃ 참고사항

인천광역시 옹진 지역의 향토음식이며 섬에서 쌀이 부족할 때 메밀과 밀가루로 만들어 먹던 구황음식이다.

출 처
농촌진흥청, 향토음식, www.rda.go.kr/food/, 2006

떡

건시단자

재 료

건시(말린 감) 100g(5개) • 황률가루(말린 밤가루) 20g • 잣 140g(1컵) • 꿀 170g(½컵)

만드는 법

1. 색이 예쁜 건시를 씨와 꼭지를 버리고 반으로 얇게 저며 사기그릇에 담고 꿀에 잰다.
2. 잣은 고깔을 떼고 곱게 다진다.
3. 황률가루를 꿀에 뭉쳐 1.5cm 정도의 소를 만든다.
4. 건시에 황률가루소를 곱게 틈 없이 싸서 잣가루에 굴린다.

출 처

문화공보부 문화재관리국, 한국민속종합조사보고서(향토음식 편), 1984
전희정 · 이효지 · 한영실, 한국전통음식, 문화관광부, 2000

고문헌

규합총서(건시단자), 시의전서(건시단자)

떡

느티떡

재료

멥쌀가루 750g(5컵) • 소금 1작은술 • 어린 느티잎싹 200g • 거피팥 420g(2컵) • 물 적량

만드는 법

1. 멥쌀은 5시간 이상 불려서 빻고 물을 뿌려서 체에 내린다.
2. 어린 느티잎싹은 깨끗이 씻어 놓는다.
3. 팥고물은 거피팥을 물에 불렸다가 푹 쪄서 으깨어 굵은 체에 내려서 만든다.
4. 쌀가루와 어린 느티잎싹을 한 데 섞어 켜마다 거피팥고물을 뿌려 시루에 찐다.

참고사항

『도문대작』에 서울의 시절음식으로 기록되어 있다.

출 처

문화공보부 문화재관리국, 한국민속종합조사보고서(향토음식 편), 1984
전희정 · 이효지 · 한영실, 한국전통음식, 문화관광부, 2000

고문헌

도문대작(느티떡), 조선요리제법(느티떡), 조선무쌍신식요리제법(유엽병 : 楡葉餠)

주식류 부식류 떡류 과정류 음청류 주류

떡

대추단자

재 료

찹쌀가루 300g(3컵) • 소금 ½작은술 • 대추 25g(10개) • 꿀 3큰술 • 물 적량

고물 밤채 ½컵 • 대추채 ½컵

만드는 법

1. 찹쌀가루에 소금을 넣고 체에 내린다.
2. 대추는 씨를 바르고 곱게 다져서 찹쌀가루에 섞고 물을 뿌려 비벼서 찐다.
3. 쪄 낸 떡을 치대어 큰 대추알만큼씩 떼 내어 꿀물을 발라 밤채, 대추채 고물을 묻힌다.

출 처

문화공보부 문화재관리국, 한국민속종합조사보고서(향토음식 편), 1984

전희정 · 이효지 · 한영실, 한국전통음식, 문화관광부, 2000

두텁단자

재 료

찹쌀 800g(4⅔컵) • 팥가루 300g(3컵) • 밤 50g(3개) • 호두(껍질 깐 것) 40g(½컵) • 유자청 건더기 6큰술 • 잣 35g(¼컵) • 대추 50g(¾컵) • 유자청 ¼컵 • 소금 1큰술 • 물 적량

설탕물 설탕 1컵 • 물 400mL(2컵)

밤조림용 설탕 2큰술 • 물 2큰술

만드는 법

1. 찹쌀을 씻어 2시간 이상 충분히 불린 뒤 건져 물기를 뺀다. 물기가 빠지면 소금을 넣어 가루로 빻아 체로 친다.
2. 설탕에 물을 넣어 끓여서 식혀 설탕물을 만든다.
3. 팥가루에 2의 설탕물 1컵을 부어 고루 섞어서 비벼 체에 친다.
4. 밤은 껍질을 벗겨 사방 0.5cm 정도로 썰어 분량의 설탕과 물을 부어 약한 불에서 조린다.
5. 호두를 뜨거운 물에 담갔다가 건져 껍질을 벗긴 뒤 밤 크기로 썬다.
6. 잣은 고깔을 떼고 깨끗이 닦아 준비한다.
7. 유자청 건더기는 곱게 다진다.
8. 대추는 씨를 빼고 곱게 다진다.
9. 밤, 대추, 호두, 잣에 유자청 건더기와 유자청을 넣어 고루 섞은 다음 0.8cm 크기로 콩알만큼씩 소를 빚는다.
10. 2에서 쓰고 남은 설탕물에 물을 부어 끓인다. 이것을 1의 찹쌀가루에 부어 익반죽한다.
11. 반죽한 것을 조금씩 떼어 9의 소를 넣고 공기가 들어가지 않도록 꼭꼭 쥐어 직경 4cm, 두께 1.2cm의 동글납작한 모양의 단자를 만든다.
12. 11의 단자를 끓는 물에 삶아 떠오르면 찬물에 담가 한 개씩 꺼내어 물기를 뺀 뒤 3의 팥가루고물에 묻힌다. 고물을 묻힐 때에는 쟁반에 팥가루고물을 펼쳐 놓고 가장자리부터 사용한다.

출 처

광주군 향토음식연구회, 너른고을 향토음식, 1997
전희정 · 이효지 · 한영실, 한국전통음식, 문화관광부, 2000

석이버섯단자

재 료

찹쌀가루 300g(3컵) • 석이버섯 20g(20개) • 잣 140g(1컵) • 꿀 3큰술 • 물 적량

만드는 법

1. 찹쌀을 씻어서 2시간 이상 물에 불린 후 물기를 빼서 가루를 내고 체에 내린다.
2. 석이버섯을 뜨거운 물에 불린 다음 절구로 빻아서 가루로 하거나 곱게 다진다.
3. 찹쌀가루에 다진 석이버섯을 섞어 고루 비비고 난 후 물을 뿌려 찜통에 젖은 면포를 깔고 쪄 내어 치댄다.
4. 잣은 고깔을 따고 곱게 다져서 고물로 준비한다.
5. 도마에 꿀을 깔고 떡을 두께 2cm, 길이 4cm, 폭 2cm 크기로 네모나게 잘라서 잣가루를 묻힌다.

출 처

전희정 · 이효지 · 한영실, 한국전통음식, 문화관광부, 2000

고문헌

음식법(석이버섯단자), 시의전서(석이버섯단자 : 石茸團餈), 조선요리제법(석이버섯단자), 조선무쌍신식요리제법(석이버섯단자: 石茸團餈)

떡

쑥구리단자

재 료

찹쌀가루 300g(3컵) • 쑥 데친 것 200g • 물 적량 • 소금 약간

고물 거피팥 160g(¾컵)

소 팥고물 180g(1컵) • 꿀 2큰술 • 계핏가루 ⅓작은술 • 소금 약간

만드는 법

1. 찹쌀가루에 소금을 넣어 체에 내린다.
2. 쑥은 손질하여 깨끗이 씻은 후 파랗게 데쳐서 절구에 찧는다.
3. 찹쌀가루에 물을 내려 쪄 낸 후 쑥과 같이 절구에 넣고 곱게 친다.
4. 거피팥은 푹 무르게 쪄서 절구에 찧은 후 꿀과 계핏가루를 넣어 되직하게 소를 만든다.
5. 3의 친 찹쌀을 떡판에 쏟고 길게 펴서 가운데 팥소를 넣고 떡을 오므려 손끝으로 새알 모양으로 잘라서 꿀을 발라 팥고물을 묻힌다.

참고사항

쑥구리단자는 봄철 들녘에 가장 흔한 쑥을 이용한 전통 떡으로 '단자' 라는 말은 찹쌀로 만든 떡에 팥소를 넣고 꿀물을 발라 고물을 입힌 우리 전통의 떡을 일컫는다. 떡은 그 어원을 중국의 한자에서 찾을 수 있는데, 한대(韓代) 이전에는 떡을 '이(餌)' 라 표기하였다. 그 당시에는 중국에 밀가루가 보급되기 전이므로 떡을 쌀이나 콩, 기장 등으로 만들었다. 기록에 의하면 밀가루가 보급된 한대 이후에는 떡을 가리키는 표기가 '병(餠)' 으로 바뀌고 있으며 떡을 나타내는 한자는 쌀을 위주로 해서 만들었을 경우 조리법에 따라 '이(餌)' 나 '자(瓷)' 로 표기했고, 밀가루로 만들었을 경우 '병(餠)' 이라 표기했다. 그러므로 우리의 떡은 쌀을 위주로 하여 만들고 있으므로 '이(餌)' 나 '자(瓷)' 에 해당한다. 최근에는 재료에 따른 명칭의 구별 없이 '병' 으로 통용되어 쓰고 있다.

출 처

문화공보부 문화재관리국, 한국민속종합조사보고서(향토음식 편), 1984

전희정 · 이효지 · 한영실, 한국전통음식, 문화관광부, 2000

정보제공자

오숙희, 경기도 용인시 백암면 가좌리

유자단자

재 료

찹쌀가루 500g(5컵) • 소금 ½작은술 • 유자청 2큰술 • 유자청 건더기 ½컵 • 꿀 3큰술 • 잣가루 ½컵 • 물 적량

만드는 법

1. 찹쌀가루는 체를 쳐서 내린다.
2. 유자청 건더기는 곱게 다진다.
3. 찹쌀가루에 유자청, 소금, 물을 넣고 섞어서 찜통에 찐다.
4. 절구에 반죽을 쏟아 유자청 건더기를 넣고 방망이로 꽈리가 나도록 친다.
5. 도마에 꿀을 바르고 반죽을 쏟아 2cm 두께로 반대기를 지어 너비 2cm, 길이 4cm 정도로 썰어서 꿀을 바르고 잣가루를 묻힌다.

출 처

문화공보부 문화재관리국, 한국민속종합조사보고서(향토음식 편), 1984
강인희, 한국의 떡과 과줄, 대한교과서주식회사, 1994
전희정 · 이효지 · 한영실, 한국전통음식, 문화관광부, 2000

고문헌

규합총서(유자단자), 부인필지(유자단자), 조선요리제법(유자단자)

율무단자

재 료

율무가루 100g(1컵) • 찹쌀가루 300g(3컵) • 거피팥고물 320g(2컵) • 물 적량 • 소금 ½작은술

만드는 법

1. 율무를 물에 2시간 이상 불린 다음 가루를 내어 찹쌀가루, 소금과 섞어 끓는 물에 익반죽하여 지름 2.5cm 크기로 동그랗게 빚는다.
2. 팥은 불려 껍질을 벗기고 푹 쪄서 체에 내려 소금을 섞고 고물을 만든다.
3. 경단을 끓는 물에 삶아 내고 찬물에 헹궈 건진 다음 팥고물을 묻힌다.

출 처

문화공보부 문화재관리국, 한국민속종합조사보고서(향토음식 편), 1984
전희정 · 이효지 · 한영실, 한국전통음식, 문화관광부, 2000

은행단자

재 료

찹쌀가루 500g(5컵) • 은행(껍질 깐 것) 160g(1컵) • 꿀 150g(½컵) • 대추채 ½컵 • 밤채 ½컵 • 물 적량

만드는 법

1. 은행은 겉껍질을 까서 끓는 물에 넣었다가 건져 속껍질을 벗겨서 분쇄기에 간다.
2. 찹쌀가루는 체에 내리고 갈아 놓은 은행과 섞어 반죽하여 손바닥 크기만큼 반대기를 짓는다.
3. 찜통에 젖은 면포를 깔고 만들어 놓은 반대기를 쪄 낸다.
4. 절구에 반죽을 쏟아 꽈리가 일도록 친다.
5. 도마에 꿀을 바르고 반죽을 쏟아 2cm 두께로 반대기를 지어 너비 2cm, 길이 4cm 정도로 썰어서 꿀을 바르고 대추채, 밤채를 각각 묻힌다.

출 처

문화공보부 문화재관리국, 한국민속종합조사보고서(향토음식 편), 1984
전희정 · 이효지 · 한영실, 한국전통음식, 문화관광부, 2000

떡

무시루떡

재 료

멥쌀 900g(5컵) • 팥 480g(3컵) • 무 1kg(1¼개) • 물 적량 • 소금 1큰술

만드는 법

1. 멥쌀을 씻어 2시간 이상 물에 불려 건진 다음 소금을 넣고 빻아 가루로 만든다.
2. 팥은 물을 넉넉히 붓고 삶는다. 끓으면 그 물을 버리고 다시 물을 부어 팥이 푹 무를 때까지 삶는다. 팥이 거의 익으면 물을 따라 내고 뜸을 들여 소금을 넣고 찧는다.
3. 무는 0.3cm로 채 썰어 쌀가루와 고루 섞는다.
4. 시루에 시루 밑을 깔고 팥고물을 두껍게 펴고 3의 무를 섞어 둔 쌀가루를 3cm 정도로 놓아 켜켜로 앉힌다.
5. 면포를 덮고 찐다.
6. 김이 오르면 뚜껑을 덮고 20분 정도 찐 다음 뜸을 들인다. 젓가락으로 찔러 보아 쌀가루가 묻어나지 않으면 다 익은 것이다.

참고사항

가장 전통적인 떡 중의 하나로, 특히 무가 제 맛을 내는 상달이라 일컫는 10월에 많이 해먹는다. 무떡은 나복병이라고도 하며 서민적이고 토속적인 떡이다. 켜를 둔 무시루떡이 1815년 『규합총서』, 1827년 『임원십육지』에 기록되어 있다.

출 처
농촌진흥청 농촌영양개선연수원(현 농촌자원개발연구소), 한국의 향토음식, 1994

정보제공자
장계랑, 경기도 안성시 공도면 만정리

물호박떡

재 료

멥쌀 900g(5컵) • 늙은 호박 500g(¼개) • 거피팥 540g(3컵) • 설탕 160g(1컵) • 소금 1큰술

만드는 법

1. 멥쌀을 씻어 2시간 이상 충분히 불려서 가루로 빻아 체에 친다.
2. 늙은 호박은 껍질을 벗겨 속을 파내고 5cm 길이, 0.5cm 두께로 납작하게 썰어 설탕에 버무린다.
3. 1의 쌀가루와 2의 호박을 잘 버무린다.
4. 팥은 불려 거피하고 쪄서 체에 내려 고물을 만든다.
5. 시루에 한지를 깔고 팥고물을 두껍게 펴고 쌀가루와 호박 섞은 것을 3cm 두께로 넣고 다시 팥고물을 넣어 켜켜로 안친다.
6. 면포를 덮고 찌면서 김이 오른 후 뚜껑을 덮고 20분 정도 찐다.

✲ 참고사항

늙은 호박을 이용한 대표적인 떡으로 호박떡, 물호박떡, 호박찰떡, 호박시루떡 등은 『음식방문』, 『시의전서』, 『조선요리제법』, 『시의방』 등에 나온다. 1938년 『조선요리법』에 물호박떡과 호박찰떡이 나오는데, '물호박떡은 늙은 호박을 얇게 썰어서 설탕과 섞어 쌀가루에 버무린다. 이것은 팥고물로 켜를 하여 시루에 안쳐 내는 시루떡이다' 라고 하였다.

출 처

문화공보부 문화재관리국, 한국민속종합조사보고서(향토음식 편), 1984

전희정 · 이효지 · 한영실, 한국전통음식, 문화관광부, 2000

떡

배피떡

재 료

찹쌀 900g(13½컵) • 녹두 400g(2컵) • 볶은 콩가루 140g(1½컵) • 소금 1큰술 • 설탕 80g(½컵) • 계핏가루 1작은술

만드는 법

1. 찹쌀을 깨끗이 씻어 일어서 8시간 정도 불린다.
2. 녹두를 맷돌에 타서 따뜻한 물에 불려 거피한다.
3. 거피한 녹두를 30분 정도 쪄서 체에 내려 소금과 설탕을 넣고 볶은 다음 계핏가루를 섞어 소를 만든다.
4. 불린 쌀을 인절미처럼 찜통에 푹 쪄서 절구에 찧는다.
5. 찐 찹쌀을 조금씩 떼어 3의 녹두고물소를 넣고 6cm 정도 길이의 타원형으로 빚어서 콩가루를 묻힌다.

참고사항

개성 지방의 향토음식으로 찹쌀을 불려 쪄서 절구에 치는 과정은 인절미와 같으나 녹두고물을 뭉쳐 소로 만들어 넣고 콩고물을 묻히는 것이 차이가 있다. 황해도 지방의 오쟁이떡은 배피떡과 비슷하지만 녹두소 대신 붉은 팥소를 넣은 것이다. 서민들의 식사대용으로 애용되었던 떡으로 겨울철에는 떡을 해서 항아리에 넣어 두었다가 석쇠에 구워 꿀에 찍어 먹는다.

정보제공자
박정화, 경기도 이천시 백사면 모전리

백령도김치떡

재료

찹쌀가루 300g(3컵) • 메밀가루 330g(3컵) • 밀가루 330g(3컵) • 생굴 400g(2컵) • 배추김치 900g • 소금 1큰술 • 들기름 2큰술 • 물 적량 • 참기름 약간

만드는 법

1. 찹쌀가루와 메밀가루를 고루 섞어 물을 충분히 뿌려 가며 반죽하여 젖은 면포를 깔고 찜통에 약 10~15분 정도 쪄 낸 다음 밀가루와 소금을 넣고 물을 조금씩 넣어 반죽한다.
2. 굴은 엷은 소금물에 씻어 물기를 빼 놓는다. 배추김치는 속을 털어 내고 다져서 물기를 꼭 짠 후 굴과 들기름을 넣어 섞는다.
3. 1에서 준비된 반죽은 밀가루를 뿌려 가며 두께 0.1cm, 직경 6cm 정도로 동그랗게 만두피를 밀어 2의 소를 넣고 만두 모양으로 빚는다.
4. 찜통에 젖은 면포를 깔고 찌면서 김이 오르면 약 15분 정도 쪄 낸 후 한 김 나가면 참기름을 발라 낸다.

참고사항

백령도 김치떡은 서해안의 백령도 주민들이 간식용으로 즐겨 만들어 먹는 떡이다. 우리가 흔히 먹는 만두와 비슷하게 만들지만, 소로 사용되는 신선한 굴과 새콤한 맛의 김치가 어우러져 만두와는 또 다른 특별한 맛이 난다. 메밀가루를 넣어 소박하면서도 구수한 느낌과 맛을 자랑하며 이 지방 사람들의 생활환경을 그대로 반영한 떡이다.

출처

이승교, 경기 지역 향토음식 조사, 수원대학교 논문집 10권, 1992

보리개떡

재 료

보리 450g(3컵) • 간장 1큰술 • 다진 파 2큰술 • 참기름 2큰술

만드는 법

1. 보리를 깨끗이 씻어서 물에 2시간 이상 불렸다가 가루로 빻는다.
2. 보릿가루에 다진 파를 넣고 간장과 참기름으로 반죽하여 절구에 차지도록 찧는다.
3. 직경 7cm 정도의 크기로 동글납작하게 빚어 찜통에 20분 정도 찐다.

참고사항

개떡은 강화 지역에서 많이 해먹던 음식으로 1924년 이용기가 지은 『조선무쌍신식요리제법』에 속낙개와 쑥, 기름을 이용해 개떡을 만들고 있으며, 1948년 『우리음식』에도 햇밀가루, 햇콩과 소금을 이용한 방법과 별법으로 찰수숫가루와 햇콩을 이용한 방법이 소개되고 있다.

출 처

문화공보부 문화재관리국, 한국민속종합조사보고서(향토음식 편), 1984
전희정 · 이효지 · 한영실, 한국전통음식, 문화관광부, 2000

상치떡(상추떡)

재 료

멥쌀 900g(5컵) • 상추 200g(35장) • 거피팥 500g(3컵) • 소금 1큰술 • 물 적량

만드는 법

1. 멥쌀을 물에 2시간 이상 불렸다가 소금을 넣고 가루로 빻아서 물을 섞어 손바닥으로 비빈 후 체에 곱게 내린다.
2. 거피팥은 물에 불렸다가 푹 쪄서 으깨어 굵은체에 내려 팥고물을 만든다.
3. 상추는 흐르는 물에 깨끗이 씻어 놓는다.
4. 쌀가루에 상추잎을 뜯어 섞어서 3cm 두께로 한 켜 얹고 위에 팥고물을 한 켜 얹는 것을 반복하여 여러 켜 안친다.
5. 면포를 덮고 찌면서 김이 오른 후 뚜껑을 덮고 20분 정도 푹 찐다.

출 처

문화공보부 문화재관리국, 한국민속종합조사보고서(향토음식 편), 1984

색편(무지개떡)

재 료

멥쌀 900g(5컵) • 소금 1큰술 • 천연색소(빨강 · 노랑 · 초록) · 석이버섯가루 약간 • 설탕 170g(1컵) • 물 100mL(½컵)

만드는 법

1. 멥쌀은 씻어서 2시간 이상 충분히 불린 다음 소금을 넣고 빻아서 고운체에 내린다.
2. 설탕을 물에 풀어서 쌀가루에 고루 넣고 손으로 비벼 고운체에 내려서 5등분한다. 등분한 쌀가루 중 한 가지는 그대로 두고 또 하나는 석이버섯가루를 고루 섞는다.
3. 천연색소 세 가지를 각각 물 1큰술에 조금씩 풀어서 남은 떡가루 세 가지에 각각 고루 비벼서 체에 내린다.
4. 시루나 찜통 밑에 시루 밑을 깔고 맨 밑에 석이버섯가루를 섞은 쌀가루를 넣고 2cm 정도의 높이로 편편하게 깐 다음 이어서 연두색, 분홍색, 노란색, 흰색의 순으로 각각 2cm 높이를 맞춰 안친다.
5. 안친 떡 위에 면포를 얹고 김이 오르면 뚜껑을 덮어 센 불에서 20분 정도 찐다.

참고사항

- 색떡은 무리떡에 속하는데, 무리떡이란 떡가루에 켜를 만들지 않으며, 한 덩어리가 되게 찌는 떡을 가리킨다. 무리떡의 일종인 설기떡은 백설기, 백설고, 흰무리 등으로 불려지며 우리나라의 가장 대표적인 떡이다. 1948년 최남선의 『조선상식』에 보면 동양 삼국 떡의 특징으로 '중국에서는 밀가루를 주재료로 하여 치는 것이 기본인 데 비해, 우리나라에서는 멥쌀가루를 주재료로 하여 찌는 것이 기본이다' 라고 설기떡이 떡 중에 대표임을 강조하고 있다.
- 색편은 여러 색으로 물을 들여서 켜가 없이 색색을 겹쳐서 찐 무리떡으로 일명 무지개떡이라고 더 잘 알려져 있다. 멥쌀가루를 쪄서 노랑, 파랑, 분홍의 색깔을 들여 친 다음 새, 꽃 모양을 만들어 무리떡 위에 장식한다. 혼례상, 잔칫상의 떡 위에는 웃기를 얹는다.

출 처
문화공보부 문화재관리국, 한국민속종합조사보고서(향토음식 편), 1984
전희정 · 이효지 · 한영실, 한국전통음식, 문화관광부, 2000

떡

석탄병

재 료

멥쌀가루 900g(5컵) • 꿀 2큰술 • 물 3큰술 • 말린 감가루 ⅔컵 • 밤 80g(5개) • 대추 25g(10개) • 계핏가루 1작은술 • 잣가루 ¼컵 • 소금 1작은술 • 녹두고물 3컵

만드는 법

1. 멥쌀가루는 체에 친다.
2. 녹두는 불려서 맷돌에 갈아 거피해서 20분 정도 푹 쪄서 소금을 넣고 으깬다.
3. 밤은 껍질을 까서 3등분하고, 대추는 씨를 뺀 후 채 썰며, 잣은 마른 면포로 깨끗하게 닦아서 다진다.
4. 감은 껍질을 벗기고 얇게 저며 햇볕에 말린 후 찧어서 고운체에 쳐 놓는다.
5. 시루에 시루밑을 깔고 녹두고물을 뿌린 다음 쌀가루, 감가루, 밤, 대추, 계핏가루, 잣을 골고루 섞어 5cm 두께로 시루에 안친다. 다시 녹두고물을 뿌린다.
6. 같은 방법으로 쌀가루와 녹두고물을 번갈아 켜켜로 놓는다.
7. 면포를 덮고 찌면서 김이 오르면 뚜껑을 덮고 30분 정도 푹 찐다.
8. 한 김 나간 후 시루째 뒤집어서 꺼낸다.

참고사항

조선시대 이전부터 궁중이나 반가에서 해먹었던 떡으로 '아낄 석(惜)' 자에 '삼킬 탄(呑)' 자를 써서 차마 삼키기가 아깝다는 이름이 붙을 정도로 만드는 정성과 맛이 있다. 경기도의 좋은 쌀로 만들어 더욱 맛이 뛰어나다. 『규합총서』에 기록하기를 '수시를 껍질 벗겨 말려 가루로 하고, 멥쌀가루, 설탕, 귤병, 밀감을 얇게 저며 섞고, 고물로 잣가루, 계핏가루를 섞어 안치며 대추, 황률 삶은 것 가늘게 채 쳐 잣가루 섞어 위에 가득히 흩고 백지로 씻은 후에 또 종이를 덮고 다른 가루로 덮어 찌면 강렬한 맛이 차마 삼키기 아까운 고로 석탄병이니라' 라고 하였다.

출 처
강인희, 한국의 맛, 대한교과서주식회사, 1987

정보제공자
양숙경, 경기도 화성시 마도면 청원3리

고문헌
규합총서(석탄병), 부인필지(석탄병), 조선요리제법(석탄병), 조선무쌍신식요리제법(석탄병 : 惜呑餠)

떡

솔방울떡

재 료

멥쌀가루 900g(5컵) • 소금 1작은술 • 물 적량

색소 치자 • 오미자 • 쑥

소 대추 25g(10개) • 잣 70g(½컵) • 깨 60g(½컵) • 꿀 2큰술

만드는 법

1. 멥쌀가루를 체에 내린 후 3등분한다.
2. 3등분한 멥쌀가루를 각각 치자로는 노란빛을, 오미자로는 분홍빛을, 쑥으로는 푸른빛을 들여서 말랑말랑하게 반죽한다.
3. 대추는 씨를 빼고 곱게 다지고 깨와 잣도 가루를 내어 꿀로 개어 소를 준비한다.
4. 반죽을 포도알만큼씩 떼어 대추, 잣, 깨를 골고루 넣어 3cm 정도 크기로 솔방울 모양이 되도록 빚어서 끝을 찝어 쪄 낸다.

출 처

문화공보부 문화재관리국, 한국민속종합조사보고서(향토음식편), 1984
전희정 · 이효지 · 한영실, 한국전통음식, 문화관광부, 2000
이승교, 경기 지역 향토음식 조사, 수원대학교 논문집 10권, 1992

떡

수수부꾸미

재 료

수숫가루 500g(5컵) • 팥 210g(1컵) • 소금 1큰술 • 설탕 80g(½컵) • 물 200mL(1컵) • 식용유 적량

만드는 법

1. 수수를 빨간 물이 우러나도록 여러 번 물을 갈아 가며 씻은 다음 물에 2시간 이상 불린 후 가루로 곱게 빻는다.
2. 팥을 씻어 푹 무르게 삶아 설탕을 넣어서 소를 만든다.
3. 수숫가루를 소금을 넣고 뜨거운 물에 익반죽하여 말랑말랑하게 주물러 두께 0.3cm, 직경 10cm 정도로 동글납작하게 빚는다.
4. 팬에 식용유를 두르고 수수 반죽을 누르면서 지지다가 한쪽에 팥소를 넣고 반으로 접어 놓는다.

참고사항

- 부꾸미의 효시는 1943년 『조선무쌍신식요리제법』에서 북꾀미라고 표기되어 있으며 제법은 '차전병을 법대로 만들어 거피팥에 꿀과 계핏가루를 쳐서 볶아 계피떡처럼 소를 넣고 보시기로 반달처럼 떠서 꿀을 찍어 먹는다' 라고 하였다. 수수부꾸미는 잡곡이 많이 나는 황해도의 전통 떡으로 모양이 사치하지 않고 색이 은은하며 구수한 고향의 맛을 내는 떡이다. 경기도에서 많이 나는 수수를 이용하여 만든 부침으로 찹쌀 부꾸미와 더불어 겨울철 간식으로 많이 먹었던 요리이다.
- 부꾸미는 찹쌀, 차수수 또는 녹두 등을 불렸다가 갈아서 전병처럼 기름에 지진 후에 소를 넣어 반달로 접어 만든다. 옛날에는 밤소 외에도 여름이면 오이나 애호박을 채 썰어 잠깐 절였다가 꼭 짜서 볶은 것이나 쇠고기를 채 썰어 볶은 것을 넣기도 했다.

출 처

농촌진흥청 농촌영양개선연수원(현 농촌자원개발연구소), 한국의 향토음식, 1994
이승교, 경기 지역 향토음식 조사, 수원대학교 논문집 10권, 1992

정보제공자

전광자, 경기도 연천군 미산면 유촌리

수수옴팡떡(수수벙거지, 수수도가니)

재 료

수숫가루 500g(5컵) • 찹쌀가루 100g(1컵) • 풋콩 480g(3컵) • 물 200mL(1컵) • 소금 1큰술

만드는 법

1. 햇수수를 문질러 씻어서 2시간 정도 불려 물기를 빼고 방아에 빻아서 고운 가루를 만들고 소금을 넣어 체에 내린다.
2. 수숫가루에 찹쌀가루를 섞고 뜨거운 물을 넣어 익반죽을 한다(숫가루만으로 익반죽하기도 한다).
3. 콩은 씻어서 충분히 불렸다가 통째로 삶아서 준비한다.
4. 찜통에 면포를 깔고 2의 삶은 콩을 한 켜 얹어 놓는다.
5. 4 위에 2의 반죽을 찜통 크기로 크고 동글납작하게 만들어 놓은 다음 면포를 덮고 20분간 찐 후 콩을 붙이고 뒤집는다.
6. 한 김 나간 후 접시에 담아 낸다.

✻ 참고사항

수수옴팡떡을 다른 말로는 수수벙거지 또는 수수도가니라고도 한다. 수수옴팡떡은 곡식 중 제일 먼저 여무는 햇수수를 이용하여 만드는 떡으로, 풋콩과 어우러져 구수한 맛이 나는 별미 떡이다.

출 처

문화공보부 문화재관리국, 한국민속종합조사보고서(향토음식 편), 1984
경기도 농촌진흥원, 경기향토요리, 1991
농촌진흥청 농촌영양개선연수원(현 농촌자원개발연구소), 한국의 향토음식, 1994
전희정 · 이효지 · 한영실, 한국전통음식, 문화관광부, 2000

쑥굴레

재 료

찹쌀가루 500g(5컵) • 쑥 100g • 녹두 750g(5컵) • 꿀 3큰술 • 소금 2큰술 • 계핏가루 적량 • 물 약간

만드는 법

1. 찹쌀가루에 소금과 물을 약간 섞어 푹 찐다.
2. 쑥은 소금을 넣어 파랗게 삶아 물기를 꼭 짠 다음 절구에 곱게 찧는다.
3. 1과 2를 절구에 넣고 골고루 섞이도록 찧는다.
4. 녹두는 거피하여 찜통에 20분 정도 푹 쪄서 으깬 뒤 체에 내린다.
5. 체에 내린 녹두 ½분량에 꿀, 계핏가루, 소금을 섞어 소를 만든다.
6. 나머지 체에 내린 녹두에 소금으로 간을 하여 녹두고물을 만든다.
7. 떡을 조금 떼어 녹두소를 넣고 3cm 정도의 크기로 둥글게 빚어 전체적으로 녹두고물을 묻혀 낸다.

출 처

광주군 향토음식연구회, 너른고을 향토음식, 1997

고문헌

조선요리제법(쑥굴리), 조선무쌍신식요리제법(예경단 : 乂瓊團)

떡

우찌지

재 료

찹쌀가루 500g(5컵) • 쑥(삶은 것) 100g • 곶감 100g(3개) • 대추 25g(10개) • 꿀 300g(1컵) • 오미자 · 물 · 식용유 적량

만드는 법

1. 오미자는 15~18시간 동안 찬물에 담가 우려 낸다.
2. 찹쌀가루는 체를 쳐서 3등분 해놓는다.
3. 쑥은 깨끗이 씻어 살짝 데쳐서 절구에 곱게 빻고, 곶감과 대추는 씨를 발라 내고 채 썬다.
4. 찹쌀가루에 ⅓은 쑥을 넣고, ⅓은 오미자물을 넣으며 ⅓은 찹쌀가루 그대로 하여 각각 익반죽하여 경단을 빚는다.
5. 팬에 식용유를 두르고 4의 빚어 놓은 경단을 손으로 넓혀 가며 직경 4~5cm가 되도록 꾹꾹 눌러 둥글게 지져 낸다.
6. 지진 떡 위에 곶감채, 대추채 썰은 것을 얹고, 꿀(또는 조청)을 바르면서 재워 놓는다.

참고사항

우찌지는 찹쌀가루를 세 등분하여 한 무더기는 흰색 그대로, 나머지 두 무더기는 쑥색과 분홍색 물을 각각 들여 익반죽한 다음 경단처럼 빚어 기름에 지진 떡이다. 이 떡은 쑥색, 분홍색, 흰색 등이 어우러져 화려한 색상을 내며 더욱 아름답게 보이기 위해 떡에 곶감, 대추 등을 썰어 올리기도 한다. 이처럼 경기도는 평야 지역에서는 다양한 농산물을 이용한 화려한 웃기나 색편, 경단이 많이 발달하였다.

출 처

경기도 농촌진흥원, 경기향토요리, 1991

이승교, 경기 지역 향토음식 조사, 수원대학교 논문집 10권, 1992

정보제공자

오정자, 경기도 광주시 초월면 신월1리

조망댕이(차조떡)

재 료

차조 550g(3½컵) • 팥 100g(½컵) • 물 약간 • 소금 1큰술

만드는 법

1. 차조를 말려 찧어서 물에 2시간 정도 담가 충분히 불린 다음 일어 건져서 물기를 뺀 후에 소금을 넣고 빻아 떡가루를 만든다.
2. 떡가루에 물을 약간 뿌려 버무려서 시루에 젖은 면포를 깔고 쪄 낸다.
3. 2의 쪄 낸 반죽을 안반에 놓고 떡메로 고르게 쳐서 인절미를 만든다.
4. 팥을 맷돌에 갈아서 따뜻한 물에 3시간 정도 불려 잘 비벼서 껍질을 깨끗하게 벗기고 건진 다음 푹 쪄서 소금을 넣어 지름 2cm로 둥글게 소를 빚는다.
5. 3의 인절미를 약간씩 떼어서 얇게 밀어 4의 팥소를 넣고 동그랗게 싸서 구워 먹는다.

정보제공자
이창례, 경기도 파주시 광탄면 방죽1리

떡

주악

재 료

찹쌀가루 300g(3컵) • 천연색소(청색 · 홍색 · 황색) · 식용유 적량 • 꿀 150g(½컵) • 물 9큰술 • 소금 ½작은술

주악소 대추 10g(4개) • 계핏가루 ½작은술 • 꿀 2작은술

만드는 법

1. 찹쌀을 2시간 이상 물에 담근 후 소금을 넣고 빻아 체에 내린다.
2. 찹쌀가루를 3등분하여 각각 끓는 물에 천연색소를 소량씩 넣어 연한 색이 나도록 익반죽한다.
3. 대추는 씨를 발라 내어 곱게 다져서 꿀과 계핏가루를 섞어서 지름 1cm의 소를 빚는다.
4. 찹쌀 반죽을 2cm 크기의 새알만큼씩 떼어 둥글둥글하게 만들어 송편 빚듯이 우물을 파서 소를 넣고 꼭꼭 잘 아물어 주악 모양으로 빚는다.
5. 식용유를 140℃로 올려서 빚은 떡을 하나씩 넣어 고루 튀긴 후 건져서 기름을 뺀다.
6. 뜨거울 때 바로 꿀에 담가 집청하여 그릇에 담아 내거나 편을 고일 때에 웃기떡으로 얹는다.

출 처

전희정 · 이효지 · 한영실, 한국전통음식, 문화관광부, 2000

고문헌

시의전서(흰주악), 조선요리제법(주악)

즘떡

재료

붉은 팥 160g(¾컵) • 강낭콩 80g(½컵) • 감자 750g(5개) • 밀가루 220g(2컵) • 물 적량 • 소금 1큰술 • 꿀 2큰술

만드는 법

1. 붉은 팥과 강낭콩을 잘 씻어 각각 푹 삶아 놓는다.
2. 밀가루는 소금과 꿀, 물을 넣고 잘 섞어 수제비보다 약간 되게 반죽한다.
3. 통감자가 물에 잠길 정도로 부어 삶다가 어느 정도 익으면 삶아 놓은 팥과 강낭콩을 넣고 반죽해 둔 밀가루를 수제비처럼 떼어 넣고 밑이 눌어붙지 않게 잘 저으면서 함께 익힌다.

참고사항

경기도 연천 지방에서 해먹던 떡으로 강원도 감자붕생이와 유사하게 만든 떡이다. 특별히 먹을 것이 없던 시절에 여러 가지 재료를 넣어 쪄 먹은 음식이다. 뜨거울 때 먹으면 더욱 맛이 있다.

정보제공자
전광자, 경기도 연천군 미산면 유촌리

떡

찹쌀부꾸미

재 료

찹쌀가루 400g(4컵) • 소금 1작은술 • 물 100mL(½컵) • 식용유 · 설탕 적량

소 밤 160g(10개) • 꿀 ½작은술 • 계핏가루 ½작은술

만드는 법

1. 찹쌀을 2시간 이상 물에 충분히 담가 불려서 가루로 빻아서 고운체에 내린다.
2. 찹쌀가루에 소금과 끓는 물을 넣고 익반죽해 고루 치대어서 두께 0.3cm, 지름 5cm의 원형으로 납작하게 빚는다.
3. 밤은 물을 넉넉히 붓고 푹 삶아서 속껍질을 벗긴다. 익은 밤을 방망이로 으깨어 체에 걸러 꿀, 계핏가루와 버무려서 지름 1cm 크기로 동그랗게 소를 빚는다.
4. 팬을 달구어서 식용유를 두르고 찹쌀 반대기를 놓고 숟가락으로 누르면서 지져서 한 면이 익으면 뒤집어서 뒷면도 익힌다.
5. 찹쌀이 익어서 말갛게 되면 가운데에 3의 밤소를 놓고 반을 접어 가장자리를 눌러서 붙여 반달 모양으로 접는다.
6. 접시에 꺼내어 더울 때 설탕을 조금 뿌리거나 꿀을 바른다.

✻ 참고사항

찹쌀부꾸미에 대한 기록은 1943년 『조선무쌍신식요리제법』에 북꾀미라고 표기되어 있으며, 이를 참고하면 부꾸미가 차전병을 만드는 과정과 같으며, 안에 소를 넣고 개피떡처럼 반달로 떠서 꿀을 찍어 먹는다고 한 것으로 미루어, 부꾸미와 전병을 만드는 법이 유사함을 알 수 있다.

출 처

전희정 · 이효지 · 한영실, 한국전통음식, 문화관광부, 2000

유밀과

매작과

재 료

밀가루 110g(1컵) • 소금 ½작은술 • 생강즙 1큰술 • 물 3~4큰술 • 녹말가루 약간 • 식용유 3컵 • 잣가루 1큰술

즙청액 설탕 150g(1컵) • 물 200mL(1컵) • 꿀 2큰술 • 계핏가루 ½작은술

만드는 법

1. 밀가루에 소금을 넣어 체에 내리고, 생강즙에 물을 합하여 밀가루를 반죽한다.
2. 녹말가루를 깔고 1의 반죽을 얇게 밀어 편 후 길이 5cm, 폭 2cm 정도로 잘라서 가운데를 중심으로 길게 세 번 칼집을 넣는다.
3. 가운데 칼집 사이로 끝자락을 넣어 뒤집어 모양을 만든다.
4. 동량의 설탕과 물을 합하여 젓지 말고 끓이다가 설탕이 녹으면 꿀을 넣어 약한 불에서 10분 정도 끓여 1컵이 되도록 조리고 계핏가루를 넣어 즙청액을 준비한다.
5. 식용유를 160℃로 올려 3의 매작과를 바삭하게 튀긴 후 건져서 기름을 뺀다.
6. 5를 식힌 즙청액에 담갔다가 망에 건진다.
7. 즙청한 매작과를 그릇에 담고 잣가루를 고루 뿌린다.

2

3

5

6

참고사항

매작과는 밀가루에 소금과 생강즙을 넣고 반죽하여 얇게 밀어 칼집을 넣어 뒤집어서 튀겨 즙청을 한 유밀과이다. 매자과, 매잣과, 매잡과, 매엽과, 타래과라고도 불리며, 마치 매화나무에 참새가 앉은 모양과 같다고 하여 매화 매(梅), 참새 작(雀)을 써서 매작과라고 부른다.

출 처
전희정 · 이효지 · 한영실, 한국전통음식, 문화관광부, 2000

조리시연자
박종숙, 서울특별시 서초구 잠원동

고문헌
시의전서(매작과), 조선무쌍신식요리제법(매작과)

기타

서여향병

재 료

마 300g • 잣가루 ½컵 • 찹쌀가루 50g(½컵) • 꿀 ½컵 • 식용유 적량

만드는 법

1. 마는 깨끗이 씻어 물기를 뺀 후 껍질을 벗겨 납작하게 썬다.
2. 김이 오른 찜통에 센 불로 7분 정도 찐다.
3. 쪄 낸 마를 꿀에 30분간 재운다.
4. 3의 마에 찹쌀가루를 묻혀 170°C의 식용유에 튀긴다.
5. 식기 전에 잣가루를 묻혀 낸다.

2

3

4

4

출 처
남양주시 농업기술센터, 남양주 농특산물을 이용한 보양음식, 2003

조리시연자
박종숙, 서울특별시 서초구 잠원동

고문헌
규합총서(서여향병)

백자편(잣엿강정, 잣박산)

재 료

잣 1컵

즙청액 물엿 25g • 설탕 25g • 식초 ⅓작은술 • 소금 · 식용유 약간

만드는 법

1. 잣은 고깔을 떼어 내고 마른 면포로 문질러 닦아 먼지를 제거한다.
2. 설탕과 물엿에 약간의 소금을 넣은 후 중불에서 설탕을 녹이고, 끓으면 약간의 식초를 넣어 중탕하면서 더 이상 굳지 않도록 한다.
3. 약한 불에서 마른 팬에 잣을 볶는다.
4. 볶은 잣을 즙청액에 넣어 실이 보일 때까지 버무린다.
5. 엿강정 틀에 기름을 바르고 버무린 잣을 뜨거울 때 쏟아 1cm 두께로 얇게 편다.
6. 너무 굳기 전에 2.5×3cm 크기로 썬다.

참고사항

- 송검초가루를 위에 살짝 얹으면 특별한 향이 난다.
- 전국의 잣을 70%나 생산하고 있는 가평에서는 잣의 특성을 살려 한과류인 잣박산을 만들어 명절 때나 귀한 손님을 대접할 때 다과상에 올렸다.

2

3

4

5

출 처
전희정 · 이효지 · 한영실, 한국전통음식, 문화관광부, 2000

정보제공자
안갑승, 경기도 가평군 가평읍 대곡리

조리시연자
박정숙, 서울특별시 서초구 잠원동

엿강정

백자편

재 료

잣 280g(2컵) • 설탕 75g(½컵) • 물 100mL(½컵) • 된 조청 5큰술

만드는 법

1. 잣은 고깔을 떼고 닦는다.
2. 설탕과 물을 끓인 다음 된 조청을 넣고 다시 끓여서 숟가락으로 떠 보아 뚝뚝 떨어지는 정도가 되면 불에서 내린다.
3. 2에 잣을 넣은 다음 편평한 곳에 기름을 바르고 두께 1cm 정도로 얇게 편다. 거의 굳어지면 너비 1.5cm, 길이 3cm가 되게 칼로 썬다.

정보제공자
안갑승, 경기도 가평군 가평읍 대곡리

고문헌
산가요록(백자병), 음식법(잣박산), 조선무쌍신식요리제법(잣박산)

다식

가평송화다식

재료

송홧가루 180g(2컵) • 꿀 1큰술 • 된 조청 2큰술 • 참기름 약간

만드는 법

1. 송홧가루에 꿀과 된 조청을 넣고 반죽한다.
2. 다식판에 참기름을 바르거나 비닐을 깐다.
3. 반죽을 알맞게 떼 내어 다식판에 넣고 엄지손가락으로 꼭꼭 눌러 모양이 나게 박아 낸다.

참고사항

송화는 봄에 소나무에 피는 것으로 가루를 털어서 물을 부어 우려서 말려 둔 것을 꿀을 넣고 반죽하여 다식판에 박는다. 일년 중 4~5월 사이에 20여 일밖에 채취하지 못하므로 귀하며 예로부터 중풍, 혈액순환, 노화방지, 피부미용에 좋은 효과가 있는 것으로 알려져 있다. 몸을 가볍게 하고 정신을 맑게 해주며 감기예방 효과도 있다.

출처

문화공보부 문화재관리국, 한국민속종합조사보고서(향토음식 편), 1984
경기도 농촌진흥원, 경기향토요리, 1991
이승교, 경기 지역 향토음식 조사, 수원대학교 논문집 10권, 1992

조리시연자

안갑승, 경기도 가평군 가평읍 대곡리

유밀과

개성(모)약과

재 료

밀가루 250g(2¼컵) • 소금 1작은술 • 참기름 4큰술 • 생강즙 2큰술 • 술 3큰술 • 꿀 4큰술 • 계핏가루 1작은술 • 잣 1큰술 • 식용유 2컵

즙청액 설탕 1컵 • 물 200mL(1컵) • 조청 1컵

만드는 법

1. 밀가루는 고운체에 쳐 놓고, 생강은 껍질을 벗겨 강판에 갈아 즙을 낸다.
2. 잣은 도마에 종이를 깔고 다져서 가루로 만든다.
3. 설탕 1컵에 물 1컵을 부어 그대로 조려서 1컵의 설탕물이 되면 조청을 1컵 넣은 후 젓지 말고 끓여 식혀서 즙청액을 만든다.
4. 밀가루에 소금을 넣고 섞은 다음 참기름을 넣어 손바닥으로 비벼서 고루 섞이게 한다.
5. 4에 생강즙, 꿀, 술을 섞어 넣어 치대지 말고 손가락으로 버무려서 한 데 뭉친 다음 방망이로 1.2cm 정도 두께로 펴서 네모지게 반대기를 짓는다.
6. 밀가루 반대기를 가로, 세로 3cm 정도로 네모지게 썰거나, 마름모꼴로 썬다.
7. 식용유가 150~160°C 정도로 뜨거워지면 반죽을 하나씩 넣고 옅은 갈색이 나도록 중불 이하에서 서서히 지진다.
8. 차게 식힌 즙청액에 계핏가루를 넣고 잘 섞은 데다 튀겨 낸 약과를 뜨거울 때에 넣어서 집청한 뒤 건져 잣가루를 뿌린다.

❊ 참고사항

- 즙청액에 즙청을 오래하면 약과가 연하여 맛이 있다.
- 모약과는 1763년경 이익의 『성호사설』에 '약과는 여러 가지 과실 모양이나 새의 모양으로 만들었던 것이나, 후일에 높이 고이는 풍습이 생겨나면서 넓적하게 자르게 되었다' 고 하는 기록에서 모약과와 대약과의 형태를 추측할 수 있다.

출 처
강인희, 한국의 맛, 대한교과서주식회사, 1987
전희정 · 이효지 · 한영실, 한국전통음식, 문화관광부, 2000

유밀과

만두과

재 료

밀가루 330g(3컵) • 참기름 3큰술 • 꿀 3큰술 • 청주 3큰술 • 생강즙 2작은술 • 꿀 300g(1컵) • 소금 1작은술

소 대추 25g(10개) • 꿀 1작은술 • 계핏가루 ¼작은술

만드는 법

1. 밀가루를 소금과 섞어 체에 내리고 참기름을 넣어 손바닥으로 비벼 섞은 후 꿀, 청주, 생강즙을 넣어 약과처럼 반죽한다.
2. 대추는 곱게 다지고 꿀과 계핏가루를 섞어서 지름 1cm 크기로 동그랗게 빚어 대추소를 만든다.
3. 반죽을 떼어 우물처럼 파서 소를 넣고 반으로 오므려 송편 모양처럼 만들고 붙이는 끝의 선을 새끼줄 꼬듯 모양을 내어 빚는다.
4. 140℃의 식용유에 반죽을 넣어 연갈색이 될 때까지 서서히 지진다.
5. 건져서 계핏가루를 넣은 즙청액에 담갔다가 꺼내서 잣가루를 뿌린다.

참고사항

- 가을에는 즙청액에 유자즙을 짜서 넣으면 맛이 더욱 좋다.
- 즙청할 때는 꿀이 가장 좋으나 설탕시럽을 대신 써도 좋다. 시럽 만드는 법은 설탕 1컵에 물 1컵을 넣어 반으로 조려 1컵으로 만든다. 젓거나 시간이 지나면 다시 설탕 결정이 생겨서 하얗게 되는 것이 결점이다.
- 대추소를 넣고 송편 모양으로 빚은 약과를 만두과로 따로 분류해 부르게 되었는데, 약과의 달콤한 맛과 대추의 쌉쌀하면서 독특한 맛이 일품이다.

출 처

문화공보부 문화재관리국, 한국민속종합조사보고서(향토음식 편), 1984
전희정 · 이효지 · 한영실, 한국전통음식, 문화관광부, 2000

고문헌

도문대작(만두과), 음식법(만두과), 시의전서(만두과 : 饅頭菓), 조선요리제법(만두과), 조선무쌍신식요리제법(만두과 : 饅頭菓)

유과

빙사과

재 료

찹쌀 720g(4⅓컵) • 콩(대두) 1큰술 • 소주 ⅓컵 • 물 200mL(1컵) • 식용유 3컵 • 참기름 약간

즙청액 설탕 3큰술 • 물엿 1컵 • 꿀 3큰술

만드는 법

1. 찹쌀과 콩을 불려 곱게 빻아 소주와 물을 넣고 반죽한다.
2. 얇게 민 반죽을 네모나게 잘라 내고 남은 부분을 팥알만하게 썰어서 말린다.
3. 망에 담아 150°C의 낮은 온도의 식용유에 넣고 휘저으면서 색이 거의 들지 않게 튀긴다.
4. 튀긴 것을 종이 위에 건져서 기름을 완전히 뺀다.
5. 튀겨 낸 바탕과 즙청액은 3 : 1 정도로 하여 고루 버무린 다음 네모진 틀에 참기름을 약간씩 바르거나 랩을 깔고 윗면을 편편하게 하여 굳힌다.
6. 단단하게 굳으면 길이 3cm, 너비와 높이는 2cm 정도의 네모로 썬다.

출 처

전희정 · 이효지 · 한영실, 한국전통음식, 문화관광부, 2000

고문헌

산가요록(빙사과), 음식디미방(빙사과), 시의전서(빈사과), 조선요리제법(빈사과), 조선무쌍신식요리제법(빙사과 : 氷沙菓)

과편

살구편

재료

살구 600g(14개) • 물 600mL(3컵) • 소금 적량 • 설탕 150g • 꿀 2큰술

전분액 녹두 전분 35g(5큰술) • 물 5큰술

만드는 법

1. 살구는 씻어서 껍질을 벗기고 갈라서 씨를 빼고 물과 소금을 약간 넣어 끓인다.
2. 과육이 무르면 체에 걸러서 두꺼운 냄비에 담고 분량의 설탕을 넣어 약한 불로 조린다.
3. 농도가 되직해지면 꿀을 넣고 잠시 더 조리다가 전분액을 넣고 더 끓인 다음 네모진 그릇에 1.5cm 높이로 쏟아 부어 굳힌다.
4. 살구편이 굳으면 모양틀로 찍거나 2×3cm 크기로 네모지게 썬다.

참고사항

과편은 과일 중 신맛이 나는 과일을 삶아 걸러서 만든 과즙에 설탕과 꿀을 넣어 조려 엉키게 한 뒤 네모지게 썰어 놓은 것이다. 과편류는 어떤 과일로 만드느냐에 따라 다른 이름이 붙여지는데, 앵두편, 살구편, 오미자편, 유자편, 모과편 등이 있다. 조선시대 궁중음식 관련 문헌인 『진연의궤』, 『진찬의궤』 등을 보면, 궁중의 연회 상차림에 과편이 자주 보이는 것으로 미루어, 과편은 궁중에서도 즐겨 먹었던 음식이었음을 알 수 있으며, 특히 과편의 색이 아름답기 때문에 잔치음식이나 후식으로 애용되었을 것으로 여겨진다.

출처
전희정 · 이효지 · 한영실, 한국전통음식, 문화관광부, 2000

고문헌
규합총서(살구편), 시의전서(행내병 : 杏柰餠), 부인필지(살구편)

과편

앵두편

재료

앵두 1kg • 설탕 500g(3⅓컵)

전분액 전분 4큰술 • 물 4큰술

만드는 법

1. 앵두에 설탕을 반만 넣어 재워 두었다가 불에 올려 끓인다.
2. 앵두알이 터질 정도가 되면 체에 쏟아 으깨어 살은 거르고 씨는 버린다.
3. 다시 냄비에 넣고 남은 설탕을 넣어 저어 주면서 서서히 조린다.
4. 되직하게 되면 전분을 동량의 물에 풀어 둔 전분액을 넣어 잠깐 끓인 후 물기가 있는 그릇에 쏟아 굳힌다.
5. 완전히 굳으면 묵 썰듯이 편편히 썰어 그릇에 담는다.

참고사항

- 생밤의 껍질을 벗긴 후 얇게 편으로 썰어 그 위에 앵두편을 올리기도 한다.
- 앵두는 우리나라가 원산지이며 유기산과 펙틴 성분이 많아서 젤리나 잼이 잘 만들어지며 예부터 과편으로 많이 이용되었다. 문헌을 살펴보면 앵두편은 1815년 『규합총서』에 처음 나오며 그 후 1800년대 중엽 『역주방문』에도 연지를 써서 색을 낸 것을 볼 수 있다. 그리고 1800년대 말엽 『술 빚는 법』에도 앵두편이 나오며 옛 문헌에 나와 있는 과편 중 앵두편이 가장 빈도가 높았는데, 편의 웃기나 생실과의 웃기로 사용되었다. 앵두는 종묘에도 올리던 과실로 과육이 별로 없어서 날로 먹기보다는 과편을 많이 만든다.

출 처

전희정 · 이효지 · 한영실, 한국전통음식, 문화관광부, 2000

고문헌

음식디미방(앵도편법), 음식법(앵두편), 조선요리제법(앵두편)

과편

오미자편

재료

오미자 90g(1컵) • 물 1L(5컵) • 녹두 전분 80g(½컵) • 설탕 1컵 • 꿀 2큰술

만드는 법

1. 오미자는 붉은 것으로 골라서 물에 헹구어 체에 건져서 분량의 물을 붓고 하룻밤을 우려 낸 후 겹체에 밭쳐서 맑은 오미자물을 만든다.
2. 전분에 오미자물을 조금씩 붓고 고루 풀어서 냄비에 쏟아 설탕을 넣고 저은 다음 끓인다.
3. 나무 주걱으로 저으면서 끓여 말갛게 익으면서 농도가 되직해지면 꿀을 넣고 잠시 더 끓인 다음 네모진 그릇에 1cm 높이로 쏟아 부어 익힌다.
4. 오미자편이 굳으면 2×3cm 크기로 네모지게 썬다.

출처

전희정 · 이효지 · 한영실, 한국전통음식, 문화관광부, 2000

고문헌

음식법(오미자편)

숙실과

밤초

재료

밤 320g(20개) • 설탕 60g • 꿀(물엿) 3큰술 • 소금 ½작은술 • 계핏가루 ¼작은술 • 물 · 잣가루 적량

만드는 법

1. 밤 껍질을 깨끗이 깎아 끓는 물에 살짝 데쳐 낸다.
2. 냄비에 데친 밤과 설탕, 꿀을 넣고 끓으면 소금을 약간 넣고 불을 줄여 서서히 조린다.
3. 거품이나 위에 뜨는 찌꺼기는 가끔 걷어 내고 설탕물이 거의 졸았을 때 계핏가루를 넣는다.
4. 잣은 마른 면포로 닦은 후 고깔을 떼고 칼날로 곱게 다진다.
5. 그릇에 보기 좋게 담고 잣가루를 위에 뿌려 낸다.

출 처

전희정 · 이효지 · 한영실, 한국전통음식, 문화관광부, 2000

고문헌

조선요리제법(밤초), 조선무쌍신식요리제법(밤초)

숙실과

생란

재료

생강 500g • 물엿 100g • 꿀 1작은술 • 잣가루 3큰술

만드는 법

1. 생강은 껍질을 벗기고 강판에 곱게 갈아 면포에 담아 즙을 짜 둔다.
2. 면포에 담긴 생강을 흐르는 물에 여러 번 헹구어 매운맛을 뺀 후 냄비에 넣고 분량의 물엿을 넣어 조린다.
3. 1의 짜 둔 생강즙을 가만히 두면 전분이 가라앉는데, 이 전분을 생강 조리는 곳에 넣어 윤기 있게 조린다.
4. 생강이 조려지면 꿀을 섞고 식혀서 밤톨만하게 떼어 삼각뿔이나 생강 모양으로 빚어서 잣가루에 묻힌다.

출처
남양주시농업기술센터, 남양주 농특산물을 이용한 보양음식, 2003

숙실과

율란

재료

밤 300g(20개) • 꿀 5큰술 • 계핏가루 2큰술

만드는 법

1. 밤은 통째로 삶아 물을 따라 내고 잠깐 뜸을 들인 후 찬물에 담갔다가 겉껍질과 속껍질을 깨끗이 벗겨 낸 다음 으깬다.
2. 1에 꿀과 계핏가루 1작은술을 넣고 잘 섞은 후 뭉쳐서 밤 모양으로 빚은 다음 밤 모양처럼 밑동에만 계핏가루를 묻힌다.

정보제공자
안갑승, 경기도 가평군 가평읍 대곡리

고문헌
음식법(율란), 시의전서(율란 : 栗卵), 조선요리제법(율란), 조선무쌍신식요리제법(율란 : 栗卵)

숙실과

조란

재 료

대추 100g(40개) • 꿀 1큰술 • 설탕 1큰술 • 잣가루 ¼컵 • 잣 1큰술

만드는 법

1. 대추는 젖은 면포로 닦아서 찜통에 면포를 깔고 찐다.
2. 쪄 낸 대추의 씨를 발라 내고 설탕을 뿌려 곱게 다진다.
3. 다진 대추를 면포에 싸서 찜통에 넣고 5분간 쪄 낸다.
4. 쪄 낸 대추에 꿀 1큰술을 넣고 원래의 대추 모양으로 빚어서 꼭지 부분에 통잣을 반쯤 나오게 박고 잣가루를 묻혀서 잣을 박은 쪽이 위로 가도록 그릇에 담는다.

참고사항

대추를 쪄 낸 뒤 다져서 계핏가루와 꿀을 넣고 졸인 후 모양을 만들어 조란을 만들기도 한다.

출 처

전희정 · 이효지 · 한영실, 한국전통음식, 문화관광부, 2000

고문헌

음식법(조란), 시의전서(조란 : 棗卵), 조선요리제법(조란), 조선무쌍신식요리제법(조란 : 棗卵)

여주땅콩엿강정

재 료

땅콩 640g(4컵) • 물엿 580g(2컵) • 설탕 300g(2컵) • 물 200mL(1컵) • 참기름 적량

만드는 법

1. 땅콩은 껍질을 벗겨 반으로 갈라 눈을 제거한 후 볶아 둔다.
2. 물에 설탕을 넣고 끓이다가 설탕이 다 녹으면 물엿을 넣고 거품이 생길 때까지 끓인 다음 숟가락으로 떨어뜨려 4~5cm 길이로 실이 나면 불을 끈다.
3. 2의 냄비에 땅콩을 넣어 혼합한다.
4. 편평한 쟁반이나 도마에 기름을 바른 후 버무린 땅콩을 밀대로 0.5~0.7cm 두께로 밀어 편편하게 깐다.
5. 너무 식지 않았을 때 3×4cm 정도의 크기로 네모지게 썬다.

참고사항

땅콩은 낙화생(落花生)이라고도 하며 한국에 땅콩이 도입된 것은 1800~1845년 사이에 중국으로부터 들어온 것으로 추정된다. 땅콩은 경기도 여주의 특산품이며 품질이 우수하다.

출 처
문화공보부 문화재관리국, 한국민속종합조사보고서(향토음식 편), 1984
경기도 농촌진흥원, 경기향토요리, 1991

당(엿)

무릇곰

재 료

무릇 100g • 둥글레 80g • 쑥 80g • 엿기름가루 3큰술 • 쌀가루 1큰술 • 물 · 콩가루 적량

만드는 법

1. 무릇에 물을 붓고 문질러서 껍질을 벗긴 후 5~6일간 바싹 말린다.
2. 둥글레를 5~6일간 말린 후 비벼서 잔뿌리를 떼어 낸다.
3. 쑥은 무를 정도만 삶아서 쓴맛을 빼내고 헹궈서 물기 없이 짠다.
4. 쌀은 곱게 갈아 놓는다.
5. 무릇과 둥글레를 찜통에 넣고 물을 부어 약한 불에서 6일간 끓인다. 6일 후 뜨거운 상태에서 엿기름과 쌀가루를 넣고 하루 더 끓인다.
6. 먹을 때는 노란콩을 볶아서 곱게 빻아 뿌려 먹기도 한다.

참고사항

무릇곰은 무릇과 둥글레에 엿기름을 넣고 끓여 달콤한 맛이 난다. 무릇은 습기가 있는 들판에서 많이 자라며 줄기는 높이 20~50cm로 자란다. 땅 속에 길이 2~3cm의 달걀 모양의 둥근 형태의 비늘줄기가 있고, 잎은 봄과 가을에 2개씩 나온다. 비늘줄기와 어린잎을 엿처럼 오랫동안 조려서 먹으며, 구황식물의 하나이다. 민간에서는 뿌리를 구충제로 사용하기도 하였다.

출 처

농촌진흥청 농촌영양개선연수원(현 농촌자원개발연구소), 한국의 향토음식, 1994

정보제공자

차경희, 인천광역시 옹진군 자월면 자월2리

당(엿)

무릇쑥고음

재 료

무릇 1kg • 마른 쑥 800g • 엿기름 400g(3½컵) • 설탕 500g • 물 적량

만드는 법

1. 무릇은 호미로 뿌리째 잘 캔다. 잎은 잘라 살짝 데쳐서 말리고 뿌리는 흙이 붙은 채로 잘 말려서 보관한다.
2. 마른 쑥과 무릇잎은 물에 불려서 건져 놓는다.
3. 냄비에 무릇을 한 켜씩 얹고 설탕을 뿌린 후 건져 놓은 무릇잎과 쑥을 섞어서 한 켜 놓고 또 설탕을 뿌린다.
4. 엿기름을 물에 풀어서 국물을 만들어 냄비에 건더기가 완전히 잠길 때까지 충분히 붓고 끓인다.

참고사항

무릇은 다년생 풀로서 주로 6월에 수확하며 삶아서 먹으면 아린 맛이 있으나 설탕을 넣어 조리면 아린 맛이 감해지고 단맛이 증가하여 밥반찬으로도 좋다.

출 처
농촌진흥청 농촌영양개선연수원(현 농촌자원개발연구소), 한국의 향토음식, 1994

정보제공자
박외순, 경기도 양평군 서종면 정배리
박필순, 경기도 김포시 하성면 후평3리
이순남, 경기도 용인시

당(엿)

양평가마솥칡청

재 료

칡 20kg • 물 50L

만드는 법

1. 칡을 깨끗이 씻어 5cm 정도 길이로 자른다.
2. 자른 칡을 약 30시간 정도 끓이는데, 처음 20시간은 센 불에 칡을 끓이고 나머지 10시간 정도는 약한 불에서 조린다.

참고사항

- 칡청은 경기도 양평 지역에서 예부터 만들어 먹던 음식이다. 가마솥이라는 명칭은 칡청을 생산할 때 옛 방식 그대로 가마솥에 장작불로 생산하기 때문이며 칡청이라는 명칭은 조청과 비슷한 형태로 생산되기 때문에 칡청이라고 불렀다.
- 가마솥칡청에 쓰이는 칡은 숫칡을 사용하는 것보다 암칡을 사용하는 것이 품질이 좋다.

출 처

경기도문화유산, www.kg21.net, 2006

기타

호두곶감쌈

재료

곶감 160g(5개) • 호두 100g(10개) • 꿀(또는 물엿) 적량

만드는 법

1. 곶감은 말랑말랑하고 크지 않은 것을 골라 꼭지를 따고 반을 갈라 씨를 뺀다.
2. 호두는 속 알을 반을 갈라 속껍질을 벗겨 준비한다.
3. 곶감에 준비한 호두를 넣고 꼭꼭 잘 싸서 그 자리가 떨어지지 않게 꿀로 붙인 후 아래위 잘라 내고 2~3등분으로 썰어 그릇에 담아 낸다.

✻ 참고사항

호두곶감쌈은 근래에 마른 구절판에 올려 폐백음식, 이바지음식이나 술안주와 간식으로 많이 이용되고 있으며 수정과에도 호두곶감쌈을 넣어 이용한다. 호두의 씁쓸한 맛을 곶감의 단맛이 보완해 주어 훌륭한 조화를 이룬다.

출처
남양주시 농업기술센터 남양주시 향토음식연구회, 보양음식, 2000

모과청과화채

재 료

모과 3kg(5개) • 귤 180g(2개) • 설탕 2컵 • 잣 2큰술

만드는 법

1. 모과는 껍질을 깎아 1cm로 얄팍하게 썬다.
2. 귤은 껍질째 0.5cm 두께로 동글납작하게 썬다.
3. 썰어 놓은 모과, 밀감을 설탕에 묻혀 단지나 유리병에 켜켜로 넣고 위에 설탕을 넉넉히 부어서 밀봉해 놓는다.
4. 20일 후에 꺼내어 모과청을 알맞게 물에 타서 화채 그릇에 담고 잣을 띄운다.

출 처

문화공보부 문화재관리국, 한국민속종합조사보고서(향토음식 편), 1984
전희경 · 이효지 · 한영실, 한국전통음식, 문화관광부, 2000
이승교, 경기 지역 향토음식 조사, 수원대학교 논문집 10권, 1992

조리시연자

박종숙, 서울특별시 서초구 잠원동

음청

배숙

재 료

배 370g(1개) • 통후추 1큰술 • 물 700mL(3½컵) • 생강 50g • 설탕(꿀) ½컵 • 유자즙 2큰술 • 잣 1큰술

만드는 법

1. 배는 크기에 따라 4~6등분하여 껍질을 벗긴 다음 속을 도려 낸다.
2. 두께를 2cm 정도로 자르고 가장자리를 예쁘게 다듬은 다음 배의 등 쪽에 통후추를 깊숙이 3~4개 박는다.
3. 물에 생강을 얇게 저며 넣고 끓이다가 생강물이 우러나면 설탕과 2에서 준비한 배를 넣고 다시 끓여 식힌다.
4. 생강은 제거하고 화채그릇에 담을 때에 유자즙을 넣고 잣을 띄워 낸다.

2

3

4

✻ 참고사항

1913년 『조선요리제법』에서 '배를 껍질을 얇게 벗겨서 큰 것은 여섯 쪽에 내고, 작은 것은 네 쪽에 내어 속은 빼내고 가장자리가 날카롭게 된 것을 돌려 다듬고 등에다가 통후추를 몇 개 박아서 맨 물에 끓여서 배가 웬만치 익거든 꿀을 넣어서 잠깐 더 끓인 후 찬물을 적당히 더 치고 실백을 띄워서 놓나니라' 라고 기록되어 있다.

출 처

전희정 · 이효지 · 한영실, 한국전통음식, 문화관광부, 2000

고문헌

음식법(배숙), 시의전서(배숙), 조선요리제법(배숙), 조선무쌍신식요리제법(배숙)

음청

인삼수정과

재 료

수삼 100g • 생강 50g • 곶감 640g(20개) • 설탕 2컵 • 통후추 10개 • 통계피 10g • 잣 1큰술 • 물 적량

만드는 법

1. 곶감은 씨가 적고 촉촉한 것으로 골라 가루를 털어 둔다.
2. 생강과 수삼은 깨끗이 다듬어 0.3cm 두께로 얇게 저민 후 물을 붓고 끓인다.
3. 생강과 수삼 끓인 물이 우러나면 건져 내고 설탕을 넣어 감미를 맞춘 후 통후추와 통계피를 넣고 한소끔 끓인 다음 건더기를 건져 내고 물이 미지근할 때 곶감을 담가 불린다.
4. 곶감이 너무 불어서 터지지 않도록 하여 화채그릇에 담고 잣을 띄워 낸다.

출 처

농촌진흥청, 향토음식, www2.rda.go.kr/food/, 2006

정보제공자

김영희, 경기도 화성시 서신면 전골2리

음청

계피차

재 료

통계피 30g • 생강 20g(5쪽) • 대추 25g(10개) • 물 2L(10컵) • 설탕(또는 꿀) 적량

만드는 법

1. 통계피는 잘게 부수고 생강은 0.3cm 두께로 얄팍하게 저민다.
2. 물에 계피, 생강, 대추를 넣고 푹 끓인다.
3. 고운체에 밭친 후 설탕이나 꿀을 타서 마신다.

참고사항

계피는 혈액순환을 촉진시켜 흉복부의 냉증을 제거하며 식욕을 증진시키고 소화를 촉진하며 사지마비 등에 사용한다. 위장의 경련성 통증을 억제하고 위장관의 운동을 촉진해 가스를 배출하고 흡수를 좋게 하기도 한다. 장내의 이상 발효를 억제하는 방부효과도 있다. 약리작용으로 건위작용, 세균 억제작용, 타액 및 위액 분비촉진작용 등이 있다.

출 처

문화공보부 문화재관리국, 한국민속종합조사보고서(향토음식 편), 1984
전희정 · 이효지 · 한영실, 한국전통음식, 문화관광부, 2000

음청

곡차

재료

겉보리 180g(1컵) • 말린 옥수수알 180g(1컵) • 흰콩 160g(1컵) • 물 4L(20컵)

만드는 법

1. 보리와 옥수수, 흰콩은 각각 볶는다.
2. 볶은 곡식을 합하여 물을 붓고 끓이다가 구수한 맛과 향이 우러나면 체에 밭쳐 낸다.

참고사항

요즘은 겉보리나 옥수수를 볶아 각각 차로 끓인 보리차나 옥수수차 등을 곡차로 많이 이용한다.

출처

문화공보부 문화재관리국, 한국민속종합조사보고서(향토음식 편), 1984

음청

구기자차

재 료

구기자 40g(½컵) • 물 2L(10컵) • 꿀(또는 설탕) 적량

만드는 법

1. 구기자는 깨끗한 것만 골라 한 번 씻어 건진다.
2. 분량의 물을 붓고 중불에서 은근히 다려 빛과 맛이 곱게 우러나도록 한다.
3. 물이 5~6컵이 될 정도까지 달인다.
4. 물만 따라서 그대로 마시거나 설탕, 꿀을 타서 마신다.

참고사항

- 구기자는 길이 1.5~2.5cm의 긴 타원 모양으로 7~11월에 수확한다. 한방에서는 강장제 · 해열제로 쓰고 간기능 보호작용이 뛰어나 부작용이 별로 없다. 시력을 좋게 하고 지방간, 당뇨병 등의 성인병을 예방하며 폐와 신장의 기능을 좋게 하고, 들기름과 섞어 숙성해 두었다가 머리에 바르면 흰머리가 생기는 것을 막아 주고 화상에도 효과가 있다고 한다.
- 수술 후에 구기자가루나 즙을 넣고 구기자죽을 끓여 먹으면 체력 회복에 도움을 준다. 구기자술은 허약체질을 보하는 강장제로 알려져 있다.

출 처

문화공보부 문화재관리국, 한국민속종합조사보고서(향토음식 편), 1984
전희정 · 이효지 · 한영실, 한국전통음식, 문화관광부, 2000

고문헌

산림경제(구기차 : 枸杞茶), 증보산림경제(구기차법 : 枸杞茶法), 조선무쌍신식요리제법(구기차 : 枸杞茶)

음청

당귀차

재료

당귀 10g • 물 1L(5컵) • 설탕(또는 꿀) · 잣 적량

만드는 법

1. 당귀에 물 5컵을 부어 4컵 정도로 줄어들 때까지 달인다.
2. 1에 기호에 따라 설탕이나 꿀을 타 잣을 띄운다.

참고사항

채소가 없는 이른 봄에 당귀는 향긋한 약초 향이 나서 겨우내 잃었던 입맛을 되찾아 준다. 『증보산림경제』에는 '입춘에 움 속에서 기른 당귀의 줄기를 꺾어서 세 치 정도씩 자른 후 미지근한 물에 꿀을 타고 당귀를 넣고 잣을 띄운다' 고 하였다.

출 처

문화공보부 문화재관리국, 한국민속종합조사보고서(향토음식 편), 1984
전희정 · 이효지 · 한영실, 한국전통음식, 문화관광부, 2000

고문헌

증보산림경제(당귀차법 : 當歸茶法)

음청

모과차

재 료

말린 모과 60g(½컵) • 대추 20g(8개) • 잣 1큰술 • 꿀 · 물 적량

만드는 법

1. 모과는 깨끗이 씻어 길이로 4등분한 다음, 1cm 두께로 얇게 썰어 그대로 쓰거나 채반에 펴서 말린다.
2. 냄비에 준비한 모과와 대추를 분량의 물과 함께 넣고 모과의 맛과 향이 우러나도록 끓인다.
3. 찻잔에 따르고 꿀을 섞은 후 잣을 띄워 낸다.

출 처
문화공보부 문화재관리국, 한국민속종합조사보고서(향토음식 편), 1984
전희정 · 이효지 · 한영실, 한국전통음식, 문화관광부, 2000

고문헌
식료찬요(모과차)

음청

미삼차

재 료

미삼 60g • 황률 5개 • 대추 10g(4개) • 좁쌀 80g(½컵) • 물 2L(10컵) • 꿀 3큰술

만드는 법

1. 미삼을 물에 살짝 씻어 물기를 없애고 황률과 대추, 좁쌀을 합하여 주전자 차관에 넣고 물을 부은 후 중간 불에서 푹 끓인다.
2. 맛이 충분히 우러나면 찻잔에 붓고 꿀을 타서 마신다.

출 처
문화공보부 문화재관리국, 한국민속종합조사보고서(향토음식 편), 1984
전희정 · 이효지 · 한영실, 한국전통음식, 문화관광부, 2000

고문헌
조선무쌍신식요리제법(미삼차 : 尾蔘茶)

음청

생강차

재 료

생강 50g(13쪽) • 대추 10g(4개) • 통계피 10g • 물 1L(5컵) • 잣 1큰술 • 꿀 적량

만드는 법

1. 껍질 벗긴 생강은 얄팍하게 저민다.
2. 생강, 대추와 계피에 물을 붓고 중불에서 맛이 우러나도록 끓인다.
3. 찻잔에 따르고 잣을 띄운다.
4. 기호에 따라 꿀을 넣어서 마신다.

참고사항

- 생강에는 소화액의 분비를 자극하고 위장의 운동을 촉진하는 성분이 있어 식욕을 좋게 하고 소화흡수를 돕는다. 특히 생강에는 디아스타아제와 단백질 분해효소가 들어 있어 생선회 등의 소화를 돕는 효능도 있다.
- 동의보감에서는 생강이 담을 없애고 기를 내리며 구토를 그치게 하고 풍한과 종기를 제거함과 동시에 천식을 다스린다고 하며 생강은 혈액순환과 체온을 증가시키는 것으로 알려져 있어, 오래 전부터 한방에서는 생강을 발한 해열제, 혈행장애 개선제, 감기풍한 등에 이용하여 왔다.

출 처

문화공보부 문화재관리국, 한국민속종합조사보고서(향토음식 편), 1984
전희정 · 이효지 · 한영실, 한국전통음식, 문화관광부, 2000

음청

솔잎차

재료

솔잎 200g • 설탕 1kg • 물 1L(5컵)

만드는 법

1. 솔잎은 이른 봄, 새순이 나올 때 채취하여 깨끗이 손질한다.
2. 용기에 솔잎 한 켜, 설 탕 한 켜를 번갈아 쌓아 자작하게 물을 붓고 밀봉해 서늘한 곳에 놓는다.
3. 보름 정도 지난 후 꺼내어 차로 이용한다.

참고사항

예로부터 솔잎은 위장에 좋다고 하여 솔잎을 먹으며 단식했으며 솔잎 자체에 발효성이 있고 향이 있다. 이에 주변에서 쉽게 찾아 볼 수 있었던 소나무의 솔잎, 솔방울 등을 채취하여 차와 술에 넣어 솔잎차, 솔잎주, 솔방울주 등을 빚어 왔다.

출 처
농촌진흥청 농촌영양개선연수원(현 농촌자원개발연구소), 한국의 향토음식, 1994

정보제공자
황사원, 경기도 의왕시 오전동

음청

연천율무차

재료

율무 100g • 물 600mL(3컵)

만드는 법

1. 율무를 씻어서 팬에 기름을 두르지 않고 살짝 볶는다.
2. 주전자에 볶은 율무와 물 3컵을 부어 충분히 끓인다. 율무차는 다른 차와 달리 첫 번 끓여 마시고 다시 물을 부어 한두 번 더 끓여 마신다.

참고사항

- 율무를 곱게 분말로 만들어 뜨거운 물 1잔에 1~2순가락씩 타서 마시기도 하며 기호에 따라 설탕이나 꿀을 넣기도 한다.
- 율무는 알맹이가 단단하여 다른 차와는 달리 끓이는 시간이 오래 걸린다.

출 처

경기도 농촌진흥원, 경기향토요리, 1991
이승교, 경기 지역 향토음식 조사, 수원대학교 논문집 10권, 1992

음청

오과차

재료

황률(말린 밤) 30g(10개) • 대추 20g(8개) • 인삼 20g(1뿌리) • 통계피 20g • 마른 귤껍질 10g • 물 4L(20컵) • 잣 1큰술

만드는 법

1. 냄비에 준비한 재료를 모두 넣고 물을 부어 센 불에서 끓이다가 끓기 시작하면 중불에서 오래 끓인다.
2. 10컵 정도로 줄어들 때까지 푹 달여 차망에 걸러서 찻잔에 따르고 잣 3~4개를 띄운다.
3. 기호에 따라 단맛을 가미해도 좋다.

출처
문화공보부 문화재관리국, 한국민속종합조사보고서(향토음식 편), 1984
전희정 · 이효지 · 한영실, 한국전통음식, 문화관광부, 2000

음청

오미자차(온차)

재료

오미자 40g(1컵) • 물 1.2L(6컵) • 꿀 5큰술 • 잣 1큰술

만드는 법

1. 오미자는 깨끗이 씻어 찬물에 넣고 끓이다가 맛이 알맞게 우러나면 찻잔에 물만 따라서 잣을 띄운다.
2. 기호에 따라 꿀이나 설탕을 타서 마신다.

참고사항
오미자의 양이 많거나 오래 끓이면 한약처럼 떫은 맛이 나므로 주의한다.

출처
문화공보부 문화재관리국, 한국민속종합조사보고서(향토음식 편), 1984
전희정 · 이효지 · 한영실, 한국전통음식, 문화관광부, 2000

고문헌
조선요리제법(오미자차)

음청

제호탕

재 료

오매 150g • 백단향 50g • 축사인 50g • 초과 10g • 꿀 1kg(3컵)

만드는 법

1. 오매육을 굵게 간다.
2. 백단향, 축사인도 곱게 간다.
3. 1과 2를 꿀에 넣고 섞어 10~12시간 정도 연고 상태처럼 될 때까지 중탕한다.
4. 중탕한 것을 항아리에 담아 두고 먹을 때 찬물에 타서 마신다.

참고사항

- 오매 · 사인 · 백단향 · 초과 등을 곱게 가루를 내어 꿀에 버무려 끓였다가 냉수에 타서 마시는 대표적인 여름 전통차이다. 주재료인 오매육은 매실 껍질을 벗기고 짚불 연기에 그을려 말린 것으로 소갈증 · 설사 · 기침에 효과가 있다.
- 『동국세시기』에 의하면 조선시대 단오날 궁중 내의원에서 제호탕을 만들어 진상하면 임금이 70세가 넘은 정이품 이상 되는 노인들이 있는 기로소에 부채와 함께 보내고 가까운 신하들에게도 하사하는 풍습이 있었다고 한다.

출 처

문화공보부 문화재관리국, 한국민속종합조사보고서(향토음식 편), 1984

전희정 · 이효지 · 한영실, 한국전통음식, 문화관광부, 2000

고문헌

산림경제(제호탕 : 醍醐湯)

음청

배화채

재 료

배 180g(½개) • 오미자 40g(1컵) • 물 1L(5컵) • 꿀 150g(½컵) • 설탕 ¼컵 • 잣 1큰술

만드는 법

1. 오미자는 붉은 것을 골라서 물에 살짝 씻어 냉수에 8시간 정도 불려 둔다.
2. 1의 오미자물의 신맛이 강하면 물을 더하고 설탕이나 꿀로 단맛을 맞춘다.
3. 배는 0.2cm로 얇게 저며 꽃잎 모양의 틀로 찍어 내거나 가늘게 채 썬다(5×0.2×0.2cm).
4. 화채그릇에 오미자 물을 담고 3의 배와 잣을 띄운다.

출 처

전희정 · 이효지 · 한영실, 한국전통음식, 문화관광부, 2000
이승교, 경기 지역 향토음식 조사, 수원대학교 논문집 10권, 1992

고문헌

시의전서(이화채 : 梨花菜), 조선요리제법(배화채), 조선무쌍신식요리제법(이화채 : 梨花菜)

음청

오미자차(냉차)

재 료

오미자 40g(1컵), 물 1L(5컵), 설탕 75g(½컵), 잣 2작은술

만드는 법

1. 오미자는 씻어서 찬물 400mL(2컵)에 하룻밤 우려 내어 고운 천을 체에 깔고 걸러 내고 물 600mL(3컵) 정도를 더 붓고 설탕을 넣어 단맛, 신맛을 맞추어 오미자물을 만든다.
2. 잣의 고깔을 떼고 3~4알씩 띄운다.

참고사항

진달래꽃잎이나 배, 앵두, 수박, 밀감 등을 모양 내어 띄우면 화채가 되는데, 띄우는 재료에 따라 배화채, 앵두화채 등 화채의 이름이 달라진다.

출 처
문화공보부 문화재관리국, 한국민속종합조사보고서(향토음식 편), 1984
전희정 · 이효지 · 한영실, 한국전통음식, 문화관광부, 2000

음청

진달래화채

재 료

진달래꽃 20개 • 오미자 40g(1컵) • 물 1L(5컵) • 전분 5큰술 • 설탕 ½컵 • 잣 2큰술

만드는 법

1. 오미자는 붉은 것을 골라서 물에 살짝 씻어 냉수에 8시간 정도 불려 둔다.
2. 1의 오미자물의 신맛이 강하면 물을 더하고 설탕이나 꿀로 단맛을 맞춘다.
3. 진달래꽃은 살짝 씻어 꽃술과 꽃받침은 떼고 전분을 묻혀서 끓는 물에 잠깐 넣었다가 꺼내 찬물에 담갔다가 건진다.
4. 화채그릇에 오미자물을 담고 진달래 데친 것과 잣을 띄운다.

출 처
문화공보부 문화재관리국, 한국민속종합조사보고서(향토음식 편), 1984
전희정 · 이효지 · 한영실, 한국전통음식, 문화관광부, 2000

음청

장미화채

재 료

노란 장미 4송이 • 오미자 50g(1 ¼컵) • 물 1L(5컵) • 전분 3큰술 • 설탕 ½컵(또는 꿀 적량)

만드는 법

1. 오미자는 살짝 씻어서 물에 7~8시간 불린다.
2. 오미자의 붉은빛이 충분히 우러나면 체에 거르고 설탕이나 꿀을 넣어 차게 식힌다.
3. 노란 장미를 송이째 꽃받침만 떼어 준비한다.
4. 전분에 노란 장미를 씌워서 살짝 데친다.
5. 차게 식힌 오미자물에 노란 장미를 띄운다.

출 처

경기도 농촌진흥원, 경기향토요리, 1991

강화인삼식혜

재료

수삼 150g • 찹쌀 670g(4컵) • 엿기름 460g(4컵) • 설탕 1컵 • 물 적량 • 잣 약간

만드는 법

1. 수삼을 푹 달여 놓는다.
2. 엿기름은 따뜻한 물에 불려서 체에 걸러 놓은 다음 가라앉힌다.
3. 찹쌀로 밥을 고슬고슬하게 지어 놓는다.
4. 엿기름물은 따뜻하게 데워 보온밥통에 넣고 3의 찰밥을 넣어 3~4시간 둔다.
5. 밥알이 3~4알 떠오르면 밥알을 조리로 모두 건져 찬물에 헹구어 놓는다.
6. 식혜국물과 수삼 달인 물을 섞어 설탕을 넣어 끓인 다음 식힌다.
7. 그릇에 6의 식혜국물을 담고 5의 밥알을 넣은 다음 잣을 띄운다.

참고사항

식혜는 중국 주(周)시대의 『예기』에 나오는 상류계급에서 마시는 청량음료의 하나인 감주(甘酒)의 윗물인 예(단술)에서 그 기원을 찾을 수 있다. 우리나라 문헌에서는 『수문사설』에 처음 나타나고 있다. 식혜의 맛은 엿기름가루에 달려 있는데, 1800년대 말엽 『시의전서』에 엿기름 거르는 법과 함께 '밀 엿기름도 좋다' 고 하였고, 1913년 『조선요리제법』에는 '보리 싹은 제 몸의 길이만큼만 자라면 적당하다' 고 하였다. 이렇게 만든 엿기름가루가 중요한 것은 그 속에 당화효소인 아밀라아제가 많이 있어서 당화작용이 일어나고, 생성된 말토오스는 식혜의 독특한 맛에 기여한다. 강화도 특산물로 유명한 인삼은 전한시대부터 약효를 인정받아 왔으며, 강화도에서는 이를 이용하여 식혜를 만들어 먹었다.

출처

경기도 농촌진흥원, 경기향토요리, 1991

이승교, 경기 지역 향토음식 조사, 수원대학교 논문집 10권, 1992

음청

배식혜

재 료

엿기름가루 450g(4컵) • 찹쌀 800g(5컵) • 물 6L • 설탕 3컵 • 배 2kg(4개) • 대추 20g(8개) • 잣 1큰술

만드는 법

1. 엿기름가루를 체에 친 후 찬물에 잠깐 담갔다가 주물러 고운체에 걸러 가라앉힌다.
2. 찹쌀로 된밥을 지어 뜨거울 때 보온밥통에 담고, 엿기름물을 부어 보온으로 4~5시간 두면 밥알이 4~5개 뜬다.
3. 잠시 끓여 밥알을 건지고 찬물에 씻어 담가 둔다.
4. 남은 식혜물에 설탕과 배 저민 것을 넣고 끓이면서 거품은 걷어 낸다.
5. 대추는 돌려 깍기를 해서 씨를 빼고 배는 0.2cm로 얇게 저며 꽃 모양틀로 찍어 낸다.
6. 식혜물을 차게 식혀 화채그릇에 담고 밥알은 물기를 빼고 넣은 뒤 꽃모양의 대추 · 배와 잣을 띄운다.

출 처

농촌진흥청, 향토음식, www2.rda.go.kr/food/, 2006

호박식혜

재 료

늙은 호박 150g • 단호박 100g • 찹쌀 850g(5컵) • 엿기름가루 350g(3컵) • 꿀 300g(1컵) • 물 적량

만드는 법

1. 찹쌀은 깨끗이 씻어 찜통에 찐다.
2. 엿기름가루는 따뜻한 물에 1시간 정도 담가 충분히 우려 낸 후 체에 밭쳐 꼭 짜서 진한 물을 받는다.
3. 2의 엿기름물에서 맑은 윗물만 따른다.
4. 늙은 호박과 단호박을 삶은 후 곱게 간다.
5. 갈아 놓은 늙은 호박, 단호박과 뜨거운 밥을 엿기름물에 섞어 50~60°C에서 5시간쯤 발효한다.
6. 밥알이 삭아서 떠오르기 시작하면 밥알을 조리로 건진 후 찬물에 헹군다. 식혜국물에 꿀과 설탕을 넣고 끓여 식혀 항아리에 붓는다.
7. 식혜국물에 찬물에 헹군 밥알을 띄운다.

출 처
이승교, 경기 지역 향토음식 조사, 수원대학교 논문집 10권, 1992

음청

떡수단

재 료

흰가래떡 100g • 오미자 50g(1½컵) • 전분 3큰술 • 물 1L(5컵) • 설탕 1컵 • 잣 1큰술

만드는 법

1. 오미자를 씻어 물에 8시간 정도 담가 두었다가 체에 거르고 설탕으로 단맛을 맞춘다.
2. 흰떡을 1cm 두께로 둥글게 썰어 전분을 묻혀 끓는 물에 살짝 데쳐서 찬물에 잠깐 식힌다.
3. 화채그릇에 데친 흰떡과 오미자물을 넣고 잣을 띄운다.

❁ 참고사항

『도문대작』에 서울의 시식(時食)으로 기록되어 있다.

출 처
문화공보부 문화재관리국, 한국민속종합조사보고서(향토음식 편), 1984
전희정 · 이효지 · 한영실, 한국전통음식, 문화관광부, 2000

음청

보리수단

재 료

햇보리 3큰술 • 전분 2큰술 • 오미자 40g(1컵) • 물 1L(5컵) • 설탕 75g(½컵) • 잣 1큰술

만드는 법

1. 오미자는 붉은 것을 골라서 물에 살짝 씻어 냉수에 8시간 정도 불려 둔다.
2. 1의 오미자 물이 신맛이 강하면 물을 더하고 설탕이나 꿀로 단맛을 맞춘다.
3. 햇보리를 씻고 물을 붓고 푹 삶아 찬물에 건져 낸다.
4. 3의 보리에 전분을 묻혀 끓는 물에 다시 데친 후 찬물에 식히기를 세 번 반복한다.
5. 화채그릇에 오미자물을 담고 보리알과 잣을 같이 띄운다.

출 처
문화공보부 문화재관리국, 한국민속종합조사보고서(향토음식 편), 1984
전희정 · 이효지 · 한영실, 한국전통음식, 문화관광부, 2000

고문헌
음식법(보리수단), 시의전서(보리수단), 조선요리제법(보리수단), 조선무쌍신식요리제법(맥수단 : 麥水團)

원소병

재료

찹쌀가루 200g(2컵) • 천연색소(초록 · 빨강 · 노랑) 적량 • 물 50mL(¼컵) • 전분 2큰술 • 잣 1큰술

소 대추 25g(10개) • 유자껍질 ¼개분 • 꿀 2큰술

화채물 설탕 1컵 • 물 1L(5컵)

만드는 법

1. 찹쌀가루는 체에 쳐서 4등분하고 천연색소를 물에 타서 하양, 초록, 빨강, 노랑으로 각각 익반죽한다.
2. 화채물은 물 5컵에 설탕 1컵을 넣고 끓여서 차게 식혀서 쓰거나 꿀물을 달게 탄다.
3. 대추는 씨를 발라 내어 곱게 다지고, 유자껍질도 곱게 다져 함께 섞어 꿀로 버무린 다음 0.8cm씩 떼어 소를 만든다.
4. 찹쌀가루 반죽을 대추만한 크기로 떼어 소를 하나씩 넣고 직경 1.5cm 크기로 둥글게 빚는다.
5. 4에 전분을 고루 묻혀서 끓는 물에 삶아 내어 찬물에 넣어 식혔다가 건진다.
6. 화채그릇에 원소병을 담고 화채물을 부은 후 잣을 띄운다.

✻ 참고사항

원소병 수단은 정월 보름날 먹는 절식이다.

출처

문화공보부 문화재관리국, 한국민속종합조사보고서(향토음식 편), 1984

전희정 · 이효지 · 한영실, 한국전통음식, 문화관광부, 2000

고문헌

규합총서(원소병), 부인필지(원소병), 조선요리제법(원소병), 조선무쌍신식요리제법(원소병 : 袁紹甁)

음청

책면(착면, 창면)

재료

녹두 전분 90g(1컵) • 물 200mL(1컵) • 잣 2큰술

오미자 원액 오미자 ½컵 • 물 400mL

오미자 희석액 오미자 원액 2컵 • 물 1L(5컵) • 꿀 ½컵 • 설탕 1컵 • 소금 약간

만드는 법

1. 오미자는 물에 씻어서 물 2컵을 부어 뚜껑을 덮고서 10시간 이상 담가 원액을 만든다.
2. 다음날 붉은색이 우러나면 체에 깨끗한 면포를 깔고 밭쳐서 걸러 남은 물을 넣고 색을 희석시키고 꿀과 설탕, 소금을 넣어 오미를 맞추어 차게 둔다.
3. 녹두 전분 한 컵을 동량의 물에 고루 풀어서 밑이 편평한 쟁반에 0.3cm 정도의 두께가 되도록 부어서 고르게 편다.
4. 끓는 물 위에 전분 푼 쟁반이 밑면만 닿게 두었다가 안의 전분이 말갛게 익으면 쟁반을 끓는 물 속에 넣어서 잠시 더 익힌 다음 건져서 얼음물에 헹구어 안의 익은 전분묵을 떼어 내어 채반에 건져 물기를 뺀다.
5. 전분묵을 접어서 0.3cm 두께로 채 썰어 전분 국수를 만들어 그릇에 담고 2의 오미자물을 붓고 잣을 띄운다.

출 처

전희정 · 이효지 · 한영실, 한국전통음식, 문화관광부, 2000

고문헌

시의전서(창면), 조선요리제법(책면), 조선무쌍신식요리제법(창면)

음청

향설고

재 료

문배 200g(4개) • 생강 80g(20쪽) • 조청 1컵 • 물 1L(5컵) • 꿀 3큰술 • 통후추 2큰술 • 계핏가루 약간 • 잣 1큰술

만드는 법

1. 시고 단단한 문배를 골라 4등분하여 껍질을 벗기고 속을 도려 낸다.
2. 생강은 껍질을 벗겨 0.3cm 두께의 편으로 썰고, 조청, 물을 넣고 끓여 생강차를 만든다.
3. 통후추를 배에다 드문드문 박아서 생강차에 넣고 약한 불로 끓여, 생강 물이 배면 꿀을 넣어 차게 식힌다.
4. 화채그릇에 담고 계핏가루와 잣을 띄운다.

참고사항

- 껍질을 벗긴 문배에 통후추 몇 개를 박아 생강차에 넣고 끓인 음료이다. 문배는 서울의 특산종으로 배와 비슷한 공 모양의 장과(漿果)로 10월에 노랗게 익으며 단단하고 신맛이 강하다.
- 『부인필지』에서는 '단단한 문배를 껍질 벗겨 후추를 박아 꿀물을 넣고 얇게 저민 생강을 넣어 숯불을 세게 하지 말고 서서히 조려 빛이 붉고 꿀이 속속들이 들어간 후 씨가 무르면 된다. 배가 시어야 빛이 붉게 되고 시지 않을 때는 오미자국을 조금 넣으면 좋다. 마른 정과에 곁들여 쓰려면 국물을 조려 단단한 기운이 있게 하고 수정과로 쓰려면 덜 조려 꿀물을 넉넉히 해서 계핏가루를 조금 타고 백자를 뿌려서 쓴다' 고 하였다.

고문헌
규합총서(향설고), 부인필지(향설고), 조선요리제법(향설고), 조선무쌍신식요리제법(향설고)

부의주(동동주, 민속촌동동주)

재료

찹쌀 100kg • 물 140L • 누룩 20kg

만드는 법

1. 찹쌀을 18~19시간 불린 후 찰밥을 지어 35°C까지 식힌다.
2. 누룩 20kg을 물에 섞어 40°C에서 하루 정도 독에 넣어 둔다.
3. 식힌 찰밥을 2의 독에 부어 혼합한다.
4. 3일 후부터 발효가 시작되어 30°C까지 오르면 뒤집어 섞어 준다.
5. 이후 30°C까지 다시 오르고 6~7시간을 그대로 두면 밥알이 삭아 동동 뜨고 술 색깔이 노랗게 익어 향과 맛을 낸다.
6. 5를 알코올 농도 12°C로 희석하여 자루에 담아 압착기로 짜 낸다.
7. 6을 침전시켜 불순물을 제거한다.

2

2

2

5

✻ 참고사항

부의주(浮蟻酒)는 이른바 동동주를 지칭하는 우리 고유의 표현으로 녹의주(綠蟻酒)라고도 한다. 술이 익으면 밥알이 위로 동동 뜨는데, 이 모양이 개미와 비슷하다 하여 고려시대 이후부터 부의주라는 이름이 붙었다. 1995년 권오수 옹이 인간문화재(도내 무형 문화재 2호)로 지정되면서부터 한국민속촌 내에서 제조활동을 해왔다. 원래 부의주는 가양주로서 집안의 길일이나 제주(祭酒)로서 사용되어 왔으며 권오수 옹이 그의 조모로부터 비법을 이어받아 업으로 삼은 후부터 가업으로 이어져 제조되고 있다.

출 처

경기도 농촌진흥원, 경기향토요리, 1991

조리시연자

권기훈, 경기도 화성시 향남면 구문천리

고문헌

산가요록(부의주), 지봉유설(부의주 : 浮蟻酒), 음식디미방(부의주), 산림경제(부의주 : 浮蟻酒), 조선무쌍신식요리제법(부의주 : 浮蟻酒)

술

산성소주

재 료

밀 2kg • 고두밥 8kg • 재래식 엿물 2L • 누룩가루 2kg • 물 적량

만드는 법

1. 백미를 쪄서 만든 고두밥을 낱알이 뭉치지 않도록 잘 비벼서 풀어 함지박에 넣고 누룩가루를 골고루 섞는다.
2. 끓여서 식힌 물에 엿물을 완전하게 녹여서 섞는다. 이때 재료가 서로 뭉쳐지지 않도록 엿물을 여러 번에 나누어 넣으면서 손바닥으로 골고루 비벼 준다.
3. 잘 섞은 주모를 항아리에 넣고 뚜껑을 덮어 담요나 이불로 항아리 전체를 잘 싸서 보온을 한다.
4. 1, 2, 3을 잘 혼합하여 술독에 옮겨 넣는다. 이때 엿물을 녹인 양조 용수를 조금 남겨 두었다가 술독의 윗 부분에 묻어 있는 술덧 재료들을 씻어 내려 이런 찌꺼기 때문에 이상발효가 일어나지 않도록 주의한다.
5. 술덧을 담을 독은 미리 잘 씻어 짚불을 피워 놓고 그 위에 술독을 엎어 연기를 쐬어 소독이 되도록 한 후 마른 면포로 닦아 그늘지고 통풍이 잘 되는 곳에 놓는다.
6. 술덧의 품온을 20~30℃로 유지하면서 약 10일간 발효시키면 4~5일이 지나 커다란 거품이 생기면서 탄산가스의 발생이 왕성해지고 산성소주 고유의 향취가 난다. 5~6일이 더 지나면 구슬과 같은 거품으로 변하면서 품온이 조금씩 내려 간다.

참고사항

조선시대부터 남한산성에서 대대로 살아 오던 이종숙이라는 사람이 오랫동안 산성소주를 빚어 오다가 일제로부터 허가를 받아 공식적으로 산성소주를 제조해 왔다. 한국전쟁 후 남한산성이 황폐해지자 송파구로 거주지를 옮겨 송파양조장을 경영하면서 백제소주라는 이름으로 양조업을 계속하였고, 그 후 산성소주의 양조기법을 현 산성소주 제조 기능보유자인 강석필 씨에게 전수하여 오늘에 이르고 있다.

정보제공자
강석필, 경기도 광주시 실촌면 열미리

술

삼해주

재 료

찹쌀가루 2kg • 밀가루 2kg • 누룩가루 2kg • 멥쌀 16kg • 찹쌀 15kg • 물 적량

만드는 법

1. 정월 첫 돼지날을 택해 물을 끓인 후 식힌다.
2. 식힌 물에 누룩가루, 밀가루, 찹쌀가루를 잘 혼합하여 작은 항아리에 담아서 서늘한 곳에 보관한다.
3. 한 달 뒤 첫 번째 돼지날, 끓여서 식힌 물에 멥쌀을 곱게 빻아서 쪄 식힌 것과 2의 작은 항아리 속에 넣어 두었던 반죽 형태의 원료를 항아리에 담아 땅에 묻어 보관한다.
4. 다시 한 달 뒤 첫 번째 돼지날, 끓여 식힌 물과 찹쌀을 곱게 빻아 쪄서 식힌 것을 땅 속 항아리 안의 원료에 섞은 뒤 막대기로 잘 저어 둔다. 항아리를 잘 봉해 둔 다음 100일이 지나서 마신다.

✻ 참고사항

- 삼해주는 고려시대 때부터 제조해 온 우리나라의 대표적인 약주이며 『동국이상국집』, 『요록』, 『주방문』, 『규곤시의방』, 『양주방』 등 옛 문헌에 그 제법이 기록되어 있다. 이 술은 궁중에 진상되었던 술로, 알코올 함량이 20% 정도이다. 정월의 첫 해(亥)일에 시작하여 해일마다 세 번에 걸쳐 빚는다 하여 삼해주 또는 해일주라고도 한다. 또 정월 첫 날에 담가 버들개지가 날릴 무렵 먹는다고 해서 유서주라고도 한다. 이 술은 첫 해일을 잘 지켜야 하는데, 만약 날짜를 어기면 술맛이 상하기 때문이다. 또 담근 술을 땅에 묻은 항아리 속에서 100일이 지나야 개봉하는데, 오래될수록 찌꺼기가 삭아 조청처럼 맛이 좋아진다.
- 삼해주의 비법은 신효순 씨의 시어머니인 나기찬 씨가 참판으로 있던 친정아버지 나용희 씨로부터 궁중에서의 비법을 배웠다고 한다. 그 후 시흥시로 출가하여 시댁에서 가양주로 빚어 왔다.

정보제공자

신효순, 경기도 시흥시 조남동

고문헌

산가요록(삼해주), 음식디미방(삼해주), 주방문(삼해주), 산림경제(삼해주 : 三亥酒), 증보산림경제(삼해주 : 三亥酒), 시의전서(삼해주 : 三亥酒), 조선무쌍신식요리제법(삼해주 : 三亥酒)

술

송절주

재 료

멥쌀 15kg • 송절 10kg • 누룩 3kg • 물 적량

만드는 법

1. 멥쌀을 씻어서 8시간 정도 물에 담가 두었다가 가루로 빻아 시루에 쪄서 식힌다.
2. 누룩은 물에 8시간 정도 40°C에서 미리 담가 둔다.
3. 송절을 삶아 체에 거른다.
4. 찐 쌀은 송절을 삶은 물과 미리 하룻밤을 불린 누룩과 함께 넣어서 상부에 솔잎을 깔아 30°C 상온에서 발효한다.
5. 술이 익으면 체에 걸러 보관한다.

참고사항

조선 중기부터 널리 보급된 전통 약주로 1989년 서울특별시 무형문화재 제2호로 지정되었다. 소나무가지의 마디(松節 : 송절)를 넣어 만든 술로 이를 증류시켜 만든 소주를 한주라고 한다. 『규합총서』 등의 여러 문헌에 제조법이 기록되어 있다.

출 처
한국문화재보호협회, 고향음식의 맛과 멋, 1990

정보제공자
오순자, 경기도 안산시 숭악면 유곡1구
이양순, 경기도 양주시 은현면 용암리

고문헌
규합총서(송절주), 부인필지(송절주)

송포토속주

재 료

멥쌀 8kg • 찹쌀 8kg • 누룩(2장) 1.6kg • 백곡균(종균) 3봉 • 물 40L

만드는 법

1. 멥쌀은 10시간 이상 불린 후 찜통에 쪄서 37~38°C까지 식혀서 큰 고무그릇에 담아 백곡균을 넣고 버무린 후 깨끗한 면포를 덮고 그 위에 담요를 덮어 보온을 해준다.
2. 2를 10시간마다 뒤집어 주기를 두 번 반복한 후 온도가 올라가 백곡이 하얗게 피면 담요를 벗겨 놓는다.
3. 찹쌀은 씻어 10시간 이상 불려서 시루에 찐다.
4. 3이 다 익어 한 김 오르면 물 한 대접을 뿌리고 다시 한번 한 김 오르게 한 후 식힌다.
5. 찹쌀 고두밥이 식어 37°C쯤 되었을 때 앞에서 준비한 백곡이 핀 고두밥 8kg과 찹쌀 고두밥 8kg, 누룩 2kg, 물 40L를 섞은 후 항아리에 넣는다.
6. 재료를 넣은 항아리는 뚜껑을 덮고 몸통 부분에만 담요를 감싸 보온해서 발효시킨다.
7. 7~10일 정도 지나 술항아리에서 성냥불을 켜 불이 꺼지지 않으면 발효가 된 것이다.
8. 찬 곳에 내놓고 3일 정도 지나 술이 다 된 후 술항아리에 용수를 박아 그 안에 맑은 물을 떠 낸다.

참고사항

경기도 고양 송포리의 부의주(浮蟻酒)라고도 하는데, 밥알이 동동 뜨게 빚은 찹쌀술로 이른바 동동주에 해당하는 술이다. 맑은 술에 밥알이 동동 뜨게 빚어져 개미가 물에 떠 있는 것과 같다고 해서 부의주라는 이름이 붙었다. 술의 색깔은 약간 불투명한 담황갈색으로 맛과 색이 일반 약주(藥酒)와 유사하다. 또한 약주는 탁주에 용수를 넣어 걸러서 만드는데, 부의주도 같은 방법으로 만든다. 기호에 따라 영지, 인삼, 국화, 솔잎, 모과 등을 넣어 만들기도 한다.

정보제공자
박경자, 경기도 고양시 일산구 구산동

술

옥미주

재 료

현미 3kg • 누룩 1kg • 물 4L • 효모 20g • 옥수수가루 · 고구마가루 · 엿기름 · 물 적량

만드는 법

1. 현미 3kg을 지하수로 깨끗하게 씻은 다음 12시간 동안 지하수에 담근다. 담가 놓았던 현미를 물에서 건져 물기가 완전히 빠지게 한 다음 빻아 2시간 정도 찐다.
2. 찐 분말 현미에다 누룩 1kg을 콩알만하게 빻아 잘 혼합한 후 지하수 4L와 효모 20g을 희석시키고 이것을 항아리에 부어 골고루 저어 준다. 이때 저어 주는 용구는 반드시 나무로 만든 지팡이나 주걱을 사용한다.
3. 2 과정 뒤 1차 당화과정이 있는데, 이때 온도를 25~30°C도로 유지시키는 것이 중요하다.
4. 1차 당화과정 후 옥수수가루, 고구마가루, 엿기름을 넣고 보름 동안 숙성시킨 다음 주맥을 자루에 넣어 짜 낸다.

❋ 참고사항

옥미주는 남평 문씨 집안에 대대로 내려 오는 가양주로 문씨 집안에 시집 온 임송죽 씨가 시어머니로부터 제조법을 전수받은 후 생산하고 있다. 옥미주 특유의 향과 맛은 현미가루와 찰옥수수가루를 어떻게 혼합하느냐에 따라 맛이 결정된다.

정보제공자
임송죽, 경기도 안양시 동안구 관양 2동

술

옥수수술

재 료

찰옥수수 8kg • 엿기름 4kg • 누룩 2kg • 고두밥 4kg • 물 적량

만드는 법

1. 찰옥수수를 거피해서 여름에는 5~6시간, 겨울에는 하루 정도 물에 담가 불린다.
2. 물에 불린 것을 다시 곱게 간다.
3. 솥에 찰옥수수 양의 3배의 물을 붓고, 물이 끓으면 1을 섞으면서 저어 준 후 식힌다.
4. 40°C 정도로 식으면 솥에 붓고 엿기름 물을 부어 걸쭉하게 만든 후 10시간 정도 삭힌다.
5. 베보자기로 짜서 다시 감주 정도의 농도로 처음 양의 1/4분량이 될 때까지 조린다.
6. 졸인 후 식으면 누룩과 고두밥을 함께 넣는다.
7. 5~6일이 지난 후 먹는다.

출 처
농촌진흥청, 향토음식, www2.rda.go.kr/food/, 2006

포천이동막걸리

재 료

쌀(또는 밀가루) 30kg • 누룩 2kg • 물 적량

만드는 법

1. 쌀을 씻어서 물기를 뺀 후 찜통에 넣고 찐다. 또는 밀가루에 물을 조금 넣고 알맞게 반죽해서 찐다.
2. 찜통에서 꺼내 더운 김이 한 김 나가도록 바람을 쐬어 식힌다.
3. 종국(누룩)과 찐 쌀(또는 찐 밀가루)을 섞는다.
4. 보자기를 덮어서 36시간 정도 종국을 발효시킨다.
5. 국실로 들어가 4를 항아리에 담고 여기에 균을 띄우지 않은 한 김 나간 찐 밥(찐 밀가루)과 물을 넣고 충분히 발효시켜 숙성시킨 뒤 거르면 탁주가 된다.

✻ 참고사항

우리나라의 대표적인 술인 막걸리를 1960년대부터 하유천 씨가 경기도 포천 이동면을 중심으로 이 지역에 있는 백운계곡의 질 좋은 물을 사용하여 전국적으로 유명한 브랜드의 술로 개발하였다. 막걸리를 항아리에서 발효시키는 것이 특징이다.

출 처
경기도 농촌진흥원, 경기향토요리, 1991
농촌진흥청, 향토음식, www2.rda.go.kr/food/, 2006
이승교, 경기 지역 향토음식 조사, 수원대학교 논문집 10권, 1992

호랭이술

재 료

밑술 멥쌀 4kg • 누룩 900g(2장) • 효모 3큰술 • 생 솔잎 1kg • 물 8L

덧술 멥쌀 2kg • 엿기름 2kg • 물 18L • 인삼 600g

만드는 법

1. 누룩은 적량의 물을 부어 불려 둔다.
2. 멥쌀과 생 솔잎을 섞어 고두밥을 짓는다.
3. 2를 차게 식힌 후 불려 놓은 누룩과 섞은 다음 자작하게 물을 붓고 효모(yeast)를 같이 넣는다.
4. 밑술 담은 것을 25°C에서 하루 정도 두면 술이 괴기 시작한다.
5. 술이 괴기 시작하면 덧술을 해서 붓는데, 멥쌀 2kg을 고두밥으로 지은 다음 엿기름물을 넣어 감주를 만든다.
6. 5를 1시간 정도 달인 다음 노릇하게 되면 차갑게 식혀서(12시간) 4의 밑술에 붓는다.
7. 6을 5일 정도 지난 후 걸러 준다.
8. 인삼 600g을 갈아서 보자기에 싼 것을 7의 술 속에 담가서 숙성시킨다.

참고사항

호랭이술은 경기도 양평의 전통적인 약주 제조방법으로 제조되고 있으며 덧술에 엿기름을 양조용수로 사용하고 있다는 점이 특징이다. 엿기름을 많이 넣어 드물게 단맛을 내는 고급 탁주이다. 1909년 주세법이 제정된 후 가정에서의 술 빚기와 판매가 금지된 상황에서도 가전비법의 가양주 제조가 계속되자 밀주단속반원들의 단속이 심하였다. 밀주단속반원들을 '앞뒤 꽉 막힌 무서운 사람' 또는 '호랭이보다 무서운 사람들' 이라고 불렀는데, 이러한 이유로 술을 달라는 말 대신 '호랭이 있느냐', '벽 있느냐' 는 은어를 사용했다고 한다.

출 처
농촌진흥청, 향토음식, www2.rda.go.kr/food/, 2006

참고문헌

■ 단행본

강인희. **한국의 떡과 과줄**. 대한교과서주식회사. 1994.

강인희. **한국의 맛**. 대한교과서주식회사. 1987.

경기도 농촌진흥원. **경기향토요리**. 1991.

고양시 향토음식연구회. **맛있는 고양음식 이야기**. 1997.

광주군 향토음식연구회. **너른고을 향토음식**. 1997.

김상보. **향토음식문화**. 신광출판사. 2004.

김수 저, 윤숙경 역. **수운잡방 주찬(1500년대)**. 신광출판사. 1998.

김숙년. **600년 서울음식**. 동아일보사. 2001.

남양주시 농업기술센터 남양주시 향토음식연구회. **남양주 농특산물을 이용한 보양음식**. 2003.

남양주시 농업기술센터 남양주시 향토음식연구회. **보양음식**. 2000.

남양주시 향토음식연구회. **전통음식 맥잇기 활동보고서**. 1998.

농촌진흥청 농촌생활연구소(현 농촌자원개발연구소). **소비자가 알기 쉬운 식품영양가표**. 2003.

농촌진흥청 농촌영양개선연수원(현 농촌자원개발연구소). **한국의 향토음식**. 1994.

농촌진흥청. **농촌 식생활 향상을 위한 식생활 평가시스템 개발연구 보고서**. 2000.

두산 세계대백과사전. 두산출판사. 1999.

문화공보부 문화재관리국. **한국민속종합조사보고서(향토음식 편)**. 1984.

방신영. **우리나라 음식 만드는 법**. 장충도서출판사. 1957.

방신영. **조선요리제법**. 한성도서주식회사. 1942.

빙허각 이씨 저, 정량완 역. **규합총서**. 보진재. 1999.

석계부인 안동 장씨 저, 경북대학교 출판부 역. **음식디미방(경북대학교 고전총서 10, 1670년경)**. 경북대학교 출판부. 2003.

손정우. **식품재료학**. 효일출판사. 2004

신승미 · 손정우 · 오미영 · 송태희 · 김동희 · 안채경 · 고정순 · 이숙미 · 조민오 · 박금미 · 김영숙. **한국 전통음식 전문가들이 재현한 우리고유의 상차림**. 교문사. 2005

양평군 향토음식연구회. **향토 · 개발요리 모음집**. 1997.

에드워드 쉴즈 저, 김병서 · 신현순 역. **전통**. 민음사. 1992.

염초애 · 장명숙 · 윤숙자. **한국음식**. 효일문화사. 1999.

유중림 저, 윤숙경 역. **증보산림경제(1765)**. 지구문화사. 2005.

윤덕인. **외식조리인을 위한 한국음식 이론 및 조리의 실제**. 관동대학교 출판부. 2005.

윤서석. **한국음식 – 역사와 조리**. 수학사. 1984.

윤서석. **한국의 음식용어**. 민음사. 1991.

윤서석. **한국의 전래음식**. 수학사. 1983.

이경택. **우리 땅 우리 맛**. 역사넷. 2003.

이성우. **한국식경대전**. 향문사. 1981.

이수광 저, 남만성 역. **지봉유설(1614)**. 을유문화사. 1980.

이용기 저, 옛음식연구회 역. **조선무쌍신식요리제법(1924)**. 궁중음식연구원. 2001.

이은욱. **조선 후기 식기 및 음식의 특색과 변화**. 이화여자대학교 석사학위논문. 2002.
이종근. **온 고을의 맛 한국의 맛**. 신아출판사. 1999.
이천쌀사랑본부. **구만리 뜰**. 1998 가을호.
이효지. **한국의 음식문화**. 신광출판사. 2002.
인천광역시 농업기술센터 우리음식연구모임. **우리 멋 우리 맛**. 1999.
인천광역시 농업기술센터 우리음식연구모임. **우리의 맛 쌀요리와 김치**. 2005.
인천광역시 농촌지도소. **우리음식모음**. 1996.
저자 미상, 이효지 외 역. **시의전서(1800년대)**. 신광출판사. 2004.
전순의 저, 농촌진흥청 역. **산가요록(고농서국역총서 8, 1449)**. 농촌진흥청. 2004.
전순의 저, 농촌진흥청 역. **식료찬요(고농서국역총서 9, 1460)**. 농촌진흥청. 2004.
전희정 · 이효지 · 한영실. **한국전통음식**. 문화관광부. 2000.
정건조 외. **한국의 맛**. 경향신문사. 2005.
조호철. **우리 술 빚기**. 넥서스. 2004.
조후종. **우리 음식 이야기**. 한림출판사. 2001.
한국관광공사. **향토음식 관광상품화 방안 - 경상북도 주요 향토음식**. 1993.
한국문화재보호협회. **고향음식의 맛과 멋**. 1990.
한복려. **궁중음식과 서울음식**. 대원사. 1995.
한복진. **우리가 정말 알아야 할 우리 음식 100가지**. 현암사. 2000.
한복진. **조선시대 궁중의 식생활문화**. 서울대학교 출판부. 2006.
한희순 · 황혜성 · 이혜경. **이조궁정요리통고**. 학총사. 1957.
홍선표. **조선요리학**. 조광사. 1940.
홍만선 저, 민족문화추진회 역. **고전국역총서 산림경제 2권(1715)**. 민문고. 1967.
홍진숙 · 박란숙 · 박혜원 · 신미혜 · 최은정. **기초한국음식**. 교문사. 2007.
황혜성. **한국요리백과사전**. 삼중당. 1976.
황혜성. **한국의 미각**. 궁중음식연구원. 1971.
황혜성 · 한복려 · 한복진. **한국의 전통음식**. 교문사. 1990.
Peter Burke. **Popular culture in early modern Europe**. London. 1978.

■ 논문 및 학술지

고범석 · 강석우. **대구 지역 향토음식의 인식도에 관한 연구 - 대구 동인동 찜갈비를 중심으로**. 한국조리학회지. 10(4) : 15-30, 2004.
김귀영 · 이성우. **『주방문』의 조리에 관한 분석적 연구**. 한국식생활문화학회지. 1(4), 1986.
김기숙 · 백승희 · 구선희 · 조영주. **『음식디미방』에 수록된 채소 및 과일류의 저장법과 조리법에 관한 고찰**. 중앙대학교 생활과학논집. 12권, 1999
김기숙 · 이미정 · 강은아 · 최애진. **『음식디미방』에 수록된 면병류와 한과류의 조리법에 관한 고찰**. 중앙대학교 생활과학논집. 12권, 1999.

김미희 · 유명님 · 최배영 · 안현숙. 『규합총서』에 나타난 농산물 이용 고찰. 한국가정관리학회지. 21(1), 2003.

김복일 · 오영준. 광주 · 전남 지역 향토음식의 관광상품화 방안에 관한 연구. 관광정보연구. 2 : 195-226, 1998.

김상철. 지역 축제의 향토음식 관광상품화에 관한 연구. 한국조리과학회지. 6(2), 2000.

김성미. 경북 지역 대학생의 전통음식에 대한 태도(Ⅰ) - 전통음식에 대한 평가, 이용도 및 라이프스타일과의 관계. 한국조리과학회지. 16(1) : 27-35, 2000.

김영희. 대부도 · 제부도 · 영흥도의 향토음식에 관한 연구. 인천교육대학교 기전문화연구. 27, 1999.

김희선. 어업기술의 발전 측면에서 본 『음식디미방』과 『규합총서』 속의 어패류 이용 양상의 비교 연구. 한국식생활문화학회지. 19(3), 2004.

민계홍. 향토음식에 대한 전북 지역 대학생들의 인지도 및 기호도에 관한 연구. 한국조리학회지. 9(2) : 127-147, 2003.

배영동. 안동 지역 간고등어의 소비전통과 문화상품화 과정. 비교민속학. 31 : 95-128, 2006.

손영진. 경기 지방 향토음식의 관광상품화를 위한 소비자 인지도 연구. 경기대학교 석사학위논문. 2004.

신예숙. 부산의 전통 · 향토음식의 현황 고찰. 한국조리학회지. 6(2) : 67-78, 2000.

윤서석. 한국의 국수문화의 역사. 한국식생활문화학회지. 6(1), 1991.

윤서석 · 조후종. 조선시대 후기의 조리서인 『음식법』의 해설 1. 한국식생활문화학회지. 8(1), 1993.

윤서석 · 조후종. 조선시대 후기의 조리서인 『음식법』의 해설 2. 한국식생활문화학회지. 8(2), 1993.

윤서석 · 조후종. 조선시대 후기의 조리서인 『음식법』의 해설 3. 한국식생활문화학회지. 8(3), 1993.

윤숙경. 안동 지역의 향토음식에 관한 고찰. 식생활문화학회지. 9(1) : 61-69, 1994.

윤은숙 · 송태희. 우리나라 향토음식의 인지도에 관한 연구. 한국조리과학회지. 11(2) : 145-152, 1995.

이광자. 우리나라 문서에 기록된 찬물류의 분석적 고찰. 한양대학교 교육대학원 석사학위논문. 1986.

이선호 · 박영배. 안동 지역 향토음식을 활용한 관광체험 프로그램 개발. 한국조리학회지. 8(3) : 147-168, 2002.

이승교. 경기 지역 향토음식 조사. 수원대학교 논문집. 10, 1992.

이승진. 향토음식의 인지도 및 기호도. 숙명여자대학교 석사학위논문. 2005.

이영남 · 신민자 · 김복남. 전통음식의 현황에 관한 연구. 한국식문화학회지. 6(1), 1991.

이효지. 『규곤시의방』의 조리학적 고찰. 대한가정학회지. 19(2), 1981.

이효지. 서울 및 중부 지방의 혼례음식문화. 한국식생활문화학회지. 12(2), 1997.

이효지. 조선시대의 떡문화. 한국조리과학회지. 4(2), 1988.

이효지. 『규합총서』, 『주식의』의 조리과학적 고찰. 한양대학교 사대논문집. 1981.

이효지 · 차경희. 『부인필지』의 조리과학적 고찰. 한국식생활문화학회지. 11(3), 1996.

장혜진 · 이효지. 주식류의 문헌적 고찰. 한국식생활문화학회지. 4(3), 1989.

정혜경 · 이정혜 · 조미숙 · 이종미. 서울 음식문화에 대한 연구 - 심층면접에 의한 사례연구. 한국식생활문화학회. 11(2), 1996.

진양호 · 김승희 · 김진영. 향토음식의 관광상품화 방안. 문화관광연구학회지. 3(2), 2001.

차경희. 『도문대작』을 통해 본 조선 중기 지역별 산출식품과 향토음식. 한국식생활문화학회. 18(4), 2003.

한억. 전통음식의 현대적 인식과 재창조. 서울대학교 석사학위논문. 1996.

한재숙 · 한경필 · 성선향 · 조연숙 · 박경숙 · 김현옥 · 정종기. 전통음식에 대한 경북 지역 주부들의 의식 및 실태조사. 동아시아식생활학회지. 10(6) : 480-494, 2000.

■ 웹사이트

경기도 문화유산. www.kg21.net. 2006.

농촌진흥청. 향토음식. www2.rda.go.kr/food/. 2006.

서울특별시. http://www.seoul.go.kr. 2006.

세계 속의 경기도. http://portal.gg.go.kr. 2006.

한국관광공사. 한국의 전통음식. www.visitkorea.or.kr/cc/mg/ccmg-cro.jsp. 2006.

찾아보기

ㅈ

한국의 전통향토음식 2 서울·경기도

■ 연구진

김행란 농촌진흥청 농업과학기술원 농촌자원개발연구소(연구총괄)

김양숙 농촌진흥청 농업과학기술원 농촌자원개발연구소

최정숙 농촌진흥청 농업과학기술원 농촌자원개발연구소

이인선 농촌진흥청 농업과학기술원 농촌자원개발연구소

지선미 농촌진흥청 농업과학기술원 농촌자원개발연구소

박홍주 농촌진흥청 농업과학기술원 농촌자원개발연구소

김태영 농촌진흥청 농업과학기술원 농촌자원개발연구소

이건순 한국농업대학 교수

손정우 배화여자대학 교수

이효지 한양대학교 명예교수

정인경 중앙대학교 교수

■ 감 수

이효지 한양대학교 명예교수

신영숙 전 농촌진흥청 농촌자원과장

■ 그 외 도움 주신 분들

이연미 서울특별시 농업기술센터

조숙례 인천광역시 농업기술센터

김혜영 인천광역시 강화군농업기술센터

심재향 인천광역시 옹진군농업기술센터

정선주 경기도 농업기술원

강덕형 경기도 안산시농업기술센터

김미화 경기도 시흥시농업기술센터

김민성 경기도 양주시농업기술센터

김애경 경기도 포천시농업기술센터

김학숙 경기도 성남시농업기술센터

박미영 경기도 파주시농업기술센터

박수복 경기도 광주시농업기술센터

박혜연 경기도 양평군농업기술센터

배수옥 경기도 안성시농업기술센터

송순옥 경기도 수원시농업기술센터

신순옥 경기도 이천시농업기술센터

안영미 경기도 연천군농업기술센터

이명자 경기도 화성시농업기술센터

이연실 경기도 가평군농업기술센터

이영애 경기도 고양시농업기술센터

이은옥 경기도 의정부시농업기술센터

정숙희 경기도 김포시농업기술센터

조정자 경기도 평택시농업기술센터

진숙의 경기도 여주군농업기술센터

차미혜 경기도 남양주시농업기술센터

최명옥 경기도 용인시농업기술센터

한옥수 경기도 의왕시농업기술센터

한국의 전통향토음식 2

서울·경기도

2008년 4월 10일 초판 인쇄
2008년 4월 15일 초판 발행

기획·편집처 농촌진흥청 농업과학기술원 농촌자원개발연구소
기획·편집인 조 순 재
주소 경기도 수원시 권선구 서둔동 88-2
전화 031-299-0590~2
팩스 031-299-0553

제작·발행처 ㈜교 문 사
제작·발행인 류 제 동
우편번호 413-756
주소 경기도 파주시 교하읍 문발리 출판문화정보산업단지 536-2
전화 031-955-6111(代)
팩스 031-955-0955
등록 1960. 10. 28. 제406-2006-000035호

홈페이지 www.kyomunsa.co.kr
이메일 webmaster@kyomunsa.co.kr

ISBN 978-89-363-0916-9 94590
ISBN 978-89-363-0914-5 94590(전10권)

* 잘못된 책은 바꿔 드립니다.

값 35,000원